잡아함경 4

雜阿含經

잡아함경 4

雜阿含經

김월운 옮김

동국역경원

잡아함경 4

| 차 례 |

제31권

제32권

제33권

제34권

제35권

제36권

제37권

제38권

제39권

제40권

잡아함경雜阿含經 제31권

861. 도솔천경兜率天經

이와 같이 나는 들었다.

어느 때 부처님께서 사위국 기수급고독원에 계셨다.

그때 세존께서 모든 비구들에게 말씀하셨다.

"인간 세계의 4백 년은 도솔천〔兜率陀〕[1]의 하루 낮 하룻밤이다. 이와 같이 30일을 한 달, 열두 달을 1년으로 계산하면, 도솔천의 수명은 4천 년이다. 그런데 어리석고 들은 것이 없어 무식한 범부凡夫들은 거기서 목숨을 마치면 지옥·축생·아귀 가운데에 태어난다. 그러나 많이 들어 아는 것이 많은 거룩한 제자들은 거기서 목숨을 마치더라도 지옥·축생·아귀 가운데에는 태어나지 않느니라."

부처님께서 이 경을 말씀하시자 모든 비구들은 부처님의 말씀을 듣고 기뻐하며 받들어 행하였다.

---

1 팔리어로는 tusita라고 하며 욕계欲界 제사중천第四重天을 말한다. 한역하여 지족知足이라고 하며, 미륵보살彌勒菩薩이 이 하늘에 계시면서 여러 하늘들을 위해 법을 설하신다.

862. 화락천경化樂天經

이와 같이 나는 들었다.

어느 때 부처님께서 사위국 기수급고독원에 계셨다.

그때 세존께서 모든 비구들에게 말씀하셨다.

"인간 세계의 8백 년은 화락천化樂天[2]의 하루 낮 하룻밤이다. 이와 같이 30일을 한 달, 열두 달을 1년으로 계산하면, 화락천의 수명은 8천 년이다. 그런데 어리석고 들은 것이 없는 무식한 범부들은 거기서 목숨을 마치면 지옥·축생·아귀 가운데에 태어난다. 그러나 많이 들어 아는 것이 많은 거룩한 제자들은 거기서 목숨을 마치더라도 지옥·축생·아귀 가운데에는 태어나지 않느니라."

부처님께서 이 경을 말씀하시자 모든 비구들은 부처님의 말씀을 듣고 기뻐하며 받들어 행하였다.

863. 타화자재천경他化自在天經

이와 같이 나는 들었다.

어느 때 부처님께서 사위국 기수급고독원에 계셨다.

그때 세존께서 모든 비구들에게 말씀하셨다.

"인간의 1천 6백 년은 타화자재천他化自在天[3]의 하루 낮 하룻밤이다. 이와 같이 30일을 한 달, 열두 달을 1년으로 계산하면, 타화자재천의 수명은 1만 6천 년이다. 그런데 어리석고 들은 것이 없는 무

2 욕계의 제5중천重天을 말한다.

3 욕계의 제6중천을 말한다.

식한 범부들은 거기서 목숨을 마치면 지옥·축생·아귀 가운데에 태어난다. 그러나 많이 들어 아는 것이 많은 거룩한 제자들은 거기서 목숨을 마치더라도 지옥·축생·아귀 가운데에는 태어나지 않느니라."

부처님께서 이 경을 말씀하시자 모든 비구들은 부처님의 말씀을 듣고 기뻐하며 받들어 행하였다.

부처님께서 말씀하신 여섯 경에서와 같이 다른 비구가 물은 여섯 경과 부처님께서 비구들에게 물은 여섯 경도 똑같이 말씀하셨다.

864. 초선경初禪經

이와 같이 나는 들었다.

어느 때 부처님께서 사위국 기수급고독원에 계셨다.

그때 세존께서 모든 비구들에게 말씀하셨다.

"만일 비구가 어떤 행위〔行〕와 어떤 형태〔形〕와 어떤 모양〔相〕으로 탐욕과 악하고 착하지 못한 법을 여의면 거친 생각〔覺〕과 미세한 생각〔觀〕이 있고 욕계의 악을 여읜 데서 기쁨과 즐거움〔離生喜樂〕이 생겨 첫째 선정〔初禪〕을 완전히 갖추어 머물 것이다. 그가 그와 같은 행위와 그와 같은 형태와 그와 같은 모양조차도 기억하지 않는다면 다음으로 저 색色·수受·상想·행行·식識 등의 법에 대하여 질병과 같은 것이고 종기와 같은 것이며 가시와 같은 것이고 살상殺傷과 같은 것이며, 무상無常하고·괴롭고〔苦〕·공空하며·나라고 할 것이 아니라고〔非我〕 생각할 것이다. 그리하여 그런 법들에 대하여 싫어하고 두려워하며 방어하고 보호하는 마음을 낼 것이다. 싫어하고 두려워하며 방어하고 보호하는 마음을 내고 나서는 감로甘露의 문으로써 스스로를 요익饒益하게 할 것이다. 이와 같이 적정寂靜하고 이와 같이 뛰어나고 절묘한 것을 버려 여읨이라 하며, 남은 탐애貪愛가 다하고 욕심이 없으며, 완전히 사라져 열반涅槃에 들어가느니라."

부처님께서 이 경을 말씀하시자 모든 비구들은 부처님의 말씀을 듣고 기뻐하며 받들어 행하였다.

865. 해탈경解脫經

이와 같이 나는 들었다.

어느 때 부처님께서 사위국 기수급고독원에 계셨다.

그때 세존께서 모든 비구들에게 말씀하셨다.……이 사이의 자세한 내용은 위에서 설한 것과 같으며, 다만 그와 다른 내용은 다음과 같다.

"이와 같이 알고 이와 같이 보고 나서는 욕유루欲有漏에서 마음이 해탈하고 유유루有有漏에서 마음이 해탈하며 무명유루無明有漏에서 마음이 해탈하고서 해탈한 줄을 알고 보아 '나의 생은 이미 다하고 범행梵行은 이미 섰으며 할 일은 이미 마쳐 다시는 후세의 몸을 받지 않는다'고 스스로 아느니라."

부처님께서 이 경을 말씀하시자 모든 비구들은 부처님의 말씀을 듣고 기뻐하며 받들어 행하였다.

866. 중반열반경中般涅槃經

이와 같이 나는 들었다.

어느 때 부처님께서 사위국 기수급고독원에 계셨다.

그때 세존께서 모든 비구들에게 말씀하셨다.……이 사이의 자세한 내용은 위에서 설한 것과 같으며, 다만 그와 다른 내용은 다음과 같다.

"만일 해탈을 얻지 못하더라도 법을 탐하고 법을 기억하며 법을 좋아하기 때문에 중반열반中般涅槃[4]을 취할 것이다. 만일 그와 같이 되지 않으면 생반열반生般涅槃[5]을 취하고, 만일 그와 같이 되지 않으면 혹은 유행반열반有行般涅槃[6]을 취하고, 또 만일 이와 같이 되지 않으면 혹은 무행반열반無行般涅槃[7]을 취하기도 하며, 또 만일 그와 같이 되지 않으면 상류반열반上流般涅槃[8]을 취할 것이다. 그래도 만일 그렇게 되지 않으면 그때는 곧 법을 탐하고 법을 기억하며 법을 좋아한 공덕 때문에 대범천大梵天[9]에 태어나고, 혹은 범보천梵輔天[10]에 태어나기도 하며, 혹은 범신천梵身天에 태어나기도 할 것이니라."

부처님께서 이 경을 말씀하시자 모든 비구들은 부처님의 말씀을 듣고 기뻐하며 받들어 행하였다.

---

4 불환과不還果의 성자聖者가 욕계欲界에서 죽어 색계色界에 태어날 경우 거기에 이르는 사이의 중유中有의 위치에서 반열반般涅槃하는 것을 말한다.

5 색계에 태어나서 얼마 안 되어 반열반하는 것을 말한다.

6 색계에 태어나 거기에서 오랫동안 수행을 하고 반열반하는 것을 말한다.

7 색계에 태어나 거기에서 수행도 못하고 오랜 시간 뒤에 반열반하는 것을 말한다.

8 색계에 태어나 차례로 위 하늘에 올라가서 마침내는 색계천의 최고 하늘인 색구경천色究竟天 또는 무색계無色界의 최고 하늘인 유정천有頂天에 태어나 거기에서 반열반하는 것을 말한다.

9 색계色界 초선천初禪天 가운데 하나.

10 색계 초선천 가운데 하나.

867. 제이선경第二禪經

이와 같이 나는 들었다.

어느 때 부처님께서 사위국 기수급고독원에 계셨다.

그때 세존께서 모든 비구들에게 말씀하셨다.

“만일 비구가 그와 같은 행위와 그와 같은 형태와 그와 같은 모양으로 거친 생각이나 미세한 생각이 그치면 안으로 깨끗하여 한결같은 마음이 되어 거친 생각과 미세한 생각 없이 선정에서 기쁨과 즐거움이 생겨〔定生喜樂〕 두 번째 선정을 완전히 갖추어 머물 것이다. 만일 그러한 행위와 그러한 형태와 그러한 모양조차도 기억하지 않는다면 다음으로 저 색·수·상·행·식 등의 법에 대하여 질병과 같은 것이고 종기와 같은 것이며 가시와 같은 것이고 살상殺傷과 같은 것이며 무상하고·괴롭고·공하며·나라고 할 것이 아니라고 사유할 것이다. 그리하여 그런 법들에 대하여 싫어하고 두려워하며 방어하고 보호하는 마음을 낸다. 싫어하고 두려워하며 방어하고 보호하는 마음을 내고 나서는 감로법계甘露法界에서 스스로를 요익饒益하게 할 것이다. 이 뛰어나고 이 절묘한 것을 버려 여읨이라 하며 모든 남은 탐애貪愛가 다하고 욕심이 없으며 완전히 사라져 열반涅槃에 들어가느니라.”

부처님께서 이 경을 말씀하시자 모든 비구들은 부처님의 말씀을 듣고 기뻐하며 받들어 행하였다.

868. 해탈경解脫經

이와 같이 나는 들었다.

어느 때 부처님께서 사위국 기수급고독원에 계셨다.

그때 세존께서 모든 비구들에게 말씀하셨다.……이 사이의 내용은 앞에서 말한 것과 같고 다만 다른 것은 다음과 같다.

"그 사람이 이와 같이 알고 이와 같이 보면 욕유루에서 마음이 해탈하고 유유루에서 마음이 해탈하며 무명유루에서 마음이 해탈하고 해탈한 줄을 알고 보아 '나의 생은 이미 다하고 범행은 이미 섰으며 할 일은 이미 마쳐 후세의 몸을 받지 않는다'고 스스로 아느니라.

만일 해탈하지 못하더라도 법을 탐하고 법을 기억하며 법을 좋아하기 때문에 중반열반을 취하게 될 것이다.

만일 또 그와 같이 되지 않으면 생반열반을 취하고, 만일 그와 같이 되지 않으면 혹은 유행반열반을 취하고, 또 만일 그와 같이 되지 않으면 혹은 무행반열반을 취하기도 하며, 또 만일 그와 같이 되지 않으면 상류반열반을 취한다.

또 만일 그와 같이 되지 않으면 그는 곧 법을 탐하고 법을 기억하며 법을 좋아한 공덕 때문에 자성광음천自性光音天[11]에 태어나고, 또 만일 그렇게 되지 않으면 무량광음천無量光音天[12]에 태어나며, 또 만일 그렇게 되지 않으면 소광천少光天에 태어날 것이니라."

부처님께서 이 경을 말씀하시자, 모든 비구들은 부처님의 말씀을 듣고 기뻐하며 받들어 행하였다.

869. 제삼선경第三禪經

이와 같이 나는 들었다.

---

11 또는 광음천光音天이라고도 하며, 색계 제2선천禪天 가운데 하나.

12 색계 제2선천 가운데 하나.

어느 때 부처님께서 사위국 기수급고독원에 계셨다.

그때 세존께서 모든 비구들에게 말씀하셨다.

"만일 비구가 그와 같은 행위와 그와 같은 형태와 그와 같은 모양으로 그 기쁨에 대한 탐착까지도 떠나 버림에 머물면 바른 기억과 바른 지혜로 몸으로 즐거움을 느끼며 성인께서 말씀하신 평정〔捨〕·기억〔念〕·즐거움〔樂〕에 머물러 세 번째 선정을 완전히 갖추어 머물게 될 것이다. 만일 그렇게 되지 않으면 그와 같은 행위와 그와 같은 형태와 이와 같은 모양으로 색·수·상·행·식 등의 법에 대해서는 질병과 같은 것이고 종기와 같은 것이며 가시와 같은 것이고 살상과 같은 것이라고 보아,……(이하 생략)……상류반열반上流般涅槃[13]에 들어갈 것이니라. 만일 그렇게 되지 않으면 그는 법을 탐하고 법을 기억하며 법을 좋아했기 때문에 변정천遍淨天에 태어나고, 만일 그렇게 되지 않으면 무량정천無量淨天에 태어나며, 만일 그렇게 되지 않으면 소정천少淨天에 태어날 것이니라."

부처님께서 이 경을 말씀하시자 모든 비구들은 부처님의 말씀을 듣고 기뻐하며 받들어 행하였다.

870. 제사선경第四禪經

이와 같이 나는 들었다.

어느 때 부처님께서 사위국 기수급고독원에 계셨다.

그때 세존께서 모든 비구들에게 말씀하셨다.

---

13 고려대장경 본문에는 '반열반般涅槃'으로 되어 있으나, 앞 경전에서 반복되는 문구이므로 이를 근거로 '상류반열반'으로 고쳤다.

"만일 비구가 그와 같은 행위와 그와 같은 형태와 그와 같은 모양으로 괴로움을 여의고 즐거움도 쉬고 이전에 근심하고 기뻐하던 것조차 이미 사라지고 나면 괴롭지도 않고 즐겁지도 않은 평등〔不苦不樂捨〕을 얻어 깨끗한 기억으로 한결같은 마음이 되어 네 번째 선정을 완전히 갖추어 머물게 될 것이다. 만약 그렇지 못하더라도 색·수·상·행·식 등의 법에 대해서는 질병과 같은 것이고 종기와 같은 것이며 가시와 같은 것이고 살상과 같은 것이라고 보아,……(이하 생략)……상류반열반에 들어가느니라. 만일 그렇게 되지 않으면 혹은 인성과실천因性果實天[14]에 태어나고, 또 그렇게 되지 않으면 복생천福生天에 태어나며, 만일 그렇게 되지 않으면 소복천少福天[15]에 태어나느니라."

부처님께서 이 경을 말씀하시자 모든 비구들은 부처님의 말씀을 듣고 기뻐하며 받들어 행하였다.

네 가지 선정에 대해 설하신 소경에서와 같이 네 가지 무색정無色定에 대해서도 똑같이 말씀하셨다.

871. 풍운천경風雲天經

이와 같이 나는 들었다.

어느 때 부처님께서 사위국 기수급고독원에 계셨다.

그때 세존께서 모든 비구들에게 말씀하셨다.

"풍운천風雲天이라는 하늘이 있는데 그는 생각하기를 '나는 이제 신

---

14 색계 4선천禪天 가운데 하나로 광과천廣果天이라고도 함.

15 색계 4선천 가운데 하나로 무운천無雲天이라고도 함.

통의 힘으로써 유희遊戲하리라'라고 하였다. 이렇게 생각하자 바람과 구름이 곧 일어났느니라."

풍운천에 대한 말과 같이 염전천焰電天·뇌진천雷震天·우천雨天·청천晴天·한천寒天·열천熱天에 대한 것도 또한 위에서와 같이 말씀하셨다.

부처님께서 이 경을 말씀하시자 모든 비구들은 부처님의 말씀을 듣고 기뻐하며 받들어 행하였다.

이와 같이 다른 비구가 부처님께 물음·부처님께서 모든 비구들에게 물으신 것에서도 똑같이 말씀하셨다.

872. 산개부등경傘蓋覆燈經

이와 같이 나는 들었다.

어느 때 부처님께서 사위국 기수급고독원에 계셨다.

그때 세존께서는 깜깜한 밤에 하늘에서 보슬비는 내리고 번갯불이 번쩍이자, 부처님께서 아난에게 말씀하셨다.

"너는 우산으로 등불을 씌워 가지고 나오너라."

존자 아난이 분부를 받고 곧 우산으로 등불을 씌워 가지고 부처님의 뒤를 따랐다. 어느 곳에 이르러 세존께서 빙그레 웃으셨다. 존자 아난이 부처님께 아뢰었다.

"세존께서는 이유 없이 웃으시지 않으십니다. 세존이시여, 오늘은 무슨 이유로 빙그레 웃으셨는지 자세히 모르겠습니다."

부처님께서 아난에게 말씀하셨다.

"그러하니라, 그러하니라. 여래는 아무 인연 없이 웃지는 않느니

라. 네가 지금 우산으로 등불을 씌워 가지고 나를 따라오는데, 내가 보니 범천梵天도 너처럼 우산으로 등불을 씌워 가지고 구린拘隣 비구의 뒤를 따라가고, 석제환인釋帝桓因[16]도 우산으로 등불을 씌워 가지고 마하가섭摩訶迦葉의 뒤를 따라가고 있으며, 질률제라색다라袟栗帝羅色吒羅[17] 천왕도 우산으로 등불을 씌워 가지고 사리불舍利弗의 뒤를 따라가고 있고, 비루륵가毘樓勒迦[18] 천왕도 우산으로 등불을 씌워 가지고 대목건련大目揵連의 뒤를 따라가고 있으며, 비루복차毘樓富叉[19] 천왕도 우산으로 등불을 씌워 가지고 마하구치라摩訶拘絺羅의 뒤를 따라가고 있고, 비사문毘沙門[20] 천왕도 우산으로 등불을 씌워 가지고 마하겁빈나摩訶劫賓那의 뒤를 따라가고 있느니라."

부처님께서 이 경을 말씀하시자 존자 아난은 부처님 말씀을 듣고 기뻐하며 받들어 행하였다.

873. 사종조복경四種調伏經[21]

이와 같이 나는 들었다.

---

16 팔리어로는 sakko devānaṃ indo이며, 욕계 도리천(忉利天 : 三十三天)의 주인으로서 제석천이라고도 함.

17 팔리어로는 dhataraṭṭha라고 하며 사천왕四天王 중에 하나로 동방東方 영토를 관장하고 있고 지국천왕持國天王이라고도 함.

18 팔리어로는 virūḷhaka이며 사천왕 가운데 하나로 남방 영토를 관장하고 있고 증장천왕增長天王이라고도 함.

19 팔리어로는 virūpakkha이며 서방 영토를 관장하고 있고 다문천왕多聞天王이라고도 함.

20 팔리어로는 vessavaṇa이며 북방 영토를 관장하고 있고 다문천왕多聞天王이라고도 함.

21 이 소경은『증일아함경增一阿含經』제27품 일곱 번째 소경과 그 내용이 비슷하다.

어느 때 부처님께서 사위국 기수급고독원에 계셨다.

그때 세존께서 모든 비구들에게 말씀하셨다.

"마음을 잘 조복調伏한 네 부류의 대중이 있다. 어떤 것이 그 네 부류인가? 이른바 마음을 잘 조복한 비구比丘·비구니比丘尼·우바새優婆塞·우바이優婆夷이니, 이것을 네 부류의 대중이라고 하느니라."

그때 세존께서 곧 게송으로 말씀하셨다.

말솜씨 있고 두려움 없으며
들은 것 많고 온갖 법 환히 아네.
법을 행하고 또 법으로 향하면
그들은 바로 착한 대중이니라.

비구로서 깨끗하게 계율을 지키고
비구니로서 그 들은 것이 많으며
우바새로서 깨끗하게 믿음을 내고
우바이도 또한 그러하네.

이들이 바로 착한 대중이거니
마치 햇빛 스스로 빛남과 같다.
만일 그가 바로 곧 좋은 스님이라면
그는 곧 스님 중에 좋은 스님이리.
이 법은 능히 스님을 좋게 하는 것
마치 햇빛 스스로 빛남과 같다.

부처님께서 이 경을 말씀하시자 모든 비구들은 부처님의 말씀을 듣고 기뻐하며 받들어 행하였다.

조복에 대하여 설하신 경에서와 같이 변재辯才·부드러움〔柔和〕·두려움 없음〔無畏〕·많이 들음〔多聞〕·법의 통달〔通達法〕·설법說法·법 따름과 법으로 향함〔法次法向〕·법행의 따름〔隨順法行〕에 대해서도 똑같이 말씀하셨다.

874. 삼종자경三種子經

이와 같이 나는 들었다.

어느 때 부처님께서 사위국 기수급고독원에 계셨다.

그때 세존께서 모든 비구들에게 말씀하셨다.

"세 부류의 아들이 있다. 어떤 것이 그 세 가지인가? 부모가 하는 대로 따르는 아들〔隨生子〕과 부모보다 뛰어난 아들〔勝生子〕과 부모보다 못난 아들〔下生子〕이다.

어떤 것이 부모가 하는 대로 따르는 아들인가? 이른바 그 부모가 살생하지 않고 도둑질하지 않으며 음행하지 않고 거짓말하지 않으며 술을 마시지 않으면, 그 아들도 그 부모가 하는 대로 따라 배워서 살생하지 않고 도둑질하지 않으며 음행하지 않고 거짓말하지 않으며 술을 마시지 않는 것을 곧 부모가 하는 대로 따르는 아들이라고 한다.

어떤 것이 부모보다 뛰어난 아들인가? 가령 그 부모는 살생하지 않고 도둑질하지 않으며 음행하지 않고 거짓말하지 않으며 술을 마시지 않는 계를 받지 않더라도 그 아들은 살생하지 않고 도둑질하지 않으며 음행하지 않고 거짓말하지 않으며 술을 마시지 않는 계를 받으면 이를 곧 부모보다 뛰어난 아들이라고 한다.

어떤 것이 부모보다 못난 아들인가? 그 부모는 살생하지 않고 도둑질하지 않으며 음행하지 않고 거짓말하지 않으며 술을 마시지 않는 계를 받는데 그 아들은 살생하지 않고 도둑질하지 않으며 음행하지 않고 거짓말하지 않으며 술을 마시지 않는 계를 받지 않으면 이를 곧 부모보다 못난 아들이라고 하느니라."

그때 세존께서 곧 게송으로 말씀하셨다.

부모를 따르거나 부모보다 뛰어난 아들은
지혜로운 부모라면 누구나 바라는 것이나
부모보다 못난 아들은 쓸 데 없나니
그 뒤를 이어 나갈 수 없기 때문이다.

사람으로서 법의 아들 되려면
마땅히 우바새 되어
부처님과 법과 승가의 보배에 대해
부지런히 힘써서 청정한 맘 닦아라.
구름 걷히면 달빛이 나타나듯
영광스런 그 권속의 무리가 되리.

부처님께서 이 경을 말씀하시자 모든 비구들은 부처님의 말씀을 듣고 기뻐하며 받들어 행하였다.

다섯 가지 계에 대하여 설하신 경에서와 같이, 믿음〔信〕·계戒·보시〔施〕·들음〔聞〕·지혜〔慧〕에 대해서도 똑같이 말씀하셨다.

875. 사정단경四正斷經[22] ①

이와 같이 나는 들었다.

어느 때 부처님께서 사위국 기수급고독원에 계셨다.

그때 세존께서 모든 비구들에게 말씀하셨다.

"4정단正斷이 있다. 어떤 것이 그 네 가지인가? 첫째는 단단斷斷이요, 둘째는 율의단律儀斷이며, 셋째는 수호단隨護斷이요, 넷째는 수단修斷이니라."

부처님께서 이 경을 말씀하시자 모든 비구들은 부처님의 말씀을 듣고 기뻐하며 받들어 행하였다.

876. 사정단경 ②

이와 같이 나는 들었다.

어느 때 부처님께서 사위국 기수급고독원에 계셨다.

그때 세존께서 모든 비구들에게 말씀하셨다.

"4정단이 있다. 어떤 것이 그 네 가지인가? 첫째는 단단이요, 둘째는 율의단이요, 셋째는 수호단이요, 넷째는 수단이니라."

그때 세존께서 곧 게송으로 말씀하셨다.

단단과 율의단과
수호단과 수단

---

22 정단正斷은 산스크리트 samyak-prahāṇa의 북전北傳 한역漢譯 용어이며 남전南傳에서는 정근正勤, sammappadhāna이라고 함. 부지런히 나쁜 법을 차단하고 착한 법을 증장시키는 것을 말함.

이러한 4정단은
모든 부처님의 말씀이시다.

부처님께서 이 경을 말씀하시자 모든 비구들은 부처님의 말씀을 듣고 기뻐하며 받들어 행하였다.

877. 사정단경 ③

이와 같이 나는 들었다.

어느 때 부처님께서 사위국 기수급고독원에 계셨다.

그때 세존께서 모든 비구들에게 말씀하셨다.

"4정단이 있다. 어떤 것이 그 네 가지인가? 첫째는 단단이요, 둘째는 율의단이요, 셋째는 수호단이요, 넷째는 수단이니라. 어떤 것을 단단이라고 하는가? 이른바 비구가 이미 일어난 악하고 착하지 않은 법을 끊으려는 의욕을 내어 방편을 써서 꾸준히 노력하고 마음으로 거두어들이는 것을 단단이라고 한다. 어떤 것을 율의단이라 하는가? 아직 일어나지 않은 악하고 착하지 않은 법을 일어나지 않게 하려는 의욕을 내어, 방편을 써서 꾸준히 노력하고 거두어들이는 것을 율의단이라고 한다. 어떤 것을 수호단이라고 하는가? 아직 일어나지 않은 착한 법을 일어나게 하려는 의욕을 내어 방편을 써서 꾸준히 노력하고 거두어들이는 것을 수호단이라고 한다. 어떤 것을 수단이라 하는가? 이미 일어난 착한 법을 더욱 닦아 익히려는 의욕을 내어 방편을 써서 꾸준히 노력하고 거두어들이는 것을 수단이라고 하느니라."

부처님께서 이 경을 말씀하시자 모든 비구들은 부처님의 말씀을 듣고 기뻐하며 받들어 행하였다.

878. 사정단경 ④

이와 같이 나는 들었다.

어느 때 부처님께서 사위국 기수급고독원에 계셨다.

그때 세존께서 모든 비구들에게 말씀하셨다.

"4정단이 있다. 어떤 것이 그 네 가지인가? 첫째는 단단이요, 둘째는 율의단이요, 셋째는 수호단이요, 넷째는 수단이니라. 어떤 것을 단단이라 하는가? 이른바 비구가 이미 일어난 악하고 착하지 않은 법을 끊으려는 의욕을 내어, 방편을 써서 꾸준히 노력하고 마음으로 거두어들이는 것을 단단이라고 한다. 어떤 것을 율의단이라 하는가? 아직 일어나지 않은 악하고 착하지 않은 법을 일어나지 않게 하려는 의욕을 내어 방편을 써서 꾸준히 노력하고 거두어들이는 것을 율의단이라고 한다. 어떤 것을 수호단이라 하는가? 아직 일어나지 않은 착한 법을 일어나게 하려는 욕심을 내어 방편을 써서 꾸준히 노력하고 거두어들이는 것을 수호단이라고 한다. 어떤 것을 수단이라 하는가? 이미 일어난 착한 법을 더욱 닦아 익히려는 의욕을 내어 방편을 써서 꾸준히 노력하고 거두어들이는 것을 수단이라고 하느니라."

그때 세존께서 곧 게송으로 말씀하셨다.

단단과 율의단과
수호단과 수단
이 4정단은
모든 부처님의 말씀이시다.

부처님께서 이 경을 말씀하시자 모든 비구들은 부처님의 말씀을 듣고 기뻐하며 받들어 행하였다.

879. 사정단경 ⑤

이와 같이 나는 들었다.

어느 때 부처님께서 사위국 기수급고독원에 계셨다.

그때 세존께서 모든 비구들에게 말씀하셨다.

"4정단이 있다. 어떤 것이 그 네 가지인가? 첫째는 단단이요, 둘째는 율의단이요, 셋째는 수호단이요, 넷째는 수단이니라.

어떤 것을 단단이라 하는가? 만일 비구가 이미 일어난 악하고 착하지 않은 법을 끊으려는 의욕을 내어 방편을 써서 꾸준히 노력하여 거두어들이고, 아직 일어나지 않은 악하고 착하지 않은 법은 일어나지 않게 하려는 의욕을 내어 방편으로 꾸준히 힘써 받아들이며, 아직 생기지 않은 착한 법은 일어나게 하려는 의욕을 내어 방편을 써서 꾸준히 노력하여 받아들이고, 이미 생긴 착한 법은 더욱더 닦아 익히려는 의욕을 내어 방편을 써서 꾸준히 노력하여 거두어들이면 이것을 단단이라고 하느니라. 어떤 것을 율의단이라고 하는가? 만일 비구가 눈〔眼根〕을 잘 단속하고 빈틈없이 다루어 조복 받고 앞을 향해 매진해 나아간다. 이와 같이 귀·코·혀·몸·뜻을 잘 단속하고 빈틈없이 다루어 조복 받고 앞을 향해 매진해 나아가면 이것을 율의단이라고 한다.

어떤 것을 수호단이라 하는가? 만일 비구가 그렇고 그러한 진실한 삼매의 생각을 잘 보호해 가지면 이른바 시퍼런 어혈 같은 모습이라는 생각, 헛배가 퉁퉁 부풀어 오르는 모습 같다는 생각, 고름의 형상 같다는 생각, 무너지는 모습이라는 생각, 부정한 음식을 먹는다는 생각을 닦아 익히고 지켜 보호하여 물러가거나 사라지지 않게 하면 이것을 수호단이라고 한다. 어떤 것을 수단이라 하는가? 만일 비구가 4념처念處 등을 닦으면 이것을 수단이라고 하느니라."

그때 세존께서 곧 게송으로 말씀하셨다.

단단과 율의단과
수호단과 수단
이 네 가지 바르게 끊는 법은
정각正覺의 말씀이시니
비구가 방편을 써서 힘써 행하면
모든 번뇌를 없앨 수 있으리라.

부처님께서 이 경을 말씀하시자 모든 비구들은 부처님의 말씀을 듣고 기뻐하며 받들어 행하였다.

4념처에 대하여 설한 경에서와 같이 4정단正斷·4여의족如意足·5근根·5력力·7각지覺支·8도지道支·4도道·4법구法句·바르게 관찰하고 닦아 익힘〔正觀修習〕에 대해서도 또한 똑같이 말씀하셨다.

880. 불방일경不放逸經

이와 같이 나는 들었다.
어느 때 부처님께서 사위국 기수급고독원에 계셨다.
그때 세존께서 모든 비구들에게 말씀하셨다.
"비유하면 어떤 사람이 세간에서 건물을 세울 때 저 모든 것은 땅을 의지하는 것처럼 그와 같이 비구가 선정을 닦아 익힐 때에는 모두 다 방일放逸하지 않음을 의지하여 근본으로 삼아야 한다. 방일하지 않는 데에서 쌓이고 방일하지 않는 데서 생기며 방일하지 않는 데에서 더욱더 늘어난다. 비구들아, 방일하지 않은 사람은 네 가지 선정〔四禪〕을 닦을 수 있느니라."

부처님께서 이 경을 말씀하시자 모든 비구들은 부처님의 말씀을 듣고 기뻐하며 받들어 행하였다.

881. 단삼경斷三經

이와 같이 나는 들었다.

어느 때 부처님께서 사위국 기수급고독원에 계셨다.

그때 세존께서는 모든 비구들에게 말씀하셨다.……이 사이의 자세한 내용은 위에서 설한 것과 같으며, 다만 그와 다른 내용은 다음과 같다.

"이와 같이 비구들은 능히 탐욕·성냄·어리석음을 끊어야 하느니라."

부처님께서 이 경을 말씀하시자 모든 비구들은 부처님의 말씀을 듣고 기뻐하며 받들어 행하였다.

탐욕·성냄·어리석음을 끊는 것에 대하여 설한 경과 같이 탐욕·성냄·어리석음을 항복 받고 탐욕을 끝까지 다 없앰과 성냄·어리석음을 끝까지 다 없앰과 출요出要·번뇌를 멀리 여읨〔遠離〕·열반에 대한 것도 위에서와 같이 말씀하셨다.

882. 불방일근본경不放逸根本經

이와 같이 나는 들었다.

어느 때 부처님께서 사위국 기수급고독원에 계셨다.

그때 세존께서 모든 비구들에게 말씀하셨다.

"비유하면 온갖 풀이나 약 나무는 다 땅을 의지하여 생장하는 것처럼 이와 같이 갖가지 착한 법도 다 방일하지 않는 것을 의지하고 그것을 근본으로 삼는다.……이 사이의 자세한 내용은 위의 소경에서 설한 것과 같다.……열반에 드느니라.

비유하면 검은 침수향沈水香은 온갖 향 중에 최상이 되는 것처럼 이와 같이 갖가지 착한 법 중에는 방일하지 않는 것이 최상이 되고, 비유하면 단단한 향으로는 붉은 전단栴檀이 제일인 것처럼 이와 같이 일체의 착한 법 중에는 일체가 다 방일하지 않는 것을 근본으로 삼는다. 이와 같이……(이하 생략)……열반에 드느니라.

비유하면 물이나 육지의 모든 꽃들 중에는 우발라優鉢羅 꽃이 제일인 것처럼 이와 같이 일체의 착한 법 중에는 일체가 다 방일하지 않는 것을 근본으로 삼는다.……(이하 생략)……열반에 드느니라. 비유하면 육지에 난 꽃들 중에는 마리사화摩利沙[23]華가 제일인 것처럼 이와 같이 일체의 착한 법 중에는 방일하지 않는 것을 근본으로 삼는다.……(이하 생략)……열반에 드느니라.

비유하면 비구들아, 모든 축생의 발자국 중에서는 코끼리 발자국이 최상인 것처럼 이와 같이 일체의 착한 법 중에는 방일하지 않는 것을 근본으로 삼는다.……이 사이의 자세한 내용은 앞에서 말한 것과 같다……열반에 드느니라. 비유하면 모든 축생들 중에서는 축생의 왕이라고 불리는 사자가 제일인 것처럼 이와 같이 일체의 착한 법 중에서는 방일하지 않는 것을 근본으로 삼는다.……이 사이의 자세한 내용

23 팔리어로는 mallikā라고 하며, 말리가末利迦라고도 쓴다. 꽃은 황금색이고 귀한 꽃다발을 만드는데 사용한다.

은 앞에서 말한 것과 같다.……열반에 드느니라. 비유하면 모든 집이나 정각 중에는 대들보가 제일인 것처럼 이와 같이 모든 착한 법 중에서는 방일하지 않는 것을 근본으로 삼는다. 비유하면 또 염부閻浮의 과일 중에서는 염부라고 이름하는 과일이 제일인 것처럼 이와 같이 모든 착한 법 중에서는 방일하지 않는 것을 근본으로 삼는다.

이와 같이 모든 구비다라俱毘陀羅 나무 중에서는 살바야지라薩婆耶旨羅 구비다라 나무가 제일인 것처럼 이와 같이 모든 착한 법 중에서는 방일하지 않는 것을 근본으로 삼는다.……이 사이의 자세한 내용은 앞에서 말한 것과 같다.……열반에 드느니라. 비유하면 모든 산 가운데에서는 수미산왕須彌山王이 제일인 것처럼 이와 같이 모든 착한 법 중에서는 방일하지 않는 것을 근본으로 삼는다.……이 사이의 자세한 내용은 앞에서 말한 것과 같다.……열반에 드느니라. 비유하면 모든 금 가운데에서는 염부제금閻浮提金이 제일인 것처럼 이와 같이 모든 착한 법 중에서는 방일하지 않는 것을 근본으로 삼는다.……이 사이의 자세한 내용은 앞에서 말한 것과 같다.……열반에 드느니라. 비유하면 모든 옷 중에서는 가시伽尸라고 하는 부드러운 털옷이 제일인 것처럼 이와 같이 모든 착한 법 중에는 방일하지 않는 것을 근본으로 삼는다.……이 사이의 자세한 내용은 앞에서 말한 것과 같다.……열반에 드느니라.

비유하면 모든 빛깔 중에서는 흰 빛깔이 제일인 것처럼 이와 같이 모든 착한 법 중에서는 방일하지 않는 것을 근본으로 삼는다.……이 사이의 자세한 내용은 앞에서 말한 것과 같다.……열반에 드느니라. 비유하면 온갖 새들 중에서는 금시조金翅鳥가 제일인 것처럼 이와 같이 모든 착한 법 중에서는 방일하지 않는 것을 근본으로 삼는다.……이 사이의 자세한 내용은 앞에서 말한 것과 같다.……열반에 드느니라.

비유하면 모든 왕들 중에는 전륜성왕轉輪聖王이 제일인 것처럼 이와 같이 모든 착한 법 중에서는 방일하지 않는 것을 근본으로 삼는다.……이 사이의 자세한 내용은 앞에서 말한 것과 같다.……열반에 드느니라. 비유하면 모든 천왕들 중에서는 사대천왕四大天王이 제일인 것처럼 이와 같이 모든 착한 법 중에서는 방일하지 않는 것을 근본으로 삼는다.……이 사이의 자세한 내용은 앞에서 말한 것과 같다.……열반에 드느니라.

비유하면 모든 삼십삼천 중에서는 제석천帝釋天이 제일인 것처럼 이와 같이 모든 착한 법 중에서는 방일하지 않는 것을 근본으로 삼는다.……이 사이의 자세한 내용은 앞에서 말한 것과 같다.……열반에 드느니라. 비유하면 염마천焰摩天 중에서는 숙염마천왕宿閻魔天王이 제일인 것처럼 이와 같이 모든 착한 법 중에서는 방일하지 않는 것을 근본으로 삼는다.……이 사이의 자세한 내용은 앞에서 말한 것과 같다.……열반하느니라. 비유하면 도솔천兜率天 가운데에서는 도솔천왕兜率天王이 제일인 것처럼 이와 같이 모든 착한 법 중에서는 방일하지 않는 것을 근본으로 삼는다.……이 사이의 자세한 내용은 앞에서 말한 것과 같다.……열반에 드느니라. 비유하면 화락천化樂天에서는 선화락천왕善化樂天王이 제일인 것처럼 이와 같이 모든 착한 법 중에서는 방일하지 않는 것을 근본으로 삼는다.……이 사이의 자세한 내용은 앞에서 말한 것과 같다.……열반에 드느니라. 비유하면 타화자재천他化自在天에서는 선타화자재천자善他化自在天子가 제일인 것처럼 이와 같이 모든 착한 법 중에서는 방일하지 않는 것을 근본으로 삼는다……이 사이의 자세한 내용은 앞에서 말한 것과 같다.……열반에 드느니라. 비유하면 범천梵天에서는 대범천왕大梵天王이 제일인 것처럼 이와 같이 모든 착한 법 중에서는 방일하지 않는 것을 근본으로 삼는다.……이 사이의 자세한 내용은 앞에서 말한 것과 같다.……열반에 드느니라.

비유하면 염부제의 모든 물은 다 바다로 흘러 들어가면 그 바다가 다 받아들이기 때문에 그 넓은 바다가 제일인 것처럼 이와 같이 모든 착한 법은 모두 방일하지 않음을 따른다.……이 사이의 자세한 내용은 앞에서 말한 것과 같다.……열반에 드느니라. 비유하면 모든 빗방울은 다 큰 바다로 돌아가는 것처럼 이와 같이 모든 착한 법도 다 방일하지 않는 바다로 따라 나아간다……이 사이의 자세한 내용은 앞에서 말한 것과 같다.……열반에 드느니라. 비유하면 모든 살라薩羅 중에서는 아뇩대살라阿耨大薩羅가 제일인 것처럼 이와 같이 모든 착한 법 중에서는 방일하지 않는 것을 제일로 삼는다.……이 사이의 자세한 내용은 앞에서 말한 것과 같다.……열반에 드느니라. 비유하면 염부제의 모든 강 중에서는 항하恒河·신두新頭·박차搏叉·사타司陀, 이 네 강이 제일인 것처럼 이와 같이 모든 착한 법 중에서는 방일하지 않는 것을 제일로 삼는다.……이 사이의 자세한 내용은 앞에서 말한 것과 같다.……열반에 드느니라. 비유하면 많은 별들의 광명중에서는 달이 제일인 것처럼 이와 같이 모든 착한 법 중에서는 방일하지 않는 것을 제일로 삼는다.……이 사이의 자세한 내용은 앞에서 말한 것과 같다.……열반에 드느니라. 비유하면 몸집이 큰 모든 중생 중에서는 라후羅睺 아수라왕[24]이 제일인 것처럼 이와 같이 모든 착한 법 중에서는 방일하지 않는 것을 근본으로 삼는다.……이 사이의 자세한 내용은 앞에서 말한 것과 같다.……열반에 드느니라. 비유하면 다섯 가지 즐거움을 누리는 사람들 중에서는 정생왕頂生王이 제일인 것처

24 고려대장경 본문에는 '라후라아수라羅睺羅阿修羅'라고 되어 있으나, 팔리본에는 '라후 아수라羅睺阿修羅'라고 되어 있는데, 이 명칭이 팔리어 rāhu- asurinda의 음사에 더 적합하므로 팔리본의 명칭을 따랐다.

럼 이와 같이 모든 착한 법 중에서는 방일하지 않는 것을 근본으로 삼는다.……이 사이의 자세한 내용은 앞에서 말한 것과 같다.……열반에 드느니라. 비유하면 욕계欲界의 모든 신력神力 중에서는 천마天魔 파순波旬이 제일인 것처럼 이와 같이 모든 착한 법 중에서는 방일하지 않는 것을 그 근본으로 삼는다.……이 사이의 자세한 내용은 앞에서 말한 것과 같다.……열반에 드느니라. 비유하면 일체 중생으로서 발이 없는 것·두 발 달린 것·네 발 달린 것·여러 발 달린 것·형상이 있는 것·형상이 없는 것·생각이 있는 것·생각이 없는 것·생각이 있지도 않고 없지도 않은 것들 중에서는 여래如來가 제일인 것처럼 이와 같이 모든 착한 법 중에서는 방일하지 않는 것을 근본으로 삼는다.……이 사이의 자세한 내용은 앞에서 말한 것과 같다.……열반에 드느니라. 비유하면 유위법有爲法과 무위법無爲法의 모든 법 가운데에서는 탐욕을 여의는 것이 제일인 것처럼 이와 같이 모든 착한 법 중에서는 방일하지 않는 것을 그 근본으로 삼는다.……이 사이의 자세한 내용은 앞에서 말한 것과 같다.……열반에 드느니라. 비유하면 모든 법의 무리들 중에서는 여래의 대중이 제일인 것처럼 이와 같이 모든 착한 법 중에서는 방일하지 않는 것을 그 근본으로 삼는다.……이 사이의 자세한 내용은 앞에서 말한 것과 같다.……열반에 드느니라. 비유하면 일체 존재하는 모든 세계의 고행苦行 중에서는 성인의 세계의 범행梵行이 제일인 것처럼 이와 같이 모든 착한 법 중에서는 방일하지 않는 것을 그 근본으로 삼는다.……이 사이의 자세한 내용은 앞에서 말한 것과 같다.……열반에 드느니라."

부처님께서 이 경을 말씀하시자 모든 비구들은 부처님의 말씀을 듣고 기뻐하며 받들어 행하였다.

883. 사종선경四種禪經

이와 같이 나는 들었다.

어느 때 부처님께서 사위국 기수급고독원에 계셨다.

그때 세존께서 모든 비구들에게 말씀하셨다.

"네 가지 선정이 있다. 어떤 선정은 삼매三昧에는 능숙한데 정수正受는 능숙하지 못하고 어떤 선정은 정수는 능숙한데 삼매는 능숙하지 못하며 어떤 선정은 삼매도 능숙하고 또한 정수도 능숙하며 어떤 선정은 삼매도 능숙하지 못하고 정수도 능숙하지 못하다.

또 네 가지 선정이 있다. 어떤 선정은 삼매에 머무는 것은 능숙하나 정수에 머무는 것은 능숙하지 못하며 어떤 선정은 정수에 머무는 것은 능숙하나 삼매에 머무는 것은 능숙하지 못하며 어떤 선정은 삼매에 머무는 것도 능숙하고 정수에 머무는 것도 능숙하며 어떤 선정은 삼매에 머무는 것도 능숙하지 못하고 정수에 머무는 것도 능숙하지 못하다.

또 네 가지 선정이 있다. 어떤 선정은 삼매를 일으키는 데는 능숙하나 정수를 일으키는 데는 능숙하지 못하며 어떤 선정은 정수를 일으키는 데는 능숙하나 삼매를 일으키는 데는 능숙하지 못하며 어떤 선정은 삼매를 일으키는 데에도 능숙하고 정수를 일으키는 데에도 능숙하며 어떤 선정은 삼매를 일으키는 데에도 능숙하지 못하고 정수를 일으키는 데에도 능숙하지 못하다.

또 네 가지 선정이 있다. 어떤 선정은 삼매의 때〔時〕에는 능숙하나 정수의 때에는 능숙하지 못하며 어떤 선정은 정수의 때에는 능숙하지만 삼매의 때에는 능숙하지 못하며 어떤 선정은 삼매의 때에도 능숙하고 정수의 때에도 능숙하며 어떤 선정은 삼매의 때에도 능숙하지 못하고 정수의 때에도 능숙하지 못하다.

또 네 가지 선정이 있다. 어떤 선정은 삼매의 처소에서는 능숙한데 정수의 처소에서는 능숙하지 못하며 어떤 선정은 정수의 처소에서는 능숙한데 삼매의 처소에서는 능숙하지 못하며 어떤 선정은 삼매의 처소에서도 능숙하고 정수의 처소에서도 능숙하며 어떤 선정은 삼매의 처소에서도 능숙하지 못하고 정수의 처소에서도 능숙하지 못하다.

또 네 가지 선정이 있다. 어떤 선정은 삼매를 맞이하는 것은 능숙하나 정수를 맞이하는 것은 능숙하지 못하고 어떤 선정은 정수를 맞이하는 것은 능숙하나 삼매를 맞이하는 것은 능숙하지 못하다. 어떤 선정은 삼매를 맞이하는 것도 능숙하고 정수를 맞이하는 것도 능숙하며 어떤 선정은 삼매를 맞이하는 것도 능숙하지 못하고 정수를 맞이하는 것도 능숙하지 못하다.

또 네 가지 선정이 있다. 어떤 선정은 삼매를 기억하는 데는 능숙하나 정수를 기억하는 데에는 능숙하지 못하고 어떤 선정은 정수를 기억하는 데에는 능숙하나 삼매를 기억하는 데에는 능숙하지 못하며 어떤 선정은 삼매를 기억하는 데에도 능숙하고 정수를 기억하는 데에도 능숙하며 어떤 선정은 삼매를 기억하는 데에도 능숙하지 못하고 정수를 기억하는 데에도 능숙하지 못하다.

또 네 가지 선정이 있다. 어떤 선정은 삼매를 기억하거나 기억하지 않는 데에는 능숙하지만 정수를 기억하거나 기억하지 않는 데에는 능숙하지 못하며 어떤 선정은 정수를 기억하거나 기억하지 않는 데에는 능숙하지만 삼매를 기억하고 기억하지 않는 데에는 능숙하지 못하며 어떤 선정은 삼매를 기억하거나 기억하지 않는 데에도 능숙하고 정수를 기억하거나 기억하지 않는 데에도 능숙하며 어떤 선정은 삼매를 기억하거나 기억하지 않는 데에도 능숙하지 못하고 정수를 기억하거나 기억하지 않는 데에도 능숙하지 못하다.

또 네 가지 선정이 있다. 어떤 선정은 삼매에 오는 것〔來〕에는 능숙하지만 정수에 오는 것에는 능숙하지 못하며 어떤 선정은 정수에 오는 것에는 능숙하지만 삼매 오는 것에는 능숙하지 못하며 어떤 선정은 삼매에 오는 것에도 능숙하고 정수에 오는 것에도 능숙하며 어떤 선정은 삼매에 오는 것에도 능숙하지 못하고 정수에 오는 것에도 능숙하지 못하다.

또 네 가지 선정이 있다. 어떤 선정은 삼매를 미워하는 데에는 능숙하나 정수를 미워하는 데에는 능숙하지 못하고 어떤 선정은 정수를 미워하는 데에는 능숙하나 삼매를 미워하는 데에는 능숙하지 못하며 어떤 선정은 삼매를 미워하는 데에도 능숙하고 정수를 미워하는 데에도 능숙하며 어떤 선정은 삼매를 미워하는 데에도 능숙하지 못하고 정수를 미워하는 데에도 능숙하지 못하다.

또 네 가지 선정이 있다. 어떤 선정은 삼매에서의 방편이 능숙하기는 하지만 정수에서의 방편은 능숙하지 못하며 어떤 선정은 정수에서의 방편이 능숙하기는 하지만 삼매에서의 방편은 능숙하지 못하며 어떤 선정은 삼매에서도 방편이 능숙하고 정수에서도 방편이 능숙하며 어떤 선정은 삼매에서도 방편이 능숙하지 못하고 정수에서도 방편이 능숙하지 못하다.

또 네 가지 선정이 있다. 어떤 선정은 삼매에서 그치는 것은 능숙하지만 정수에서 그치는 것은 능숙하지 못하며 어떤 선정은 정수에서 그치는 것은 능숙하지만 삼매에서 그치는 것은 능숙하지 못하며, 어떤 선정은 삼매에서 그치는 것도 능숙하고 정수에서 그치는 것도 능숙하며 어떤 선정은 삼매에서 그치는 것도 능숙하지 못하고 정수에서 그치는 것도 능숙하지 못하다.

또 네 가지 선정이 있다. 어떤 선정은 삼매를 일으키는 데에는 능숙하지만 정수를 일으키는 데에는 능숙하지 못하며 어떤 선정은 정수를 일으키는 데에는 능숙하지만 삼매를 일으키는 데에는 능숙하지 못하며 어떤 선정은 삼매를 일으키는 데에도 능숙하고 정수를 일으키는 데에도 능숙하며 어떤 선정은 삼매를 일으키는 데에도 능숙하지 못하고 정수를 일으키는 데에도 능숙하지 못하다.

또 네 가지 선정이 있다. 어떤 선정은 삼매를 평등하게 하는 데에는 능숙하지만 정수를 평등하게 하는 데에는 능숙하지 못하며 어떤 선정은 정수를 평등하게 하는 데에는 능숙하지만 삼매를 평등하게 하는 데에는 능숙하지 못하며 어떤 선정은 삼매를 평등하게 하는 데에도 능숙하고 정수를 평등하게 하는 데에도 능숙하며 어떤 선정은 삼매를 평등하게 하는 데에도 능숙하지 못하고 정수를 평등하게 하는 데에도 능숙하지 못하다."

부처님께서 이 경을 말씀하시자 모든 비구들은 부처님의 말씀을 듣고 기뻐하며 받들어 행하였다.

884. 무학삼명경無學三明經 ①

이와 같이 나는 들었다.

어느 때 부처님께서 사위국 기수급고독원에 계셨다.

그때 세존께서 모든 비구들에게 말씀하셨다.

"무학(無學 : 阿羅漢)에게는 세 가지 밝음〔三明〕이 있다. 어떤 것이 그 세 가지인가? 무학으로서 숙명을 아는 지혜의 신통〔宿命智證通〕, 무학으로서 생사를 아는 지혜의 신통〔生死智證通〕, 무학으로서 번뇌가 다한 지혜의 신통〔無漏智證通〕이 그것이니라."

그때 세존께서 곧 게송으로 말씀하셨다.

관찰하여 전생 일 알고

하늘이나 나쁜 곳에 나는 것도 본다.
나고 죽는 그 온갖 번뇌 다하면
그것은 곧 모니牟尼의 밝음이니라.

저 일체의 탐욕과 애정에서
그 마음 완전히 해탈하고
세 가지 모두 다 통달했으니
그러므로 세 가지 밝음이라 말한다.

부처님께서 이 경을 말씀하시자 모든 비구들은 부처님의 말씀을 듣고 기뻐하며 받들어 행하였다.

885. 무학삼명경 ②

이와 같이 나는 들었다.

어느 때 부처님께서 사위국 기수급고독원에 계셨다.

그때 세존께서 모든 비구들에게 말씀하셨다.

"무학無學에게는 세 가지 밝음이 있다. 어떤 것이 그 세 가지인가? 무학으로서 전생〔宿命〕을 아는 지혜의 신통, 무학으로서 생사를 아는 지혜의 신통, 무학으로서 번뇌가 다한 지혜〔無漏智〕의 신통이 그것이니라.

어떤 것이 무학으로서 전생을 아는 지혜의 신통인가? 이른바 거룩한 제자는 전생에 있었던 갖가지 일들을 다 안다. 즉 1생生에서부터 백천만 억 생에 이르기까지는 물론, 나아가 이룩되고 무너진 겁의 수효와 자기 자신과 중생들이 지냈던 과거의 일, 즉 과거엔 어떤 이름이었는가와 어떤 생을 살았는가와 어떤 성性이었는 지와 어떤 음식을 먹었는가와 어떤 괴로움과 즐거움을 받았는지 얼마만한 수명을 살았는지 등의 일과 이러이러하게 오래 머문 것과 어떤 신분으로 태어났었는지를 다 알고 또 자기 자신과 중생들이 여기서 죽어 다른 곳에 태어나고 다른 곳에서 죽어 여기에 태어난 것과 이러이러한 행위 · 이러이러한 인因 · 이러이러한 믿음으로 갖가지 전생에 겪었던 일들을 다 밝게 안다. 이런 것을 전생을 아는 지혜의 밝음이라고 말한다.

어떤 것이 생사를 아는 지혜의 밝음인가? 이른바 거룩한 제자는 사람의 눈보다 뛰어난 천안天眼으로, 모든 중생들이 죽는 때와 태어나는 때 좋은 모습과 추한 모습 귀한 몸과 천한 몸이며 나쁜 세계로 향해 가되 저마다 지은 업을 따라 태어나는 것들을 사실 그대로 알고 본다. 이런 중생들은 몸으로 나쁜 행동을 하였고 입과 뜻으로 나쁜 행동을 하였으며 성인을 비방하고 삿된 견해로 삿된 법의 인연을 받았기 때문에 몸이 무너지고 목숨을 마친 뒤에는 지옥 같은 나쁜 곳에 태어난다는 것을 사실 그대로 안다. 또 이 중생은 몸으로 착한 행동을 하였고 입으로 착한 행동을 하였으며, 뜻으로 착한 행동을 하였고 성인을 비방하지 않았고, 바른 소견을 성취했기 때문에 이 사람은 몸이 무너지고 목숨을 마친 뒤에는 천상天上이나 인간 세계와 같은 좋은 곳에 태어난다는 사실을 사실 그대로 안다. 이런 것을 생사를 아는 지혜의 밝음이라고 말한다.

어떤 것이 번뇌가 다한 지혜의 밝음인가? 이른바 거룩한 제자는 이것은 괴로움일 뿐이라고 사실 그대로 알고 이것은 괴로움의 발생원인 · 이것은 괴로움의 소멸 · 이것은 괴로움의 소멸에 이르는 길〔苦滅道跡〕임을 사실 그대로 안다. 그는 이와 같이 알고 이와 같이 보기 때문에 욕유루欲有漏에서 마음이 해탈하고 유유루有有漏에서 마음이 해탈하며 무명유루無明有漏에서 마음이 해탈하고서 또 해탈한 줄을 알아

'나의 생은 이미 다하고 범행은 이미 섰으며 할 일은 이미 마쳐 후세의 몸을 받지 않는다'라고 스스로 아느니라. 이것을 번뇌가 다한 지혜의 밝음이라고 말한다."

그때 세존께서 곧 게송으로 말씀하셨다.

관찰하여 전생 일 알고
하늘이나 나쁜 세계에 태어남을 본다.
나고 죽는 그 온갖 번뇌 다 끊어지면
그것은 곧 모니牟尼의 밝음이니라.

저 일체의 탐욕과 애욕에서
그 마음 해탈하게 된 것을 알고
세 가지 모두 다 통달했으니
그러므로 세 가지 밝음이라고 말한다.

부처님께서 이 경을 말씀하시자 모든 비구들은 부처님의 말씀을 듣고 기뻐하며 받들어 행하였다.

886. 삼명경三明經

이와 같이 나는 들었다.

어느 때 부처님께서 사위국 기수급고독원에 계셨다.

그때 어떤 바라문이 부처님께서 계신 곳으로 찾아가서 세존과 서로 마주하여 위로하였고 위로하고 나서 한쪽에 물러앉아 이렇게 말했다.

"이것은 바라문의 세 가지 밝음입니다. 이것은 바라문의 세 가지 밝음입니다."

그때 세존께서 그 바라문에게 말씀하셨다.

"어떤 것을 바라문의 세 가지 밝음이라고 하는가?"

바라문이 부처님께 아뢰었다.

"구담瞿曇이시여, 바라문의 부모는 원만한 모양에 아무 흠이 없었고 부모는 7대를 내려오는 동안 비방을 받지 않았으며 대대로 이어 늘 다른 이의 스승이 되었습니다. 또 말솜씨를 원만하게 갖추었으며 온갖 경전을 두루 외우고, 물류物類의 이름·만물의 차품差品·문자의 분합分合·역사의 처음과 끝, 이 다섯 가지 일을 다 통달하였으며, 또 얼굴도 매우 단정하였습니다. 구담이시여, 이것이 바라문의 세 가지 밝음입니다."

부처님께서 바라문에게 말씀하셨다.

"나는 문자나 말 따위를 가지고 세 가지 밝음이라고 하지 않는다. 성현聖賢의 법문에서는 진실한 세 가지 밝음을 설하였다. 즉 성현이 알고 본 것으로, 성현의 법과 율에서의 진실한 세 가지 밝음을 말하느니라."

바라문이 부처님께 아뢰었다.

"구담이시여, 어떤 것이 성현들이 알고 본 것으로 성현들의 법과 율에서 말하는 세 가지 밝음입니까?"

부처님께서 바라문에게 말씀하셨다.

"무학(無學 : 阿羅漢)에게 세 가지 밝음이 있다. 어떤 것이 그 세 가지인가? 무학으로서 전생〔宿命〕을 아는 지혜의 신통, 무학으로서 생사를 아는 지혜의 신통, 무학으로서 번뇌가 다한 지혜〔無漏智〕의 신통이 그것이니라.……이 사이의 자세한 내용은 앞에서 말한 것과 같다."

그때 세존께서 곧 게송으로 말씀하셨다.

일체의 법은 무상한 것이어라.
계를 잘 지키고 고요한 선정으로
일체의 전생 일들을 다 알게 되어
하늘과 나쁜 곳에 태어나는 줄을 알았다.
태어남을 끊었고 번뇌를 다했으니
이것이 곧 모니牟尼의 신통이니라.

모든 탐욕과 성냄과 어리석음
거기에서 마음이 해탈한 줄 알거니
나는 말하노라 이것이 세 가지 밝음으로서
그것은 말로써 다할 수 있는 것이 아니니라.

"바라문이여, 이것이 성인의 법과 율에서 말하는 세 가지 밝음이니라."

바라문이 부처님께 아뢰었다.

"구담이시여, 그것이야말로 진실한 세 가지 밝음이옵니다."

그때 바라문은 부처님 말씀을 듣고 기뻐하면서 자리에서 일어나 떠나갔다.

887. 신경信經

이와 같이 나는 들었다.

어느 때 부처님께서 사위국 기수급고독원에 계셨다.

그때 어떤 바라문이 부처님께서 계신 곳으로 찾아가서 세존과 서로 마주하여 위로하고 한쪽에 물러앉아 부처님께 아뢰었다.

"구담이시여, 제 이름은 믿음〔信〕이라고 합니다."

부처님께서 바라문에게 말씀하셨다.

"이른바 믿음이란 기운이 왕성한 계戒·보시〔施〕·들음〔聞〕·평등〔捨〕·지혜〔慧〕 이것을 믿음이라 하지, 그까짓 이름자를 믿음이라 하는 것은 아니니라."

그때 바라문은 부처님 말씀을 듣고 기뻐하면서 자리에서 일어나 떠나갔다.

888. 증익경增益經

이와 같이 나는 들었다.

어느 때 부처님께서 사위국 기수급고독원에 계셨다.

그때 어떤 바라문이 부처님께서 계신 곳으로 찾아와서 서로 마주하여 위로하고 한쪽에 물러앉아 부처님께 아뢰었다.

"구담이시여, 제 이름은 증익增益이라고 합니다."

부처님께서 바라문에게 말씀하셨다.

"이른바 증익이라는 것은 믿음을 더욱 늘려 나가고 계·들음·평등·지혜를 더욱 늘려 나가는 것이니 이것을 증익이라 하지 그 까짓 이름자를 증익이라 하는 것은 아니니라."

그때 바라문은 부처님의 말씀을 듣고 기뻐하면서 자리에서 일어나 떠나갔다.

889. 등기경等起經

이와 같이 나는 들었다.

어느 때 부처님께서 사위국 기수급고독원에 계셨다.

그때 어떤 바라문이 부처님께서 계신 곳으로 찾아와서 안부를 여쭙고 한쪽에 물러앉아 부처님께 아뢰었다.

"세존이시여, 제 이름은 등기等起라고 합니다."

부처님께서 바라문에게 말씀하셨다.

"등기라는 말은 이른바 믿음을 일으키고 계·들음·평등·지혜를 일으키는 것이니, 이것을 등기라 하지 그까짓 이름자를 등기라 하는 것은 아니니라."

그때 바라문은 부처님의 말씀을 듣고 기뻐하면서 자리에서 일어나 떠나갔다.

890. 무위법경無爲法經

이와 같이 나는 들었다.

어느 때 부처님께서 사위국 기수급고독원에 계셨다.

그때 세존께서 모든 비구들에게 말씀하셨다.

"마땅히 너희들을 위해 무위법無爲法과 무위도적無爲道跡[25]에 대하여 말하리니 자세히 듣고 잘 생각해 보아라.

어떤 것이 무위법인가? 이른바 탐욕을 영원히 다 없애고 성냄과 어리석음을 영원히 다 없앴으며 일체의 번뇌가 영원히 다 없어진 것이

25 무위無爲의 도를 통달하는 것을 말함.

니, 이것을 무위법이라 하느니라.

어떤 것이 무위도적인가? 8성도분聖道分을 말하는 것이다. 즉 바른 소견〔正見〕·바른 뜻〔正志〕·바른 말〔正語〕·바른 업〔正業〕·바른 생활〔正命〕·바른 방편〔正方便〕·바른 기억〔正念〕·바른 선정〔正定〕이니, 이것을 무위도적이라 하느니라."

부처님께서 이 경을 말씀하시자 모든 비구들은 부처님의 말씀을 듣고 기뻐하며 받들어 행하였다.

무위법에 대하여 설하신 경에서와 같이 보기 어려움〔難見〕·움직이지 않음〔不動〕·굽히지 않음〔不屈〕·죽지 않음〔不死〕·번뇌 없음〔無漏〕·덮어줌〔覆蔭〕·섬〔洲渚〕·건짐〔濟渡〕·의지依止·옹호擁護·흘러 바뀌지 않음〔不流轉〕·이치염離熾焰·이소연離燒然·유통流通·맑고 시원함〔淸凉〕·미묘함〔微妙〕·안은함〔安隱〕·무병無病·무소유無所有·열반涅槃에 대해서도 똑같이 말씀하셨다.

891. 모단경毛端經

이와 같이 나는 들었다.

어느 때 부처님께서 사위국 기수급고독원에 계셨다.

그때 세존께서 모든 비구들에게 말씀하셨다.

"비유하면 호수의 너비와 길이가 가각 50유순由旬이요, 깊이도 또한 그와 같은 데 어떤 사내가 한 털끝으로 그 호수의 물을 찍어낸다면 어떤가? 비구들아, 그 호수의 물이 더 많은가, 그 사내의 털끝의 한 방울 물이 더 많은가?"

비구들이 부처님께 아뢰었다.

"세존이시여, 그 사내의 털끝의 물은 너무도 적을 따름입니다. 호수의 물은 한량없는 천만 억 곱이나 많아 비교할 수가 없습니다."

부처님께서 비구들에게 말씀하셨다.

"참다운 이치를 완전히 보고 바른 견해를 원만하게 갖춘 세존의 제자는 참다운 이치의 결과를 단박에 바로 본다. 그는 그때에는 괴로움을 끊어야 하는 것인 줄 이미 알고 그 근본 끊기를 다라多羅나무 밑동을 끊는 것처럼 하여 다시는 돋아나지 못하게 한다. 그래서 그가 끊은 온갖 괴로움이 한량없이 매우 많아 큰 호수와 같고 남은 괴로움은 털끝의 물방울과 같으니라."

부처님께서 이 경을 말씀하시자 모든 비구들은 부처님의 말씀을 듣고 기뻐하며 받들어 행하였다.

털끝의 물방울 이야기에서와 같이 풀잎 끝의 물방울 이야기도 또한 똑같이 설하셨고, 호수의 물 이야기서와 같이 살라다타가薩羅多吒伽·항수(恒水 : 갠지스강)·야부나耶扶那·살라유薩羅洩·이라발제伊羅跋提·마혜摩醯의 큰 바다〔大海〕에 대해서도 똑같이 말씀하셨다.

부처님께서 이 경을 말씀하시자 모든 비구들은 부처님의 말씀을 듣고 기뻐하며 받들어 행하였다.

892. 육내처경六內處經

이와 같이 나는 들었다.

어느 때 부처님께서 사위국 기수급고독원에 계셨다.

그때 세존께서 모든 비구들에게 말씀하셨다.

"안의 6입처入處가 있다. 어떤 것이 그 여섯 가지인가? 눈〔眼〕이라는 내입처(內入處 : 안의 감관)와 귀·코·혀·몸·뜻이라는 내입처가 그것이다. 여기에서 여섯 가지 법法에 대해서 그 인(忍 : 理法)에 대한 확실한 認知을 관찰하면 그것을 신행信行이라고 한다. 그는 초탈하여 생生을 여의었고 범부凡夫의 지위를 벗어났더라도 아직 수다원과須陀洹果를 얻지는 못했나니, 그러나 결국에는 그가 목숨을 마치기 전에 반드시 이 수다원과를 얻게 되느니라. 만일 이 모든 법을 더욱 늘려 향상시켜서 인忍을 관찰하면 그것을 법행法行이라고 한다. 그는 거기서 초월하여 생을 여의고 범부의 지위는 벗어났더라도 아직 수다원과는 얻지 못했나니, 그러나 결국에는 목숨을 마치기 전에 반드시 수다원과를 얻게 되느니라.

만일 이 모든 법을 사실 그대로의 바른 지혜로 관찰하면, 이른바 신견身見·계취戒取·의疑 등의 세 가지 번뇌〔三結〕가 다 끊어지고 이미 끊어진 줄을 알리니, 이것을 수다원이라고 이름한다. 그는 결정코 나쁜 세계에는 떨어지지 않고 반드시 삼보리三菩提에 나아가 일곱 번 천상과 인간을 왕래하면서 태어났다가 마침내는 괴로움을 완전하게 다 벗어나느니라.

다시 이러한 모든 법을 바른 지혜로 관찰하면 온갖 번뇌를 일으키지 않고 탐욕을 여의어서 해탈하나니 이것을 아라한이라고 이름한다. 그는 모든 번뇌는 이미 다 끊어졌고 할 일을 이미 마쳤으며 온갖 무거운 짐을 벗어던지고 자기 자신이 이익을 얻으며 존재하는 것이라고 집착하는 모든 번뇌를 다 끊고 바른 지혜로서 마음이 잘 해탈하느니라."

부처님께서 이 경을 말씀하시자 모든 비구들은 부처님의 말씀을 듣고 기뻐하며 받들어 행하였다.

안의 6입처에 대해서 설한 경에서와 같이, 바깥의 6입처·6식신識

身·6촉신觸身·6수신受身·6상신想身·6사신思身·6애신愛身·6계신界身·5음陰에 대해서도 똑같이 설하셨다.

893. 오종종자경五種種子經

이와 같이 나는 들었다.

어느 때 부처님께서 사위국 기수급고독원에 계셨다.

그때 세존께서 모든 비구들에게 말씀하셨다.

"다섯 가지 생生하게 하는 종자가 있다. 어떤 것이 그 다섯 가지인가? 그것은 뿌리종자·줄기종자·마디종자·가지종자·씨앗종자를 말하는 것이다. 이 여러 가지 종자들은 끊어지지도 않고 부서지지도 않으며 썩지도 않고 상하지도 않으며 단단하여 구멍이 뚫리지도 않는다. 그러나 이러한 종자들도 새 땅〔地界〕은 얻었으나 물〔水界〕을 얻지 못하면 저 모든 종자들은 싹이 나서 자라거나 더욱 뻗어 나가지 못할 것이다. 또 물은 얻었으나 땅을 얻지 못해도 그 종자들은 싹이 터서 자라거나 더욱 뻗어나가지 못할 것이다. 반드시 땅과 물을 함께 얻어야 그 종자들은 싹이 트고 자라나며 더욱 뻗어나갈 수 있을 것이다.

이와 같이 업業도 번뇌煩惱·존재〔有〕·탐애〔愛〕·견해〔見〕·거만〔慢〕·무명無明이 있어서 행行을 내는데, 혹 업은 있어도 번뇌·탐애·견해·거만·무명이 없으면 행은 곧 사라지느니라."

부처님께서 이 경을 말씀하시자 모든 비구들은 부처님의 말씀을 듣고 기뻐하며 받들어 행하였다.

행에 대하여 설하신 것과 같이 의식〔識〕·정신과 몸〔名色〕·6입처

入處 · 감촉〔觸〕 · 느낌〔受〕 · 탐애〔愛〕 · 취取 · 존재〔有〕 · 태어남〔生〕 · 늙음〔老〕 · 죽음〔死〕에 대해서도 똑같이 말씀하셨다.

894. 여실지경如實知經

이와 같이 나는 들었다.

어느 때 부처님께서 사위국 기수급고독원에 계셨다.

그때 세존께서 모든 비구들에게 말씀하셨다.

"내가 이 세간과 세간이 생겨난 원인〔集〕에 대해서 이와 같이 알지 못하였더라면, 나는 끝내 모든 하늘 · 악마 · 범梵 · 사문 · 바라문과 모든 세간에서 해탈하거나 벗어나거나 또 여의거나 뒤바뀐 생각에서 벗어나지 못했을 것이다. 그리고 아뇩다라삼먁삼보리阿耨多羅三藐三菩提를 증득했다는 소리도 듣지 못했을 것이다.

나는 이 세간과 세간이 생겨난 원인에 대해서 사실 그대로 알았기 때문에, 나는 모든 하늘 · 세간 사람 · 악마 · 범 · 사문 · 바라문 및 다른 중생들로부터 해탈을 얻고 벗어나며, 여의게 되어 마음은 뒤바뀐 생각에서 벗어나 원만하게 머물게 되었고, 또 아뇩다라삼먁삼보리를 얻었느니라."

부처님께서 이 경을 말씀하시자 모든 비구들은 부처님의 말씀을 듣고 기뻐하며 받들어 행하였다.

이 세간과 세간이 생겨난 원인에 대해서 경에서 말씀하신 것처럼 세간의 사라짐〔世間滅〕 · 세간이 생겨난 원인〔世間集〕 · 세간을 벗어남〔世間出〕과 세간이 생겨난 원인 · 세간의 사라짐〔世間滅〕 · 세간의 맛〔世間味〕 · 세간의 근심〔世間患〕 · 세간을 벗어남과, 세간이 생겨난 원인 · 세간의 사라짐 · 세간을 벗어남과, 세간이 생겨난 원인 · 세간이 사라지는 길과 세간이 생겨난 원인 · 세간의 사라짐 · 세간이 생겨나는 길과 · 세간이 사라지는 길과 세간이 생겨난 원인 · 세간의 사라짐 · 세간의 맛 · 세간의 근심 · 세간의 벗어남과 세간이 생겨난 원인 · 세간의 사라짐 · 세간이 생겨난 길 · 세간이 사라지는 길 · 세간의 맛 · 세간의 근심 · 세간을 벗어남에 대한 것도 위에서와 같이 말씀하셨다.

부처님께서 이 경을 말씀하시자 모든 비구들은 부처님의 말씀을 듣고 기뻐하며 받들어 행하였다.

895. 삼애경三愛經

이와 같이 나는 들었다.

어느 때 부처님께서 사위국 기수급고독원에 계셨다.

그때 세존께서 모든 비구들에게 말씀하셨다.

"세 가지 탐애〔愛〕가 있다. 어떤 것이 그 세 가지인가? 이른바 욕애欲愛 · 색애色愛 · 무색애無色愛이니, 이 세 가지 탐애를 끊으려면 큰 스승을 구해야 하느니라."

부처님께서 이 경을 말씀하시자 모든 비구들은 부처님의 말씀을 듣고 기뻐하며 받들어 행하였다.

큰 스승을 구하는 것에 대하여 설한 경에서와 같이 다음 스승〔次師〕 · 가르치는 스승〔教師〕 · 널리 인도하는 스승〔廣導師〕 · 제도하는 스승〔度師〕 · 널리 제도하는 스승〔廣度師〕 · 연설하는 스승〔說師〕 · 널리 연설하는 스승〔廣說師〕 · 따라서 연설하는 스승〔隨說師〕 · 아사리阿闍梨 · 동반同伴 · 참으로 아는 착한 벗〔眞知識之善友〕 · 가엾이 여김〔哀

懸〕·자비慈悲·옳은 것을 바람〔欲義〕·편안하기를 바람〔欲安〕·즐겁기를 바람〔欲樂〕·접촉하기를 바람〔欲觸〕·통하기를 바람〔欲通〕·욕심 있는 사람〔欲者〕·정진하여 통하는 사람〔精通者〕·방편을 쓰는 사람〔方便者〕·벗어난 사람〔出者〕·견고한 사람〔堅固者〕·용맹스러운 사람〔勇猛者〕·잘 참아내는 사람〔堪能者〕·거두어 주는 사람〔攝者〕·항상한 사람〔常者〕·배우는 사람〔學者〕·방일하지 않는 사람〔不放逸者〕·닦는 사람〔修者〕·생각하는 사람〔思惟者〕·기억하는 사람〔憶念者〕·깨달은 사람〔覺想者〕·헤아리는 사람〔思量者〕·행이 깨끗한 사람〔梵行者〕·신력 있는 사람〔神力者〕·지혜로운 사람〔智者〕·유식한 사람〔識者〕·슬기로운 사람〔慧者〕·분별하는 사람〔分別者〕·염처念處·정근精勤·근根·역力·각覺·도道·지관止觀·염신念身·바른 사유〔正思惟〕를 구하는 것에 대해서도 똑같이 말씀하셨다.

896. 삼유루경三有漏經

이와 같이 나는 들었다.

어느 때 부처님께서 사위국 기수급고독원에 계셨다.

그때 세존께서 모든 비구들에게 말씀하셨다.

"세 가지 번뇌〔有漏〕가 있다. 어떤 것이 그 세 가지인가? 탐유루欲有漏·유유루有有漏·무명유루無明有漏이니, 이 세 가지 번뇌를 끊으려면 큰 스승을 구해야 하느니라."

부처님께서 이 경을 말씀하시자 모든 비구들은 부처님의 말씀을 듣고 기뻐하며 받들어 행하였다.

큰 스승을 구하는 것에 대하여 설한 경에서와 같이……(이하 생략)……바른 사유〔正思惟〕를 구하는 데까지에 대해서도 똑같이 말씀하셨다.

897. 라후라경羅候羅經

이와 같이 나는 들었다.

어느 때 부처님께서 왕사성의 가란다죽원에 계셨다.

그때 존자 라후라羅睺羅가 부처님께서 계신 곳으로 찾아가서 부처님 발에 머리 조아려 예배하고, 한쪽에 물러앉아 부처님께 아뢰었다.

"세존이시여, 어떻게 알고 어떻게 보아야, 제가 이 의식의 몸〔識身〕과 바깥 경계의 일체 현상에 대하여 생각하지 않고, 그 가운데에서 모든 번뇌를 없앨 수 있겠습니까?"

부처님께서 라후라에게 말씀하셨다.

"안의 6입처入處가 있다. 어떤 것이 그 여섯 가지인가? 눈〔眼〕이라는 입처入處와 귀・코・혀・몸・뜻이라는 입처가 그것이다. 이런 여러 가지 법을 바른 지혜로 관찰하면 모든 번뇌를 없애고 바른 지혜로 마음이 잘 해탈하나니, 이를 아라한이라고 이름한다. 그는 모든 번뇌를 다 없애고 할 일을 이미 마쳤으며 무거운 짐을 버리고 자기 자신이 이익을 얻었으며 모든 존재의 결박을 다 풀고 바른 지혜로 마음이 해탈하느니라."

부처님께서 이 경을 말씀하시자 모든 비구들은 부처님의 말씀을 듣고 기뻐하며 받들어 행하였다.

안의 6입처에 대하여 말한 것과 같이 바깥의 6입처와……(이하 생략)……5음陰에 대한 것도 위에서와 같이 말씀하셨다.

898. 안이단경眼已斷經

이와 같이 나는 들었다.

어느 때 부처님께서 왕사성의 가란다죽원에 계셨다.

그때 세존께서 모든 비구들에게 말씀하셨다.

“만일 비구라면 눈에 대한 탐욕을 끊어야 한다. 그 탐욕을 끊은 사람은 눈이 이미 끊어졌다〔眼已斷〕고 하며, 그리고 이미 끊은 줄을 알고 그 뿌리 끊기를 다라나무의 밑동을 끊는 것처럼 하여 미래 세상에 태어나지 않는 법을 성취한다. 눈에 대한 것과 같이 귀·코·혀·몸·뜻에 대한 것도 또한 이와 같이 말하리라.”

부처님께서 이 경을 말씀하시자 모든 비구들은 부처님의 말씀을 듣고 기뻐하며 받들어 행하였다.

안의 6입처에 대하여 설하신 경에서와 마찬가지로 바깥의 6입처……(이하 생략)……5음陰에 대해서도 똑같이 말씀하셨다.

899. 안생경眼生經

이와 같이 나는 들었다.

어느 때 부처님께서 왕사성의 가란다죽원에 계셨다.

그때 세존께서 모든 비구들에게 말씀하셨다.

“만일 비구가 눈이 생기고〔生〕·깃들고〔住〕·성취하여 나타나면 괴로움이 생기고 병이 깃들며 늙음과 죽음이 나타난다. 이와 같이……(이하 생략)……뜻〔意〕에 있어서도 또한 그와 같이 말하리라. 만일 눈이 사라지고·쉬고·없어지면 괴로움도 곧 사라지고·병이 곧 쉬며·늙음과 죽음도 곧 없어진다.……(이하 생략)……뜻에 있어서도 또한 그와 같이 말하리라."

부처님께서 이 경을 말씀하시자 모든 비구들은 부처님의 말씀을 듣고 기뻐하며 받들어 행하였다.

안의 6입처에 대하여 설하신 경에서와 마찬가지로, 바깥의 6입처……(이하 생략)……5음陰에 대해서도 똑같이 말씀하셨다.

900. 미착경味着經

이와 같이 나는 들었다.

어느 때 부처님께서 왕사성의 가란다죽원에 계셨다.

그때 세존께서 모든 비구들에게 말씀하셨다.

"만일 비구가 눈에 대해 맛들여 집착하면 곧 큰 번뇌가 생기고 큰 번뇌가 생기면 모든 더러운 마음에 대한 탐욕을 여의지 못하며 그 장애도 또한 끊지 못한다.……(이하 생략)……뜻의 입처(入處 : 감관)에 대한 것도 또한 그와 같이 말하리라."

부처님께서 이 경을 말씀하시자 모든 비구들은 부처님의 말씀을 듣고 기뻐하며 받들어 행하였다.

안의 6입처에 대하여 설하신 경에서와 마찬가지로 바깥의 6입처……(이하 생략)……5음陰에 대해서도 똑같이 말씀하셨다.

901. 선법건립경善法建立經

이와 같이 나는 들었다.

어느 때 부처님께서 왕사성의 가란다죽원에 계셨다.

그때 세존께서 모든 비구들에게 말씀하셨다.

"비유하면 세간의 만들어진 것들은 모두 다 땅을 의지해 건립建立되는 것처럼 일체 착한 법은 다 안의 6입처를 의지해 건립되느니라."

부처님께서 이 경을 말씀하시자 모든 비구들은 부처님의 말씀을 듣고 기뻐하며 받들어 행하였다.

안의 6입처에 대하여 설하신 경에서와 마찬가지로 바깥의 6입처……(이하 생략)……5음陰에 대해서도 똑같이 말씀하셨다.

902. 여래제일경如來第一經

이와 같이 나는 들었다.

어느 때 부처님께서 왕사성의 가란다죽원에 계셨다.

그때 세존께서 모든 비구들에게 말씀하셨다.

"발이 없는 것·두 발·네 발·많은 발을 가진 것·형상 있는 것·형상 없는 것·생각 있는 것·생각 없는 것·생각이 있지도 않고 생각이 없지도 않는 것 등의 모든 중생 중에서 여래가 제일이니라.……(이하 생략)……거룩한 계〔聖戒〕에 대한 것도 그와 같이 말하리라."

903. 이탐법제일경離貪法第一經

이와 같이 나는 들었다.

어느 때 부처님께서 왕사성의 가란다죽원에 계셨다.

그때 세존께서 모든 비구들에게 말씀하셨다.

"모든 세간의 중생이 하는 일은 그 모두가 다 땅을 의지하여 건립되는 것처럼 유위有爲·무위無爲의 모든 법에서는 함이 있거나 함이 없는 모든 법에서는 탐욕을 여의는 법이 제일이다.……이 사이의 자세한 내용은 앞의 경에서 말한 것과 같다.……거룩한 계에 대한 것도 그와 같이 말하리라."

부처님께서 이 경을 말씀하시자 모든 비구들은 부처님의 말씀을 듣고 기뻐하며 받들어 행하였다.

904. 성문제일경聲聞第一經

이와 같이 나는 들었다.

어느 때 부처님께서 왕사성의 가란다죽원에 계셨다.

그때 세존께서 모든 비구들에게 말씀하셨다.

"이 세간의 모든 중생은 모두 다 땅을 의지해 건립되는 것처럼 마찬가지로 일체 중생 중에서는 여래의 성문 대중이 가장 제일이니라.……이 사이의 자세한 내용은 앞에서 말한 것과 같다.……거룩한 계에 대한 것도 그와 같으니라."

부처님께서 이 경을 말씀하시자 모든 비구들은 부처님의 말씀을 듣고 기뻐하며 받들어 행하였다.

잡아함경 제 32 권

905. 외도경外道經[1]

이와 같이 나는 들었다.

어느 때 부처님께서 왕사성의 가란다죽원에 계셨다.

그때 존자 마하 가섭摩訶迦葉과 존자 사리불舍利弗은 기사굴산耆闍崛山에 있었다. 그때 많은 외도 출가자들이 존자 사리불에게 나아가 존자와 서로 문안하고 위로한 다음 한쪽에 물러나 앉아서 존자 사리불에게 말했다.

"어떻습니까? 사리불이시여, 여래께서는 후세後世에 나고 죽음이 있습니까?"[2]

사리불이 말했다.

"외도들이여, 세존께서는 그것에 대해서 확실하게 말씀하시지 않으셨습니다〔無記〕."

---

1 이 소경은 『별역잡아함경』 제6권 열네 번째 소경과 같은 내용이다.

2 여래는 사후死後에도 존재하는가에 대한 질문이다.

또 물었다.

“어떻습니까? 사리불이여, 여래는 후세에 나고 죽음이 없습니까?”

사리불이 대답하였다.

“외도들이여, 세존께서는 그것에 대해서도 확실하게 말씀하시지 않으셨습니다.”

또 물었다.

“사리불이여, 여래께서는 후세에 나고 죽음이 있기도 하고 나고 죽음이 없기도 합니까?”

사리불이 대답하였다.

“세존께서는 그것에 대해서도 확실하게 말씀하시지 않으셨습니다.”

또 물었다.

“사리불이여, 여래께서는 후세에 나고 죽음이 있는 것도 아니고 후세에 나고 죽음이 없는 것도 아닙니까?”

사리불이 대답하였다.

“외도들이여, 세존께서는 그것에 대해서도 확실하게 말씀하시지 않으셨습니다.”

그러자 여러 외도 출가자들이 존자 사리불에게 또 물었다.

“무슨 까닭에 저희가 여래께서는 후세에 나고 죽음이 있는지, 후세에 나고 죽음이 없는지, 후세가 있기도 하고 없기도 한지, 후세가 있지도 않고 없지도 않은지를 질문하였는데, 매번 답하기를 ‘세존께서는 그것에 대해서 확실하게 말씀하시지 않으셨습니다’라고 대답하십니까? 무슨 까닭에 상좌上座께서는 어리석고 미련한 사람처럼 잘 대답하지도 못하시고 분별하지도 못하시며, 마치 어린애처럼 자기주장이 뚜렷한 지혜가 없습니까?”

이렇게 말하고는 자리에서 일어나 떠나버렸다.

그때 존자 마하 가섭과 존자 사리불은 서로의 거리가 멀리 떨어져 있지 않은 나무 밑에 앉아서 제각기 낮 선정에 들어 있었다. 존자 사리불은 여러 외도 출가자들이 떠나버린 것을 알고 나서, 존자 마하 가섭이 있는 곳으로 찾아가 서로 문안하고 위로한 뒤에 한쪽에 물러나 앉아서 여러 외도 출가자들과 이야기했던 일을 존자 마하 가섭에게 자세히 말했다.

"존자 마하 가섭이시여, 무슨 인연因緣으로 세존께서는, 후세에 나고 죽음이 있는지, 후세에 나고 죽음이 없는지, 후세에 나고 죽음이 있기도 하고 없기도 한지, 후세에 나고 죽음이 있지도 않고 없지도 않은지에 대해 확실하게 말씀하시지 않으셨습니까?"

존자 마하 가섭이 사리불에게 말했다.

"만일 여래께서 후세에 나고 죽음이 있다고 말씀하신다면 그것은 색色이 되는 것이요, 만일 여래께서 후세에 나고 죽음이 없다고 말씀하신다면 그것도 색이 되는 것입니다. 만일 여래께서 후세에 나고 죽음이 있다던가, 후세에는 나고 죽음이 없다고 말씀하신다 해도 그것은 색이 되는 것이요, 만일 여래께서 후세에 나고 죽음이 있지도 않고 후세에 나고 죽음이 없는 것도 아니다라고 말씀하신다면 그것도 색이 되는 것입니다. 여래께서는 색이 이미 다하셨고 마음이 잘 해탈하셨습니다. 그러므로 후세에 나고 죽음이 있다고 말하면 그것은 옳지 못하고, 후세에 나고 죽음이 없다거나, 후세가 있기도 하고 후세가 없기도 하다거나, 또는 후세에 나고 죽음이 있는 것도 아니고 후세에 나고 죽음이 없는 것도 아니다라고 말씀하시더라도 그것도 또한 옳지 않습니다. 여래는 색이 이미 다하였고 마음이 잘 해탈하셨으며, 매우 깊고 넓고 크며 한량이 없고 헤아릴 수도 없는 분으로서 적멸열반寂滅涅槃에 드셨기 때문입니다. 사리불이여, 만일 여래께서 후세의 나고 죽음이 있다고 말한다면 그것은 곧 수受가 되고 상想이 되며 행行이 되고 식識이 되며 움직임〔動〕이 되고 생각함〔慮〕이 되며 헛된 속임수

〔虛誑〕가 되고 유위有爲가 되며 애욕〔愛〕이 되고,……(이하 생략)……후세가 있지도 않고 없지도 않다는 것에 대해서도 또한 그렇게 말할 것입니다. 여래는 애욕〔愛〕이 이미 다하셨고 마음이 잘 해탈하셨습니다. 그러므로 후세가 있다고 말하는 것도 옳지 않고 후세가 없다고 말하거나, 후세가 있기도 하고 후세가 없기도 하다고 말하던가, 후세는 있는 것도 아니고 없는 것도 아니다라고 말한다면 그것도 옳지 않습니다. 여래는 애욕이 이미 다하셨고 마음이 잘 해탈하여, 매우 깊고 넓고 크며 한량이 없고 헤아릴 수 없으며 적멸열반에 드셨기 때문입니다. 사리불이여, 이와 같은 인因과 이와 같은 연緣이 있기 때문에 누가 세존께 '여래는 있는가 없는가, 혹은 있기도 하고 없기도 한가, 또 후세에 나고 죽음이 있는 것도 아니고 없는 것도 아닌가?' 하고 물어도 정확하게 말씀하지 않으신 것입니다."

그때 두 정사正士는 서로 이야기하기를 마치고 제각기 본래 있었던 곳으로 돌아갔다.

906. 법손괴경法損壞經[3]

이와 같이 나는 들었다.

어느 때 부처님께서 사위국 기수급고독원에 계셨다.

그때 존자 마하 가섭은 사위국 동쪽 공원에 있는 녹자모鹿子母 강당에 있었다. 그는 해질 무렵에 선정에서 깨어나 부처님께서 계신 곳으로 찾아가 부처님 발에 머리 조아려 예배하고는 한쪽에 물러나 앉아서 부처님께 아뢰었다.

---

3 이 소경은 『별역잡아함경』 제6권 열다섯 번째 소경과 같은 내용이다.

“세존이시여, 무슨 인연因緣으로 세존께서 과거에는 여러 성문聲聞들을 위해 계를 적게 제정하셨는데도 그때의 비구들은 대부분 마음으로 즐겁게 여기며 배우고 익혔는데, 지금은 성문들을 위해 많은 계를 제정하셨는데도 모든 비구들이 즐겁게 여겨 익히고 배우는 이가 적은 것은 무슨 까닭입니까?”

부처님께서 말씀하셨다.

“그렇다. 가섭아, 지금은 명탁命濁·번뇌탁煩惱濁·겁탁劫濁·중생탁衆生濁·견탁見濁[4]으로 인하여 중생들의 착한 법이 퇴보하여 줄어들었기 때문에 대사(大師 : 부처님) 자신을 지칭하는 말가 성문들을 위해 많은 계를 제정하였으나 즐겨 배우고 익히는 이가 적은 것이다. 가섭아, 비유하면 마치 겁劫이 무너지려고 할 때가 되면 진짜 보물이 다 없어지지는 않았으나 온갖 비슷한 가짜 보배가 세상에 나오나니, 가짜 보배가 세상에 나오면 진짜 보배는 곧 사라지고 만다.[5] 이와 같이 가섭아, 여래의 바른 법이 사라지려고 할 때가 되면 비슷한 상법像法이 나오나니, 비슷한 상법이 세상에 나오면 바른 법은 곧 사라지게 되느니라.

비유하면 큰 바다에서 많은 보배를 배에 가득 실으면 배가 곧 가라앉고 마는 것과 같다. 그러나 여래의 바른 법은 그렇지 않고 차츰차츰 사라진다. 여래의 바른 법은 지계地界에도 부서지지 않고 수계水界·

---

4 이것을 통틀어 5탁濁이라고 한다. 즉 악세惡世에 생겨나는 다섯 가지의 혼탁한 것들로서 첫째 명탁命濁은 인간의 수명이 점점 단축되는 것이요, 둘째 번뇌탁煩惱濁은 탐욕·성냄·어리석음 등의 번뇌가 일어나 성행하는 것이요, 셋째 겁탁劫濁은 기근饑饉·질병·전쟁 등의 악업惡業이 일어나는 것이요, 넷째 중생타衆生濁는 인간의 과보가 점점 쇠해져 중생의 마음이 둔감해지고 신체가 허약해지며, 고통은 많고 행복은 적어지는 것이요, 다섯째 견탁見濁은 각종 삿된 생각과 나쁜 견해가 성행하는 것을 말한다.

5 이 비유는 비슷한 상법像法이 세상에 출현하면 정법正法은 사라지게 됨을 의미한다.

화계火界·풍계風界에도 부서지지 않는데,……(이하 생략)……나쁜 중생들이 세상에 나와 온갖 악惡을 즐겨 행하고 온갖 악을 행하려 하며, 또 온갖 악을 성취해 가지고 법 아닌 것을 법이라고 말하고 법을 법이 아니라고 하며, 율律이 아닌 것을 율이라고 하고 정작 율은 율이 아니라고 하여 비슷한 법의 글귀와 뜻이 불꽃처럼 성하면 여래의 바른 법은 여기서 사라지게 되느니라.

가섭아, 다섯 가지 인연이 있어서 여래의 바른 법을 사라지게 하느니라.

어떤 것이 그 다섯 가지인가? 만일 비구가 큰 스승님에 대해서 공경하거나 존중하지 않고 마음을 낮추어 공양하지도 않으면서 거기에 의지해 살아가고 그의 법이나 학문이나 또는 가르침을 따르는 이나 깨끗한 행을 행하는 이, 즉 큰 스승님이 칭찬하는 사람들을 공경하거나 존중하지 않고 마음을 낮추어 공양하지도 않으면서 그것을 의지해 살아간다면 가섭아, 이것을 이른바 다섯 가지 인연으로 인하여 바른 법이 사라진다고 하는 것이니라.

가섭아, 또 다섯 가지 인연이 있어 여래의 바른 법과 율을 사라지지 않게 하고 잊히지 않게 하며 물러나지 않게 한다.

어떤 것이 그 다섯 가지인가? 만일 비구가 큰 스승님에 대하여 공경하고 존중하며, 마음을 낮추어 공양하면서 그것을 의지해 살아가고, 그의 법과 학문과 가르침을 따르는 이와 온갖 깨끗한 행〔梵行〕을 행하는 이들인, 즉 큰 스승님이 칭찬하고 찬양하는 사람들을 공경하고 존중하며, 마음을 낮추어 공양하면서 거기에 의지해 살아가는 것이다. 가섭아, 이것이 이른바 다섯 가지 인연이 있어서 여래의 법과 율을 사라지지 않게 하고 잊히지 않게 하며 물러나지 않게 한다는 것이니라.

그러므로 가섭아, 마땅히 이와 같이 공부해야 한다.

'큰 스승님을 반드시 공경하고 존중하며 마음을 낮추어 공양하면서 의지해서 살아가자. 그리고 그 법과 학문과 가르침을 따르는 이와 깨끗한 행을 행하는 사람들인, 즉 큰 스승님께서 찬탄하시는 사람들을 공경하고 존중하며 마음을 낮추어 공양하면서 거기에 의지해 살리라.'"

부처님께서 이 경을 말씀하시자 존자 마하 가섭은 기뻐하고 따라 기뻐하면서 예배하고 떠나갔다.

907. 차라주라경遮羅周羅經[6]

이와 같이 나는 들었다.

어느 때 부처님께서 왕사성의 가란다죽원에 계셨다.

그때 나라那羅 마을 촌장인 차라주라遮羅周羅가 부처님께서 계신 곳으로 찾아가서 앞에서 문안을 드리고 위로한 뒤에 한쪽에 물러나 앉아서 부처님께 아뢰었다.

"구담이시여, 제는 옛날 노래하고 춤추며 장난치고 웃고 하던 늙고 덕 있는 스승이 이와 같이 말하였다고 들었습니다.

'만일 광대 아이〔伎兒〕가 대중들 앞에서 노래하고 춤추며 장난질 치고 웃고 하면서 여러 가지 다양한 재주로 저 대중들을 기쁘게 하고 웃기면, 그 업연業緣 때문에 그는 몸이 무너지고 목숨이 끝난 뒤에는 환희천歡喜天에 태어난다.'

이에 대하여 구담瞿曇의 법에서는 어떻게 말합니까?"

부처님께서 촌장에게 말씀하셨다.

---

6 이 소경은 『별역잡아함경』 제7권 첫 번째 소경과 같은 내용이다.

"그만두라. 그 이치는 묻지 말라."

이렇게 두 번 세 번 말씀하셨으나 그래도 청하기를 그치지 않았다. 그러자 부처님께서 촌장에게 물으셨다.

"내가 지금 그대에게 물으리니, 그대는 마음대로 대답하라. 옛날 이 마을 중생들은 탐욕을 여의지 못하여 탐욕이라는 번뇌에 묶였고, 성냄을 여의지 못하여 성냄의 번뇌에 묶였으며, 어리석음을 여의지 못하여 어리석음의 번뇌에 묶였다. 그런데 그 여러 어린 광대들은 대중들 앞에서 갖가지 노래와 춤과 풍류와 익살로 그 대중들을 기쁘게 해주고 웃게 하였다. 촌장이여, 저 좋아하고 기쁘게 웃고 즐기던 사람들이 어찌 탐욕 · 성냄 · 어리석음의 번뇌에 결박됨이 더욱 더 늘어나지 않았겠는가?"

촌장이 부처님께 아뢰었다.

"그렇습니다, 구담이시여."

"촌장이여, 비유하면 어떤 사람이 밧줄에 묶였는데, 다시 어떤 사람이 오랜 세월 동안 나쁜 마음을 가지고 그 사람을 그릇된 이치로 해치고 고통을 주어 불안하고 불쾌하게 하기 위해 그를 묶은 밧줄에 물을 자주 뿌리면 그 사람의 결박은 어찌 갈수록 더욱 조이지 않겠는가?"

촌장이 말하였다.

"그렇습니다. 구담이시여."

부처님께서 말씀하셨다.

"촌장이여, 그 옛날 중생들도 또한 그와 같다. 탐욕과 성냄과 어리석음의 결박을 여의지도 못했는데 저 아이가 부리는 익살을 보고 즐거워하고 기뻐하며 웃으므로 말미암아 그 결박이 더욱 굳어진 것이다."

촌장이 말하였다.

"실로 그렇습니다. 구담이시여, 저 모든 어린 광대들은 그 중생들을 즐거워하게 하고 기쁘게 웃겨서 탐욕과 성냄과 어리석음의 결박이 더욱 더 견고하게 하였습니다. 그 인연으로 말미암아 몸이 무너지고 목숨이 끝난 뒤에 좋은 곳에 태어난다는 것은 그런 이치는 없는 것입니다."

부처님께서 촌장에게 말씀하셨다.

"만일 그 옛날의 어린 광대들이 대중을 즐겁게 하고 기쁘게 웃겼으므로 그 업의 인연으로 환희천에 태어난다고 말한다면 그것은 삿된 견해이다. 만일 삿된 견해라면 그는 반드시 지옥〔地獄趣〕이나 축생〔畜生趣〕, 이 두 곳 중에 태어나게 될 것이다."

이렇게 말씀하실 때 나라 마을 촌장 차라주라는 눈물을 흘리면서 슬피 울었다.

그때 세존께서 촌장에게 말씀하셨다.

"그런 이유로 나는 아까 그대가 세 번이나 물었는데도 대답하지 않고 '촌장이여, 그만두라. 그 이치는 묻지 말라'라고 말했던 것이다."

촌장이 부처님께 아뢰었다.

"구담이시여, 저는 구담의 말씀 때문에 슬피 우는 것이 아니옵니다. 저는 왜 오늘날까지 저렇게도 어리석고 분별력이 없으며, 나쁜 어린 광대들의 견해에 속았는가 하고 생각해보았습니다. 저들은 '대중들 앞에서 온갖 풍류를 울리면서……(이하 생략)……환희천에 태어난다'고 말했습니다. 저는 이제 분명히 생각하고 있습니다.

'어떻게 저 어린 광대들이 노래와 춤과 익살로 인하여 환희천에 태어날 수 있겠는가?'

구담이시여, 저는 오늘부터 저 어린 광대들의 악하고 착하지 않은 업을 버리고 부처님과 법과 비구스님들께 귀의하겠습니다."

부처님께서 말씀하셨다.

"훌륭하다. 촌장이여, 이것이 가장 진실한 요체이니라."

그때 나라 마을 촌장 차라주라는 부처님의 말씀을 듣고 기뻐하고 따라 기뻐하면서 부처님의 발에 예배하고 기뻐하며 떠나갔다.

908. 전투활경戰鬪活經[7]

이와 같이 나는 들었다.

어느 때 부처님께서 왕사성의 가란다죽원에 계셨다.

그때 전사〔戰鬪活〕 마을의 촌장이 부처님께서 계신 곳으로 찾아가서 공손히 문안드렸다. 문안을 드리고 나서 한쪽에 물러나 앉아서 부처님께 아뢰었다.

"구담이시여, 저는 오래전에 어떤 늙고 덕 있는 전사에게서 이런 말을 들었습니다.

'만일 전사이라면 몸에 갑옷을 껴입고 손에는 날카로운 무기를 들고 장사將士가 되어 선봉에 서서 수단과 방편을 다해 원수인 적을 잘 무찌르면 그는 이 업보業報가 연緣이 되어 전항복천箭降伏天에 태어난다.'

이런 이치에 대하여 구담의 법에서는 어떻게 생각하십니까?"

부처님께서 전사에게 말씀하셨다.

"그만두어라. 그 이치는 묻지 말라."

이렇게 두 번 세 번 묻자 부처님께서도 두 번 세 번 그만두게 하셨는데도 오히려 질문을 그만두지 않았다.

부처님께서 촌장에게 말씀하셨다.

"내가 지금 그대에게 물을 것이니 그대는 마음대로 대답하라. 촌장

---

7 이 소경은 『별역잡아함경』 제7권 두 번째 소경과 같은 내용이다.

이여, 그대 생각에는 어떠한가? 만일 전사가 몸에 갑옷을 입고 전사의 선봉이 되어 수단과 방편을 다하여 원수인 적을 잘 무찌르고자 한다면 그 사람이 어찌 상해傷害하려는 마음을 먼저 일으켜 저들을 결박하고 칼을 씌워 찔러 죽이려는 마음을 내지 않을 수 있겠는가?"

촌장이 부처님께 아뢰었다.

"그렇습니다, 세존이시여."

부처님께서 촌장에게 말씀하셨다.

"싸움을 하게 되면 세 가지 악을 짓게 되나니 몸과 입과 뜻으로 짓는 것이다. 이러한 세 가지 악한 인연 때문에 몸이 무너지고 목숨이 끝난 뒤에 전항복천과 같은 좋은 곳에 태어난다고 하는 것은 그런 이치가 없느니라."

부처님께서 촌장에게 말씀하셨다.

"만일 옛날의 늙고 덕 있는 전사가 이와 같은 견해를 가지고 '만일 전사들이 몸에 갑옷을 입고 손에는 날카로운 무기를 들고 적을 향해 선봉에 서서 수단과 방편을 다하여 원수인 적을 잘 무찌르면 그 사람은 그 인연 때문에 전항복천에 태어난다'고 그러한 말을 하였다면, 그것은 삿된 견해이니, 이러한 삿된 견해를 가진 사람은 틀림없이 지옥이나 축생, 이 두 곳에 태어날 것이다."

이렇게 말씀하시자 저 촌장은 눈물을 흘리면서 슬피 울었다.

부처님께서 마을 주인에게 말씀하셨다.

"그런 까닭에 나는 아까 그대에게 두 번 세 번 '그만두어라. 너를 위해 말하지 않으리라'라고 말했던 것이다."

촌장이 부처님께 아뢰었다.

"저는 구담의 말씀 때문에 우는 것이 아닙니다. 제가 생각해보니, 옛날부터 여러 늙고 덕 있는 전사들이 어리석고 미련하며 착하지도 못하고 분별하지도 못해서 오랜 세월 동안 저를 속여 이와 같이 말하였습니다.

'만일 군인으로서 몸에 갑옷을 입고 손에는 예리한 무기를 들고 적을 향해 선봉에 서서……(이하 생략)……전항복천에 태어난다.'

그래서 저는 슬피 우는 것입니다. 저는 이제 분명히 생각하나이다.

'저 전사들이 악한 업의 인연으로 몸이 무너지고 목숨이 끝난 뒤에 전항복천에 난다는 것은 그럴 이치가 없다.'

구담이시여, 저는 오늘부터 온갖 악업惡業을 버리고 부처님과 법과 비구스님들께 귀의하겠습니다."

부처님께서 촌장에게 말씀하셨다.

"이것은 가장 진실한 요체이니라."

그때 촌장인 전사는 부처님의 말씀을 듣고 기뻐하고 따라 기뻐하면서 자리에서 일어나 예배하고 떠나갔다.

909. 조마경調馬經[8]

이와 같이 나는 들었다.

어느 때 부처님께서 왕사성의 가란다죽원에 계셨다.

그때 말 조련사인 촌장이 부처님께서 계신 곳으로 찾아가서 공손하게 문안을 드리고 한쪽에 물러앉았다. 그때 세존께서 말 조련사인 촌장에게 말씀하셨다.

"말을 잘 길들이는 방법이 몇 가지나 되는가?"

촌장이 대답하였다.

"구담이시여, 세 가지 방법이 있습니다. 어떤 것이 그 세 가지인가

---

8 이 소경은 『별역잡아함경』 제7권 세 번째 소경과 같은 내용이다.

하면, 첫째는 부드럽게 다루는 것이고, 둘째는 강하게 다루는 것이며, 셋째는 한편 부드러우면서도 한편으로는 강하게 다루는 방법입니다."

부처님께서 촌장에게 말씀하셨다.

"만일 그 세 가지 법으로도 말이 길들지 않을 때에는 어떻게 해야 하는가?"

촌장이 말하였다.

"곧 당장 그 말을 죽여 버립니다."

촌장이 다시 부처님께 아뢰었다.

"구담이시여, 무상조어장부(無上調御丈夫 : 부처님)을 지칭하는 말께서는 몇 가지 법으로 장부들을 길들이십니까?"

부처님께서 촌장에게 말씀하셨다.

"나도 또한 세 가지 방법으로 장부를 길들이느니라. 어떤 것이 그 세 가지인가 하면, 첫째는 부드럽게 하는 방법이요, 둘째는 강하게 다루는 방법이며, 셋째는 한편 부드러우면서도 한편으로는 강하게 다루는 방법이니라."

촌장이 부처님께 아뢰었다.

"구담이시여, 만일 세 가지 방법으로 장부를 길들이다가 그래도 길들여지지 않을 때에는 어떻게 하시겠습니까?"

부처님께서 촌장에게 말씀하셨다.

"세 가지 방법으로 길들이다가 그래도 길들여지지 않으면 곧 당장 죽여 버린다. 왜냐하면 내 법으로 하여금 굴욕을 당하지 않게 하기 위해서이니라."

말 조련사인 촌장이 부처님께 아뢰었다.

"구담의 법에서 살생을 하는 것은 부정不淨한 것이라고 합니다. 그래서 구담의 법에서는 마땅히 살생을 하지 않아야 할 것입니다.

그런데 지금 길들여지지 않으면 당장 죽여 버리시겠다고 말씀하셨습니까?"

부처님께서 촌장에게 말씀하셨다.

"그대가 '여래如來의 법에서는 살생을 하는 것은 부정한 것이니, 여래는 마땅히 살생을 하지 않아야 할 것입니다'라고 말한 것과 같다. 그러나 촌장이여, 나는 세 가지 방법으로 장부를 길들이다가 그가 길들여지지 않으면, 나는 다시는 그와 더불어 말을 나누지 않고 다시는 그를 가르치지도 않으며, 다시는 그를 훈계하지도 않느니라. 촌장이여, 만일 여래인 조어장부가 다시는 그와 더불어 말을 나누지 않고 다시는 그를 가르치지도 않으며 다시는 그를 훈계하지도 않으면, 그것이 어찌 그를 죽이는 것이 되지 않겠는가?"

말 조련사인 촌장이 부처님께 아뢰었다.

"구담이시여, 만일 조어장부께서 다시는 그와 더불어 말을 나누지 않고 다시는 그를 가르치지도 않으며 다시는 그를 훈계하지도 않으면, 그것은 진실로 그를 죽이는 것이옵니다. 그러므로 저는 오늘부터 모든 나쁜 업을 버리고 부처님과 법과 비구 스님에게 귀의하겠습니다."

부처님께서 마을의 주인에게 말씀하셨다.

"그것이 가장 진실한 요체이니라."

부처님께서 이 경을 말씀하시자 말 조련사인 촌장이 부처님의 말씀을 듣고 기뻐하고 따라 기뻐하면서 곧 자리에서 일어나 예배하고 떠나갔다.

910. 흉악경凶惡經[9]

이와 같이 나는 들었다.

어느 때 부처님께서 왕사성의 가란다죽원에 계셨다.

그때 흉악兇惡 촌장이 부처님께서 계신 곳으로 찾아가서 부처님의 발에 머리 조아리고는 한쪽에 물러나 앉아서 부처님께 아뢰었다.

"세존이시여, 어떤 법을 닦지 않았기 때문에 남에게 성을 내고, 성을 내기 때문에 입으로 나쁜 말을 하며, 남들이 그로 인해 나쁜 이름을 저에게 붙였습니까?"

부처님께서 촌장에게 말씀하셨다.

"바른 소견〔正見〕을 닦지 않았기 때문에 남에게 성을 내게 되고 성을 내기 때문에 입으로 나쁜 말을 하게 되어 남들이 그로 인해 나쁜 이름을 붙이게 된 것이니라. 또 바른 뜻〔正志〕·바른 말〔正語〕·바른 업〔正業〕·바른 생활〔正命〕·바른 방편〔正方便〕·바른 기억〔正念〕·바른 선정〔正定〕을 닦지 않았기 때문에 남에게 성을 내게 되고, 남에게 성을 내기 때문에 입으로 나쁜 말을 하게 되며 남들이 그로 인해 나쁜 이름을 붙이게 된 것이니라."

촌장이 다시 여쭈었다.

"세존이시여, 어떤 법을 닦아 익히면 남에게 성을 내지 않게 되고 성을 내지 않기 때문에 입으로 좋은 말을 하여 남들이 그로 인해 좋은 이름을 붙여주게 됩니까?"

부처님께서 촌장에게 말씀하셨다.

"바른 소견을 닦으면 남에게 성을 내지 않게 되리니, 성을 내지 않기 때문에 입으로 좋은 말을 하게 되며 남들은 그 때문에 좋은 이름을

9 이 소경은 『별역잡아함경』 제7권 네 번째 소경의 내용과 같다.

붙여 줄 것이니라. 또 바른 뜻과 바른 말 · 바른 업 · 바른 생활 · 바른 방편 · 바른 기억 · 바른 선정을 닦으면, 남에게 성을 내지 않고 성을 내지 않기 때문에 입으로 좋은 말을 하여 남들은 그 때문에 좋은 이름을 붙여줄 것이니라."

흉악 촌장이 부처님께 아뢰었다.

"기이합니다. 세존이시여, 그 말씀을 잘 해주셨습니다. 저는 바른 소견을 닦지 않았기 때문에 남에게 성을 내고 남에게 성을 내기 때문에 입으로 나쁜 말을 하게 되어, 남들은 그 때문에 저에게 나쁜 이름을 붙여 주었습니다.

또 바른 뜻 · 바른 말 · 바른 업 · 바른 생활 · 바른 방편 · 바른 기억 · 바른 선정을 닦지 않았기 때문에 남에게 성을 내고 남에게 성을 내기 때문에 입으로 나쁜 말을 하게 되어 남들은 그 때문에 저에게 나쁜 이름을 붙여 주었습니다. 그러므로 저는 지금부터 성내고 억세고 거친 행동을 모두 버리겠습니다."

부처님께서 촌주에게 말씀하셨다.

"그것은 가장 진실한 요체이니라."

부처님께서 이 경을 말씀하시자 흉악 촌장은 기뻐하고 따라 기뻐하면서 예배하고 물러갔다.

911. 마니주계경摩尼珠髻經[10]

이와 같이 나는 들었다.

어느 때 부처님께서 왕사성의 가란다죽원에 계셨다.

10 이 소경은 『별역잡아함경』 제7권 다섯 번째 소경과 같은 내용이다.

그때 마니주계摩尼珠髻 촌장이 부처님께서 계신 곳을 찾아가서 부처님의 발에 머리 조아리고는 한쪽에 물러나 앉아서 부처님께 아뢰었다.

"세존이시여, 예전에 국왕이 대신들을 모두 불러 모아놓고 함께 의논하여 말하였습니다.

'어떤가? 사문 석자釋子 비구는 스스로 금·은 따위의 보물들을 받아 쌓아두면 그것을 깨끗하다고 하는가, 깨끗하지 못하다고 하는가?'

그 대신들 중에 어떤 사람은 '사문 석자는 마땅히 금·은 따위의 보물을 스스로 받아 쌓아두어야 합니다'라고 말하고, 또 어떤 이는 '금·은 따위의 보물을 스스로 받아 쌓아두지 않아야 한다'고 말하였습니다. 세존이시여, 저 말 중에 '사문 석자는 당연히 금·은 따위의 보물을 스스로 받아 쌓아두어야 한다'고 말한 사람은 부처님에게서 들은 것입니까? 아니면 스스로의 마음을 드러낸 말입니까? 그런 말을 한 사람은 법을 따르는 것이옵니까, 법을 따르지 않는 것이옵니까? 또는 진실한 말이옵니까, 거짓말이옵니까? 이렇게 말한 사람은 꾸짖음을 받을 만하지 않습니까?"

부처님께서 촌장에게 말씀하셨다.

"그 말은 거짓말로서 진실한 말이 아니요, 법다운 말도 아니며, 법을 따르는 말도 아니요, 꾸짖음을 받을 만한 말이다. 왜냐하면 사문 석자로서 스스로 금·은 따위의 보물을 받아 쌓아 두는 것은 깨끗하지 못한 일이기 때문이다. 그러므로 만일 스스로 자신을 위해 금·은 따위의 보물을 받아 쌓아둔다면 그것은 사문의 법이 아니요, 석씨 종족의 법이 아니니라."

촌장이 부처님께 아뢰었다.

"기이합니다. 세존이시여, 사문 석자로서 금·은 따위의 보물을 받아 쌓아놓은 것은 사문의 법도 아니고 석씨 종족의 법이 아니라고 하신 말씀은 진실한 말씀입니다. 세존이시여, 그런 말을 하는 사람은 훌륭하고 묘한 법을 더욱 자라나게 하는 사람이니, 저도 '사문 석자는 마땅히 스스로 금·은 따위의 보물을 받아 쌓아두지 않아야 한다'고 그렇게 말하겠습니다.

부처님께서 촌장에게 말씀하셨다.

"만일 사문 석자로서 스스로 금·은 따위의 보물을 받아 쌓아두는 것을 깨끗하다고 한다면, 다섯 가지 욕망〔五欲功德〕도 다 깨끗하다고 해야 할 것이다."

마니주계 촌장은 부처님의 말씀을 듣고 기뻐하면서 예배하고 떠나갔다.

그때 세존께서는 마니주계 촌장이 떠나간 줄 아시고 존자 아난에게 말씀하셨다.

"가란다죽원에 사는 비구들을 불러 모두 식당에 모이게 하라."

그때 존자 아난은 곧 부처님의 명령을 받고 주변에 영을 내려 가란다죽원에 살고 있는 비구들을 모두 식당에 모이게 하였다. 비구들이 다 모이자 세존께 나아가 아뢰었다.

"비구들이 모두 식당에 모였습니다. 세존께서는 때가 되었음을 아소서."

그때 세존께서는 식당으로 나아가시어 대중들 앞에 앉으셨다. 앉으시고 나서 모든 비구들에게 말씀하셨다.

"오늘 마니주계 촌장이 나를 찾아와서 이와 같이 말하였다.

'전날 국왕이 대신들을 모아놓고 이와 같은 논의를 하였습니다. 사문 석자로서 스스로 금·은 따위의 보물을 받아 쌓아두는 것이 청정한 일이겠느냐고 하자 그 중 어떤 이는 청정하다고 말하고, 어떤 이는 청정하지 않다고 말하였습니다. 그래서 지금 세존께 여쭙는 것이오니 청정하다고 말한 사람의 말은 세존에게서 들은 말이옵니까, 아니면 스스로 거짓말을 하는 것입니까?'……이 사이의 자세한 내용은 앞에서 말한 것과 같다.

그 마니주계 촌장은 내 말을 듣고 기뻐하면서 예배하고 떠나갔다.

비구들아, 국왕과 대신들이 함께 모여 이야기한 것을 가지고 저 마니주계 촌장은 대중들 앞에서 사자처럼 외쳤다.

'사문 석씨의 종족이라면 스스로 금·은 따위의 보물을 받아 쌓아두지 않아야 한다.'

비구들아, 너희들은 오늘부터 나무가 꼭 필요할 때만 나무를 구하고, 풀이 꼭 필요할 때에만 풀을 구할 것이며 수레가 꼭 필요할 때에만 수레를 구하고 일꾼이 꼭 필요할 때에만 일꾼을 구할 것이며 부디 자신을 위해서 금·은 따위의 갖가지 보물들을 받아 취하지 말라."

부처님께서 이 경을 말씀하시자 모든 비구들은 부처님의 말씀을 듣고 기뻐하며 받들어 행하였다.

912. 왕정경王頂經[11]

이와 같이 나는 들었다.

어느 때 부처님께서 첨바국瞻婆國 게가지揭伽池 곁에 계셨다.

그때 왕정王頂이라는 촌장이 부처님께서 계신 곳으로 찾아가서 부처님의 발에 머리를 조아리고는 한쪽에 물러앉았다. 그때 세존께서 왕정 촌장에게 말씀하셨다.

"요즘 중생들은 두 극단〔二邊〕에 의지하고 있다. 어떤 것이 그 두 가지인가? 첫째는 비천하고 하열하고 농부와 보통 범부들이나 즐기

11 이 소경은 『별역잡아함경』 제7권 여섯 번째 소경과 같은 내용이다.

는 다섯 가지 욕망을 좋아하고 탐닉하는 것이요, 둘째는 제 자신을 괴롭히는 방편을 써서 바르지 않고 이치에 맞지 않는 이익을 얻으려는 것이다. 촌장이여, 비천하고 하열하고 농부와 보통 범부들이나 좋아 즐기는 욕락欲樂에도 세 가지가 있고 제 자신을 괴롭히는 방편으로 바르지 않고 이치에 맞지 않은 이익을 얻으려는 데에도 세 가지가 있다.

촌장이여, 어떤 것이 비천하고 하열하고 농부와 보통 범부들이나 좋아 즐기는 욕락欲樂의 세 가지인가? 어떤 욕락을 누리는 사람은 법답지 않게 함부로 취하여 제 자신을 안락하고 기쁘게 하지도 않고, 부모를 공양하거나 형제·처자·노비奴婢·권속·벗·아는 이를 돌보지도 않으며, 또한 때를 따라 사문 바라문에게 공양함으로써 좋은 곳에 태어나 안락을 누리는 과보인, 즉 미래에 천상에 태어나기를 애타게 구하지도 않는다. 이것을 첫 번째 세간의 욕락을 누리는 사람이라고 하느니라.

또 촌장이여, 어떤 욕락을 누리는 사람은 법답거나 법답지 않게 함부로 재물을 취하여 제 자신을 안락하고 기쁘게 하며 부모를 공양하기도 하고 형제·처자·노비·권속·벗·아는 이를 돌보아 주기는 하되 때를 따라 사문 바라문에게 공양함으로써 훌륭한 곳에 태어나 안락을 누리는 과보인, 즉 미래에 천상에 태어나기를 애타게 구하지는 않는다. 이것을 두 번째 욕락을 누리는 사람이라고 하느니라.

또 촌장이여, 어떤 욕락을 누리는 사람은 법답게 재물을 구하고 함부로 취하지 않아 제 자신을 안락하고 기쁘게 하며 부모를 공양하기도 하고 형제·처자·노비·권속·아는 이를 돌보기도 하며, 또 때를 따라 사문 바라문에게 공양함으로써 훌륭한 곳에 태어나 안락을 누리는 과보인, 즉 미래에 천상에 태어나기를 구하기도 한다. 이것을 나는 세 번째 욕락을 누리는 사람이라고 하느니라.

촌장이여, 나는 욕락을 누리는 사람이 누구나 다 한결같이 평등하다고는 말하지 않는다. 나는 다만 하천한 사람이 누리는 욕락과 그 중간 사람이 누리는 욕락과 매우 훌륭한 사람이 누리는 욕락을 말하는 것이다. 어떤 것이 하천한 사람이 누리는 욕락인가? 이른바 법답지 않게 함부로 취하고,……(이하 생략)……훌륭한 곳에 태어나 안락을 누리는 과보인, 즉 미래에 천상에 태어나기를 애타게 구하지도 않는 것이니, 이것을 나는 하천한 사람이 누리는 욕락이라고 말한다. 어떤 것이 중간 사람이 누리는 욕락인가? 이른바 그가 누리는 욕락이란 법답거나 법답지 않게 함부로 재물을 취하여,……(이하 생략)……미래에 천상에 태어나기를 애타게 구하지도 않는 것이니, 이것을 나는 두 번째 중간 사람이 누리는 욕락이라고 말한다. 어떤 것이 훌륭한 사람이 누리는 욕락인가? 이른바 그는 법답게 재물을 구하고,……(이하 생략)……미래에 천상에 태어나기를 구하는 것이니, 이것을 나는 세 번째 훌륭한 사람이 누리는 욕락이라고 말하느니라.

어떤 것이 제 자신을 괴롭히는 방편을 써서 바르지 못하고 이치에 맞지 않는 이익을 얻으려는 세 가지인가? 어떤 이는 제 자신을 괴롭혀서 고갈된 삶을 살아간다.[12] 처음에는 계를 범하고 계를 더럽혔으나, 그는 온갖 고행苦行을 닦고 열심히 방편을 써서 머물 곳에 머문다. 그렇지만 그는 현재 세상에서 불꽃처럼 왕성한 번뇌를 여의거나 인간 세상의 법을 초월하거나 훌륭하고 묘한 지견으로 안락하게 머물거나 하지 못한다. 촌장이여, 이것이 내가 제 자신을 괴롭히는 방편으로 고갈된 삶을 살아간다고 말한 첫 번째이니라.

또 제 자신을 괴롭히는 방편으로 고갈된 삶을 살아가는 어떤 사람

---

12 고행苦行에 지나치게 집착하여 자신의 몸을 괴롭히는 것으로 그렇게 평생 괴롭게 살아가는 것을 말한다.

은 애초에 계를 범하거나 계를 더럽히지 않고서 갖가지 고행을 닦지만 그 또한 이로 말미암아 현재 세상에서 불꽃처럼 왕성한 번뇌를 여의거나 인간 세상의 법을 초월하거나 훌륭하고 묘한 지견으로 안락하게 머물거나 하지는 못한다. 이것이 내가 제 자신을 괴롭히는 방편으로 고갈된 삶을 살아간다고 말한 두 번째이니라.

또 제 자신을 괴롭히는 방편으로 고갈된 삶을 살아가는 어떤 사람은 처음부터 계를 범하거나 계를 더럽히지 않고서 온갖 괴로운 방편을 닦지만 현재 세상에서 불꽃처럼 왕성한 번뇌를 여의지는 못하고 인간 세상의 법을 초월하거나 뛰어난 훌륭하고 묘한 지견으로 안락하게 머물기는 합니다. 이것이 내가 제 자신을 괴롭히는 방편으로 고갈된 삶을 살아간다고 말한 세 번째이니라.

촌장이여, 나는 제 자신을 괴롭게 하는 방편을 써서 고갈된 삶을 살아가는 모든 사람들이 똑같이 평등하다고는 말하지 않는다. 나는 제 자신을 괴롭게 하는 방편을 쓰는 사람에 하천한 사람이 있음을 말하고 제 자신을 괴롭게 하는 방편을 쓰는 사람에 중간인 사람이 있음을 말했으며 제 자신을 괴롭게 하는 방편을 쓰는 사람에 훌륭한 사람이 있음을 말한 것이다.

어떤 것이 제 자신을 괴롭게 하는 방편을 쓰는 사람 중에 하열한 사람인가? 만일 그가 제 자신을 괴롭게 하는 방편으로 처음에는 계를 범하고 계를 더럽혔으나,……(이하 생략)……훌륭하고 묘한 지견으로 안락하게 머물지 못하면, 이것을 나는 제 자신을 괴롭게 하는 방편을 쓰는 사람 중에 하열한 사람이라고 말한다.

어떤 것이 제 자신을 괴롭게 하는 방편을 쓰는 사람 중에 중간쯤 되는 사람인가? 만일 그가 제 자신을 괴롭게 하는 방편을 써서 애초에 계를 범하거나 더럽히지 않고,……(이하 생략)……훌륭하고 묘한 지견으로 안락하게 머물지 못하면, 이것을 나는 제 자신을 괴롭게 하는 방편을 쓰는 사람 중에 중간쯤 되는 사람이라고 말한다.

어떤 이가 제 자신을 괴롭게 하는 방편을 쓰는 사람 중에 훌륭한 사람인가? 만일 그가 제 자신을 괴롭게 하는 방편을 써서 고갈된 삶을 살아가면서 처음부터 계를 범하거나 계를 더럽히지 않고서,……(이하 생략)……훌륭하고 묘한 지견으로 안락하게 머물지 못하면[13] 이것을 나는 제 자신을 괴롭게 하는 방편을 쓰는 사람 중에 훌륭한 사람이라고 말하느니라.

촌장이여, 이것을 이른바 제 자신을 괴롭히는 방편을 쓰지만 그 괴로움은 법답지 않고 바르지 않으며 이치에 맞지 않는 이익을 구하는 세 가지이니라.

촌장이여, 비천하고 하열하고 농부와 보통 범부들이나 좋아 즐기는 세 가지 욕락欲樂으로 향하지 않고 제 자신을 괴롭게 하는 방편을 쓰지만 그 괴로움은 법답지 않고 바르지 않으며 이치에 맞지 않는 이익을 구하는 세 가지로 향하지 않는 길〔道〕이 있고 방도〔跡〕가 있다.

촌장이여, 어떤 길과 어떤 방도가 세 가지 욕락을 누리는 것과 세 가지 제 자신을 괴롭게 하는 방편으로 향하지 않게 하는가? 촌장이여, 탐욕이 장애가 되기 때문에 혹 제 자신을 해치려 하거나 남을 해치려고 하며, 혹은 자기와 남을 한꺼번에 해치려고 한다. 그래서 현세와 후세에서 그 죄의 과보果報를 받아 마음에 근심하고 괴로워한다. 또 성냄과 어리석음이 장애가 되기 때문에 혹 제 자신을 해치려 하거나 남을 해치려고 하며, 혹은 자기와 남을 한꺼번에 해치려고 한다. 그래서 현세와 후세에서 그 죄의 과보를 받아 마음으로 근심하고 괴

13 고려대장경 원문에는 '불不'자가 있지만, 본문 앞 문장의 내용과, 『별역잡아함경』 제7권 여섯 번째 소경의 내용을 고려해 볼 때 '불'자는 생략하거나, '소少'자로 바꿔야 문의文意에 적합할 듯하다.

로워한다.

그러므로 만일 탐욕의 장애를 여의면 방편으로 제 자신을 해치려 하거나 남을 해치려 하거나, 혹은 제 자신과 남을 한꺼번에 해치려고 하지 않을 것이고 현세나 후세에서 그 죄의 과보를 받지 않아 그 마음〔心〕과 마음작용〔心法〕에 있어 항상 기쁨과 즐거움을 느낄 것이다.

이와 같이 성냄과 어리석음의 장애를 여의면, 제 자신을 해치려 하지 않고 남을 해치려 하지 않으며, 제 자신과 남을 한꺼번에 해치려 하지 않을 것이고 현세와 후세에서 그 죄의 과보를 받지 않아, 그 마음과 마음작용에 있어 항상 안락함을 느낄 것이다. 그리고 현재 세상에서 불꽃처럼 치열한 번뇌를 여의어 시절을 기다리지 않고 열반과 가까워질 것이고, 곧 현재 세상에서 그 몸으로 스스로 깨달아 알게 될 것이니라. 존장이여, 이와 같이 현재 세상에서 불꽃처럼 치열한 번뇌를 영원히 여의면 시절을 기다리지 않고 열반과 가까워질 것이고, 곧 현재 세상에서 그 몸으로 스스로 깨달아 알 것이라고 한 것은 바른 소견과……(이하 생략)……바른 선정의 여덟 가지 거룩한 길을 수행해야 그렇게 될 수 있느니라."

세존께서 이 법을 말씀하실 때 왕정 존장은 티끌과 때를 멀리 여의고 법안法眼이 깨끗하게 되었다. 그때 왕정 존장은 법을 보고 법을 얻었으며 법을 알고 법에 깊이 들어가 의심에서 벗어나되 남에게 의지하지 않고 바른 법과 율로써 두려움이 없게 되었다. 그는 곧 자리에서 일어나 옷을 바르게 여미고 합장하고 부처님께 아뢰었다.

"저는 이제 제도되었습니다. 세존이시여, 지금부터 부처님과 법과 비구스님들께 귀의하여 목숨이 다할 때까지 우바새가 되겠습니다."

그때 그는 부처님의 말씀을 듣고 기뻐하면서 예배하고 떠나갔다.

913. 갈담경竭曇經[14]

이와 같이 나는 들었다.

어느 때 부처님께서 역사(力士 : 나라 이름)국[15] 인간 세상을 유행하시다가 울비라鬱鞞羅라는 곳에 이르시어 앵무염부림鸚鵡閻浮林에 계셨다.

그때 갈담竭曇[16] 촌장은 사문 구담瞿曇께서 역사국 인간 세상을 유행하시다가 울비라라는 마을에 있는 앵무염부림에 이르시어 현재 세상의 괴로움의 발생원인〔苦集〕과 괴로움의 소멸〔苦沒〕에 대하여 연설하신다는 말을 듣고, '내가 당장 저 사문 구담을 찾아가야 하겠다. 만일 내가 사문 구담을 찾아가면 그는 틀림없이 나를 위해 현재 세상의 괴로움의 발생원인과 괴로움의 소멸에 대하여 설명해주실 것이다.'

그리고는 곧 울비라 마을로 가서 세존께서 계신 곳으로 찾아가 부처님 발에 머리 조아려 예배하고 한쪽에 물러나 앉아서 부처님께 아뢰었다.

세존이시여, 제가 들으니 세존께서는 항상 사람들을 위해 현재 세상의 괴로움의 발생원인과 괴로움의 소멸에 대하여 연설해주신다고 합니다. 훌륭하신 세존이시여, 저를 위하여 현재 세상의 괴로움의 발생원인과 괴로움의 소멸에 대하여 설명하여 주소서."

부처님께서 촌장에게 말씀하셨다.

"내가 만일 과거 세상의 괴로움의 발생원인과 괴로움의 소멸에 대하여 말했을 때, 네가 그것을 믿을지 믿지 않을지, 바라는지 바라지

---

14 이 소경은 『별역잡아함경』 제7권 일곱 번째 소경과 같은 내용이다.

15 고대 인도 16대국 가운데 한 나라로 말라국末羅國을 말한다.

16 이 소경의 뒷부분과 명본明本에는 게담揭曇으로 되어 있다.

않는지, 기억하는지 기억하지 않는지, 좋아하는지 좋아하지 않는지를 나는 다 안다. 너는 지금 괴로워하는가? 내가 만일 미래의 괴로움의 발생원인과 괴로움의 소멸에 대하여 말했을 때 네가 그것을 믿을지 믿지 않을지, 바라는지 바라지 않는지, 기억하는지 기억하지 않는지, 좋아하는지 좋아하지 않는지를 나는 다 안다. 너는 지금 괴로워하는가? 내가 지금 여기에서 현재 세상의 괴로움의 발생원인과 괴로움의 소멸에 대하여 말하리라.

촌장이여, 중생들이 가지고 있는 괴로움은 모두 다 애욕이 근본이 된다. 애욕에서 생기고 애욕으로 쌓이며 애욕으로 인해 일어나고 애욕이 그 원인이 되며 애욕이 그 조건이 되어 괴로움이 생기느니라."

촌장이 부처님께 아뢰었다.

"세존이시여, 너무 간략하게 설법하시고 자세히 분별해주지 않으셨기 때문에 저는 잘 이해하지 못하겠습니다. 훌륭하신 세존이시여, 오직 원컨대 자세히 말씀하시어 저희들로 하여금 이해할 수 있게 해주소서."

부처님께서 촌장에게 말씀하셨다.

"내가 이제 너에게 물으리니 너는 네 마음에 우러나는 대로 대답하라. 촌장이여, 네 생각에는 어떠하냐? 만일 어떤 중생이 이 울비라 마을에 살고 있는 사람을 결박하거나 때리거나 꾸짖거나 혹 죽인다면, 네 마음에 근심·슬픔·번민·고통이 일어나겠느냐?"

촌장이 부처님께 아뢰었다.

"세존이시여, 일정하지는 않습니다. 이 울비라 마을에 살고 있는 중생들로서 내가 바라는 이거나 탐내는 이거나 애정을 두고 있는 이거나 기억하는 이거나 서로 친한 이라면 그가 결박되거나 맞거나 혹 꾸짖음을 듣거나 죽임을 당할 때에 저는 곧 근심·슬픔·번민·고통이 생길 것입니다. 그러나 만일 그 중생에 대하여 내가 바라지 않거나 탐나지 않거나 애정이 없거나 기억이 없거나 서로 친한 사이가 아니라면 그가 혹 결박되거나 맞거나 꾸짖음을 듣거나 죽임을 당한다 한들 제가 어찌 쓸데없이 근심·슬픔·번민·고통을 일으키겠습니까?"

부처님께서 촌장에게 말씀하셨다.

"그러므로 마땅히 알아야 한다. 중생들에게 생기는 갖가지 괴로움은 모두가 다 애욕이 근본이 된다. 그 괴로움은 애욕에서 생기고 애욕으로 인해 쌓이며 애욕으로 인해 일어나고 애욕이 그 원인이 되며 애욕이 그 조건이 되어 온갖 괴로움이 생기느니라. 촌장이여, 네 생각에는 어떠하냐? 너는 부모를 의지하고 있는데 만약 부모를 보지 못했다면 그 부모에 대하여 바램과 탐욕과 애정과 기억이 생기겠느냐?"

촌장이 말하였다.

"아닙니다, 세존이시여."

"촌장이여, 네 생각에는 어떠하냐? 만약 그대가 의지하고 있는 부모에 대하여 일찍이 보았거나 혹 들은 일이 있었다면 탐욕·애정·기억이 일어나겠느냐?"

촌장이 말하였다.

"그럴 것입니다, 세존이시여."

또 물으셨다.

"촌장이여, 네 생각에는 어떠하냐? 저 의지하던 부모가 만일 무상하게 죽는다면 근심·슬픔·번민·고통이 생기겠느냐?"

촌장이 말하였다.

"그럴 것입니다, 세존이시여. 만일 의지하고 있던 부모가 덧없이 죽는다면 저는 거의 죽게 될 것입니다. 어찌 단지 근심하고 슬퍼하며 번민하고 괴로워할 뿐이겠습니까?"

부처님께서 촌장에게 말씀하셨다.

"그러므로 알아야 한다. 중생들에게 생기는 모든 괴로움은 다 애욕이 근본이 된다. 그 괴로움은 애욕에서 생기고 애욕으로 인해 쌓이며 애욕으로 인해 일어나고 애욕이 그 원인이 되며 애욕이 그 조건이 되어 괴로움이 생기느니라."

촌장이 말했다.

"기이합니다. 세존이시여, 이와 같이 의지하고 있는 부모를 비유로 들어 잘 말씀해주셨습니다. 제게는 의지하고 있는 부모님이 계신데 다른 곳에 계십니다. 그래서 저는 날마다 사람을 보내어 안부를 묻습니다만, 만일 심부름 보낸 사람이 돌아오지 않기라도 할 때면 저는 근심하고 괴로워하는데 하물며 세상을 떠나시는데 있어서 어찌 근심과 괴로움이 없을 수 있겠습니까?"

부처님께서 촌장에게 말씀하셨다.

"그러므로 나는, '중생들의 모든 근심과 괴로움은 모두가 다 애욕이 근본이 된다. 그 괴로움은 애욕에서 생기고 애욕으로 인해 쌓이며 애욕으로 인해 일어나고 애욕이 그 원인이 되며 애욕이 그 조건이 되어 근심과 괴로움이 생긴다'고 말하는 것이다."

부처님께서 이어 촌장에게 말씀하셨다.

"만일 네 가지 애정이 있는데 그 애정의 대상이 덧없이 변하여 달라지면 곧 네 가지의 근심과 괴로움이 생기고 또 세 가지나 두 가지도 그와 같을 것이며 혹은 한 가지의 애정이 있는데 그 애정의 대상이 덧없이 변하여 달라지면 곧 한 가지의 근심과 괴로움이 생길 것이다. 그러므로 촌장이여, 만일 전혀 애정이 없으면 곧 근심과 괴로움의 번뇌도 없어질 것이니라."

곧 게송으로 말씀하셨다.

만일 세상의 애정이 없으면
근심과 괴로움의 번뇌와 우환도 없으리니

모든 근심과 괴로움이 사라지는 것
연꽃에 물이 묻지 않는 것 같네.

세존께서 이 법을 말씀하실 때 갈담 마을 촌장은 티끌과 때를 멀리 여의고 법안法眼이 깨끗하게 되어, 법을 보고 법을 얻었으며 법에 깊이 들어가 온갖 의심에서 벗어났고, 남에게 의지하지 않고 남에게 제도받지 않고서도 바른 법과 계로써 두려움이 없게 되었다. 그는 곧 자리에서 일어나 옷을 바르게 여미고 합장하고 부처님께 아뢰었다.

"이미 제도 받았습니다. 세존이시여, 저는 초월하였습니다. 저는 지금부터 부처님께 귀의하고 법에 귀의하며 비구스님들께 귀의하여, 목숨이 다할 때까지 우바새가 되겠습니다. 오직 저를 기억하고 보호해 주십시오."

부처님께서 이 경을 말씀하시자 갈담 촌장은 부처님의 말씀을 듣고 기뻐하면서 예배하고 떠나갔다.

914. 도사씨경刀師氏經[17] ①

이와 같이 나는 들었다.

어느 때 부처님께서 마갈제국摩竭提國에 계시면서 인간 세상을 유행遊行하셨다.

1,250비구와 천 명의 우바새優婆塞와 5백 명의 먹다 남은 밥을 비는 사람들을 데리고, 성城에서 성城으로 마을에서 마을로 다니면서 인간 세상을 유행하시고 나라那羅라는 마을에 있는 호의암라원好衣菴

17 이 소경은 『별역잡아함경』 제7권 여덟 번째 소경과 같은 내용이다.

羅園에 이르셨다. 그때 니건(尼揵 : 尼乾子)의 제자인 도사씨刀師氏 촌장이 니건의 처소에 찾아가서 니건의 발에 예배하고 한쪽에 물러앉았다. 그때 니건이 도사씨 촌장에게 말했다.

"너는 능히 사문 구담과 질리론蒺蔾論[18]을 이야기하여, 사문 구담으로 하여금 말할 수도 없고 말하지 않을 수도 없게 할 수 있겠느냐?"

촌장이 말했다.

"아리(阿梨 : 阿闍梨)여, 제가 어떤 논을 내세워 질리론으로 삼아야 사문 구담으로 하여금 말할 수도 없고 말하지 않을 수도 없게 할 수 있겠습니까?"

니건이 촌장에게 말했다.

"너는 사문 구담이 있는 곳으로 가서 이렇게 물어보아라.

'구담이여, 항상 모든 집마다 복과 이익을 두루 갖추고 더욱 많아지게 하기를 원하는가? 이와 같은 서원을 짓고 이와 같이 말하는가?'

그렇게 물어 보아 만일 너에게 '그렇지 않다'고 대답하거든 너는 다시 물어보아라.

'사문 구담이여, 그렇다면 그대가 어리석은 범부와 무엇이 다른가?'

그래도 또 만일 '그와 같이 서원도 하고 그와 같이 말도 한다'고 대답하거든 너는 다시 그에게 물어보아라.

'사문 구담이여, 만일 그와 같은 원을 세우고 그와 같이 말한다면, 어찌하여 지금처럼 흉년든 때에 인간 세상을 유행하며 다니는가? 1,250비구와 천 명의 우바새와 5백 명의 먹다 남은 밥을 비는 사람들을 데리고, 성에서 성으로 마을에서 마을로 다니면서 세상 사람들

---

18 질리蒺蔾란 들에 나는 풀의 일종으로써 가시가 많다. 이 식물의 열매는 사람이 지나가면 사람의 몸에 딱 달라붙어서 쉽사리 떨어지지 않는다. 우리나라에서 서식되는 풀 중에 도꼬마리라고 하는 식물과 비슷한 식물이다. 여기에서는 궤변詭辯에 비유한 것이다.

에게 손해를 끼치는 것이 마치 큰 비가 내리고 큰 우박이 내리는 것과 같을 따름이다.

그런 것들은 세상에 손해를 끼치는 것일 뿐 유익하게 하는 일이 아니다. 구담이 한 말과는 서로가 너무나 동떨어져 비슷하지도 않고〔不類不似〕 앞뒤도 맞지 않는다.'

촌장이여, 이렇게 말하면 이것이 질리론蒺蔾論이며 저 사문 구담으로 하여금 말할 수도 없고 말하지 않을 수도 없게 할 수 있으리라."

그때 촌장 도사씨는 니건이 권하는 가르침을 받고 부처님께서 계신 곳으로 찾아가 공손하게 문안을 여쭌 뒤에 한쪽에 물러나 앉아서 부처님께 아뢰었다.

"구담이시여, 항상 모든 집마다 복과 이익이 더욱 많아지기를 원하십니까?"

부처님께서 촌장에게 말씀하셨다.

"여래는 오랜 세월 동안 언제나 모든 집마다 복과 이익이 더욱 많아지기를 원하고, 또 항상 그렇게 되도록 기원한다."

촌장이 말하였다.

"만일 그렇다면 구담께서는 어찌하여 지금처럼 흉년이 든 때에 많은 대중을 거느리고 인간 세상을 돌아다니며 걸식하여……(이하 생략)……비슷하지도 않고 앞뒤도 맞지 않습니다."

부처님께서 촌장에게 말씀하셨다.

"나는 기억한다. 91겁 동안을 내려오면서 한 사람이 한 비구를 보시함으로 인해서 탕진하고 망하는 것을 보지 못하였다. 촌장이여, 너는 오늘 어떤 집이 큰 부자로서 돈과 재물이 많고 권속들이 많으며, 종들이 많은 지를 보라. 마땅히 알아야 할 것이다. 그런 집들은 오랜 세월 동안 보시하기를 좋아하고 진실로 적정寂靜한 곳에 머물렀기 때문에 그런 복과 이익을 이루었느니라.

촌장이여, 여덟 가지 인연이 있어서 사람들로 하여금 복과 이익이 늘어나지 않고 감소하게 한다. 어떤 것이 그 여덟 가지인가? 왕으로부터 위협을 받거나 도둑들에게 겁탈 당하거나 불에 태워지거나 물에 떠내려가거나 창고가 저절로 없어지거나 빚을 주고 돌려받지 못하거나 원수에게 빼앗기거나 못된 자식이 마구 낭비하는 것이니, 이러한 여덟 가지가 있으면 돈과 재물을 모으기 어려우니라. 촌장이여, 나는 무상하다는 말을 아홉 번째 구절에 말하였느니라. 이와 같아서 촌장이여, 너는 아홉 가지 인因과 연緣을 버려두고 '사문 구담은 남의 집을 망친다'고 그렇게 말하느냐?

나쁜 말을 버리지 않고 나쁜 견해를 버리지 않는 것은 마치 쇠창을 물에 던지는 것과 같아서 몸이 무너지고 목숨이 끝난 뒤에는 지옥에 떨어질 것이다."

그때 도사씨 촌장은 매우 두려운 마음이 생겨서 온 몸의 털이 곤두섰다. 그래서 부처님께 아뢰었다.

"세존이시여, 저는 지금 잘못을 뉘우치고 있습니다. 우매하고 어리석은 사람처럼 착하지 못하고 분별하지 못하여 구담을 속이고 거짓말을 했으며 함부로 말을 하였습니다."

그는 부처님의 말씀을 듣고 기뻐하면서 자리에서 일어나 떠나갔다.

915. 도사씨경 ②[19]

이와 같이 나는 들었다.

어느 때 부처님께서 나라라는 마을에 있는 호의암라원에 계셨다.

19 이 소경은 『별역잡아함경』 제7권 아홉 번째 소경과 그 내용이 비슷하다.

그때 과거에 니건의 제자였던 도사씨라는 촌장이 니건이 있는 곳으로 찾아가서 니건의 발에 예배하고 한쪽에 물러앉았다. 그때 니건이 촌장에게 말했다.

"너는 능히 사문 구담과 질리론蒺藜論을 이야기하여, 사문 구담으로 하여금 말할 수도 없고 말하지 않을 수도 없게 할 수 있겠느냐?"

촌장이 니건에게 아뢰었다.

"아리(阿梨 : 阿闍梨)여, 제가 어떤 것을 질리론으로 삼아야, 사문 구담으로 하여금 말할 수도 없고 말하지 않을 수도 없게 할 수 있겠습니까?"

니건이 촌장에게 말했다.

"너는 사문 구담이 있는 곳으로 가서 이렇게 물어보아라.

'구담이여, 항상 일체 중생들을 안락하게 하려고 하고, 또 일체 중생들이 안락한 것을 칭찬하는가?'

그래서 만일 너에게 '그렇지 않다'고 대답하거든 너는 마땅히 이렇게 말하라.

'구담이여, 그렇다면 그대가 어리석은 범부와 무엇이 다른가?'

그래도 또 만일 '항상 일체 중생들을 안락하게 하려고 하고, 또 일체 중생들이 안락한 것을 칭찬한다'고 대답하거든 너는 다시 그에게 물어보아라.

만일 일체 중생들을 편안하게 하려고 한다면, 어찌하여 어떤 사람을 위해서는 설법하고 어떤 사람을 위해서는 설법하지 않는가?'

이와 같이 물으면 이것이 질리론이니, 저 사문 구담으로 하여금 말할 수도 없고 말하지 않을 수도 없게 할 수 있으리라."

그때 촌장은 니건의 권유를 받고 나서 부처님께서 계신 곳으로 찾아가 공경을 다하여 문안을 올리고 한쪽에 물러나 앉아서 부처님께 여쭈었다.

"구담이시여, 어찌하여 항상 일체 중생을 편안하게 하고 일체 중생을 안위安慰하는 것을 칭찬하려 하지 않습니까?"

부처님께서 촌장에게 말씀하셨다.

"여래는 오랜 세월 동안 일체 중생을 사랑하고 가엾이 여겨 그들을 편안하게 하고 또한 늘 일체 중생들을 안위하는 것을 칭찬하느니라."

촌장이 부처님께 아뢰었다.

"만일 그렇다면 여래께서는 무슨 이유로 어떤 사람을 위해서는 설법을 해주고 또 어떤 사람을 위해서는 설법해주지 않습니까?"

부처님께서 촌장에게 말씀하셨다.

"내가 너에게 물을 터이니 마음대로 나에게 대답하라. 촌장이여, 비유하면 세 가지 밭이 있는데, 첫 번째 밭은 비옥하고 기름진 밭이고, 두 번째 밭은 중간쯤 되며, 세 번째 밭은 척박한 밭이다. 어떤가? 촌장이여, 그 밭의 주인이 맨 먼저 어떤 밭부터 갈고 씨를 뿌리겠는가?"

촌장이 대답하였다.

"구담이시여, 가장 비옥하고 기름진 밭부터 먼저 갈고 씨를 뿌릴 것입니다."

"촌장이여, 다음에는 어떤 밭을 갈고 씨를 뿌리겠는가?"

촌장이 대답하였다.

"구담이시여, 당연히 다음에는 중간 밭을 갈고 씨를 뿌릴 것입니다."

부처님께서 촌장에게 말씀하셨다.

"다음에는 어떤 밭을 갈고 씨를 뿌리겠는가?"

촌장이 대답하였다.

"다음에는 가장 못된 척박한 밭을 갈고 씨를 뿌릴 것입니다."

부처님께서 촌장에게 말씀하셨다.

"무슨 까닭으로 그렇게 하는가?"

존장이 대답하였다.

“나쁜 밭에는 종자를 심고 싶지 않기 때문입니다.”

부처님께서 존장에게 말씀하셨다.

“나도 또한 그와 같다. 저 비옥하고 기름진 밭과 같이 나의 모든 비구와 비구니들도 그와 같아서 나는 항상 그들을 위해서 바른 법을 연설한다. 그 설법은 처음도 좋고 중간도 좋으며 마지막도 좋다. 뜻도 좋고 맛도 좋은 것이어서 순일純一하고 원만하고 깨끗한 범행을 열어 보이고 나타낸 것이다. 그러므로 저들은 그 법을 듣고 나서는 내 집〔我舍〕, 내 섬〔我洲〕, 내 덮개〔我覆〕, 내 그늘〔我蔭〕, 내 취향〔我趣〕을 의지하고 항상 깨끗한 눈으로 나를 관찰하면서 살아가느니라. 그러면서 그들은 ‘부처님께서 말씀하신 법을 나는 다 받아 가져야 한다. 그 법은 나로 하여금 오랜 세월 동안 이치로써 요익饒益하게 해주고 편안하고 즐겁게 머무르게 해준다’고 생각하느니라.

존장이여, 저 중간쯤 되는 밭과 같이 내 제자 우바새優婆塞와 우바이優婆夷도 그와 같아서 나는 또한 그들을 위하여 바른 법을 연설한다. 그 설법은 처음도 좋고 중간도 좋으며 마지막도 좋다. 뜻도 좋고 맛도 좋은 것이어서, 순일하고 원만하고 깨끗한 범행을 열어 보이고 나타낸 것이다. 그러므로 저들은 그 법을 듣고 나서는 내 집, 내 섬, 내 덮개, 내 그늘, 내 취향을 의지하고 항상 깨끗한 눈으로 나를 관찰하면서 살아가느니라. 그러면서 그들은 ‘부처님께서 말씀하신 법을 나는 다 받아 가져야 한다. 그 법 오랜 세월 동안 이치로써 요익하게 해주고 편안하고 즐겁게 머무르게 해준다’고 생각하느니라.

존장이여, 저 농부의 가장 못된 척박한 밭과 같이, 나는 저 외도 이학異學인 니건자의 무리들을 위해서도 또한 설법한다. 그 설법은 처음도 좋고 중간도 좋으며 마지막도 좋다. 뜻도 좋고 맛도 좋은 것이어서, 순일하고 원만하고 깨끗한 범행을 열어 보이고 나타낸 것이다.

그리하여 나는 저들에 대하여 설법을 듣는 이가 적어도 그들을 위해 연설하고 설법을 듣는 이가 많아도 그들을 위해 연설한다. 그래서 그저 대중들이 내가 연설하는 훌륭한 법에서, 단 한 구절의 법이라도 들어 그 이치를 깨달으면, 그도 오랜 세월 동안 그 이치로 인해 요익하게 되고 편안해지며 즐겁게 머무르게 될 것이니라."

그때 촌장이 부처님께 아뢰었다.

"매우 기이합니다. 세존이시여, 그런 세 가지 밭을 비유로 들어 정말 훌륭하게 말씀하셨습니다."

부처님께서 촌장에게 말씀하셨다.

"너는 들어라. 내가 다시 비유를 들어 말하리라. 비유하면 어느 사내가 세 가지 물그릇을 가진 것과 같다. 첫 번째 그릇은 구멍이 뚫리지도 않았고 깨지지도 않은 것이고 또 물이 새지도 않는 것이며 두 번째 그릇은 구멍이 뚫리지도 않았고 깨지지도 않았지만 물이 새는 것이며 세 번째 그릇은 구멍이 뚫어지고 깨진 데다 또 물까지 새는 것이다. 어떤가? 촌장이여, 저 사내는 이 세 가지 그릇 중에 항상 깨끗한 물을 가지기 위하여 어느 그릇에 물을 담아두겠는가?"

촌장이 말했다.

"구담이시여, 당연히 구멍이 뚫리지도 않고 깨졌거나 물이 새지도 않는 그릇에 맨 먼저 물을 담을 것입니다."

부처님께서 촌장에게 말씀하셨다.

"다음에는 어느 그릇에 물을 담겠느냐?"

촌장이 말했다.

"구담이시여, 그 다음엔 당연히 물이 새기는 하지만 구멍이 뚫렸거나 깨지지 않은 그릇에 물을 담을 것입니다."

부처님께서 촌장에게 말씀하셨다.

"그 그릇들이 가득 찼으면 맨 나중에는 어느 그릇에 물을 담겠느냐?"

촌장이 말했다.

"마지막에는 구멍이 뚫리고 깨지고 물이 새는 그릇에 물을 담을 것입니다. 왜냐하면 잠깐 동안이지만 그래도 조금은 쓸 수 있기 때문입니다."

부처님께서 촌장에게 말씀하셨다.

"그 사내가 가지고 있는 구멍도 뚫리지 않고 깨졌거나 물이 새지 않는 그릇과 같이 내 모든 제자인 비구와 비구니도 그와 같아서 나는 항상 그들을 위해 바른 법을 연설하고,……(이하 생략)……오랜 세월 동안 이치로써 요익하게 해주고, 편안하고 즐겁게 머무르게 해주느니라. 비유하면 마치 구멍이 뚫렸거나 깨지지는 않았으나 물이 새는 두 번째 그릇과 같이 내 제자인 우바새와 우바이도 그와 같아서 나는 항상 그들을 위해 바른 법을 연설하고,……(이하 생략)……오랜 세월 동안 이치로써 요익하게 해주고 편안하고 즐겁게 머무르게 해주느니라. 비유하면 마치 구멍이 뚫어지고 깨지고 물이 새는 세 번째 그릇과 같이 외도外道 이학異學인 여러 니건의 무리들도 그와 같으나 나는 그들을 위해서도 바른 법을 연설한다. 그 법은 처음도 좋고 중간도 좋으며 마지막도 좋다. 뜻도 좋고 맛도 좋은 것이어서 순일純一하고 원만하고 깨끗한 범행을 열어 보이고 나타낸 것이다. 그러므로 듣는 이가 많아도 그들을 위해 설법하고 적어도 그들을 위해 설법하나니, 만일 그들이 내가 설한 한 구절의 법에서라도 그 이치를 깨닫는다면 오랜 세월 동안 편안하고 즐겁게 머무를 수 있을 것이다."

그때 도사씨 촌장은 부처님의 설법을 듣고 나서 매우 두려운 마음이 생겨 온 몸의 털이 곤두섰다. 그래서 나아가 부처님 발에 예배하고 잘못을 뉘우쳤다.

"세존이시여, 저는 우매하고 어리석은 사람처럼 착하지 못하고 분별하지 못하여 세존의 처소에서 진실한 것을 살피지 못하고 거짓을 함부로 말하였습니다."

그는 부처님의 말씀을 듣고 기뻐하면서 부처님 발에 예배하고 떠나갔다.

916. 도사씨경[20] ③

이와 같이 나는 들었다.

어느 때 부처님께서 나라라는 마을에 있는 호의암라원에 계셨다.

그때 니건의 제자인 도사씨라는 촌장이 부처님께서 계신 곳으로 찾아가서 부처님 발에 머리 조아려 예배하고 한쪽에 물러앉았다. 그때 세존께서 촌장에게 말씀하셨다.

"무슨 의논을 하려고 하는가? 니건야제자尼揵若提子가 무슨 말을 했는가?"

촌장이 말했다.

"저 니건야제자가 말하기를 '살생한 사람은 모두 다 지옥〔泥犁〕에 떨어진다. 그것을 많이 행할수록 그 때문에 저곳에 가서 태어나게 될 것이다. 이와 같이 도둑질이나 삿된 음행이나 거짓말을 하면 다 지옥에 떨어진다. 그것을 많이 행할수록 그 때문에 장차 그곳에 가게 될 것이다'라고 하였습니다."

부처님께서 촌장에게 말씀하셨다.

"만일 니건야제자의 말과 같이 '살생한 사람은 지옥에 떨어진다. 그것을 많이 행할수록 그 때문에 저곳에 가서 태어나게 된다'고 한다면,

---

20 이 소경은 『별역잡아함경』 제7권 열 번째 소경과 같은 내용이다.

어떤 중생도 지옥에 떨어질 사람이 없을 것이다. 촌장이여, 네 생각에는 어떠하냐? 어떤 중생이 일체 시간 어느 때에 살생할 마음을 가지는가? 또 일체 시간 어느 때에 살생하지 않을 마음을 가지는가?……(이하 생략)……어느 때에 거짓말을 할 마음을 가지는가? 어느 때에 거짓말하지 않을 마음을 가지는가?"

촌장이 부처님께 아뢰었다.

"세존이시여, 사람들은 밤낮으로 살생할 마음을 가진 때는 적고,……(이하 생략)……거짓말을 할 마음을 가지고 있는 때는 적으며, 살생……(이하 생략)……거짓말을 할 마음을 가지지 않는 때가 더 많습니다."

부처님께서 촌장에게 말씀하셨다.

"만일 그와 같다면 지옥에 떨어질 사람은 없지 않겠는가? 니건이 말한 것처럼 '살생한 사람은 다 지옥에 떨어지고, 그것을 많이 행할수록 장차 그곳으로 가서 태어나며……(이하 생략)……거짓말에 있어서도 그와 같다'고 한다면 촌장이여, 저 큰 스승은 세상에 출현하여 생각하고 헤아리며 생각하는 자리에 들어가 머무를 것이다. 그는 범부의 지위에서 자기가 분별한 것을 말하는 것이고 마음대로 헤아려 제자들을 위해 '살생한 사람은 다 지옥에 떨어진다. 그것을 많이 익혀 행할수록 장차 그곳에 가서 태어날 것이다.……(이하 생략)……거짓말에 있어서도 또한 그와 같다'라고 그렇게 말한 것이다. 그런데 그 제자들은 그 말을 믿고, '우리 스승은 알아야 할 것을 다 아시고 보아야 할 것을 다 보아서 제자들을 위해 〈만일 살생한 사람은 다 지옥에 떨어진다. 그것을 많이 익혀 행할수록 그 때문에 장차 그곳에 가서 태어날 것이다〉라고 그렇게 말씀하셨다. 나는 본래부터 살생·도둑질·삿된 음행·거짓말을 할 마음이 있었으니 장차 지옥에 태어나게 될 것이다'라고 말한다.

그리하여 이와 같은 견해를 내고, 마침내 그 견해를 버리지 않고 그 업을 싫어하지 않으며 그 잘못을 깨닫지 못하다가 미래 세상에서 살생을 버리지 않고……(이하 생략)……거짓말을 버리지 못한다. 그러므로 그는 뜻이 완전히 해탈하지 못하고 지혜로 완전히 해탈하지 못한다. 뜻이 완전히 해탈하지 못하고 지혜로 완전히 해탈하지 못하였기 때문에 성인을 비방하는 삿된 견해를 가지게 되고, 그런 삿된 견해 때문에 몸이 무너지고 목숨이 끝난 뒤에는 나쁜 곳인 지옥에 태어나느니라.

이와 같이 촌장이여, 중생의 번뇌는 원인〔因〕이 있고 조건〔緣〕이 있고 중생의 업번뇌業煩惱도 원인과 조건이 있다.

촌장이여, 여래·응공·등정각·명행족·선서·세간해·무상상·조어장부·천인사·불세존께서 세상에 출현하시어 항상 중생들을 위해 살생하는 것을 꾸짖고 살생하지 않는 것을 찬양하시며, 도둑질·삿된 음행·거짓말하는 것을 꾸짖고 도둑질하지 않고·음행하지 않는 것·거짓말하지 않는 것을 찬양하신다. 그리하여 항상 이 법으로써 모든 성문聲聞들을 교화하시어 그들로 하여금 생각하게 하고 좋아하게 하며 믿게 하고 존중하게 하신다. 그러므로 그들은 말하기를 '우리 스승님은 알아야 할 것을 다 아시고 보아야 할 것을 다 보셨기 때문에 살생하는 것을 꾸짖고 살생하지 않는 것을 찬양하시며,……(이하 생략)……거짓말하는 것을 꾸짖고 거짓말하지 않는 것을 찬양하신다. 우리는 옛날부터 오늘날까지 어리석고 지혜가 없어 살생할 마음을 가지고 있다. 그러므로 나는 지금 스스로 뉘우치고 자책한다'라고 한다. 비록 그것으로써 저들로 하여금 업을 짓지 않게 하지는 못하더라도 우선 이로 인하여 뉘우치고 꾸짖게 함으로써 미래 세상에서는 살생을 버릴 수 있고……(이하 생략)……도둑질·음행·거짓말을 버릴 수 있다. 그리하여 바른 뜻이 완전히 해탈하고 지혜로 완전히 해탈하며, 뜻이 해탈하고 지혜로 해탈하여 완전하게 되면, 성현을 비방하지 않고 바른 견해를 성취하며, 바른 견해를 성취한 인연으로 좋은 세계인 천상에 태어난다. 촌장이여, 이와 같이 원인이 있고 조건이 있어서 중생의 업번뇌가 청정하게 되느니라.

촌장이여, 저 많이 들어 아는 거룩한 제자는 이와 같이 공부한다. 즉 살생할 마음이 적게 일어나는가, 살생하지 않을 마음이 많이 일어나는가를 때를 따라 밤낮으로 관찰한다. 그래서 만일 살생할 마음이 있으면 곧 '이것은 옳지 못하고 생각할 것도 못된다'라고 스스로 뉘우치고 꾸짖는다. 만일 살생할 마음이 없으면 원한도 없고 미움도 없어서 마음에 따라 기뻐함이 생긴다. 따라 기뻐하는 마음이 생기고 나면 희열이 생기고 희열이 생기고 나면 마음이 의지하여 쉬고 마음이 의지하여 쉬고 나면 마음에 즐거움을 느끼고 마음에 즐거움을 느끼고 나면 마음이 안정된다. 마음이 안정되고 나면 거룩한 제자의 마음은 자애로움〔慈〕과 하나가 되어 원한도 없고 미움도 없으며 성냄도 없고 넓고 크기가 한량없어 한 방위를 가득 채우고 정수(正受 : 禪定)에 머문다. 두 방위 · 세 방위……(이하 생략)……네 방위와 네 간방〔四維〕과 상 · 하 그리고 온 세상에 마음이 자애로움과 하나가 되어 원한도 없고 미움도 없으며 성냄도 없고 넓고 크기가 한량없이 잘 닦아 익혀서 모든 방위를 가득 채우고 완전하게 정수에 머무느니라."

그때 세존께서 손톱으로 흙을 조금 집어 도사씨 촌장에게 말씀하셨다.

"어떠냐? 촌장이여, 내 손톱의 흙이 많으냐, 대지大地의 흙이 많으냐?"

촌장이 부처님께 아뢰었다.

"세존이시여, 손톱의 흙은 너무나 적고 대지의 흙은 그 수효가 한량없이 많습니다."

부처님께서 촌장에게 말씀하셨다.

"손톱 위의 흙은 너무 적고 대지의 흙은 그 수효가 한량없는 것과 같이 마음이 자애로움과 함께 하여 닦아 익히고 더욱 많이 닦아 익히면, 모든 한량 있는 업〔有量業 : 惡業〕은 손톱 위의 흙과 같아서, 그를 나쁜 곳으로 끌고 갈 수도 없고[21] 그런 곳에서 머무르게 할 수도 없다. 이와 같이 도둑질은 불쌍히 여기는 마음〔悲心〕으로 다스리고 삿된 음행은 기뻐하는 마음〔喜心〕으로 다스리고, 거짓말은 평정한 마음〔捨心〕으로 다스리면 그것과 이것은 견줄 수가 없을 것이니라."

이렇게 말씀하실 때 도사씨 촌장은 티끌과 때를 멀리 여의고 법안法眼이 깨끗하게 되었다. 그래서 촌장은 법을 보고 법을 얻었으며, 법을 깨닫고 법을 알고 법에 깊이 들어가 온갖 의심을 여의며, 남을 의지하지 않고 남을 따르지 않으며 바른 법과 율에서 두려움이 없게 되었다. 그는 자리에서 일어나 옷을 바르게 여민 뒤에 오른 무릎을 땅에 꿇고 합장하고 부처님께 아뢰었다.

"저는 이미 벗어났습니다. 세존이시여, 이미 뛰어넘었습니다. 세존이시여, 저는 이제 부처님께 귀의하고 법에 귀의하며 비구스님들께 귀의하여 이 목숨 다하도록 우바새가 되겠습니다. 세존이시여, 비유하면 등불을 구하는 어떤 사람이 말꼬리를 가져다가 심지를 만들고 불을 붙여 보려고 하였으나 끝내 빛을 얻지 못하고 부질없이 제 스스로만 지쳐 결국 등불을 구하지 못한 것처럼 저도 그와 같아서 밝은 지혜를 구하기 위하여 저 어리석은 니건자의 처소에서 어리석은 이를 친근히 하고 어리석은 이와 화합하고 어리석은 이를 받들어 섬기느라 부질없이 제 자신만 수고롭게 하고 밝은 지혜는 얻지 못하였습니다. 그러므로 저는 이제 거듭 부처님께 귀의하고 법에 귀의하며 비구스님

21 여기서 나쁜 곳으로 끌고 갈 수가 없다고 한 것은 지옥을 떨어지는 것을 말한다.

들께 귀의하나이다. 그리하여 지금부터는 이후로는 저 어리석고 착하지 못하며 분별할 줄 모르는 니건의 처소에서는 조그마한 믿음이나 조그만 공경이나 조그마한 애정이나 조그마한 기억까지도 이제 멀리 여의었습니다.

그러므로 저는 이 세 번째로 부처님께 귀의하고 법에 귀의하며 비구스님들께 귀의하여 이 한 목숨 마칠 때까지 우바새가 되어 제 마음을 스스로 청정하게 하겠습니다."

그때 도사씨 촌장은 부처님의 말씀을 듣고 기뻐하면서 예배하고 떠나갔다.

917. 삼종조마경三種調馬經[22]

이와 같이 나는 들었다.

어느 때 부처님께서는 사위국 기수급고독원에 계셨다.

그때 세존께서 모든 비구들에게 말씀하셨다.

"세간에는 세 가지 길들여진 말이 있다. 어떤 것이 그 세 가지인가? 어떤 말은 민첩함과 빠르기는 완전하게 갖추었으나 빛깔을 완전하게 갖추지 못하고 형체도 완전하게 갖추지 못했다. 어떤 말은 빛깔을 완전하게 갖추고 민첩함과 빠르기도 완전하게 갖추었으나 형체는 완전하게 갖추지 못했다. 어떤 말은 민첩함과 빠르기도 완전하게 갖추고 빛깔도 완전하게 갖추었으며 형체도 완전하게 갖추었다. 이와 같이 마음을 길들인 장부의 모습에도 세 가지가 있다.

어떤 것이 그 세 가지인가? 어떤 장부는 민첩함은 완전하게 갖추었

22 이 소경은 『별역잡아함경』 제8권 열두 번째 소경과 그 내용이 비슷하다.

으나 빛깔은 완전하게 갖추지 못했고 또 형체도 완전하게 갖추지 못했다. 어떤 장부는 민첩함은 완전하게 갖추고 빛깔도 완전하게 갖추었으나 형체는 완전하게 갖추지 못했다. 어떤 장부는 민첩함도 완전하게 갖추고 빛깔도 완전하게 갖추었으며 형체도 완전하게 갖추었다.

비구들아, 어떤 것이 길들지 않은 장부로서 민첩함은 완전하게 갖추었으나 빛깔은 완전하게 갖추지 못하고 형체도 완전하게 갖추지 못한 것인가? 어떤 장부가 이것은 괴로운 것〔苦〕이라고 사실 그대로 알고 이것은 괴로움의 발생 원인〔苦集〕, 이것은 괴로움의 소멸〔苦滅〕, 이것은 괴로움의 소멸에 이르는 길〔苦滅道跡〕이라고 사실 그대로 안다면, 이와 같이 관찰한 사람은 세 가지 결박〔結 : 번뇌〕인 신견身見 · 계취戒取 · 의疑를 끊는다. 이 세 가지 결박을 끊으면 수다원須陀洹이 되어 나쁜 곳으로 가는 법에 떨어지지 않고 결정코 삼보리三菩提에 바로 나아가, 일곱 번 천상과 인간 세상을 오가면서 태어난 뒤에는 마침내 괴로움을 완전히 벗어난다. 이것이 민첩함을 완전하게 갖춘 것이라고 말하는 것이다.

어떤 것이 빛깔을 완전하게 갖추지 못한 것인가? 만일 어느 누가 아비담阿毘曇과 율律을 물을 때 문구와 그 의미〔味〕를 차례를 따라 완전하게 갖추어 해설하지 못하면 이것을 빛깔을 완전하게 갖추지 못한 것이라고 말한다.

어떤 것이 형체를 완전하게 갖추지 못한 것인가? 덕망과 이름이 널리 알려지지 않은 사람으로서 의복 · 음식 · 침구 · 탕약과 여러 가지 생활 도구를 받아들이는 것을 장부로서 민첩함은 완전하게 갖추었으나 빛깔은 완전하게 갖추지 못했고 형체도 완전하게 갖추지 못한 것이라고 말하느니라.

어떤 것이 민첩함을 완전하게 갖추고 빛깔도 완전하게 갖추었으나 형체는 완전하게 갖추지 못한 것인가? 이른바 장부가 이것은 괴로운 것이라고 사실 그대로 알고, 이것은 괴로움의 발생 원인이고 이것은 괴로움의 소멸이며 이것은 괴로움의 소멸에 이르는 길이라고 사실 그대로 알며,……(이하 생략)……마침내 괴로움을 완전히 벗어나면 이것을 민첩함을 완전하게 갖춘 것이라고 말한다.

어떤 것이 빛깔을 완전하게 갖춘 것인가? 만일 아비담이나 율을 물을 때,……(이하 생략)……그것을 잘 해설하면 이것을 빛깔을 완전하게 갖추었다고 말한다.

어떤 것이 형체를 완전하게 갖추지 못한 것인가? 덕망과 이름이 널리 알려지지 않은 사람으로서 의복·음식·침구·탕약을 받지 못하는 것을 장부로서, 민첩함을 완전하게 갖추고 빛깔도 완전하게 갖추었으나 형체는 완전하게 갖추지 못한 것이라고 말하느니라.

어떤 것이 장부로서 민첩한 것도 완전하게 갖추고 빛깔도 완전하게 갖추었으며 몸도 완전하게 갖춘 것인가? 이른바 장부가 이것은 괴로운 것이라고 사실 그대로 알고, 이것은 괴로움의 발생원인, 이것이 괴로움의 소멸이며, 이것이 괴로움의 소멸에 이르는 길이라고 사실 그대로 알면,……(이하 생략)……마침내 괴로움을 완전히 벗어나면, 이것을 민첩함을 완전하게 갖춘 것이라고 말한다.

어떤 것이 빛깔을 완전하게 갖춘 것인가? 만일 누가 아비담과 율을 물으면,……(이하 생략)……잘 해설하면, 이것을 빛깔을 완전하게 갖춘 것이라고 한다.

어떤 것을 형체가 완전하게 갖추어진 것이라고 하는가? 덕망과 이름이 널리 알려진 사람으로서……(이하 생략)……침구와 탕약을 받는다면, 이것을 형체가 완전하게 갖추어진 사람이라고 말한다. 이것을 장부로서 민첩함도 완전하게 갖추고 빛깔도 완전하게 갖추었으며 형체도 완전하게 갖추었다고 말하느니라."

부처님께서 이 경을 말씀하시자 모든 비구들은 부처님의 말씀을 듣고 기뻐하며 받들어 행하였다.

918. 순양마경順良馬經[23]

이와 같이 나는 들었다.

어느 때 부처님께서 왕사성의 가란다죽원에 계셨다.

그때 세존께서 모든 비구들에게 말씀하셨다.

"세간에는 세 가지 좋은 말이 있다. 어떤 것이 그 세 가지인가? 어떤 말은 빠르기는 완전하게 갖추었으나 빛깔은 완전하게 갖추지 못했고 형체도 완전하게 갖추지 못하였다. 어떤 말은 민첩함을 완전하게 갖추고 빛깔도 완전하게 갖추었으나 형체는 완전하게 갖추지 못하였다. 어떤 말은 민첩함을 완전하게 갖추고 빛깔도 완전하게 갖추었으며 형체도 완전하게 갖추었다.

바른 법과 율에도 세 종류의 선남자善男子가 있다. 어떤 것이 그 세 가지인가? 어떤 선남자는 민첩함은 완전하게 갖추었지만 빛깔은 완전하게 갖추지 못했고 형체도 완전하게 갖추지 못하였다. 어떤 선남자는 민첩함을 완전하게 갖추었고 빛깔도 완전하게 갖추었으나 형체는 완전하게 갖추지 못하였다. 어떤 선남자는 민첩함도 완전하게 갖추었고 빛깔도 완전하게 갖추었으며 형체도 완전하게 갖추었다.

어떤 것이 선남자로서 민첩함은 완전하게 갖추었으나 빛깔은 완전하게 갖추지 못했으며 형체도 완전하게 갖추지 못한 것인가? 이른바 선남자는 괴로움의 성스러운 진리〔苦聖諦〕를 사실 그대로 알고 괴로움의 발생에 대한 성스러운 진리〔苦集聖諦〕를 사실 그대로 알며 괴로

---

23 이 소경은 『별역잡아함경』 제8권 열세 번째 소경과 같은 내용이다.

움의 소멸에 대한 성스러운 진리〔苦滅聖諦〕를 사실 그대로 알고 괴로움의 소멸에 이르는 길에 대한 성스러운 진리〔苦滅道跡聖諦〕를 사실 그대로 안다. 이와 같이 알고 이와 같이 보고 나서 5하분결下分結인 신견身見·계취戒取·의疑·탐욕貪欲·진에瞋恚를 끊는다. 이 5하분결을 끊고 나서는 생반열반生般涅槃의 아나함阿那含[24]이 되어 다시는 이 세상에 도로 태어나지 않는다. 이것을 선남자가 민첩함을 완전하게 갖춘 것이라고 하느니라.

어떤 것이 빛깔을 완전하게 갖추지 못한 것인가? 만일 아비담과 율을 물으면 그에 대한 문구와 의미를 깨달아 알고 차례를 따라 결정하여 해설하지 못하면 이것을 빛깔을 완전하게 갖추지 못한 것이라고 한다.

어떤 것이 형체를 완전하게 갖추지 못한 것인가? 이른바 덕망이 이름이 널리 알려지지 않은 사람으로서 재물과 이양利養의 공양과 의복·음식과 질병에 따른 탕약의 공양을 받는다면 이것을 선남자로서 민첩함을 완전하게 갖추었으나 빛깔은 완전하게 갖추지 못했고 형체도 완전하게 갖추지 못한 것이라 하느니라.

어떤 것이 민첩함을 완전하게 갖추었고 빛깔도 완전하게 갖추었으나 형체는 완전하게 갖추지 못한 것인가? 이른바 선남자로서 이것은 괴로움의 성스러운 진리라고 사실 그대로 알고,……(이하 생략)…… 생반열반의 아나함이 되어 다시는 이 세상에 도로 태어나지 않으면, 이것을 민첩함을 완전하게 갖춘 것이라고 말한다.

어떤 것이 빛깔을 완전하게 갖춘 것인가? 만일 아비담과 율을 물으

24 아나함阿那含의 과위를 세분하면 중반中般·생반生般·유행반有行般·무행반無行般·상류반上流般 등의 다섯 가지 열반으로 나뉘는데, 생반열반의 성자가 되면, 색계色界에 태어나 머지않아 곧 남은 의혹을 끊고 반열반한다.

면 그에 대한 문구와 의미를 차례를 따라 결정하여 해설하면, 이것을 빛깔을 완전하게 갖춘 것이라고 한다.

어떤 것이 형체를 완전하게 갖추지 못한 것인가? 이른바 이름과 덕망이 널리 알려진 사람으로서 재물과 이양利養의 공양과 의복·음식과 질병에 따른 탕약의 공양을 받는다면, 이것을 선남자로서 민첩함을 완전하게 갖추었고 빛깔을 완전하게 갖추었으나 형체는 완전하게 갖추지 못한 것이라고 하느니라.

어떤 것이 선남자로서 민첩함을 완전하게 갖추고 빛깔을 완전하게 갖추었으며 형체를 완전하게 갖춘 것인가? 이른바 선남자가 이것은 괴로움의 성스러운 진리라고 사실 그대로 알고,……(이하 생략)……생반열반의 아나함이 되어 다시는 이 세상에 도로 태어나지 않으면, 이것을 민첩함을 완전하게 갖춘 것이라고 한다.

어떤 것이 빛깔을 완전하게 갖춘 것인가? 만일 누가 아비담과 비니毘尼에 대해 물으면,……(이하 생략)……그를 위해 잘 해설해주면 이것을 빛깔을 완전하게 갖춘 것이라고 한다.

어떤 것이 형체를 완전하게 갖춘 것인가? 이른바 이름과 덕망이 널리 알려진 사람으로서 재물과 이양과……(이하 생략)……탕약과 여러 가지 생활 도구의 공양을 받는다면, 이것을 형체를 완전하게 갖춘 것이라고 한다. 이상의 일들을 선남자로서 민첩한 함도 완전하게 갖추고 빛깔도 완전하게 갖추었으며 형체도 완전하게 갖추었다고 하느니라."

부처님께서 이 경을 말씀하시자 모든 비구들은 부처님의 말씀을 듣고 기뻐하며 받들어 행하였다.

잡아함경 제 33 권

919. 양마경良馬經[1]

이와 같이 나는 들었다.

어느 때 부처님께서 왕사성 가란다죽원迦蘭陀竹園에 계셨다.

그때 세존께서 모든 비구들에게 말씀하셨다.

"세상에는 세 가지 좋은 말이 있다. 어떤 것이 그 세 가지인가? 이른바 어떤 말은 민첩하고 빠르기는 완전하게 갖추었으나 빛깔을 완전하게 갖추지 못했고 형체도 완전하게 갖추지 못했다. 어떤 말은 민첩함과 빠르기도 완전하게 갖추었고 빛깔도 완전하게 갖추었으나 형체는 완전하게 갖추지 못하였다. 어떤 말은 민첩함과 빠르기도 완전하게 갖추었고 빛깔도 완전하게 갖추었으며 형체도 완전하게 갖추었다.

이와 같이 이 법과 율에도 세 가지 선남자善男子가 있다. 어떤 것이 그 세 가지인가? 어떤 선남자는 민첩함은 완전하게 갖추었으나 빛깔은 완전하게 갖추지 못하였고 형체도 완전하게 갖추지 못하였

---

1 이 소경은 『별역잡아함경』 제8권 열네 번째 소경과 같은 내용이다.

다. 어떤 선남자는 민첩함을 완전하게 갖추었고 빛깔도 완전하게 갖추었으나 형체는 완전하게 갖추지 못하였다. 어떤 선남자는 민첩함도 완전하게 갖추었고 빛깔도 완전하게 갖추었으며 형체도 완전하게 갖추었다.

어떤 것이 선남자로서 민첩함은 완전히 갖추었으나 빛깔은 완전히 갖추지 못하였고 형체도 완전히 갖추지 못한 것인가? 선남자가 이것은 괴로움의 성스러운 진리라고 사실 그대로 알고, 이것은 괴로움의 발생에 대한 성스러운 진리라고 사실 그대로 알며, 이것은 괴로움의 소멸에 대한 성스러운 진리라고 사실 그대로 알고, 이것은 괴로움의 소멸에 이르는 길에 대한 성스러운 진리라고 사실 그대로 안다. 이와 같이 알고 이와 같이 보고 나서는 욕유루欲有漏에서 마음이 해탈하고 유유루有有漏에서 마음이 해탈하며 무명유루無明有漏에서 마음이 해탈하여, '나의 생은 이미 다하고 범행은 이미 섰으며 할 일은 이미 마쳐 후세의 몸을 받지 않는다'고 스스로 안다. 이것을 민첩함과 빠르기를 완전히 갖춘 것이라고 하느니라.

어떤 것이 빛깔을 완전히 갖추지 못한 것인가? 만일 누가 아비담과 율을 물을 때,……(이하 생략)……결정하여 해설해주지 못하면, 이것을 빛깔을 완전히 갖추지 못한 것이라고 한다.

어떤 것이 형체를 완전히 갖추지 못한 것인가? 이른바 이름과 덕망이 널리 알려진 사람으로서……(이하 생략)……탕약과 여러 가지 생활 도구의 공양을 받지 못하면, 이것을 형체를 완전히 갖추지 못한 것이라고 한다. 그래서 이것을 선남자로서 민첩함과 빠르기는 완전히 갖추었으나 빛깔은 완전히 갖추지 못하고 형체도 완전히 갖추지 못한 것이라고 하느니라.

어떤 것이 선남자로서 민첩함과 빠르기도 완전히 갖추었고 빛깔도 완전히 갖추었으나 형체는 완전히 갖추지 못한 것인가? 선남자로서 이것은 괴로움의 성스러운 진리라고 사실 그대로 알고,……(이하 생략)……후세의 몸을 받지 않는다는 것을 알면 이것을 민첩함과 빠르기를 완전히 갖춘 것이라고 한다.

어떤 것이 빛깔을 완전히 갖춘 것인가? 만일 누가 아비담과 비니를 물을 때,……(이하 생략)……능히 결정하여 해설해주면 이것을 빛깔을 완전히 갖춘 것이라고 한다. 어떤 것이 형체를 완전히 갖추지 못한 것인가? 이름과 덕망이 널리 알려지지 않은 사람으로서……(이하 생략)……탕약과 여러 가지 생활 도구를 받지 못하면 이것을 선남자로서 형체를 완전히 갖추지 못한 것이라고 한다.

어떤 것이 선남자로서 민첩함과 빠르기를 완전하게 갖추고 빛깔도 완전하게 갖추었으며 형체도 완전하게 갖춘 것인가? 선남자가 이것은 괴로움의 성스러운 진리라고 사실 그대로 알고,……(이하 생략)……후세의 몸을 받지 않는다고 스스로 알면, 이것을 민첩함과 빠르기를 완전하게 갖춘 것이라고 하느니라.

어떤 것이 빛깔을 완전하게 갖춘 것인가? 선남자로서 만일 누가 아비담과 비니를 물을 때,……(이하 생략)……능히 결정하여 해설해주면 이것을 빛깔을 완전하게 갖춘 것이라고 한다.

어떤 것이 형체를 완전하게 갖춘 것인가? 선남자가 이름과 덕망이 널리 알려진 사람으로서……(이하 생략)……탕약과 여러 가지 생활 도구의 공양을 받는다면 이것을 형체를 완전하게 갖춘 것이라고 한다. 그래서 이것을 선남자로서, 민첩함과 빠르기도 완전하게 갖추고 빛깔도 완전하게 갖추었으며 형체도 완전하게 갖춘 것이라고 하느니라."

부처님께서 이 경을 말씀하시자 모든 비구들은 그 말씀을 듣고 기뻐하며 받들어 행하였다.

920. 삼경三經[2]

이와 같이 나는 들었다.

어느 때 부처님께서 왕사성 가란다죽원에 계셨다.

그때 세존께서 모든 비구들에게 말씀하셨다.

"세상에는 세 가지 좋은 말이 있는데 임금이 타고 다닐 만한 것이다. 어떤 것이 그 세 가지인가? 저 좋은 말은 빛깔도 완전하게 갖추었고 힘도 완전하게 갖추었으며 민첩함과 빠르기도 완전하게 갖춘 것을 말한다. 바른 법과 율에서도 그와 같은 세 종류의 선남자가 있는데 세상 사람들이 받들어 섬기고 공양하고 공경하는 대상으로서 위없는 복전福田이 된다. 어떤 것이 그 세 가지인가? 선남자가 빛깔도 완전하게 갖추고 힘도 완전하게 갖추었으며 민첩함도 완전하게 갖춘 것을 말한다.

어떤 것이 빛깔을 완전하게 갖춘 것인가? 선남자가 깨끗한 계와 바라제목차율의波羅提木叉律儀에 머물러서 위의威儀를 행하는 곳마다 원만하여 미세한 죄를 보아도 두려워할 줄 알며 배워야 할 계를 받아 잘 지키면, 이것을 빛깔을 완전하게 갖춘 것이라 한다.

어떤 것이 힘을 완전하게 갖춘 것인가? 이미 생긴 악하고 착하지 않은 법은 끊어지게 하려고 의욕을 내어 방편으로 꾸준히 노력해서 그것을 섭수攝受하고 더욱 자라나게 한다. 또 아직 생기지 않은 악하고 착하지 않은 법은 일어나지 못하도록 의욕을 내어 방편으로 꾸준히 노력해서 그것을 섭수하고 더욱 자라나게 한다. 아직 생기지 않은 착한 법은 일어나도록 의욕을 내어, 방편으로 꾸준히 노력해서 그것

---

2 이 소경은 『별역잡아함경』 제8권 열다섯 번째 소경과 그 내용이 비슷하다. 또 이역본으로는 지요支曜가 한역한 『불설마유삼상경佛說馬有三相經』이 있다.

을 섭수하고 더욱 자라나게 한다. 이미 생긴 착한 법은 그것이 지속되도록 의욕을 내어, 방편으로 꾸준히 노력해서 그것을 섭수하고 더욱 자라나게 한다. 이것을 힘을 완전하게 갖춘 것이라고 하느니라.

어떤 것이 민첩함을 완전하게 갖춘 것인가? 이것은 괴로움의 성스러운 진리라고 사실 그대로 알고,……(이하 생략)……아라한이 되어 후세에 몸을 받지 않으면 이것을 민첩함을 완전하게 갖춘 것이라고 한다. 그래서 이것을 선남자가 빛깔도 완전하게 갖추고 힘도 완전하게 갖추었으며 민첩함도 원만하게 갖춘 것이라고 하느니라."

부처님께서 이 경을 말씀하시자 모든 비구들은 부처님의 말씀을 듣고 기뻐하며 받들어 행하였다.

921. 사경四經[3]

이와 같이 나는 들었다.

어느 때 부처님께서 왕사성 가란다죽원에 계셨다.

그때 세존께서 모든 비구들에게 말씀하셨다.

"세상에는 좋은 말이 있는데 네 가지 능력을 완전히 갖추고 있다. 그래서 그 말은 임금이 타는 말이다. 어떤 것이 그 네 가지인가? 어질고 착함·민첩하고 빠름·참음·부드러움이다. 선남자도 이와 같이 네 가지 덕을 성취하여, 세상 사람들이 받들어 존중하며 섬기고 공양하는 대상으로써 위없는 복전이 된다. 어떤 것이 그 네 가지인가? 선남자가 성취한 배울 것이 없는 이의 계율의 몸〔戒身〕, 배울 것이 없는 이의 선정의 몸〔定身〕, 배울 것이 없는 이의 지혜의 몸〔慧身〕,

---

3 이 소경은 『별역잡아함경』 제8권 열여섯 번째 소경과 그 내용이 비슷하다.

배울 것이 없는 이의 해탈의 몸〔解脫身〕이니라."

부처님께서 이 경을 말씀하시자 모든 비구들은 부처님의 말씀을 듣고 기뻐하며 받들어 행하였다.

922. 편영경鞭影經[4]

이와 같이 나는 들었다.

어느 때 부처님께서 왕사성 가란다죽원에 계셨다.

그때 세존께서 모든 비구들에게 말씀하셨다.

"세상에는 네 가지 좋은 말이 있다. 어떤 좋은 말은 편안한 안장에 다 채찍 그림자만 보아도 곧 빠르게 달린다. 그리하여 말을 모는 사람의 형세를 잘 관찰하여 느리게 가고 빠르게 가며 왼쪽으로 가고 오른쪽으로 가되 말을 모는 사람의 의도대로 따라 행한다. 비구들아, 이것을 세간에 좋은 말의 첫 번째 덕목이라고 하느니라.

또 비구야, 세상의 어떤 좋은 말은 채찍 그림자를 보면 스스로 놀라 살필 줄 아는 능력은 없지만, 그러나 채찍이 그 털끝을 스치기만 하면 곧 놀라서 말 모는 이의 마음을 어느새 살피고는 느리게 가고 빠르게 가며 왼쪽으로 가고 오른쪽으로 간다. 이것을 세간에 좋은 말의 두 번째 덕목이라고 하느니라.

또 비구들아, 세상의 어떤 좋은 말은 채찍 그림자를 돌아보거나 털끝에 스쳐도 사람의 마음을 따르는 능력은 없으나, 그러나 채찍으로 살갗을 조금 때리면 곧 놀라서 말을 모는 이의 마음을 살피고는 느리게 가고 빠르게 가며 왼쪽으로 가고 오른쪽으로 간다. 비구들아, 이

4 이 소경은 『별역잡아함경』 제8권 열일곱 번째 소경과 그 내용이 비슷하다.

것을 세 번째 좋은 말이라고 한다.

또 비구들아, 세상의 어떤 좋은 말은 채찍 그림자를 돌아보거나 털을 스치고 지나가거나 살갗을 조금 맞는 정도로는 움직일 줄 모르고 송곳에 몸을 찔려 뼈를 다친 뒤에야 비로소 놀라 수레를 끌고 길에 나서서 말을 모는 이의 마음을 따라 느리게 가고 빠르게 가며 왼쪽으로 가고 오른쪽으로 간다. 이것을 세간의 네 번째 좋은 말이라 하느니라.

바른 법과 율에도 이와 같은 네 종류의 선남자善男子가 있다. 어떤 것이 그 네 가지인가? 어떤 선남자는 다른 마을의 어떤 남자나 여자가 질병이 들어 고통을 받거나 심지어는 죽기까지 했다는 말을 듣고 나서는 곧 무섭고 두려워서 바른 사유〔正思惟〕에 의지한다. 마치 저 좋은 말이 채찍의 그림자만 보고도 곧 길들여진 것과 같다. 이것을 바른 법과 율에서 스스로 잘 길든 첫 번째 선남자라고 하느니라.

또 어떤 선남자는 다른 마을의 어떤 남자나 여자가 늙고 병들고 죽는 고통을 받는다는 말을 듣는 것으로는 무서워하고 두려워하여 바른 사유에 의지하지는 못하지만, 다른 마을의 어떤 남자나 여자가 늙고 병들고 죽는 고통을 겪는 것을 보고는 곧 무서워하고 두려워하여 바른 사유에 의지한다. 비유하면 마치 저 좋은 말이 털끝을 스치기만 해도 어느새 길들여져서 말을 모는 이의 마음을 따르는 것과 같다. 이것을 바른 법과 율에서 스스로 잘 길든 두 번째 선남자라고 하느니라.

또 어떤 선남자는 다른 마을에서 어떤 남자나 여자가 늙고 병들고 죽는 고통을 보거나 듣는 것으로는 두려워하는 마음을 내어 바른 사유에 의지하지는 못하지만, 마을이나 성읍城邑에서 어떤 선지식善知識이나 친한 사람이 늙고 병들고 죽는 고통을 당하는 것을 보고는 곧 두려워하여 바른 사유에 의지한다. 비유하면 마치 저 좋은 말이 살갗을 조금 맞고 나서 비로소 길들여져서 말을 모는 이의 마음을 따르는 것과 같다. 이것을 거룩한 바른 법과 율에서 스스로 잘 길든 세 번째 선남자라고 하느니라.

또 어떤 선남자는 다른 마을에서 어떤 남자나 여자나 친한 사람이 늙고 병들고 죽는 고통을 받는 것을 듣거나 보는 것으로는 무서워하고 두려워하는 마음을 내어 바른 사유에 의지하지는 못하지만 제 자신이 늙고 병들고 죽는 고통을 당하는 일에 대해서는 싫어하고 두려워하는 마음을 내어 바른 사유에 의지한다. 비유하면 마치 저 좋은 말이 살을 찔리고 뼈까지 다치고 나서야 비로소 길들여져서 말을 모는 이의 마음을 따르는 것과 같다. 이것을 바른 법과 율에서 스스로 잘 길든 네 번째 선남자라고 하느니라."

부처님께서 이 경을 말씀하시자 모든 비구들은 부처님의 말씀을 듣고 기뻐하며 받들어 행하였다.

923. 지시경只尸經

이와 같이 나는 들었다.

어느 때 부처님께서 왕사성 가란다죽원에 계셨다.

그때 지시只尸라는 말 조련사가 부처님께서 계신 곳으로 찾아가서 부처님의 발에 머리를 조아리고는 한쪽에 물러나 앉아서 부처님께 아뢰었다.

"세존이시여, 제가 세간을 관찰해 보았더니 매우 경솔하고 천하기가 마치 양떼와 같았습니다. 세존이시여, 오직 저만이 미쳐 날뛰는 나쁜 말을 다룰 수 있습니다. 저는 방편을 쓰면 잠깐 동안에 그 병의 증상을 다 나타나게 하고 그 증상에 따라 방편을 써서 길들입니다."

부처님께서 말 조련사인 촌장에게 말씀하셨다.

"그대는 몇 가지 방편으로 말을 길들이는가?"

말 조련사가 부처님께 아뢰었다.

"세 가지 법으로 나쁜 말을 길들입니다. 어떤 것이 그 세 가지인가 하면, 첫째는 부드러움〔柔軟〕이요, 둘째는 거침〔麤澁〕이며, 셋째는 부드러우면서 거친 것입니다."

부처님께서 촌장에게 말씀하셨다.

"그대가 그 세 가지 방편으로 말을 길들이다가 그래도 그 말이 길들여지지 않으면 장차 어떻게 할 것인가?"

말 조련사가 부처님께 아뢰었다.

"끝내 길들여지지 않으면 곧 죽여 버리겠습니다. 왜냐하면 제 자신을 부끄럽게 하지 않기 위해서입니다."

말 조련사가 다시 부처님께 아뢰었다.

"세존께서는 위없는 조어장부調御丈夫이시니, 몇 가지 방편을 가지고 장부들을 다루십니까?"

부처님께서 촌장에게 말씀하셨다.

"나도 세 가지 방편으로 장부들을 다룬다. 어떤 것이 그 세 가지인가? 첫째는 한결같이 부드럽게 다루는 것이요, 둘째는 한결같이 거칠게 다루는 것이며, 셋째는 부드러우면서도 거칠게 다루는 것이니라."

부처님께서 촌장에게 말씀하셨다.

"이른바 한결같이 부드러운 것이라고 한 것은 이미 언급한 바와 같이 이것은 몸으로 짓는 착한 행行이요, 이것은 몸으로 지은 착한 행의 과보果報이다. 이것은 입과 뜻으로 짓는 착한 행이요, 이것은 입과 뜻으로 지은 착한 행의 과보이다. 이것은 하늘이라 이름하고, 이것은 사람이라 이름한다. 이것은 좋은 곳〔善趣〕에 화생化生하는 것이라고 이름하고, 이것은 열반이라고 이름하는 것이니, 이것을 부드러운 것

〔柔軟〕이라고 말한다.

거칠다고 한 것은 이미 언급한 바와 같이 이것은 몸으로 짓는 나쁜 행이요, 이것은 몸으로 지은 나쁜 행의 과보이다. 이것은 입과 뜻으로 짓는 나쁜 행이요, 이것은 입과 뜻으로 지은 나쁜 행의 과보이다. 이것을 지옥이라고 이름하고, 이것을 축생이라고 이름하며, 이것을 아귀라고 이름한다. 이것을 나쁜 세계〔惡趣〕라고 이름하고, 이것을 나쁜 세계에 떨어지는 것이라고 이름하는 것이니, 이것을 여래의 거친 가르침이라고 말한다.

저 부드러우면서도 거칠게 다룬다고 한 것은 이미 언급한 바와 같이 여래는 어떤 때는 몸으로 짓는 착한 행과 몸으로 지은 착한 행의 과보와 입과 뜻으로 짓는 착한 행과 입과 뜻으로 지은 착한 행의 과보를 말해주고, 어떤 때는 몸으로 짓는 나쁜 행과 몸으로 지은 나쁜 행의 과보와 입과 뜻으로 짓는 나쁜 행과 입과 뜻으로 지은 나쁜 행의 과보에 대하여 말해준다. 그리고 이와 같은 것을 하늘이라고 이름하고, 이와 같은 것을 사람의 세계라고 이름하며, 이와 같은 것을 좋은 세계라고 이름하고, 이와 같은 것을 열반이라고 이름하며, 이와 같은 것을 지옥이라 이름하고, 이와 같은 것을 축생이라 이름하며, 이와 같은 것을 아귀라고 이름하고, 이와 같은 것을 나쁜 세계라고 이름하며, 이와 같은 것을 나쁜 세계에 떨어지는 것이라고 이름한다. 이것을 여래의 부드러우면서도 거친 가르침이라고 하느니라."

말 조련사가 부처님께 아뢰었다.

"세존이시여, 만약 그 세 가지 방편으로 중생들을 다루어도 길들여지지 않는 사람이 있으면 어떻게 하십니까?"

부처님께서 촌장에게 말씀하셨다.

"나도 또 죽여 버린다. 왜냐하면 나를 부끄럽게 하지 않기 위해서이니라."

말 조련사가 부처님께 아뢰었다.

"만일 살생을 하면 세존의 법에서는 청정하지 못한 것이라고 말씀하셨고 세존의 법에서도 또한 살생을 하지 않습니다. 그런데 지금 죽인다고 말씀하시니 그 이치가 어떤 것입니까?"

부처님께서 촌장에게 말씀하셨다.

"그렇다, 그렇다. 여래의 법에서는 살생하는 것을 청정하지 못한 것이라고 하였고 여래의 법에서도 또한 살생하지 않는다. 그러나 여래의 법에서는 세 가지를 가르친다. 즉 길들여지지 않는 사람은 더불어 말하지 않고 가르치지도 않으며 훈계하지도 않는다. 촌장이여, 그대의 생각에는 어떠한가? 만일 여래의 법에서 더불어 말하지 않고 가르치지도 않으며 훈계하지도 않으면, 그것이 어찌 죽임을 당하는 것이 아니겠는가?"

말 조련사가 부처님께 아뢰었다.

"과연 그렇습니다. 세존이시여, 더불어 말하지 않고 영원히 가르치거나 훈계하지 않는다면 그것은 진실로 죽임을 당하는 것과 같습니다. 세존이시여, 그러한 까닭에 저는 오늘부터 모든 악하고 착하지 않은 법을 여의겠나이다."

부처님께서 촌장에게 말씀하셨다.

"훌륭한 말을 하였구나."

그때 말 조련사인 촌장 지시는 부처님의 말씀을 듣고 기뻐하면서 부처님의 발에 예배하고 물러갔다.

924. 유과경有過經[5]

이와 같이 나는 들었다.

어느 때 부처님께서 왕사성 가란다죽원에 계셨다.

그때 세존께서 모든 비구들에게 말씀하셨다.

“세간의 말〔馬〕에는 여덟 가지 태도가 있다. 어떤 것이 그 여덟 가지인가? 어떤 사나운 말은 수레에 멍에를 메우려고 할 때에 뒷발로 사람을 차고 앞다리는 땅에 꿇고 머리를 흔들면서 사람을 문다. 이것을 세간 말의 첫 번째 태도라고 말한다. 또 어떤 사나운 말은 수레에 멍에를 메우려고 할 때에 머리를 숙이며 멍에를 떨쳐버린다. 이것을 세간 사나운 말의 두 번째 태도라고 말한다. 또 세간의 어떤 사나운 말은 수레에 멍에를 메우려고 할 때에 길가로 내려가거나 혹은 수레를 뒹굴려 뒤집어엎는다. 이것을 세 번째 태도라고 말한다. 또 세간의 어떤 사나운 말은 수레에 멍에를 메우려고 할 때에 머리를 치켜들고 뒷걸음친다. 이것을 세간 사나운 말의 네 번째 태도라고 말한다. 또 세간의 어떤 사나운 말은 수레에 멍에를 메우려고 할 때에 채찍으로 조금만 맞아도 고삐를 끊거나 굴레를 부수고 이리저리 치달린다. 이것을 다섯 번째 태도라고 말한다. 또 세간의 어떤 사나운 말은 수레에 멍에를 메우려고 할 때에 두 앞다리를 치켜들고 사람처럼 일어선다. 이것을 여섯 번째 태도라고 말한다. 또 세간의 어떤 사나운 말은 수레에 멍에를 메우려고 할 때에 채찍으로 때려도 꼼짝하지 않고 가만히 있다. 이것을 일곱 번째 태도라고 말한다. 또 세간의 어떤 사나운 말은 수레에 멍에를 메우려고 할 때에 네 다리를 한데 모으고 땅에 엎드려 일어나지 않는다. 이것을 여덟 번째 태

---

5 이 소경은 『별역잡아함경』 제8권 열여덟 번째 소경과 그 내용이 비슷하다.

도라고 말하느니라.

세간의 악한 장부도 바른 법과 율 안에서 이와 같은 여덟 가지 허물이 있다. 어떤 것이 그 여덟 가지인가? 비구로서, 만일 범행梵行을 닦는 사람들이 자기를 의심하고 죄를 들추어낼 때에 그는 곧 성을 내어 상대방을 도로 꾸짖으면서 말한다.

'너는 어리석고 분별이 없으며 착하지 못하다. 다른 사람이 네 죄를 드러내는데 너는 왜 내 죄를 들추어내느냐?'

이것은 마치 저 사나운 말이 뒷발로 사람을 차고 앞발을 땅에 꿇거나 배에 매는 띠를 끊고 멍에를 부수는 것과 같다. 이것을 바른 법과 율에서 장부의 첫 번째 허물이라고 한다.

또 비구로서 범행을 닦는 사람들이 보고 들은 의심스러운 자기 죄를 들추어내면 도로 남의 죄를 들추어낸다. 이것은 마치 저 사나운 말이 성을 내어 목으로 멍에를 부수는 것과 같다. 이것을 바른 법과 율에서 장부의 두 번째 허물이라고 한다.

또 비구로서, 범행을 닦는 사람들이 보고 들은 의심스러운 자기 죄를 들추어내면 바르게 대답하지 않고 다른 일을 횡설수설 지껄이면서 성을 내고 거만하게 굴거나 숨기고 덮으며 앙심을 품고 차마 못하는 짓이 없다. 이것은 마치 저 사나운 말이 바른 길을 가지 않고 수레를 뒤엎는 것과 같다. 이것을 바른 법과 율에서 장부의 세 번째 허물이라고 한다.

또 비구로서, 범행을 닦는 사람들이 보고 들은 의심스러운 자기 죄를 들추어내어 그로 하여금 기억하게 하건만, 그는 '나는 기억하지 못한다'고 말하면서 버티고 항복하지 않는다. 이것을 비유하면 마치 저 사나운 말이 뒷걸음치면서 물러가는 것과 같다. 이것을 바른 법과 율에서 장부의 네 번째 허물이라고 한다.

또 비구로서, 범행을 닦는 사람들이 보고 들은 의심스러운 자기 죄를 들추어낼 때 그 사람을 업신여겨 두려워하지 않고 또 대중들을 돌아보지도 않으며 옷과 발우를 가지고 마음 내키는 곳으로 떠나가 버린다. 이것은 마치 저 사나운 말이 채찍으로 때리면 이리저리 치달리는 것과 같다. 이것을 바른 법과 율에서 장부의 다섯 번째 허물이라고 한다.

또 비구로서 범행을 닦는 사람들이 보고 들은 의심스러운 자기 죄를 들추어낼 때, 높은 자리로 가서 윗자리 스님들과 옳고 그름을 따진다. 이것은 마치 저 사나운 말이 두 발로 사람처럼 일어서는 것과 같다. 이것을 바른 법과 율에서 장부의 여섯 번째 허물이라고 한다.

또 비구로서 범행을 닦는 사람들이 보고 들은 의심스러운 자기 죄를 들추어낼 때, 잠자코 대답하지 않아 대중들을 괴롭힌다. 이것은 마치 저 사나운 말이 채찍으로 때려도 꼿꼿이 있으면서 꼼짝하지 않는 것과 같다. 이것을 바른 법과 율에서 장부의 일곱 번째 허물이라고 한다.

또 비구로서 범행을 닦는 사람들이 보고 들은 의심스러운 자기 죄를 들추어낼 때 곧 계를 버리고 스스로 환속하려는 마음을 내고는 절문에 이르러 이렇게 말한다.

'너희들은 그저 묵묵히 유쾌하고 기쁘게 안주해라. 나는 계를 버리고 환속하련다.'

이것은 마치 저 사나운 말이 네 다리를 한데 모으고 땅에 엎드린 채 움직이지 않는 것과 같다. 이것을 바른 법과 율에서 장부의 여덟 번째 허물이라고 한다.

이상과 같은 것을 비구로서 바른 법과 율에서 장부가 짓는 여덟 가지 허물이라고 하느니라."

부처님께서 이 경을 말씀하시자 모든 비구들은 부처님의 말씀을 듣고 기뻐하며 받들어 행하였다.

925. 팔종덕경八種德經[6]

이와 같이 나는 들었다.

어느 때 부처님께서 왕사성 가란다죽원에 계셨다.

그때 세존께서 모든 비구들에게 말씀하셨다.

"세간의 좋은 말로서 여덟 가지 덕을 성취한 놈은 사람의 욕구를 따라 어느 정도의 도를 가지고 있다. 어떤 것이 그 여덟 가지인가? 좋은 말이 생산되는 고장에 태어난 것이니, 이것을 좋은 말의 첫 번째 덕이라고 말한다. 또 성질이 부드럽고 어질어 사람을 두렵게 하지 않는 것이니, 이것을 좋은 말의 두 번째 덕이라고 말한다. 또 좋은 말은 음식을 가리지 않나니, 이것을 좋은 말의 세 번째 덕이라고 말한다. 또 좋은 말은 깨끗하지 못한 것을 싫어해서 자리를 가려 눕나니, 이것을 좋은 말의 네 번째 덕이라고 말한다.

또 좋은 말은 말 길들이는 사람에게 그 나쁜 버릇을 빨리 나타내어 말을 다루는 사람이 그를 길들여 빨리 그 버릇을 버리게 하나니, 이것을 좋은 말의 다섯 번째 덕이라고 말한다. 또 좋은 말은 그 말을 타는 사람에게 편안하게 하여 다른 말을 돌아보지 않게 하고 그 무겁고 가벼움을 따라 힘을 다하는 것이니, 이것을 좋은 말의 여섯 번째 덕이라고 말한다. 또 좋은 말은 항상 바른 길을 따라 달리고 나쁜 길을 따르지 않는 것이니, 이것을 좋은 말의 일곱 번째 덕이라고 말한다. 또 좋은 말은 병들었거나 늙었어도 힘을 다해 가마를 태우고 싫어하는 내색을 하거나 게을리 하지 않는 것이니, 이것을 좋은 말의 여덟 번째 덕이라고 하느니라.

---

6 이 소경은 『별역잡아함경』 제8권 열아홉 번째 소경과 같은 내용이다. 또 이역본으로는 지요支曜가 한역한 『불설마유인태비인경佛說馬有人態譬人經』이 있다.

장부도 바른 법과 율에 있으면서 이와 같이 여덟 가지 덕을 성취하면 그를 어진 선비라고 한다는 것을 알아야 하느니라. 어떤 것이 그 여덟 가지인가? 이른바 어진 선비는 바른 계와 바라제목차율의波羅提木叉律儀에 머물러서 위의威儀를 행하는 곳에서 조그만 죄를 보고도 두려워할 줄 알고 배워야 할 계를 받아 지니면 이것을 바른 법과 율에서 장부의 첫 번째 덕이라고 한다. 또 장부로서 성질이 어질고 착하며 잘 길들고 잘 머물러서 범행梵行을 닦는 자들을 괴롭히지도 않고 두렵게 하지도 않으면 이것을 장부의 두 번째 덕이라고 한다. 또 장부로서 차례로 걸식하여 그 얻는 대로 따라서 거칠거나 맛있거나 마음을 평등하게 가져서 싫어하지도 않고 집착하지도 않으면 이것을 장부의 세 번째 덕이라고 한다. 또 장부로서 몸으로 짓는 나쁜 업과 입과 뜻으로 짓는 나쁜 업과 악하고 착하지 못한 법과 모든 번뇌와 거듭 받게 되는 모든 유정有情들의 치성한 고통의 과보를 싫어하여 여의려는 마음을 내고 미래 세상의 태어남·늙음·병듦·죽음과 근심·슬픔·번민·괴로움에 대해 더욱 싫어하여 여의려는 마음을 내게 되면, 이것을 장부의 네 번째 덕이라고 한다.

또 장부로서 만일 어떤 사문이 허물이 있고 아첨하고 왜곡되며 진실하지 않으면 속히 큰 스승이나 선지식善知識에게 알리고 큰 스승이 설법하여 곧 끊게 하면, 이것을 장부의 다섯 번째 덕이라고 한다. 또 장부로서 배우려는 마음을 완전하게 갖추어 '남들이 배우건 배우지 않건 나는 다 배우고 말리라'라고 이렇게 생각한다면 이것을 장부의 여섯 번째 덕이라고 한다. 또 장부로서 여덟 가지 바른 길을 가고 그른 길을 가지 않는다면 이것을 장부의 일곱 번째 덕이라고 말한다. 또 장부로서 목숨을 마칠 때까지 방편으로 열심히 노력하여 싫증을 내거나 게을리 하지 않으면 이것을 장부의 여덟 번째 덕이라고 한다. 이와 같이 장부가 이 여덟 가지 덕을 성취하면 그 행하는 지위를 따라 빨리 향상하게 되느니라.”

부처님께서 이 경을 말씀하시자 모든 비구들은 부처님의 말씀을 듣고 기뻐하며 받들어 행하였다.

926. 선타가전연경詵陀迦旃延經[7]

이와 같이 나는 들었다.

어느 때 부처님께서 나리那梨라는 마을에 있는 심곡정사深谷精舍에 계셨다.

그때 세존께서 선타가전연詵陀迦旃延에게 말씀하셨다.

“마땅히 진실한 선정을 닦고 거친 선정을 닦지 말라. 비유하면 마치 거친 말을 마구간에 매어 두었을 때에는 그 말은 자기가 해야 할 일과 하지 않아야 할 일은 생각하지 않고 다만 곡식이나 풀만 생각하는 것처럼 장부도 이와 같아서 탐욕의 번뇌를 많이 닦고 익혔기 때문에 그는 탐욕의 마음으로만 사유하면서 벗어나는 방법을 사실 그대로 알지 못하고 마음이 항상 내달려 탐욕의 번뇌를 따르면서 정수正受를 구한다. 진에瞋恚·수면睡眠·도회掉悔·의疑를 많이 닦아 익혔기 때문에 벗어나는 방법을 사실 그대로 알지 못하고 의개疑蓋의 마음으로만 사유하면서 정수를 구한다.

선타詵陀여, 만일 진실한 종자의 말이라면 마구간에 매어 두더라도 물이나 풀 따위는 생각하지 않고 다만 사람을 태우고 다닐 일만 생각할 것이다. 어떤 장부도 이와 같아서 탐욕貪欲의 번뇌〔纏〕를 생각하지 않고 생사를 벗어나는 일에 머물러야 함을 사실 그대로 알아 탐욕의

7 이 소경은 『별역잡아함경』 제8권 20번째 소경의 내용과 같다.

번뇌로써 정수를 구하지 않는다. 또한 진에瞋恚·수면睡眠·도회掉悔·의疑의 번뇌를 생각하지 않고 생사를 벗어나는 일〔出離〕에 많이 머물러 진에·수면·도회·의의 번뇌를 사실 그대로 알아 의疑 등의 번뇌로써 정수를 구하지 않는다.

이와 같아서 선타여, 비구가 이렇게 선정을 닦는 사람은 흙〔地〕을 의지해 선정을 닦지 않고, 물·불·바람·허공·의식·무소유처無所有處·비상비비상처非想非非想處을 의지해서 선정을 닦지도 않는다. 이 세상을 의지하지도 않고 다른 세상을 의지하지도 않으며 해나 달도 의지하지 않고 보고〔見〕·듣고〔聞〕·깨닫고〔覺〕·인식하는 것〔識〕에도 의지하지 않고 얻음〔得〕에도 의지하지 않으며 구함〔求〕에도 의지하지 않고 거친 생각〔覺〕을 따르지도 않고 미세한 생각〔觀〕을 따르지도 않으면서 그렇게 선정을 닦는다. 선타여, 비구로서 이와 같이 선정을 닦는 사람이라면 천주天主·이습바라伊濕波羅[8]·파사파제波闍波提[9]도 그를 공경하여 합장하고 머리 조아려 예를 올리면서 게송으로 말할 것이다."

위대한 대장부께 귀의합니다.
가장 높은 선비께 귀의합니다.
저는 도저히 모르겠나이다.
무엇을 의지해 선정을 닦습니까?

그때 존자 발가리跋迦利는 부처님의 뒤에 머물러 있으면서 부채를 잡고 부처님께 부채질을 하고 있었다. 그때 발가리가 부처님께 아

---

8 또 다른 이름으로는 자재自在라고 하며 인도에서 숭배하는 신神이다.
9 또 다른 이름으로는 생주生主라고 하며 인도에서 숭배하는 신神이다.

되었다.

"세존이시여, 비구는 어떻게 선정에 들어야 흙·물·불·바람과……(이하 생략)……이 세상을 의지하지도 않고 다른 세상을 의지하지도 않으며 해나 달도 의지하지 않고 보고[見]·듣고[聞]·깨닫고[覺]·인식하는 것[識]에도 의지하지 않고 얻음[得]에도 의지하지 않으며 구함[求]에도 의지하지 않고 거친 생각[覺]을 따르지도 않고 미세한 생각[觀]을 따르지도 않으면서 그렇게 선정을 닦는다. 선타여, 비거친 생각과 미세한 생각을 의지하지 않고 선정을 닦을 수 있습니까? 또 비구가 어떻게 선정을 닦아야 저 천주·이습바라·파사파제가 합장하고 공경히 머리 조아려 예를 올리면서 다음과 같은 게송을 말하겠습니까?"

위대한 대장부께 귀의합니다.
가장 높은 선비께 귀의합니다.
저는 도저히 모르겠습니다.
무엇을 의지해 선정을 닦습니까?

부처님께서 발가리에게 말씀하셨다.

"비구가 흙이라는 생각에 대해 흙이라는 생각을 항복 받고 물·불·바람이라는 생각과 무량공입처無量空入處라는 생각·식입처識入處라는 생각·무소유입처無所有入處라는 생각·비상비비상입처非想非非想入處라는 생각을 항복 받고, 이 세상과 다른 세상이라는 생각과, 해·달·보고·듣고·깨닫고·아는 생각과 얻거나 구한다는 생각과 거친 생각과 미세한 생각에 대해 그것들은 다 항복 받으면 발가리여, 그렇게 선정을 닦는 비구는 흙·물·불·바람을 의지하지 않고,……(이하 생략)……거친 생각과 미세한 생각을 의지하지 않고 선정을 닦을 수 있다. 발가리여, 또 그렇게 선정을 닦는 비구는 저 천주·이습바라·파사파제도 그를 공경하여 합장하고 머리 조아려 예를 올리면서 다음과 같은 게송을 말하리라."

위대한 대장부께 귀의합니다.
가장 높은 선비께 귀의합니다.
저는 도저히 모르겠습니다.
무엇을 의지해 선정을 닦습니까?

부처님께서 이 경을 말씀하자 선타 가전연 비구는 번뇌를 멀리 여의고 법안法眼이 깨끗하게 되었으며 발가리 비구는 번뇌를 일으키지 않고 마음이 해탈하였다.

부처님께서 이 경을 말씀하시자 발가리 비구는 부처님의 말씀을 듣고 기뻐하며 받들어 행하였다.

927. 우바새경優婆塞經[10]

이와 같이 나는 들었다.

어느 때 부처님께서 가비라위국迦毘羅衛國 니구율원尼拘律園에 계셨다.

그때 석가 종족인 마하남摩訶男[11]이 부처님께서 계신 곳으로 찾아가

10 이 소경은 『별역잡아함경』 제8권 스물한 번째 소경과 그 내용이 비슷하다.

11 팔리어로는 mahānāma라고 하며 중인도 가비라위국迦毘羅衛國의 국왕으로 곡반왕斛飯王의 아들이라고도 하고 감로왕甘露王의 아들이라고도 함. 아우인 아나율이 부처님께 출가한 뒤로는 크게 불법을 존중하였다. 때문에 부처님께서 칭찬하여 말씀하시기를 "늘 모두에게 자비로운 마음을 가지고 있는 우바새 가운데 제일이다"라고 하셨다.

서 부처님의 발에 머리를 조아리고는 한쪽에 물러나 앉아서 부처님께 아뢰었다.

"세존이시여, 어떤 것을 우바새優婆塞라고 말합니까?"

부처님께서 마하남에게 말씀하셨다.

"속가에 살고 있으면서 청정하게 닦아 익히고 깨끗하게 머물러 사내 모양을 원만하게 이루고서 '나는 지금부터 목숨을 마칠 때까지 부처님께 귀의하고 법에 귀의하며 비구스님들께 귀의하여 우바새가 되겠사오니 저를 증명하여 알아주소서' 라고 이렇게 말하는 이를 우바새라고 하느니라."

마하남이 부처님께 아뢰었다.

"세존이시여, 어떤 것을 우바새가 믿음을 원만하게 갖추었다고 말합니까?"

부처님께서 마하남에게 말씀하셨다.

"우바새는 여래에 대한 바른 믿음을 근본으로 삼아 견고하여 움직이기 어려워서, 어떤 사문·바라문·하늘·악마·범梵과 그 밖의 다른 세간 어느 누구도 무너뜨릴 수 없으면 마하남아, 이것을 우바새가 믿음을 원만하게 갖추었다고 하느니라."

마하남이 부처님께 아뢰었다.

"세존이시여, 어떤 것을 우바새가 계戒를 원만하게 갖추었다고 합니까?"

부처님께서 마하남에게 말씀하셨다.

"우바새는 살생·도둑질·삿된 음행·거짓말·음주飮酒를 여의고 그것을 즐겨 행하지 않나니, 마하남아, 이것을 우바새가 계를 원만하게 갖추었다고 하느니라."

마하남이 부처님께 아뢰었다.

"세존이시여, 어떤 것을 우바새가 들음〔聞〕을 원만하게 갖추었다고 합니까?"

부처님께서 마하남에게 말씀하셨다.

"우바새가 들음을 원만하게 갖추었다고 하는 것은 들으면 곧 지니고 들은 것을 잘 기억해서 쌓아두는 것이다. 즉 처음도 좋고 중간도 좋고 마지막도 좋으며 의미도 좋으며 순일純一하게 원만청정하며 범행梵行이 청정한 부처님의 말씀을 다 받아 가지는 것이니, 마하남아, 이것을 우바새가 들음을 원만하게 갖추었다고 하느니라."

마하남이 부처님께 아뢰었다.

"세존이시여, 어떤 것을 우바새가 평등〔捨〕을 원만하게 갖추었다고 합니까?"

부처님께서 마하남에게 말씀하셨다.

"우바새가 평등을 원만하게 갖추었다고 하는 것은 인색하고 더러운 번뇌〔垢〕에 얽매였으면 마음에서 인색함의 번뇌를 여의고 집 아닌 데에 머물며 해탈시解脫施·근시勤施·상시常施를 닦아, 즐거이 재물을 버려 평등하게 보시하는 것이니, 마하남아, 이것을 우바새가 평등을 원만하게 갖추었다고 하느니라."

마하남이 부처님께 아뢰었다.

"세존이시여, 어떤 것을 우바새가 지혜를 원만하게 갖추었다고 합니까?"

부처님께서 마하남에게 말씀하셨다.

"우바새가 지혜를 원만하게 갖추었다고 하는 것은 이른바 이것은 괴로움〔苦〕이라고 사실 그대로 알고 이것은 괴로움이 발생하는 원인〔苦集〕이라고 사실 그대로 알며 이것은 괴로움의 소멸〔苦滅〕이라고 사실 그대로 알고 이것은 괴로움의 소멸에 이르는 길〔苦滅道跡〕이라고 사실 그대로 아는 것이니, 마하남아, 이것을 우바새가 지혜를 원만하게 갖추었다고 하느니라."

그때 석씨 마하남은 부처님의 말씀을 듣고 기뻐하면서 자리에서 일어나 예배하고 떠나갔다.

928. 심묘공덕경深妙功德經[12]

이와 같이 나는 들었다.

어느 때 부처님께서 가비라위국 니구율원에 계셨다.

그때 석씨 마하남은 5백 명의 우바새와 함께 부처님께서 계신 곳으로 찾아가서 부처님의 발에 머리를 조아리고 한쪽에 물러나 앉아서 부처님께 아뢰었다.

"세존이시여, 어떤 것을 우바새라고 합니까?"

부처님께서 마하남에게 말씀하셨다.

"우바새란, 속가에서 청정하게 살면서……(이하 생략)……'목숨을 마칠 때까지 삼보三寶에 귀의하여 우바새가 되겠나이다. 저를 증명하여 알아주소서'라고 하는 이들이니라."

마하남이 부처님께 아뢰었다.

"어떤 것을 우바새 수다원須陀洹이라고 합니까?"

부처님께서 마하남에게 말씀하셨다.

"우바새 수다원이라고 하는 것은 세 가지 결박〔三結〕을 끊고 이른바 신견身見·계취戒取·의疑 등의 그 결박이 끊어진 줄 아는 것이다. 마하남아, 이것을 우바새 수다원이라고 하느니라."

마하남이 부처님께 아뢰었다.

"세존이시여, 어떤 것을 우바새 사다함斯陀含이라고 합니까?"

12 이 소경은 『별역잡아함경』 제8권 스물두 번째 소경과 그 내용이 비슷하다.

부처님께서 마하남에게 말씀하셨다.

"우바새가 세 가지 결박을 끊고 그 결박이 끊어진 줄을 알아 탐욕·성냄·어리석음이 엷어진 것이니 마하남아, 이것을 우바새 사다함이라고 하느니라."

마하남이 부처님께 아뢰었다.

"세존이시여, 어떤 것을 우바새 아나함阿那含이라고 합니까?"

부처님께서 마하남에게 말씀하셨다.

"우바새 아나함이라고 하는 것은 5하분결下分結을 끊고 이른바 신견身見·계취戒取·의疑·탐욕貪欲·진에瞋恚 등을 끊은 줄 아는 것이다. 마하남아, 이것을 우바새 아나함이라고 하느니라."

그때 석씨 마하남은 5백 명의 우바새를 돌아보고 이렇게 말했다.

"신기하구나. 우바새들이여, 속가에 있으면서 청정하게 살아가면 이와 같은 깊고 묘한 공덕을 얻는구나."

그때 마하남 우바새는 부처님의 말씀을 듣고 기뻐하면서 자리에서 일어나 예배하고 떠나갔다.

929. 일체사경一切事經[13]

이와 같이 나는 들었다.

어느 때 부처님께서 가비라위국 니구율원에 계셨다.

그때 석씨 마하남이 부처님께서 계신 곳으로 찾아가서 부처님의 발에 예배하고 한쪽에 물러나 앉아서 부처님께 아뢰었다.

"세존이시여, 어떤 것을 우바새라고 합니까?"

---

13 이 소경은 『별역잡아함경』 제8권 스물세 번째 소경과 그 내용이 비슷하다.

부처님께서 마하남에게 말씀하셨다.

"우바새라고 하는 것은 속가에서 깨끗하게 살면서,……(이하 생략)……'목숨을 마칠 때까지 삼보三寶에 귀의하여 우바새가 되겠습니다. 저를 증명하여 알아주소서'라고 말하는 이들이다."

마하남이 부처님께 아뢰었다.

"세존이시여, 어떤 것을 모든 우바새의 일을 원만히 갖춘 것이라고 합니까?"

부처님께서 마하남에게 말씀하셨다.

"만일 우바새로서 믿음이 있고 계가 없으면 그것은 원만하게 갖추지 못한 것이니, 마땅히 열심히 방편을 써서 깨끗한 계를 원만하게 갖추어야 한다. 그러나 믿음과 계를 원만하게 갖추었을지라도 보시하지 않으면 그것도 또한 원만하게 갖추지 못한 것이니, 원만하게 갖추지 못하였기 때문에 열심히 방편을 써서 보시를 닦아 익혀 그러한 것들을 원만하게 갖추어야 하느니라.

믿음과 계와 보시를 원만하게 갖추었을지라도 수시로 사문에게 나아가 바른 법을 듣지 않으면 그것도 또한 원만하게 갖추지 못한 것이다. 원만하게 갖추지 못하였기 때문에 열심히 방편을 써서 수시로 절〔塔寺〕에 나아가 여러 사문을 뵙더라도 일심으로 바른 법을 듣고 받지 않으면 그것도 원만하게 갖추지 못한 것이다. 그러므로 믿음·계·보시·들음을 닦아 익혀 원만하게 갖추어야 한다. 그러나 듣고도 지니지 않으면 그것도 원만하게 갖추지 못한 것이다. 원만하게 갖추지 못하였기 때문에 열심히 방편을 써서 수시로 사문에게 나아가 전일한 마음으로 법을 듣고, 듣고 나서는 잘 지녀야 한다.

그러나 그 법의 깊은 뜻을 관찰하지 못하면 그것도 또한 원만하게 갖추지 못한 것이다. 원만하게 갖추지 못하였기 때문에 열심히 방편을 써서 믿음·계·보시·들음을 닦아야 한다. 듣고 나서는 지녀야 하고 지니고 나서는 매우 깊고 묘한 뜻을 관찰해야 한다. 그러나 법을 따르고 법으로 향해 수순隨順할 줄을 알지 못하면 그것도 또한 원만하게 갖추지 못한 것이다. 원만하게 갖추지 못하였기 때문에 열심히 방편을 써서 믿음·계·보시·들음을 닦고 받아 지녀 관찰하여 깊은 이치를 분명하게 깨달아 알아 법을 따르고 법으로 향해 수순하여 행해야 한다. 마하남아, 이것을 모든 우바새의 일을 원만히 갖춘 것이라고 하느니라."

마하남이 부처님께 아뢰었다.

"세존이시여, 어떤 것을 우바새가 제 자신은 편안하게 하나 다른 사람은 편안하게 하지 못하는 것이라고 합니까?"

부처님께서 마하남에게 말씀하셨다.

"어떤 우바새는 제 자신은 계를 확고히 하지만 다른 사람은 바른 계를 확고하게 하지 못한다. 제 자신은 청정한 계를 지니지만 다른 사람은 계를 원만하게 지니게 하지 못한다. 제 자신은 보시를 행하지만 다른 사람으로 하여금 보시하게 하지는 못한다. 제 자신은 절에 나아가 여러 사문을 뵙지만 다른 사람을 권하여 절에 나아가 사문을 뵙도록 하지는 못한다. 제 자신은 전일專一하게 법을 듣지만 다른 사람을 권해서 바른 법을 즐겨 듣게 하지는 못한다. 제 자신은 법을 듣고 지니지만 다른 사람으로 하여금 바른 법을 받아 지니게 하지는 못한다. 제 자신은 매우 깊고 묘한 이치를 관찰하지만 다른 사람에게 권해서 심오한 이치를 관찰하게 하지는 못한다. 제 자신은 깊은 법을 알아 법을 따르고 법을 향해 수순하여 행하지만, 다른 사람에게 권하여 법을 따르고 법을 향해 수순하여 행하게 하지는 못한다. 마하남아, 이러한 여덟 가지 법을 성취하면, 이것을 우바새가 제 자신은 편안하나 다른 사람으로 하여금 편안하게 하지는 못하는 것이라고 하느니라."

마하남이 부처님께 아뢰었다.

“세존이시여, 우바새가 몇 가지 법을 성취해야 제 자신도 편안하고 다른 사람도 편안하게 합니까?”

부처님께서 마하남에게 말씀하셨다.

“만일 우바새가 열여섯 가지 법을 성취하면 이것을 우바새가 제 자신도 편안하고 다른 사람도 편안하게 하는 것이니라. 어떤 것이 그 열여섯 가지인가? 마하남아, 어떤 우바새는 바른 믿음을 원만하게 갖추고 그것을 다른 사람도 건립하게 한다. 제 자신도 깨끗한 계를 가지고 또 깨끗한 계를 다른 사람에게도 건립하게 한다. 제 자신도 보시를 행하고 다른 사람도 보시를 행하게 한다. 제 자신도 절에 나아가 모든 사문을 뵙고 다른 사람도 절에 가서 사문을 뵙게 한다. 제 자신도 전일한 마음으로 법을 듣고 다른 사람도 또한 듣게 한다. 제 자신도 법을 받아 지니고 다른 사람도 받아 지니게 한다. 제 자신도 이치를 관찰하고 다른 사람도 관찰하게 한다. 제 자신도 깊은 뜻을 깨달아 법을 따르고 법을 향해 수순하여 닦아 행하고, 다른 사람도 깊은 뜻을 깨달아 법을 따르고 법을 향해 수순하여 닦아 행하게 한다.

마하남아, 이와 같은 열여섯 가지 법을 성취하면 그것을 우바새가 제 자신도 편안하고 다른 사람도 편안하게 하는 것이라고 하느니라.

마하남아, 만일 우바새가 이와 같은 열여섯 가지 법을 성취하면 저 대중들, 즉 바라문 대중·찰리刹利 대중·장자長者 대중·사문 대중들이 다 그에게 모일 것이요, 그 대중 가운데서 위엄과 덕망이 환하게 빛날 것이다. 비유하면 마치 태양은 처음 떠오를 때나 중간이나 마지막에 질 때도 그 광명이 밝게 빛나는 것처럼 우바새가 열여섯 가지 법을 성취하면 그 사람도 처음이나 중간이나 마지막까지 위엄과 덕망이 밝게 빛날 것이다. 마하남아, 이와 같이 우바새가 열여섯 가지 법을 다 성취한 사람은 세간에 그리 흔하지 않느니라.”

부처님께서 이 경을 말씀하시자 석씨 마하남은 부처님의 말씀을 듣고 기뻐하면서, 자리에서 일어나 예배하고 떠나갔다.

930. 자공경自恐經[14]

이와 같이 나는 들었다.

어느 때 부처님께서 가비라위국 니구율원에 계셨다.

그때 석씨 마하남이 부처님께서 계신 곳으로 찾아와서 부처님 발에 머리 조아려 예배하고 한쪽에 물러나 앉아서 부처님께 아뢰었다.

"세존이시여, 이 가비라위국은 안온하고 풍요롭고 살기가 좋아서 백성들이 많습니다. 제가 매번 출입할 때마다 많은 대중들이 좌우에 죽 늘어서서 뒤를 따르고 미친 코끼리 · 미친 사람 · 미친 수레도 항상 우리를 따르고 있습니다. 그래서 저는 이 미친 것들과 살고 죽음을 함께 하다보면 부처님을 생각하고 법을 생각하고 비구스님들을 생각하는 것을 잊게 될까 두려워하고 있습니다. 또 저는 '내가 죽은 뒤에는 장차 어디에 가서 태어날 것인가?' 하고 스스로 생각해보기도 합니다."

부처님께서 마하남에게 말씀하셨다.

"두려워하지도 말고 무서워하지도 말라. 너는 목숨을 마친 뒤에 나쁜 곳에 태어나지 않을 것이요, 끝끝내 나쁜 일이 없을 것이다. 비유하면 마치 큰 나무가 밑으로 가지를 내려뜨리고 있으며 어느 한쪽으로 쏠리는 곳과 기우는 곳이 있다고 하자 만일 그 뿌리 부분을 베면 어디로 넘어지겠느냐?"

마하남이 부처님께 아뢰었다.

---

14 이 소경은『별역잡아함경』제8권 스물네 번째 소경과 그 내용이 비슷하다.

"그 나무는 본래 향하고 있던 곳이든지 아니면 쏠리는 곳이나 기울고 있던 곳으로 넘어질 것입니다."

부처님께서 마하남에게 말씀하셨다.

"너도 그와 같아서, 목숨을 마친 뒤에도 나쁜 곳에 태어나지 않을 것이요, 끝끝내 나쁜 일이 없을 것이다. 왜냐하면 너는 오랫동안 부처를 생각하고 법을 생각하고 비구스님들을 생각하기를 닦고 익혀왔기 때문이다. 가령 목숨을 마치고 나서 그 몸이 불에 태워지거나 묘지에 버려져서 오랫동안 바람에 불리고 햇볕에 쪼여 마침내 가루가 된다 하더라도 심心·의意·식識이 오랜 세월 동안 바른 믿음에 훈습薰習되었고, 계·보시·들음·지혜에 훈습되었기 때문에 그 신식神識은 위로 올라가 안락한 곳으로 향해 갈 것이요, 미래에는 천상天上에 태어나게 될 것이다."

그때 마하남은 부처님의 말씀을 듣고 기뻐하면서 예배하고 떠나갔다.

931. 수습주경修習住經[15]

이와 같이 나는 들었다.

어느 때 부처님께서 가비라위국 니구율원에 계셨다.

그때 석씨 마하남이 부처님께서 계신 곳으로 찾아와서 부처님 발에 머리 조아려 예배하고 한쪽에 물러나 앉아서 부처님께 아뢰었다.

"세존이시여, 만일 비구가 배우는 자리〔學地〕에 있으면서 아직 얻지

---

15 이 소경은 『별역잡아함경』 제8권 스물다섯 번째 소경과 그 내용이 비슷하다.

못한 것이 있어서 위로 향해 올라가도록 도를 향해 매진해 안온한 열반을 구하려고 한다면, 세존이시여, 어떤 것을 닦아 익히고 더욱 많이 닦아 익혀 머물러야 이 법과 율에서 모든 번뇌가 다하여 번뇌 없이 마음이 해탈〔心解脫〕하고 지혜로 해탈〔慧解脫〕하여 현재 세상에서 스스로 증득한 줄을 알아 '나의 생은 이미 다하고 범행梵行은 이미 섰으며, 할 일은 이미 마쳐 후세의 몸을 받지 않는다'고 스스로 알게 되겠습니까?"

부처님께서 마하남에게 말씀하셨다.

"만일 비구로서 배우는 자리에 있으면서 아직 얻지 못한 것이 있어서 위로 향해 올라가도록 도를 향해 매진해 안온한 열반을 구하려고 한다면 그는 그때에 마땅히 여섯 가지 생각〔六念〕을 닦아야……(이하 생략)……더욱 매진하여 열반을 얻게 될 것이다. 비유하면 굶주린 사람이 몸이 여위었을 때 맛있는 음식을 먹으면 그의 몸이 살찌고 윤택해지는 것처럼 비구가 배우는 자리에 머물러 있으면서 아직 얻지 못한 것이 있어서 위로 향해 올라가도록 도를 향해 매진해 안온한 열반을 구하려고 한다면, 여섯 가지 생각을 닦아야 안온한 열반을 빨리 얻게 될 것이다.

어떤 것이 그 여섯 가지인가? 이른바 거룩한 제자는 여래에 대한 일, 즉 '여래如來·응공應供·등정각等正覺·명행족明行足·선서善逝·세간해世間解·무상사無上士·조어장부調御丈夫·천인사天人師·불세존佛世尊이시다' 라고 생각해야 한다. 거룩한 제자가 이와 같이 생각할 때 탐욕의 번뇌가 일어나지 않고 성냄과 어리석은 마음이 일어나지 않는다. 그래서 그 마음이 정직해지므로 여래의 뜻을 알고 여래의 바른 법을 얻게 되며, 여래의 바른 법과 여래께서 증득하신 것에 대하여 기뻐하는 마음이 생긴다. 그렇게 기뻐하는 마음이 생긴 뒤에는 흐뭇해지고 흐뭇해지고 나면 몸이 의지하여 쉬게 된다. 몸이 의지하여 쉬고 나면 감각이 즐거워지고, 감각이 즐거워지고 나면 마음이 고요해진다. 마음이 고요해지고 나면 그 거룩한 제자는 흉하고 험악한 중생들 속에서 모든 장애가 없이 법의 흐름에 들어가 마침내는 열반에 들게 되느니라.

또 거룩한 제자는 법에 대한 일, 즉 '세존의 법과 율은 현재 세상에서 나고 죽는 치열한 번뇌를 여의며, 시절을 기다리지 않고 현재 세상을 통달하게 하며, 그러한 연緣으로 스스로 깨달아 안다'고 생각해야 한다. 거룩한 제자로서 이와 같이 법을 생각하는 이는 탐욕이 일어나지 않고 성냄과 어리석음이 일어나지 않으며,……(이하 생략)……법을 생각하는 것에 훈습되어 열반으로 나아가게 되느니라.

또 거룩한 제자는 비구에 대한 일, 즉 '세존의 제자는 착한 데로 향하고 바른 데로 향하며, 곧은 데로 향하고 정성스러운 데로 향하며 수순하는 법을 실천한다. 그리하여 수다원으로 향하여〔向須陀洹〕 수다원이 되고 사다함으로 향하여〔向斯陀含〕 사다함이 되며 아나함으로 향하여〔向阿那含〕 아나함이 되고, 아라한으로 향하여〔向阿羅漢〕 아라한이 된다. 이것을 사쌍팔배四雙八輩의 성현이라고 한다. 이것을 이름하여 세존의 제자인 승가는 깨끗한 계율을 원만하게 갖추고 삼매三昧를 원만하게 갖추며 지혜智慧를 원만하게 갖추고 해탈解脫을 원만하게 갖추며, 해탈지견解脫知見을 원만하게 갖추어 응하는 곳마다 받들어 섬기고 공양을 받는 훌륭한 복전福田이 된다'라고 생각해야 한다. 거룩한 제자가 이와 같이 비구에 대한 일을 생각할 때에 탐욕·성냄·어리석음이 일어나지 않고……(이하 생략)……승가를 생각하는 것에 훈습되어 열반으로 나아가게 되느니라.

또 거룩한 제자는 스스로 깨끗한 계戒, 즉 '무너지지 않은 계·결함이 없는 계·더럽혀지지 않은 계·다른 계와 뒤섞이지 않은 계·남의 것을 취하지 않은 계·착한 것을 보호하는 계·현명한 사람이 칭찬하는 계·지혜로운 사람이 싫어하지 않는 계를 생각한다. 거룩한 제자가 이와 같이 계를 생각할 때에 탐욕·성냄·어리석음이 일어나지 않고……(이하 생략)……계를 생각하는 것에 훈습되어 열반으로 나아가게 되느니라.

또 거룩한 제자는 보시에 대한 일, 즉 '나는 좋은 이익을 얻었다. 인색함의 번뇌〔慳垢〕가 있는 중생들 가운데에서 인색함의 번뇌를 여의게 되었다. 집 아닌 데〔非家〕에서 해탈의 보시를 행하고 항상 자신이 직접 보시하며, 평등한 법〔捨法〕을 즐겁게 행하여 평등한 보시를 원만하게 갖추리라'라고 생각해야 한다. 거룩한 제자가 이와 같이 보시를 생각할 때에 탐욕·성냄·어리석음이 일어나지 않고……(이하 생략)……보시를 생각하는 것에 훈습되어 열반으로 나아가게 되느니라.

또 거룩한 제자는 모든 하늘에 대한 일, 즉 '사대천왕四大天王·삼십삼천三十三天·염마천焰摩天·도솔타천兜率陀天·화락천化樂天·타화자재천他化自在天이 있다. 만일 바르게 믿는 마음을 가지는 사람이라면 여기서 목숨을 마친 뒤에는 저 여러 하늘에 태어난다고 하니, 나도 그런 바른 믿음을 닦아야 하겠다. 그리고 청정한 계戒·보시〔施〕·들음〔聞〕·평등〔捨〕·지혜〔慧〕를 닦은 사람은 여기에서 목숨을 마친 뒤에는 저 여러 하늘에 태어난다고 하니, 나도 지금부터 계·보시·들음·지혜를 닦으리라'라고 생각해야 한다. 거룩한 제자가 이와 같이 하늘에 대한 일을 생각하면 탐욕·성냄·어리석음이 일어나지 않고 그 마음이 정직해진다. 그것이 저 하늘의 연緣이 된다.

저 거룩한 제자가 이와 같이 정직한 마음을 가지게 되면 심오한 법의 이익과 깊은 이치의 이익을 얻게 되고 저 모든 하늘의 이익에 대한 기쁨을 얻게 된다. 그렇게 기뻐하고 나면 흐뭇해지고, 흐뭇해지고 나면 몸이 기대어 쉬며, 몸이 기대어 쉬고 나서는 감각이 즐거워지고,

감각이 즐거워지고 나면 마음이 고요해진다. 마음이 고요해지고 나면 그 거룩한 제자는 흉하고 험악한 중생들 속에서도 모든 장애가 없어지고 법물의 흐름〔法水流〕에 들어가 하늘을 생각하는 것에 훈습되어 열반으로 나아가게 되느니라.

마하남아, 만일 비구가 배우는 자리에 있으면서 위로 올라가 안락한 열반을 구하기 위하여, 이와 같이 많이 닦아 익혀서 빨리 열반을 얻은 사람은 바른 법과 율 안에서 모든 번뇌를 빨리 다 끊고 모든 번뇌가 다하여 번뇌 없이 마음이 해탈하고 지혜로 해탈하여 현재 세상에서 스스로 증득한 줄을 알아 '나의 생은 이미 다하고 범행은 이미 섰으며, 할 일은 이미 마쳐 후세의 몸을 받지 않는다'고 스스로 아느니라."

그때 석씨 마하남은 부처님의 말씀을 듣고 기뻐하면서 자리에서 일어나 예배하고 떠나갔다.

932. 십일경十一經[16]

이와 같이 나는 들었다.

어느 때 부처님께서 가비라위국 니구율원에 계셨다.

그때 많은 비구들이 식당에 모여서 세존을 위해 가사를 짓고 있었다.

그때 석씨 마하남은 많은 비구들이 식당에 모여서 세존을 위해 가사를 짓고 있는데 세존께서는 머지않아 석 달 동안의 안거安居를 마치고 가사가 다 지어지면 가사를 입고 발우를 가지고 인간 세상을 유행

16 이 소경은 『별역잡아함경』 제8권 스물여섯 번째 소경과 그 내용이 비슷하다.

하실 것이라는 소문을 들었다. 그는 그 소문을 듣고 나서 부처님께서 계신 곳을 찾아가서 부처님의 발에 머리 조아려 예배하고 한쪽에 물러나 앉아서 부처님께 아뢰었다.

"세존이시여, 저는 온몸을 거둘 수 없고 사방이 아득하여 들었던 법도 다 잊어버릴 것 같습니다. 그 이유는 많은 비구들이 식당에 모여 세존을 위해 가사를 짓고 있는데 세존께서는 머지않아 석 달 동안의 안거를 마치고 가사가 다 완성되면 가사를 입고 발우를 가지고 인간 세상을 유행하실 것이라는 소문을 들었기 때문입니다. 그런 까닭에 저는 지금 '언제나 세존과 여러 친한 비구들을 뵈올 수 있을까?' 하고 생각하고 있습니다."

부처님께서 마하남에게 말씀하셨다.

"너는 설령 세존을 보거나 세존을 보지 않거나, 친한 비구들을 보거나 보지 않거나 간에 오직 다섯 가지 법을 생각하고 부지런히 노력하고 닦아 익혀야 한다. 마하남아, 마땅히 바른 믿음을 주主로 삼고, 바르지 못한 믿음은 닦지 말라. 계戒를 완전하게 갖춤・들음〔聞〕을 완전하게 갖춤・보시〔施〕를 완전하게 갖춤・지혜〔慧〕를 완전하게 갖춤을 위주爲主로 하고, 옳지 못한 들음・옳지 못한 보시・옳지 못한 지혜를 닦지 말라. 그리하여 마하남아, 이 다섯 가지 법을 의지하여 여섯 가지 생각하는 법〔念處〕을 닦아야 하느니라.

어떤 것이 그 여섯 가지인가? 마하남아, 여래를 생각할 때에는 마땅히 이와 같이 생각하라.

'여래・응공・등정각……(이하 생략)……불세존佛世尊이시다.'

또 법法・승가〔僧〕・계戒・보시〔施〕・하늘〔天〕의 일을 마땅히 생각하고,……(이하 생략)……스스로 행하여 지혜를 얻어야 한다. 이와 같이 마하남아, 거룩한 제자로서 이 열한 가지 법을 성취하면 곧 배운 자취〔學跡〕가 남아 끝내 부패腐敗하지 않을 것이다. 그래서 잘 알고 볼 수 있고 잘 결정할 수 있으며, 감로문甘露門에 머무르고 감로를 가까이할 수는 있을 것이다. 그러나 모두 빠르게 감로열반甘露涅槃을 얻지는 못하느니라.

비유하면 어미 닭이 알을 품는 것과 같다. 혹은 닷새 혹은 열흘 동안 수시로 소식을 기다리면서 애호愛護하고 기를 때, 설령 또 중간에 방일하는 일이 있을지라도 그래도 발톱이나 주둥이로 알을 쪼면 병아리는 거기에서 나오게 된다. 왜냐하면 그 어미 닭이 처음부터 수시로 소식을 기다리면서 애호하고 길렀기 때문이니라. 이와 같이 거룩한 제자로서 이 열한 가지 법을 성취하면, 곧 배운 자취가 남아 끝내 부패하지 않을 것이나……(이하 생략)……모두 빠르게 감로열반을 원만하게 얻지는 못하느니라."

부처님께서 이 경을 말씀하시자 석씨 마하남은 부처님의 말씀을 듣고 기뻐하면서 예배하고 떠나갔다.

933. 십이경十二經

이와 같이 나는 들었다.

어느 때 부처님께서 가비라위국 니구율원에 계셨다.

그때 많은 비구들이 식당에 모여서 세존을 위해 가사를 짓고 있었다. 그때 석씨 마하남은 많은 비구들이 식당에 모여서 세존을 위해 가사를 짓고 있는데 세존께서는 머지않아 안거를 마치고 가사가 다 지어지면, 가사를 입고 발우를 가지고 인간 세상을 유행하실 것이라는 소문을 들었다. 그는 그 소문을 듣고 나서 부처님께서 계신 곳을 찾아가서 부처님의 발에 머리 조아려 예배하고 한쪽에 물러나 앉아서 부처님께 아뢰었다.

"세존이시여, 저는 지금 온몸을 거둘 수 없고 사방이 아득하여 전에 들었던 법도 다 잊어버릴 것 같습니다. 그 이유는 많은 비구들이 식당에 모여 세존을 위해 가사를 짓고 있는데,……(이하 생략)……인간 세상을 유행하실 것이라는 소문을 들었기 때문입니다. 저는 지금 '언제나 세존과 여러 친한 비구들을 뵈올 수 있을까?' 하고 생각하고 있습니다."

부처님께서 마하남에게 말씀하셨다.

"너는 여래를 보거나 여래를 보지 못하거나, 비구들을 보거나 비구들을 보지 못하거나 간에 너는 항상 여섯 가지 법〔六法〕을 부지런히 닦아야 한다. 어떤 것이 그 여섯 가지인가? 바른 믿음을 주主로 삼고, 계·보시·들음·공空·지혜〔慧〕를 근본으로 삼으며 옳지 못한 지혜를 닦지 않아야 한다. 그런 까닭에 마하남아, 이 여섯 가지 법을 의지하고 나서 다시 여섯 가지 생각하는 법〔六隨念〕을 더욱 왕성하게 닦아야 하느니라. 곧 여래에 대한 일을 생각하고……(이하 생략)……하늘을 생각하는 것이니라.

이와 같은 열두 가지의 생각을 성취하면 저 거룩한 제자는 모든 악이 줄어들어 더 이상 늘어나지 않고 소멸되어 다시는 일어나지 않는다. 번뇌〔塵垢〕를 여의어서 번뇌가 더 늘어나지 않고, 버리고 여의어서 취하지 않는다. 취하지 않기 때문에 집착하지 않고, 취하고 집착하지 않기 때문에 그것을 연緣하여 스스로 열반에 든다. 그리하여 '나의 생은 이미 다하고 범행은 이미 섰으며, 할 일은 이미 마쳐 후세의 몸을 받지 않는다'고 스스로 아느니라."

부처님께서 이 경을 말씀하시자 석씨 마하남은 부처님의 말씀을 듣고 기뻐하면서 자리에서 일어나 예배하고 떠나갔다.

934. 해탈경解脫經[17]

이와 같이 나는 들었다.

어느 때 부처님께서 가비라위국 니구율원에 계셨다.

그때 석씨 마하남이 부처님께서 계신 곳을 찾아와서 부처님 발에 머리를 조아리고는 한쪽에 물러나 앉아서 부처님께 아뢰었다.

“세존이시여, 저는 부처님께서 말씀하신 대로 이해하고서 정수(正受 : 禪定)에 들었었기 때문에 해탈하였으니, 정수에 들지 않았던 것이 아닙니다. 어떻습니까? 세존이시여, 먼저 정수에 든 다음 나중에 해탈하는 것입니까? 먼저 해탈한 다음 나중에 정수에 드는 것입니까? 정수와 해탈은 먼저도 없고 나중도 없어서 한꺼번에 생기는 것입니까?”

그때 세존께서는 잠자코 계셨다. 그러자 마하남이 이와 같이 두 번 세 번 여쭈었으나 부처님께서도 두 번 세 번 잠자코 계셨다.

그때 존자 아난이 부처님의 뒤에서 부채를 들고 부처님께 부채질을 해 드리고 있었다. 존자 아난은 이렇게 생각하였다.

‘석씨 마하남은 저러한 깊은 이치를 세존께 여쭙는구나. 세존께서는 병이 쾌차하신 지 얼마 되지 않았으니, 나는 지금 마땅히 다른 일을 말해 저 말을 끌어오리라.’

그렇게 생각하고 말하였다.

“마하남이여, 배울 것이 있는 이에게도 계가 있고 배울 것이 없는 이에게도 계가 있으며 배울 것이 있는 이에게도 삼매가 있고 배울 것이 없는 이에게도 삼매가 있습니다. 배울 것이 있는 이에게도 지혜가

---

17 이 소경은 『별역잡아함경』 제8권 스물일곱 번째 소경과 그 내용이 비슷하다.

있고 배울 것이 없는 이에게도 지혜가 있으며 배울 것이 있는 이에게도 해탈이 있고 배울 것이 없는 이에게도 해탈이 있습니다."

마하남이 존자 아난에게 물었다.

"어떤 것이 배울 것이 있는 이의 계이고, 어떤 것이 배울 것이 없는 이의 계입니까? 어떤 것이 배울 것이 있는 이의 삼매이고, 어떤 것이 배울 것이 없는 이의 삼매입니까? 어떤 것이 배울 것이 있는 이의 지혜이고, 어떤 것이 배울 것이 없는 이의 지혜입니까? 어떤 것이 배울 것이 있는 이의 해탈이고, 어떤 것이 배울 것이 없는 이의 해탈입니까?"

존자 아난이 마하남에게 말하였다.

"이 거룩한 제자는 계와 바라제목차율의波羅提木叉律儀에 머물러 위의를 행하는 곳에서 계를 받아 지닙니다. 계를 받아 지녀서 원만하게 갖추고 나면 탐욕을 여의고 악하고 착하지 않은 법을 여의며,……(이하 생략)……제4선정을 원만하게 갖추어 머뭅니다.

이와 같이 삼매를 원만하게 갖추고 나면, 이것은 괴로움의 거룩한 진리〔苦聖諦〕라고 사실 그대로 알고, 이것은 괴로움이 발생하는 원인〔苦集〕이라고 사실 그대로 알며, 이것은 괴로움의 소멸〔苦滅〕이라고 사실 그대로 알고, 이것은 괴로움이 소멸하는 길〔苦滅道跡〕이라고 사실 그대로 압니다.

이와 같이 알고 이와 같이 보고 나면 5하분결下分結을 이미 끊고 또 끊은 줄을 이미 압니다. 신견身見・계취戒取・의疑・탐욕貪欲・진에瞋恚 등의 이 5하분결을 끊고 나면 그는 거기에서 태어나 반열반般涅槃의 아나함이 되어 다시는 이 세상에 도로 태어나지 않습니다. 그는 그때에 이르면 배울 것이 있는 이의 계・배울 것이 있는 이의 삼매・배울 것이 있는 이의 지혜・배울 것이 있는 이의 해탈을 성취합니다.

그는 또 다른 날에 모든 번뇌〔有漏〕가 다하여 번뇌 없이 마음이 해탈하고 지혜로 해탈하여 스스로 증득한 줄을 알아 '나의 생은 이미 다하고, 범행은 이미 섰으며, 할 일은 이미 마쳐 후세의 몸을 받지 않는다'는 것을 스스로 압니다. 그는 그때에 이르면 배울 것이 없는 이의 계 · 배울 것이 없는 이의 삼매 · 배울 것이 있는 이의 지혜 · 배울 것이 없는 이의 해탈을 성취합니다.

이와 같아서 마하남이여, 이것을 세존께서 말씀하신 배울 것이 있는 이의 계 · 배울 것이 있는 이의 삼매 · 배울 것이 있는 이의 지혜 · 배울 것이 있는 이의 해탈이라 하고, 또 배울 것이 없는 이의 계 · 배울 것이 없는 이의 삼매 · 배울 것이 없는 이의 지혜 · 배울 것이 없는 이의 해탈이라고 합니다."

그때 석씨 마하남은 존자 아난의 말을 듣고 기뻐하면서 자리에서 일어나 부처님께 예배하고 떠나갔다.

그때 세존께서 마하남이 떠난 것을 아시고 그리 오래되지 않아 존자 아난에게 말씀하셨다.

"가비라위국의 석씨는 모든 비구들과 함께 깊은 이치를 논論할만하느냐?"

아난이 부처님께 아뢰었다.

"그렇습니다. 세존이시여, 가비라위국의 석씨야말로 모든 비구들과 함께 깊은 이치를 논할 만한 사람입니다."

부처님께서 아난에게 말씀하셨다.

"저 가비라위국의 모든 석씨는 통쾌하게도 좋은 이익을 얻었다. 그리고 매우 깊은 불법과 성현의 지혜의 눈에 깊이 들어갈 수 있게 되었느니라."

부처님께서 이 경을 말씀하시자 존자 아난은 그 말씀을 듣고 기뻐하며 받들어 행하였다.

935. 사타경沙陀經[18]

이와 같이 나는 들었다.

어느 때 부처님께서 가비라위국 니구율원에 계셨다.

그때 석씨 사타沙陀라고 하는 사람이 석씨 마하남에게 말했다.

"세존께서 말씀하시는 수다원은 몇 가지 법으로 성취하는가?"

마하남이 대답하였다.

"세존께서 말씀하시는 수다원은 네 가지 법으로 성취한다. 어떤 것이 그 네 가지인가?

부처님에 대한 무너지지 않는 깨끗한 믿음〔佛不壞淨〕과 법과 승가에 대한 무너지지 않는 깨끗한 믿음과 거룩한 계를 성취하는 것을 말하는 것이다. 이 네 가지 법으로 수다원을 성취한다."

석씨 사타가 석씨 마하남에게 말하였다.

"부디 그런 말을 하지 말라. 세존께서는 네 가지 법으로 수다원을 성취한다고 말씀하셨다고 하지 말라. 그러나 저 세 가지 법으로 수다원을 성취하는 것이다. 어떤 것이 그 세 가지인가? 부처님에 대한 무너지지 않는 깨끗한 믿음〔佛不壞淨〕과 법에 대한 무너지지 않는 깨끗한 믿음〔法不壞淨〕과 승가에 대한 무너지지 않는 깨끗한 믿음〔僧不壞淨〕을 말한다. 이 세 가지 법으로 수다원을 성취하는 것이다."

이와 같은 세 가지를 말하였지만 석씨 마하남은 사타로 하여금 네 가지 법을 받아들이게 하지는 못하였고 석씨 사타도 마하남으로 하여금 세 가지 법을 받아들이게 하지는 못하였다. 그래서 부처님께서 계신 곳으로 함께 찾아가서 부처님의 발에 머리 조아려 예배하고 한쪽

---

18 이 소경은 『별역잡아함경』 제8권 스물여덟 번째 소경과 그 내용이 비슷하다.

에 물러앉았다.

석씨 마하남이 부처님께 아뢰었다.

"세존이시여, 석씨 사타가 제가 있는 곳으로 와서 저에게 '세존께서는 몇 가지 법으로 수다원을 성취한다고 말씀하셨는가?' 하고 물었습니다. 그래서 저는 '세존께서는 네 가지 법으로 수다원을 성취한다고 말씀하셨다. 어떤 것이 그 네 가지인가? 부처님에 대한 무너지지 않는 깨끗한 믿음과 법과 승가에 대한 무너지지 않는 깨끗한 믿음과 거룩한 계를 성취하는 것을 말하는 것이다. 이 네 가지 법으로 수다원을 성취한다'고 대답하였습니다. 그러자 석씨 사타는 저에게 '석씨 마하남이여, 그런 말을 하지 말라. 세존께서는 네 가지 법으로 수다원을 성취한다고 말씀하셨다고 하지 말라. 다만 저 세 가지 법으로 수다원을 성취하는 것이다. 어떤 것이 그 세 가지인가? 부처님에 대한 무너지지 않는 깨끗한 믿음과 법에 대한 무너지지 않는 깨끗한 믿음과 승가에 대한 무너지지 않는 깨끗한 믿음을 말한다. 세존께서는 이와 같이 세 가지 법으로 수다원을 성취한다고 말씀하셨다'고 말하였습니다.

이와 같이 두 번 세 번 말하였으나 저도 또한 저 석씨 사타로 하여금 네 가지 법을 받아들이게 하지는 못하였고, 석씨 사타도 저로 하여금 세 가지 법을 받아들이게 하지 못하였습니다. 그래서 이제 함께 세존께서 계신 곳으로 찾아와서 세존께 여쭙는 것입니다. 수다원은 몇 가지 법으로 성취하나이까?"

그때 석씨 사타가 자리에서 일어나 부처님께 예배하고 합장하고 부처님께 아뢰었다.

"세존이시여, 만일 이와 같은 종류를 가지고 다툼이 일어나 한편은 세존의 말씀이 옳다고 하고 한편은 비구 승가의 말이 옳다고 한다면, 저는 세존을 따르지 비구 승가를 따르지는 않을 것입니다. 혹은 이런 종류를 가지고 다툼이 일어나서 한편은 세존의 말씀이 옳다고 하고 한편은 비구 승가나 우바새 · 우바이, 혹은 하늘 · 악마 · 범 · 사문 · 바라문이나 모든 하늘 사람의 말이 옳다고 한다면 저는 세존을 따르지 다른 부류들을 따르지 않을 것입니다."

그때 세존께서 석씨 마하남에게 말씀하셨다.

"가령 마하남아, 석씨 사타가 그렇게 주장하는 것과 같을 적에는 장차 어떻게 할 것인가?"

마하남이 부처님께 아뢰었다.

"세존이시여, 저 석씨 사타는 이렇게 주장하였습니다.

'나는 어떻게 말해야 할지를 안다. 나는 다만 옳은 것만을 말하고, 다만 진실만을 말한다.'"

부처님께서 마하남에게 말씀하셨다.

"그러므로 마땅히 알아야 한다. 네 가지 법으로 수다원을 성취한다. 그 네 가지란 부처님에 대한 무너지지 않는 깨끗한 믿음과 법과 비구 승가에 대한 무너지지 않는 깨끗한 믿음과 거룩한 계를 성취하는 것이니, 이와 같이 받아 지녀야 하느니라."

그때 석씨 마하남은 부처님의 말씀을 듣고 기뻐하면서 자리에서 일어나 예배하고 떠나갔다.

936. 백수경百手經[19]

이와 같이 나는 들었다.

19 이 소경은 『별역잡아함경』 제8권 스물아홉 번째 소경과 그 내용이 비슷하다.

어느 때 부처님께서 가비라위국 니구율원에 계셨다.

그때 가비라위국 석씨들이 식당에 모여 서로 논란을 벌이다가 이렇게 물었다.

"마하남이여, 어떤 것이 최후의 수기〔記〕인가? 저 백수百手 석씨가 목숨을 마쳤다. 세존께서는 수기하시기를 '그는 수다원을 얻어 나쁜 세계에 떨어지지 않고, 결정코 삼보리三菩提로 바로 향하여, 일곱 번 천상과 인간 세상을 오가며 태어났다가 맨 마지막〔究竟〕에는 괴로움을 완전하게 벗어날 것이다'라고 하셨다. 그러나 저 백수 석씨는 계를 범하여 술을 마셨다. 그런데도 세존께서 다시 '그는 수다원을 얻어……(이하 생략)……맨 마지막에는 괴로움을 완전하게 벗어날 것이다'라고 수기하셨다. 그대 마하남이여, 마땅히 부처님께 가서 여쭈어 보라. 부처님 말씀대로 우리들은 받들어 가지리라."

그때 마하남이 부처님께서 계신 곳으로 나아가 부처님의 발에 머리를 조아리고는 한쪽에 물러나 앉아서 부처님께 아뢰었다.

"세존이시여, 저희 가비라위국의 모든 석씨들은 식당에 모여 그들이 저에게 이렇게 물었습니다.

'마하남이여, 어떤 것이 부처님 최후의 수기인가? 요즘 백수 석씨가 목숨을 마쳤다. 세존께서는 〈그는 수다원과를 얻었고……(이하 생략)……맨 마지막에는 괴로움을 완전하게 벗어날 것이다〉라고 수기하셨다. 그대는 지금 마땅히 세존께 가서 세존께 다시 여쭈어 보아라. 부처님의 말씀대로 우리는 받들어 가질 것이다.'

저는 지금 부처님께 여쭙나이다. 원컨대 해설하여 주소서."

부처님께서 마하남에게 말씀하셨다.

"선서대사善逝大師라고들 말하는데 선서대사란 거룩한 제자들이 하는 말이다. 입으로는 선서대사라고 말하면서 마음으로는 바르게 기억〔正念〕하고 곧게 보아〔直見〕 모두들 선서의 바른 법과 율로 들어간다.

바른 법과 율이란 거룩한 제자들이 하는 말로서 입으로는 바른 법을 말하면서 마음을 내어 바르게 기억하고 곧게 보아 바른 법으로 들어가 승가로 잘 향한다. 승가로 잘 향한다고 하는 것은 거룩한 제자들이 하는 말이다. 입으로는 잘 향함을 말하면서 마음을 내어 바르게 생각하고 곧게 보아 모두들 좋은 향함으로 들어가느니라.

이와 같이 마하남이여, 어떤 거룩한 제자는 부처님에 대하여 한결같은 깨끗한 믿음이 있고 법과 승가에 대하여 한결같은 깨끗한 믿음이 있으며 법의 날카로운 지혜・벗어나는 지혜・결정하는 지혜가 있어 8해탈解脫을 원만하게 갖추어 몸으로 증득하고 지혜의 견해를 가지고 번뇌를 끊을 줄 안다. 이와 같은 거룩한 제자는 지옥・축생・아귀의 세계에 나아가지 않고, 다른 나쁜 세계에 떨어지지 않는다. 이것을 아라한의 구해탈俱解脫이라고 하느니라.

또 마하남이여, 어떤 거룩한 제자는 부처님에 대하여 한결같은 깨끗한 믿음이 있고……(이하 생략)……결정하는 지혜가 있으나, 8해탈을 몸으로 증득하여 원만하게 갖추어 머물지는 못한다. 그러나 번뇌가 끊어진 것을 보거나 아는데, 이것을 거룩한 제자가 나쁜 세계에 떨어지지 않고……(이하 생략)……지혜로 해탈〔慧解脫〕하였다고 하느니라.

또 마하남이여, 어떤 거룩한 제자는 부처님에 대하여 한결같은 깨끗한 믿음이 있고……(이하 생략)……결정하는 지혜가 있으며 8해탈을 몸으로 증득하여 원만하게 갖추어 머문다. 그러나 번뇌가 끊어진 것을 보지는 못한다. 이것을 거룩한 제자가 나쁜 세계에 떨어지지 않고……(이하 생략)……몸으로 증득하였다고 하느니라.

또 마하남이여, 어떤 거룩한 제자는 부처님에 대하여 한결같은 깨끗한 믿음이 있고……(이하 생략)……결정하는 지혜가 있으나 8해탈을 몸으로 증득하여 원만하게 갖추어 머물지는 못한다. 그러나 바른 법과 율에 대해서는 사실 그대로 알고 본다. 이것을 거룩한 제자가 나쁜 세계에 떨어지지 않고……(이하 생략)……견해에 이르렀다〔見到〕고 하느니라.

또 마하남이여, 어떤 거룩한 제자는 부처님에 대하여 한결같은 깨끗한 믿음이 있고……(이하 생략)……결정하는 지혜가 있어 바른 법과 율에 대해서는 사실 그대로 알고 보지만 견해에는 이르지 못한다. 이것을 거룩한 제자가 나쁜 세계에 떨어지지 않고……(이하 생략)……믿음으로 해탈〔信解脫〕하였다고 하느니라.

또 마하남이여, 어떤 거룩한 제자는 부처님을 믿어 말이 청정하고 법을 믿고 승가를 믿어 말이 청정하며 다섯 가지 법인 믿음〔信〕·정진精進·기억〔念〕·선정〔定〕·지혜〔慧〕에 대하여 왕성한 지혜로써 자세히 살피고 견디어 나간다. 이것을 거룩한 제자가 나쁜 세계에 떨어지지 않고……(이하 생략)……법을 따르는 행〔隨法行〕이라고 하느니라.

또 마하남이여, 어떤 거룩한 제자는 부처님을 믿어 말이 청정하고 법을 믿고 승가를 믿어 말이 청정하며……(이하 생략)……다섯 가지 법인 믿음·정진·기억·선정·지혜에 대하여 적은 지혜로써 자세히 살피고 견디어 나간다. 이것을 거룩한 제자가 나쁜 세계에 떨어지지 않고……(이하 생략)……믿음을 따르는 행〔隨信行〕이라고 하느니라.

또 마하남이여, 이 견고수堅固樹가 내 말에 대하여 그 뜻을 안다는 것은 그럴 이치가 없다. 그러나 만일 그것을 잘 알 수 있는 사람이라면 나는 곧 수기할 것이다. 그런데 하물며 백수 석씨가 수다원 얻을 것을 수기하지 않겠느냐?

마하남이여, 백수 석씨는 임종할 때에 깨끗한 계를 받들어 지니고 술을 끊어 여읜 뒤에 목숨을 마쳤다. 그러므로 나는 그가 수다원을 얻고……(이하 생략)……결국에는 괴로움을 완전하게 벗어날 것이라고 수기하였던 것이니라."

마하남 석씨는 부처님의 말씀을 듣고 기뻐하면서 자리에서 일어나 예배하고 떠나갔다.

937. 혈경血經[20]

이와 같이 나는 들었다.

어느 때 부처님께서 비사리국毘舍離國 미후지獼猴池 곁에 있는 2층 강당에 계셨다.

그때 40명의 비구들이 파리야波梨耶라는 마을에 있었는데, 그들은 다 아련야행阿練若行을 닦으면서 누더기 옷을 입고 걸식하는 수행자들로 아직 탐욕을 여의지 못한 배울 것이 남아 있는 이〔學人〕들이었다. 그들은 부처님께서 계신 곳으로 찾아와 부처님의 발에 머리 조아려 예배하고 한쪽에 물러나 앉았다. 그때 세존께서는 이렇게 생각하셨다.

'이 40명 비구들은 파리야가 마을에 살고 있는 이들인데, 모두들 아련야행을 닦으면서, 누더기 옷을 입고 걸식하는 수행자들로 아직 탐욕을 여의지 못한 배울 것이 남아 있는 이들이다. 나는 이제 이들을 위해 설법해주어서 이들로 하여금 이 생生에서 온갖 번뇌를 일으키지 않고 마음이 해탈을 얻게〔心解脫〕 하리라.'

그때 세존께서 파리야 마을의 40명 비구들에게 말씀하셨다.

"중생들은 시작이 없는 나고 죽음 속에서 무명無明에 덮이고 애욕에 목이 얽매여 과거 오랜 세월 동안 나고 죽음에 윤회하면서 괴로움의

---

20 이 소경은 『별역잡아함경』 제16권 첫 번째 소경과 그 내용이 비슷하다. 또 『증일아함경增一阿含經』 제49권 제51 비상품非常品 두 번째 소경과도 내용이 같다.

본제本際를 알지 못하고 있다. 비구들아, 너희들 생각에는 어떠하냐? 항하恒河 큰 강물이 넓은 바다로 흘러 들어가는데, 그동안 흐른 항하 물이 많겠느냐? 너희들이 과거 오랜 세월 동안 나고 죽음에 윤회하면서 몸이 부서져 흘린 피가 많겠느냐?"

모든 비구들이 부처님께 아뢰었다.

"저희들이 세존께서 말씀하신 뜻을 이해해 본다면, 저희들이 과거 오랜 세월 동안 나고 죽음에 윤회하면서 몸이 부서져 흘린 피가 훨씬 더 많을 것입니다. 그것은 항하 강물보다 백천만 배나 더 많을 것입니다."

부처님께서 비구들에게 말씀하셨다.

"항하강의 물은 그만 두고라도……(이하 생략)……사방 넓은 바닷물이 많겠느냐? 너희들이 과거 오랜 세월 동안 나고 죽음에 윤회하면서 몸이 부서져 흘린 피가 많겠느냐?"

모든 비구들이 부처님께 아뢰었다.

"저희들이 세존께서 말씀하신 뜻을 이해해 본다면, 저희들이 과거 오랜 세월 동안 나고 죽음에 윤회하면서 몸이 부서져 흘린 피가 훨씬 많아 사방 넓은 바닷물보다 훨씬 더 많을 것입니다."

부처님께서 비구들에게 말씀하셨다.

"훌륭하고 훌륭하구나. 너희들이 과거 오랜 세월 동안 나고 죽음에 윤회하면서 몸에서 흘린 피는 매우 많아서 저 항하 강물이나 사방 넓은 바닷물보다 훨씬 더 많을 것이다.

무슨 까닭인가? 너희들은 과거 오랜 세월 동안 일찍이 코끼리로 태어났을 적에 혹은 귀·코·머리·꼬리·네 발을 잘렸나니, 그 피는 헤아릴 수 없이 많다. 혹은 말의 몸·낙타·나귀·소·개와 그밖에 여러 짐승들의 몸을 받아 귀·코·머리·발과 온 몸을 베였나니, 그 피는 헤아릴 수 없이 많다.

또 너희들은 과거 오랜 세월 동안 혹은 도적에게 혹은 남에게 해침을 당해 머리·발·귀·코를 베이고 온몸이 잘렸나니, 그 피는 헤아릴 수 없이 많다. 너희들은 과거 오랜 세월 동안 몸이 허물어지고 목숨이 끝나 묘지에 버려졌으니 그때 흘린 고름과 피가 헤아릴 수 없이 많다. 혹은 지옥·축생·아귀에 떨어져 몸이 허물어지고 목숨이 끝나면서 흘린 피도 또한 헤아릴 수 없이 많기 때문이니라."

부처님께서 비구에게 말씀하셨다.

"색色은 항상한 것인가, 무상한 것인가?"

비구들이 부처님께 아뢰었다.

"무상한 것입니다, 세존이시여."

부처님께서 비구에게 말씀하셨다.

"만일 무상한 것이라면 그것은 괴로운 것인가?"

비구들이 부처님께 아뢰었다.

"그것은 괴로운 것입니다, 세존이시여."

부처님께서 비구들에게 말씀하셨다.

"만일 무상한 것이고 괴로운 것이라면 그것은 변하고 바뀌는 법이다. 그런데 거룩한 제자로서 어찌 또 거기에서 '이것은 나다, 나와 다르다, 둘이 함께 있다'고 보겠느냐?"

비구들이 부처님께 아뢰었다.

"아닙니다. 세존이시여, 수受·상想·행行·식識에 있어서도 또한 그러합니다."

부처님께서 비구들에게 말씀하셨다.

"만일 모든 색色의 과거·미래·현재나, 혹은 안이건 밖이건 거칠건 미세하건 좋건 나쁘건 멀건 가깝건 저러한 일체는 다 나도 아니고 나와 다르지도 않으며 둘이 함께 있는 것도 아니라고 사실 그대로 알아야 하나니, 수受·상想·행行·식識에 있어서도 또한 그와 같다.

거룩한 제자로서 이와 같이 관찰하는 사람은 색을 싫어하여 여의고, 수·상·행·식도 싫어한다. 싫어하여 여의면 좋아하지 않고, 좋아하지 않으면 해탈하고 또 해탈한 줄을 알고 본다. 그래서 '나의 생은 이미 다하고, 범행이 이미 섰으며, 할 일을 이미 다 마쳐, 후세의 몸을 받지 않는다'고 스스로 아느니라."

부처님께서 이 법을 말씀하시자 파리야 마을에서 살고 있던 40명 비구들은 모든 번뇌를 일으키지 않고 마음이 해탈함을 얻었다.

부처님께서 이 경을 말씀하시자 모든 비구들은 부처님의 말씀을 듣고 기뻐하며 받들어 행하였다.

938. 누경淚經[21]

이와 같이 나는 들었다.

어느 때 부처님께서 사위국 기수급고독원에 계셨다.

그때 세존께서 모든 비구들에게 말씀하셨다.

"중생들은 시작이 없는 나고 죽음 속에서 지금까지 오랜 세월 동안 윤회하면서 괴로움의 본제를 알지 못하느니라."

부처님께서 다시 비구들에게 말씀하셨다.

"너희들 생각에는 어떠하냐? 항하강 흐르는 물과……(이하 생략)……사방 넓은 바닷물이 많겠느냐? 너희들이 과거 오랜 세월 동안 나고 죽음에 윤회하면서 흘린 눈물이 많겠느냐?"

비구들이 부처님께 아뢰었다.

21 이 소경은 『별역잡아함경』 제16권 두 번째 소경과 그 내용이 비슷하다. 또 『증일아함경』 제49권 제51 비상품非常品 첫 번째 소경과도 그 내용이 비슷하다.

"저희들이 세존께서 말씀하신 뜻을 이해해 본다면 저희들이 과거 오랜 세월 동안 나고 죽음에 윤회하면서 흘린 눈물이 항하 강물과 사방 넓은 바닷물보다 훨씬 더 많을 것입니다."

부처님께서 비구들에게 말씀하셨다.

"훌륭하고 훌륭하구나. 너희들이 과거 오랜 세월 동안 나고 죽음에 윤회하면서 흘린 눈물이 훨씬 더 많아서 저 항하 강물과 사방 넓은 바닷물과는 비교도 되지 않느니라. 무슨 까닭인가? 너희들이 과거 오랜 세월 동안 부모·형제·자매·친척·친구들을 잃고 또 재물을 잃음으로 인해서 흘린 눈물이 너무도 많아서 헤아릴 수 없기 때문이다. 또 너희들은 과거 오랜 세월 동안 묘지에 버려졌을 때와 지옥·축생·아귀 세계에 태어났을 때 고름과 피를 흘려왔기 때문이다. 비구들아, 너희들이 시작이 없는 나고 죽음으로부터 과거 오랜 세월 동안 윤회하면서 그 몸에서 흘린 피눈물은 너무도 많아 헤아릴 수 없느니라."

부처님께서 모든 비구들에게 말씀하셨다.

"색은 항상한 것이냐, 무상한 것이냐?"

비구들이 부처님께 아뢰었다.

"무상한 것입니다, 세존이시여."

부처님께서 비구들에게 말씀하셨다.

"만일 무상한 것이라면 그것은 괴로운 것이냐?"

비구들이 부처님께 아뢰었다.

"그것은 괴로운 것입니다, 세존이시여."

부처님께서 비구들에게 말씀하셨다.

"만일 무상한 것이고 괴로운 것이라면 그것은 변하고 바뀌는 법일 게다. 그런데 많이 들어 아는 거룩한 제자로서 어찌 그 가운데에서 '이것은 나다, 나와 다르다, 둘이 함께 있다'라고 보겠느냐?"

비구들이 부처님께 아뢰었다.

"아닙니다. 세존이시여, 수·상·행·식도 또한 그러합니다."

"모든 비구들아, 거룩한 제자로서 그와 같이 알고 그와 같이 본다면……(이하 생략)……색에서 해탈하고 수·상·행·식에서 해탈하고 태어남·늙음·병듦·죽음·근심·슬픔·괴로움·번민에서 해탈하느니라."

부처님께서 이 경을 말씀하시자 모든 비구들은 부처님의 말씀을 듣고 기뻐하며 받들어 행하였다.

939. 모유경母乳經[22]

이와 같이 나는 들었다.

어느 때 부처님께서 사위국 기수급고독원에 계셨다.

그때 세존께서 비구들에게 말씀하셨다.

"중생들은 시작이 없는 나고 죽음 속에서 무명에 덮이고 애욕에 목이 얽매여 오랜 세월 동안 윤회하면서 괴로움의 본제를 알지 못하느니라."

부처님께서 비구들에게 말씀하셨다.

너희들 생각에는 어떠하냐? 항하 강물과 사방 넓은 바닷물이 많겠느냐? 너희들이 오랜 세월 동안 나고 죽음에 윤회하면서 마신 어머님의 젖이 많겠느냐?"

비구들이 부처님께 아뢰었다.

"저희들이 세존께서 말씀하신 뜻을 이해해 본다면 저희들이 과거

22 이 소경은 『별역잡아함경』 제16권 세 번째 소경과 그 내용이 비슷하다.

오랜 세월 동안 나고 죽음에 윤회하면서 마신 어머님 젖이 항하 강물과 사방 넓은 바닷물보다 훨씬 더 많을 것입니다.”

부처님께서 비구들에게 말씀하셨다.

“훌륭하고 훌륭하구나. 너희들이 과거 오랜 세월 동안 나고 죽음에 윤회하면서 마신 어머님의 젖이 저 항하 강물과 사방 넓은 바닷물보다 훨씬 더 많으니라. 무슨 까닭인가? 너희들은 과거 오랜 세월 동안 혹은 코끼리로 태어나 거기에서 마신 어미의 젖이 한량없이 많고 수없이 많으니라. 혹은 낙타・말・소・나귀 등 여러 짐승들로 태어나서 마신 어미의 젖은 수없이 많고 한량없이 많으니라. 또 너희들이 오랜 세월 동안 무덤에 버려져서 거기에서 흘린 고름과 피도 헤아릴 수 없이 많고, 혹은 지옥・축생・아귀 세계에 떨어져서 거기에서 흘린 골수와 피도 또한 그와 같으니라. 비구들아, 너희들은 시작이 없는 나고 죽음 속에서 윤회한 이래로 괴로움의 본제를 알지 못하느니라. 어떠냐? 비구들아, 색은 항상한 것이냐, 무상한 것이냐?”

비구들이 부처님께 아뢰었다.

“무상한 것입니다, 세존이시여.”

“……(이하 생략)……거룩한 제자로서 5수음受陰에 대해서 그것은 나〔我〕도 아니고 내 것〔我所〕도 아니라고 관찰하면 모든 세상에 대해서 취할 것이 없어지고 취할 것이 없어지게 되면 ‘할 일은 이미 마쳐 후세의 몸을 받지 않는다’고 스스로 알게 아느니라.”

부처님께서 이 경을 말씀하시자 모든 비구들은 부처님의 말씀을 듣고 기뻐하며 받들어 행하였다.

잡아함경 제34권

940. 초목경草木經[1]

이와 같이 나는 들었다.

어느 때 부처님께서 사위국舍衛國 기수급고독원祇樹給孤獨園에 계셨다.

그때 세존께서 모든 비구들에게 말씀하셨다.

"중생들은 시작이 없는 나고 죽음에서 오랜 세월 동안 윤전輪轉하면서도 괴로움의 본제本際를 알지 못하고 있다. 비구들아, 너희들 생각에는 어떠하냐? 만일 이 땅덩이에 있는 풀과 나무를 다 베어, 네 손가락 정도만한 길이의 나무를 베어 산가지〔籌〕를 만들고 그 산가지를 가지고 너희들이 오랜 세월 동안 나고 죽음에 윤회하면서 의지했던 부모의 수를 헤아린다고 할 때 산가지의 수는 끝이 날지 몰라도 그 부모의 수는 다하지 않을 것이다.

비구들아, 이와 같이 시작이 없는 나고 죽음에서 오랜 세월 동안 윤전하면서도 괴로움의 본제를 알지 못하고 있다. 그러므로 비구들

1 이 소경은 『별역잡아함경』 제16권 네 번째 소경의 내용과 비슷하다.

아, 마땅히 이와 같이 배워야 한다. 열심히 정진精進하여 모든 존재를 끊어 없애서 더욱 더 늘어나지 않게 해야 하느니라."

부처님께서 이 경을 말씀하시자 모든 비구들은 부처님의 말씀을 듣고 기뻐하며 받들어 행하였다.

941. 토환립경土丸粒經[2]

이와 같이 나는 들었다.

어느 때 부처님께서 사위국 기수급고독원에 계셨다.

그때 세존께서 모든 비구들에게 말씀하셨다.

"중생들은 시작이 없는 나고 죽음에서 오랜 세월 동안 윤전하면서도 괴로움의 본제를 알지 못하고 있다. 어떠하냐? 비구들아, 이 땅덩이의 모든 진흙을 바라과婆羅果 열매만한 크기의 환을 만들어 가지고 너희들이 오랜 세월 동안 나고 죽고 하면서 그 동안에 의지한 부모의 수를 헤아린다고 하자. 아마 흙으로 만든 탄알은 다 끝이 날지 몰라도 너희가 의지했던 부모의 수는 끝나지 않을 것이다. 비구들아, 중생들이 시작이 없는 과거로부터 나고 죽음에서 오랜 세월 동안 윤전하면서도 괴로움의 본제를 알지 못하는 이들의 수효도 이와 같으니라.

그러므로 비구들아, 마땅히 부지런히 방편을 써서 모든 존재에 대한 집착을 끊고 더 이상 늘어나지 않도록 꼭 그렇게 공부해야 하느니라."

부처님께서 이 경을 말씀하시자 모든 비구들은 부처님의 말씀을 듣

2 이 소경은 『별역잡아함경』 제16권 다섯 번째 소경의 내용과 비슷하다.

고 기뻐하며 받들어 행하였다.

942. 안락경安樂經[3]

이와 같이 나는 들었다.

어느 때 부처님께서 사위국 기수급고독원에 계셨다.

그때 세존께서 모든 비구들에게 말씀하셨다.

"중생들은 시작이 없는 나고 죽음에서 오랜 세월 동안 윤전하면서도 괴로움의 본제를 알지 못하고 있다.

모든 비구들아, 너희들은 모든 중생들이 편안하고 즐거워하는 것을 보거든 마땅히 이렇게 생각해야 한다.

'우리들도 오랜 세월 동안 나고 죽음에 윤전하면서 일찍이 저런 즐거움을 누렸었는데, 그 갈래가 한량없이 많았었다.'

그러므로 비구들아, 마땅히 '시작이 없는 오랜 세월 동안 나고 죽음에서 윤전하면서도 괴로움의 본제를 알지 못하고 있구나' 하고 꼭 그렇게 배워야 한다. 그리하여 부지런히 노력하여 모든 존재를 끊어 더 늘어나게 하지 않아야 하느니라."

부처님께서 이 경을 말씀하시자 모든 비구들은 부처님의 말씀을 듣고 기뻐하며 받들어 행하였다.

3 이 소경은 『별역잡아함경』 제16권 여섯 번째 소경의 내용과 비슷하다.

943. 고뇌경苦惱經[4]

이와 같이 나는 들었다.

어느 때 부처님께서 사위국 기수급고독원에 계셨다.

그때 세존께서 모든 비구들에게 말씀하셨다.

"중생들은 시작이 없는 나고 죽음에서 오랜 세월 동안 윤전輪轉하면서도 괴로움의 본제本際를 알지 못하고 있다.

모든 비구들아, 만일 저 모든 중생들이 온갖 고뇌를 받는 것을 보거든 마땅히 이와 같이 생각해야 한다.

'우리들도 오랜 세월 동안 나고 죽음에서 윤전하면서 일찍이 저와 같은 괴로움을 받아왔는데, 그 수효가 한량없이 많았었다.'

그런 까닭에 모든 비구들아, 마땅히 부지런히 정진하여 모든 존재를 끊어 더 늘어나게 하지 않아야 하느니라."

부처님께서 이 경을 말씀하시자 모든 비구들은 부처님의 말씀을 듣고 기뻐하며 받들어 행하였다.

944. 공포경恐怖經[5]

이와 같이 나는 들었다.

어느 때 부처님께서 사위국 기수급고독원에 계셨다.

그때 세존께서는 모든 비구들에게 말씀하셨다.

"중생들은 시작이 없는 나고 죽음에서 오랜 세월 동안 윤전하면서

---

4 이 소경은 『별역잡아함경』 제16권 일곱 번째 소경의 내용과 비슷하다.

5 이 소경은 『별역잡아함경』 제16권 여덟 번째 소경의 내용과 비슷하다.

도 괴로움의 본제를 알지 못하고 있다. 모든 비구들아, 너희들은 모든 중생들이 두려운 마음이 생겨 온몸의 털이 곤두서고 옷자락이 일어서는 것을 보거든 이런 생각을 해야 한다.

'우리들도 과거에는 틀림없이 일찍이 살생을 하였을 것이고 상해傷害하였을 것이다. 우리들은 이러한 나쁜 친구〔惡知識〕가 되어 시작이 없는 나고 죽음에서 오랜 세월 동안 윤전하면서도 괴로움의 본제를 알지 못하고 있다.'

모든 비구들아, 마땅히 부지런히 정진하여 모든 존재를 끊어 없애고 더 이상 늘어나거나 자라나게 하지 말도록 꼭 그렇게 배워야 하느니라."

부처님께서 이 경을 말씀하시자 모든 비구들은 부처님의 말씀을 듣고 기뻐하며 받들어 행하였다.

945. 애념경愛念經[6]

이와 같이 나는 들었다.

어느 때 부처님께서 사위국 기수급고독원에 계셨다.

그때 세존께서 모든 비구들에게 말씀하셨다.

"중생들은 시작이 없는 나고 죽음에서 오랜 세월 동안 윤전하면서도 괴로움의 본제를 알지 못하고 있다. 모든 비구들아, 만일 중생들이 서로 사랑하고 생각하며 기뻐하는 것을 보거든 마땅히 이와 같이 생각하라.

'이 중생들도 과거에는 우리들의 부모·형제·처자·친척·권속眷

6 이 소경은 『별역잡아함경』 제16권 아홉 번째 소경의 내용과 비슷하다.

屬·스승이었었거나, 혹은 친구들이었었을 것이다. 그런데도 지금 이처럼 오랜 세월 동안 나고 죽음에 윤전하는 것은 무명無明에 덮이고 애욕에 목이 얽매였기 때문에 오랜 세월 동안을 윤전했으면서도 아직 괴로움의 본제를 알지 못하고 있다.'

그러므로 비구들아, 마땅히 부지런히 노력하고 방편을 써서 모든 존재를 끊어 더욱 많아지게 하지 말도록 공부해야 하느니라."

부처님께서 이 경을 말씀하시자 모든 비구들은 부처님의 말씀을 듣고 기뻐하며 받들어 행하였다.

946. 항하경恒河經[7]

이와 같이 나는 들었다.

어느 때 부처님께서 사위국 기수급고독원에 계셨다.

그때 어떤 바라문이 부처님께 찾아와서 공경을 다하여 문안인사를 드리고 한쪽에 물러나 앉아서 부처님께 여쭈었다.

"구담이시여, 미래 세상에는 마땅히 몇 분의 부처님이 계십니까?"

부처님께서 바라문에게 말씀하셨다.

"미래에도 부처님은 항하강 모래알처럼 많을 것이다."

그때 바라문이 이렇게 생각하였다.

'미래 세상에도 한량없는 항하강의 모래알처럼 헤아릴 수 없이 많은 삼먁삼불타(三藐三佛陀 : 正偏知)가 계실 것이라고 하니, 나는 그 부처님을 따라 모든 범행을 닦으리라.'

그때 바라문은 부처님의 말씀을 듣고 기뻐하면서 자리에서 일어나

---

7 이 소경은 『별역잡아함경』 제16권 열 번째 소경의 내용과 비슷하다.

떠나갔다.

그때 바라문이 길을 가다가 생각했다.

'나는 사문 구담에게 미래 세상의 모든 부처님에 대해서만 묻고 과거 세상에 대해서는 물어보지 못했다.'

그는 곧 오던 길로 되돌아가서 세존께 다시 여쭈었다.

"어떻습니까? 구담이시여, 과거 세상에는 또 몇 분의 부처님이 계셨습니까?"

부처님께서 바라문에게 말씀하셨다.

"과거 세상에도 항하강 모래알처럼 한량없이 많은 부처님이 계셨느니라."

그때 바라문은 다시 이렇게 생각하였다.

'과거에도 항하강 모래알처럼 한량없이 많은 부처님이 계셨는데 나는 일찍 한 번도 친근히 하지 못했었다. 그렇다면 가령 미래 세상에도 항하강 모래알처럼 한량없이 많은 삼먁삼불타께서 계실 것이라 하더라도 가까이하고 좋아하지 못할 수도 있지 않을까? 나는 지금부터 저 사문 구담의 곁에서 범행을 닦으리라.'

그리고는 그는 곧 합장하고 부처님께 아뢰었다.

"원컨대 저도 바른 법과 계율 안에서 출가하여 범행을 닦고자 하오니 허락하여 주소서."

부처님께서 바라문에게 말씀하셨다.

"네가 내 바른 법과 계율 안에서 출가하여 범행을 닦고 비구가 되는 것을 허락하노라."

그때 바라문은 즉시 출가하여 구족계를 받고, 그리고 나서는 혼자 고요한 곳에서 선남자가 바른 믿음으로 출가하여 도를 배우는 까닭을 생각하고……(이하 생략)……아라한이 되었다.

947. 누골경累骨經[8]

이와 같이 나는 들었다.

어느 때 부처님께서 왕사성 비부라산毘富羅山에 계셨다.

그때 세존께서 모든 비구들에게 말씀하셨다.

"한 사람이 한 겁 동안 나고 죽음에 윤전할 때 만일 그 해골이 쌓여 썩지 않는다면 저 비부라산만 할 것이다.

만일 많이 들어 아는 거룩한 제자로서 이것은 괴로움의 거룩한 진리〔苦聖諦〕라고 사실 그대로 알고, 이것은 괴로움이 발생하는 거룩한 진리〔苦集聖諦〕라고 사실 그대로 알며, 이것은 괴로움이 사라지는 거룩한 진리〔苦滅聖諦〕라고 사실 그대로 알고, 이것은 괴로움이 사라지는 길의 거룩한 진리〔苦滅道跡聖諦〕라고 사실 그대로 알면, 그는 이와 같이 알고 이와 같이 보아 세 가지 결박인 몸이라고 집착하는 삿된 견해, 계율에 대한 삿된 견해, 그리고 의심, 이 세 가지를 끊고 수다원을 얻어 나쁜 갈래의 법에 떨어지지 않고 결정코 삼보리三菩提로 바로 향하며 일곱 번 천상과 인간 세상을 왕래하면서 태어난 뒤에는 마침내 괴로움을 완전히 벗어나게 될 것이다."

그때 세존께서 곧 게송으로 말씀하셨다.

한 사람이 한 겁 동안에
그 몸의 뼈를 쌓아 모았을 때
항상 쌓아두어 썩지 않으면
저 비부라산 만큼이나 높으리라.

---

8 이 소경은 『별역잡아함경』 제16권 열한 번째 소경의 내용과 비슷하며,. 또 이역본으로는 실역失譯 『잡아함雜阿含』 제11번째 경이 있고, 또 안세고安世高가 한역한 『불설칠처삼관경佛說七處三觀經』 제30권이 있다.

만일 저 거룩한 제자로서
바른 지혜로 진리를 보아
이것은 괴로움이고 괴로움의 인이며
괴로움을 떠나야 열반을 얻는다고 안다.

여덟 가지 거룩한 길을 닦으며
저 반열반般涅槃으로 바로 향하여
천상과 인간을 오고가면서
일곱 번 되풀이하여 태어난 뒤에는
일체의 결박을 완전히 끊고
마침내 괴로움을 벗어나리라.

부처님께서 이 경을 말씀하시자 모든 비구들은 부처님의 말씀을 듣고 기뻐하며 받들어 행하였다.

948. 성경城經[9]

이와 같이 나는 들었다.

어느 때 부처님께서 사위국 기수급고독원에 계셨다.

그때 세존께서 모든 비구들에게 말씀하셨다.

"중생들은 시작이 없는 나고 죽음에 오랜 세월 동안 윤전하고 있으면서도 괴로움의 본제本際를 알지 못하고 있느니라."

---

9 이 소경은 『별역잡아함경』 제16권 열두 번째 소경과, 『증일아함경增一阿含經』 제50권 제52 「대애도반열반품大愛道般涅槃品」 세 번째 소경의 내용과도 비슷하다.

그때 어떤 비구가 자리에서 일어나 옷을 여미고 오른쪽 어깨를 드러내어 부처님께 예를 올린 뒤에 오른쪽 무릎을 꿇고 합장하고 부처님께 여쭈었다.

"세존이시여, 한 겁의 길이는 얼마나 됩니까?"

부처님께서 비구에게 말씀하셨다.

"내가 너를 위해 설명해줄 수는 있지만 아마 네가 이해하기는 어려울 것이다."

비구가 부처님께 아뢰었다.

"비유를 들어 말씀해주실 수 있겠습니까?"

부처님께서 말씀하셨다.

"그렇게 해주겠다. 비구야, 비유하면 쇠로 된 성이 있는데 사방이 각각 1유순由旬이고, 높이도 또한 그렇다. 그 성 안에 겨자씨를 가득 채워놓고, 어떤 사람이 백 년에 그 겨자씨를 한 알씩 집어내어 그 겨자씨가 다하여도 1겁은 아직 끝나지 않는다. 비구야, 그 겁이란 이와 같이 길고 긴 세월이다. 이처럼 기나긴 겁이 백천만억 겁이 되도록 큰 괴로움이 계속 이어져서 해골이 산을 이루고 고름과 피는 바다를 이루는 지옥·축생·아귀의 나쁜 세계가 있으니, 이것을 비구야, 시작이 없는 나고 죽음에 오랜 세월 동안 윤회하면서도 괴로움의 본제를 모른다고 말하는 것이다. 그러므로 비구들아, 마땅히 이와 같이 배워서 모든 존재를 끊어 없애서 더 늘어나지 않게 해야 하느니라."

부처님께서 이 경을 말씀하시자 모든 비구들은 부처님의 말씀을 듣고 기뻐하며 받들어 행하였다.

949. 산경山經[10]

이와 같이 나는 들었다.

어느 때 부처님께서 사위국 기수급고독원에 계셨다.

그때 세존께서 모든 비구들에게 말씀하셨다.

"중생들은 시작이 없는 나고 죽음에 오랜 세월 동안 윤회하면서도 괴로움의 본제를 알지 못하고 있느니라."

그때 어떤 비구가 자리에서 일어나 옷을 여미고 부처님께 예를 올린 뒤에 오른 무릎을 땅에 꿇고 합장하고 여쭈었다.

"세존이시여, 한 겁의 길이는 얼마나 깁니까?"

부처님께서 비구에게 말씀하셨다.

"내가 너를 위해 설명해줄 수는 있지만 네가 이해하기는 어려울 것이다."

비구가 부처님께 아뢰었다.

"비유로써 말씀해주실 수 있겠습니까?"

부처님께서 말씀하셨다.

"설명할 수 있다. 비구야, 깨어지지도 않고 무너지지도 않는 4방이 각각 1유순由旬이나 되는 큰 돌산이 있다. 어떤 사람이 가시迦尸국에서 생산되는 겁패(劫貝 : 무명)로 백 년에 한 번씩 그 산을 스쳐 끊이지 않았을 때, 저 돌산이 마침내 다 닳는다 해도 1겁은 아직 끝나지 않는다. 비구야, 그 겁이란 이와 같이 길고 긴 세월이다. 이처럼 기나긴 겁이 백천만억 겁이 되도록 큰 괴로움 받고……(이하 생략)……모든 비구들아, 마땅히 모든 존재를 끊어 없애서 더 늘어나지 않게 그렇게 공부해야 하느니라."

---

10 이 소경은『별역잡아함경』제16권 열세 번째 소경의 내용과 같다.

부처님께서 이 경을 말씀하시자 모든 비구들은 부처님의 말씀을 듣고 기뻐하며 받들어 행하였다.

950. 과거경過去經[11]

이와 같이 나는 들었다.

어느 때 부처님께서 사위국 기수급고독원에 계셨다.

그때 세존께서 모든 비구들에게 말씀하셨다.

"중생들은 시작이 없는 나고 죽음에 오랜 세월 동안 윤회하면서도 괴로움의 본제를 알지 못하고 있느니라."

그때 어떤 비구가 자리에서 일어나 옷을 여미고 부처님께 예를 올린 뒤에 오른 무릎을 땅에 꿇고 합장하고 여쭈었다.

비구가 부처님께 아뢰었다.

"비유로써 말씀해주실 수 있겠습니까?"

부처님께서 말씀하셨다.

"그렇게 해주겠다. 비구야, 비유하면 어떤 사람의 수명이 백 살인데, 아침에 3백천 겁을 생각하고, 낮에 3백천 겁을 생각하며 저녁에 3백천 겁을 생각한다. 이와 같이 날마다 겁수劫數를 생각하여 백 살을 살고 목숨을 마친다 해도 그 겁수의 끝을 생각할 수가 없다. 비구야, 마땅히 알아야 하리라. 이와 같이 과거의 겁수는 한량이 없느니라. 과거 한량없는 겁수의 오랜 세월 동안 괴로움을 받으면서, 뼈가 쌓여 산을 이루고 피가 흘러 강이 되며,……(이하 생략)……지옥·축생·아귀의 나쁜 세계를 전전하였다. 비구야, 이와 같이 시작이 없

11 이 소경은 『별역잡아함경』 제16권 열네 번째 소경과 그 내용이 비슷하다.

는 나고 죽음에 오랜 세월 동안 윤회하면서도 괴로움의 본제를 알지 못하고 있다. 그러므로 비구들아, 마땅히 모든 존재를 끊어 없애서 더 늘어나지 않게 그렇게 공부해야 하느니라."

부처님께서 이 경을 말씀하시자 모든 비구들은 부처님의 말씀을 듣고 기뻐하며 받들어 행하였다.

951. 무유일처경無有一處經[12]

이와 같이 나는 들었다.

어느 때 부처님께서 사위국 기수급고독원에 계셨다.

그때 세존께서 모든 비구들에게 말씀하셨다.

"중생들은 오랜 세월 동안 시작이 없는 나고 죽음에 윤회하면서도 괴로움의 본제를 알지 못하고 있다. 그러므로 어느 한 곳에서도 나지 않거나 죽지 않은 곳이 없다. 이와 같이 오랜 세월 동안 시작이 없는 나고 죽음에 윤회하면서도 괴로움의 본제를 알지 못한다. 그런 까닭에 비구들아, 마땅히 모든 존재를 끊어 없애서 더 늘어나지 않게 그렇게 공부해야 하느니라."

부처님께서 이 경을 말씀하시자 모든 비구들은 부처님의 말씀을 듣고 기뻐하며 받들어 행하였다.

12 이 소경은 『별역잡아함경』 제16권 열다섯 번째 소경의 내용과 비슷하다.

952. 무불일처경無不一處經[13]

이와 같이 나는 들었다.

어느 때 부처님께서 사위국 기수급고독원에 계셨다.

그때 세존께서 모든 비구들에게 말씀하셨다.

"중생들은 시작이 없는 나고 죽음에 오랜 세월 동안 윤회하면서도 괴로움의 본제를 알지 못하고 있다. 그러므로 어느 한 곳에서도 일찍 부모·형제·처자·권속·종친, 그리고 스승이 아니었던 사람은 하나도 없다. 이와 같이 비구들이여, 오랜 세월 동안 시작이이 없는 나고 죽음에 윤회하면서도 괴로움의 본제를 알지 못한다. 그런 까닭에 비구들아, 마땅히 모든 존재를 끊어 없애서 더 늘어나지 않게 그렇게 공부해야 하느니라."

부처님께서 이 경을 말씀하시자 모든 비구들은 부처님의 말씀을 듣고 기뻐하며 받들어 행하였다.

953. 대우제포경大雨渧泡經[14]

이와 같이 나는 들었다.

어느 때 부처님께서 사위국 기수급고독원에 계셨다.

그때 세존께서 모든 비구들에게 말씀하셨다.

"중생들은 시작이 없는 나고 죽음에 오랜 세월 동안 윤회하면서도 괴로움의 본제를 알지 못하고 있다. 비유하면 큰 비가 쏟아질 때 물방

13 이 소경은 『별역잡아함경』 제16권 열여섯 번째 소경과 그 내용이 비슷하다.

14 이 소경은 『별역잡아함경』 제16권 열일곱 번째 소경의 내용과 비슷하다.

울이 금방 생겼다가 금시 사라지는 것과 같다. 이와 같이 중생들은 무명無明에 덮이고 애욕에 목이 얽매여 시작이 없는 나고 죽음에 오랜 세월 동안 났다 죽었다 하며 윤회하면서도 괴로움의 본제를 알지 못하고 있다. 그런 까닭에 비구들아, 마땅히 모든 존재를 끊어 없애서 더 늘어나지 않게 그렇게 공부해야 하느니라."

부처님께서 이 경을 말씀하시자 모든 비구들은 부처님의 말씀을 듣고 기뻐하며 받들어 행하였다.

954. 대우홍주경大雨洪澍經[15]

이와 같이 나는 들었다.

어느 때 부처님께서 사위국 기수급고독원에 계셨다.

그때 세존께서 모든 비구들에게 말씀하셨다.

"중생들은 시작이 없는 나고 죽음에 오랜 세월 동안 윤회하면서도 괴로움의 본제를 알지 못하고 있다. 비유하면 넓은 하늘에서 장마 비가 쏟아질 때에는 동·서·남·북 어디에도 끊어지는 곳이 없는 것처럼 동·서·남·북의 한량없이 많은 나라에 겁劫이 이루어지고 무너지는 것도 마치 하늘에서 장마 비가 쏟아져 어디에도 끊어지는 곳이 없는 것과 같다. 이와 같아서 시작이 없는 나고 죽음에 오랜 세월 동안 윤회하면서 괴로움의 본제를 알지 못하느니라.

또 비유하면 막대기를 공중에 던지면 혹은 머리부터 땅에 떨어지기도 하고, 혹은 꼬리부터 땅에 떨어지기도 하며 혹은 평행을 이루며 땅에 떨어지기도 하는 것처럼 시작이 없는 나고 죽음에 오랜 세월 동

15 이 소경은 『별역잡아함경』 제16권 열여덟 번째 소경의 내용과 비슷하다.

안 윤회하다 보면 혹은 지옥에 떨어지기도 하고 혹은 축생 세계에 떨어지기도 하며 혹은 아귀의 세계에 떨어지기도 한다. 이와 같이 시작이 없는 나고 죽음에 오랜 세월 동안 윤회한다. 그런 까닭에 비구들아, 마땅히 모든 존재를 끊어 없애서 더 늘어나지 않게 그렇게 공부해야 하느니라."

부처님께서 이 경을 말씀하시자 모든 비구들은 부처님의 말씀을 듣고 기뻐하며 받들어 행하였다.

955. 오절륜경五節輪經[16]

이와 같이 나는 들었다.

어느 때 부처님께서 사위국 기수급고독원에 계셨다.

그때 세존께서 모든 비구들에게 말씀하셨다.

"중생들은 시작이 없는 나고 죽음에 오랜 세월 동안 윤회하면서도 괴로움의 본제를 알지 못하고 있다. 비유하면 비구야, 어떤 장정이 다섯 마디로 된 바퀴를 항상 굴려 쉬지 않는 것처럼 중생들도 다섯 갈래 바퀴를 굴려 지옥·축생·아귀·사람·하늘 갈래에 윤회하면서 항상 굴러 쉬지 않는다. 이와 같이 시작이 없는 나고 죽음에 오랜 세월 동안 윤회하면서도 괴로움의 본제를 알지 못하고 있다. 그런 까닭에 비구들아, 마땅히 모든 존재를 끊어 없애서 더 늘어나지 않게 그렇게 공부해야 하느니라."

부처님께서 이 경을 말씀하시자 모든 비구들은 부처님의 말씀을 듣

16 이 소경은 『별역잡아함경』 제16권 스무 번째 소경의 내용과 또 『잡아함경雜阿含經』 제16권 431번째 소경인 장경杖經의 내용과 비슷하다.

고 기뻐하며 받들어 행하였다.

956. 비부라경毘富羅經[17]

이와 같이 나는 들었다.

어느 때 부처님께서 왕사성 비부라산 곁에 머물고 계셨다.

그때 세존께서 모든 비구들에게 말씀하셨다.

"일체 현상〔行〕은 무상無常한 것이고 일체 현상은 한결같지 않은 것이며, 편안하지 않은 것이고 변하고 바뀌는 법이다. 비구들아, 일체 현상에 대하여 싫어하고 여의려는 마음을 내어야 하며 해탈을 좋아해야 하느니라.

비구들아, 과거 세상에서는 이 비부라산의 이름을 장죽산長竹山이라고 하였다. 이 산 언저리에는 많은 사람들이 살고 있었는데 고을 이름을 저미라低彌羅읍이라고 하였다. 이 저미라읍에 살고 있던 사람들의 수명은 4만 살이었다. 그들은 이 산 꼭대기까지 나흘이면 오갈 수 있었다. 그 시대의 부처님 명호名號는 가라가손제迦羅迦孫提 여래·응공·등정각·명행족·선서·세간해·무상사·조어장부·천인사·불세존이라고 하였다. 그 분이 세상에 나와 설법하여 교화하시면 처음도 중간도 마지막도 다 좋고 뜻도 좋으며 맛도 좋으며 순수하고 한결같으며 원만하고 범행이 깨끗하며 잘 드러내고 나타내 보이셨다. 그러나 그 장죽산長竹山이라는 이름도 지금은 사라졌고 저미라읍 사람들도 다 죽었으며 그 부처님도 이미 반열반하셨다. 그러므로 비구들아, 일체의 현상은 다 덧없고 한결같지 못한 것이며 편안하지 않

17 이 소경은 『별역잡아함경』 제16권 스물한 번째 소경의 내용과 비슷하다.

고 변하고 바뀌는 법이니 그것을 싫어하여 여의려는 마음을 닦고 욕심을 여의고 해탈해야 하느니라.

비구들아, 과거 세상에서는 이 비부라산의 이름을 붕가朋迦라고 하였다. 그때 그 산 주위에 빙 둘러 사람들이 살고 있었는데 그 고을의 이름은 아비가읍阿毘迦邑이라고 하였으며 그 시대 사람들의 수명은 3만 살이었다. 아비가읍에 살던 사람들은 이 산 꼭대기까지 사흘이면 오갈 수 있었다. 그때 세간에 출현하신 부처님의 이름은 구나함모니拘那含牟尼 여래·응공·등정각·명행족·선서·세간해·무상사·조어장부·천인사·불세존이라고 하였다. 그 부처님이 세간에 나와 연설하신 경법의 내용은 처음도 중간도 마지막도 다 좋았으며 뜻도 좋고 맛도 좋았다. 순수하고 한결같으며 원만하고 범행이 깨끗하며 잘 드러내고 나타내 보이셨다. 그러나 모든 비구들아, 저 붕가산이라는 이름도 지금은 사라진 지 이미 오래되었고 아비가읍 사람들도 다 죽은 지 오래되었으며 그 부처님도 이미 반열반하신 지 오래되었다.

이와 같아서 비구들아, 일체 모든 현상은 다 무상한 것이고 한결같지 못한 것이며 편안하지 않은 것이고 변하고 바뀌는 법이니, 너희 비구들은 마땅히 그것을 싫어하여 여의려는 마음을 닦으며 즐기지 않고 해탈해야 하느니라.

비구들아, 과거 세상에서는 이 비부라산을 숙파라수宿波羅首라고 하였다. 그 산 주위에 빙 둘러 사람들이 살고 있었는데, 그때 그 고을의 이름을 적마읍赤馬邑이라고 하였으며, 그 시대 사람들의 수명은 2만 살이었다. 적마읍에 살던 사람들은 이 산 꼭대기까지 이틀이면 오갈 수 있었다. 그때 세간에 출현하신 부처님의 이름은 가섭迦葉 여래·응공……(이하 생략)……세간에 나와 연설하신 경법은 처음도 중간도 마지막도 다 좋았으며, 뜻도 좋고 맛도 좋았다. 순수하고 한결같으며 원만하고 범행이 깨끗하였으며, 잘 드러내고 나타내 보이셨다. 그러나 모든 비구들아, 저 수파라수산이라는 이름도 지금은 사라진 지 오래되었고 적마읍 사람들도 다 죽은 지 오래되었으며 그 불세존께서도 이미 반열반하신 지 오래되었다.

이와 같아서 비구들아, 일체 모든 현상은 다 무상한 것이고 한결같지 못한 것이며 편안하지 않은 것이고 변하고 바뀌는 법이니, 너희 비구들은 마땅히 그것을 싫어하여 여의려는 마음을 닦으며, 즐기지 않고 해탈해야 하느니라.

비구들아, 오늘날은 이 산 이름을 비부라산이라고 한다. 이 산 주위에 빙 둘러 사람들이 살고 있었는데 이 나라의 이름은 마갈제摩竭提라고 한다. 이때 모든 사람들의 수명은 1백 살인데, 그것도 잘 소화시켜야 백 살을 채운다. 이 마갈제에 사는 사람들은 이 산 꼭대기까지 잠깐이면 오갈 수 있다. 나는 지금 여기에서 여래・응공・등정각……(이하 생략)……불세존이 되었다. 바른 법을 연설하고 교화하여 저들로 하여금 적멸한 열반과 정도正道・선서善逝・각지覺知를 얻게 한다. 비구들아, 마땅히 알아야 한다. 이 비부라산 이름도 장차 사라질 것이요, 마갈제 사람들도 장차 죽을 것이며, 여래도 오래지 않아 당연히 반열반할 것이다.

이와 같아서 비구들아, 일체 모든 현상은 다 무상한 것이고 한결같지 못한 것이며, 편안하지 않은 것이고 변하고 바뀌는 법이니, 너희 비구들은 마땅히 그것을 싫어하여 여의려는 마음을 닦으며, 즐기지 않고 해탈해야 하느니라.”

그때 세존께서 곧 게송을 말씀하셨다.

옛날에는 장죽산이었고
고을 이름은 저미라라고 하였지.
그 다음에는 붕가산이었고

마을 이름은 아비가라고 했다네.

그 다음에는 수파라산이었고
마을 이름은 적마라고 했었네.
오늘날에는 비부라산이라 하고
나라 이름은 마갈타라고 한다.

그런 이름의 산들의 다 사라졌고
그 사람들도 다 죽었으며
모든 부처님도 반열반 하였으니
존재하던 것은 다 없어지고 말았네.

일체 현상은 무상한 것으로서
그것은 모두 생멸하는 법이거니
한 번 생긴 것은 다 없어지는 것
오직 적멸만이 즐거운 것이라네.

부처님께서 이 경을 말씀하시자 모든 비구들은 부처님의 말씀을 듣고 기뻐하며 받들어 행하였다.

957. 신명경身命經[18]

이와 같이 나는 들었다.

---

18 이 소경은 『별역잡아함경』 제10권 첫 번째 소경의 내용과 비슷하다.

어느 때 부처님께서 왕사성 가란다죽원迦蘭陀竹園에 계셨다.

그때 출가한 어떤 바차婆蹉 종족이 부처님을 찾아와 합장하고 문안드렸다. 문안을 마치고 나서 한쪽에 물러앉아 부처님께 여쭈었다.

"구담이시여, 여쭈어 볼 말씀이 있사온데 혹 한가하시면 대답해 주시겠습니까?"

부처님께서 출가한 바차 종족에게 말씀하셨다.

"네 마음대로 물어라. 너를 위해 설명해주리라."

출가한 바차 종족이 부처님께 여쭈었다.

"어떻습니까? 구담이시여, 목숨〔命〕이 곧 몸〔身〕입니까?"

부처님께서 출가한 바차 종족에게 말씀하셨다.

"목숨이 곧 몸이라고 하는 것은 정확한 해답이라고 할 수 없느니라."

"어떻습니까? 구담이시여, 목숨도 다른 것이고 몸도 다른 것입니까?"

부처님께서 출가한 바차 종족에게 말씀하셨다.

"목숨도 다르고 몸이 다르다고 하는 것도 정확한 해답이라고 할 수 없느니라."

출가한 바차 종족이 부처님께 여쭈었다.

"어떻습니까? 구담이시여, '목숨이 곧 몸입니까?'라고 여쭈어도 '정확한 해답이라고 할 수 없다'고 대답하시고 '목숨은 몸과 다릅니까?'라고 여쭈어도 '정확한 해답이라고 할 수 없다'고 대답하셨습니다. 사문 구담께서는 어떤 법이 있기에 제자가 목숨을 마치면, 곧 예언하여 말씀하시기를 '아무개는 어느 곳에 태어났고 아무개는 어느 곳에 태어났다. 그 제자들은 여기서 목숨을 마치고 몸을 버리면, 곧 의식〔意生身〕[19]을 타고 다른 곳에 태어난다'고 하십니까? 그때를 당해서는 목

19 뜻[意]에서 이루어지는 의식[識], 즉 식신識神을 말한다.

숨도 다르고 몸도 다른 것이 아닙니까?"

부처님께서 바차 종족에게 말씀하셨다.

"남은 것이 있음을 말한 것이고 남은 것이 없음을 말한 것이 아니니라."

바차 종족이 부처님께 아뢰었다.

"구담이시여, 어찌하여 남은 것이 있음을 말씀하시고 남은 것이 없음을 말씀하지 않으셨습니까?"

부처님께서 바차에게 말씀하셨다.

"비유하면 불이 남은 물질이 있으면 타고, 남은 물질이 없으면 타지 않는 것과 같으니라."

바차 종족이 부처님께 아뢰었다.

"저는 불이 남은 물질이 없는데도 타는 것을 보았습니다."

부처님께서 바차 종족에게 물었다.

"어떤 것을 보고 불이 남은 물질이 없는데도 탄다고 하느냐?"

바차 종족이 부처님께 아뢰었다.

"비유하여 말씀드리면 큰 불 더미에 세찬 바람이 불면 불이 공중에 날려갑니다. 그런 것이 어찌 남은 물질이 없는데도 불이 타는 것이 아니겠습니까?"

부처님께서 바차 종족에게 말씀하셨다.

"바람이 불어 불을 날리는 것도 남은 물질이 있는 것이다. 남은 물질이 없다고 할 수 없느니라."

바차 종족이 부처님께 아뢰었다.

"구담이시여, 공중에 날리는 불을 어떻게 남은 물질이 있다고 말씀하십니까?"

부처님께서 바차 종족에게 말씀하셨다.

"공중에 날리는 불은 바람을 의지하기 때문에 머물고 바람을 의지하기 때문에 타는 것이다. 바람을 의지하기 때문에 남은 물질이 있다고 말한 것이다."

바차 종족이 부처님께 아뢰었다.

"중생이 여기에서 목숨을 마치고 의식을 타고 다른 곳에 가서 태어나는데 어떤 남은 것이 있습니까?"

부처님께서 바차 종족에게 말씀하셨다.

"중생이 여기에서 목숨을 마치고 의식을 타고 다른 곳에 가서 태어날 그때를 당해서는 애욕으로 말미암아 집착하고, 또 애욕으로 인해 머무르기 때문에 남은 것이 있다고 말하느니라."

바차 종족이 부처님께 아뢰었다.

"중생은 애락愛樂으로써 남은 것이 있고 염착染着으로써 남은 것이 있습니다. 그러나 오직 세존께서는 남은 것이 없기 때문에 등정각等正覺을 이루셨습니다. 사문 구담이시여, 세간에 일[緣]이 많아 하직인사를 하고 돌아가려고 합니다."

부처님께서 바차 종족에게 말씀하셨다.

"마땅히 그때를 알아야 합니다."

바차 종족은 부처님께서 설하신 말씀을 듣고 기뻐하면서 자리에서 일어나 물러갔다.

958. 목련경目連經[20]

이와 같이 나는 들었다.

어느 때 부처님께서 왕사성 가란다죽원에 계셨다.

그때 존자 대목건련大目揵連도 그곳에 머물고 있었다. 그때 출가한

20 이 소경은 『별역잡아함경』 제10권 두 번째 소경의 내용과 비슷하다.

어떤 바차 종족이 존자 대목건련을 찾아가서 서로 문안인사를 하고 위로한 뒤에 한쪽에 물러나 앉아서 존자 대목건련에게 말하였다.

"묻고 싶은 일이 있는데 혹 한가하시면 대답해 주시겠습니까?"

목련이 대답하였다.

"마음대로 물어라. 아는 것이라면 당연히 대답해주리라."

그때 출가한 바차 종족이 존자 목건련에게 물었다.

"무슨 인연이 있기에 다른 사문이나 바라문들은 혹 누가 와서 '어떻습니까? 여래는 후사(後死 : 後生)가 있는가, 후사가 없는가. 혹은 후사가 있기도 하고 없기도 하며, 있지도 않고 없지도 않은가?' 하고 물으면 다 대답해주는데, 사문 구담은 혹 누가 와서 '여래는 후사(後死 : 後生)가 있는가, 후사가 없는가. 혹은 후사가 있기도 하고 없기도 하며, 있지도 않고 없지도 않은가?' 하고 물어도 확실하게 대답해주시지 않으시니 그것은 무슨 까닭입니까?"

목건련이 대답하였다.

"바차여, 다른 사문이나 바라문들은 색色·색의 발생〔色集〕·색의 사라짐〔色滅〕·색의 맛〔色味〕·색의 근심〔色患〕·색을 벗어남〔色出〕에 대하여 사실 그대로 알지 못한다. 사실 그대로 알지 못하기 때문에 '여래에게 후생이 있다'고 말하면 곧 거기에 집착하게 되고, '여래에게는 후생이 없다, 후생이 있기도 하고 없기도 하다, 후생이 있지도 않고 없지도 않다'고 말하면 곧 거기에 집착하게 된다. 또 수受·상想·행行도 이와 마찬가지이며, 식識·식의 발생·식의 사라짐·식의 맛·식의 근심·식을 벗어남에 대해서도 사실 그대로를 알지 못한다. 사실 그대로 알지 못하기 때문에 '여래에게 후생이 있다'고 말하면 곧 거기에 집착하게 되고, '여래에게는 후생이 없다, 후생이 있기도 하고 없기도 하다, 후생이 있지도 않고 없지도 않다'고 말하면 곧 거기에 집착하게 된다.

그러나 세존은 색에 대하여 사실 그대로 알고, 색의 발생 · 색의 사라짐 · 색의 맛 · 색의 근심 · 색을 벗어남에 대하여 사실 그대로 아신다. 사실 그대로 아시고 계시기 때문에 '여래는 후생이 있다'고 말해도 집착하시지 않고, '여래는 후생이 없다, 있기도 하고 없기도 하다, 있지도 않고 없지도 않다'고 말해도 집착하시지 않으신다. 또 수 · 상 · 행도 이와 같으며, 식에 대해서도 사실 그대로 알고, 식의 발생〔識集〕 · 식의 사라짐〔識滅〕 · 식의 맛〔識味〕 · 식의 근심〔識患〕 · 식을 벗어남〔識出〕에 대하여 사실 그대로 아신다. 사실 그대로 아시기 때문에 '여래는 후생이 있다'고 말하여도 그런 게 아니고, '여래는 후생이 없다, 후생이 있기도 하고 없기도 하다, 후생이 있지도 않고 없지도 않다'고 말해도 그런 게 아니다. 그것은 매우 깊고 넓고 크며, 한량없고 헤아릴 수 없어 모두 다 적멸寂滅한 것일 뿐이다.

바차 종족이여, 이런 인因과 이런 연緣이 있기 때문에 다른 사문이나 바라문들이 만약 와서 물으면 '여래는 후생이 있다, 후생이 없다, 후생이 있기도 하고 없기도 하다, 후생이 있지도 않고 없지도 않다'고 말한다. 그러나 여래께서는 혹 누가 와서 물으면 '여래는 후생이 있다, 후생이 없다, 후생이 있기도 하고 없기도 하다, 후생이 있지도 않고 없지도 않다'고 말씀하시지 않으신다."

그때 바차 종족은 존자 대목건련의 말을 듣고 기뻐하면서 자리에서 일어나 떠나갔다.

959. 기재경奇哉經[21]

이와 같이 나는 들었다.

어느 때 부처님께서 왕사성 가란다죽원에 계셨다.

그때 출가한 어떤 바차 종족이 부처님께 찾아와 합장하고 문안인사를 드렸다. 문안인사를 다 드리고 나서 한쪽에 물러나 앉아서 부처님께 여쭈었다.

"구담이시여, 무슨 인因과 무슨 연緣으로 다른 사문이나 바라문들에게는 만일 누가 와서 물으면……이 사이의 자세한 내용은 위의 경에서 설한 것과 같다."

그때 출가한 바차 종족이 찬탄하면서 말했다.

"기이합니다. 구담이시여, 제자와 스승이 이치도 같은 이치요 문구도 같은 문구이며, 뜻도 같은 뜻이고……(이하 생략)……제일의第一義도 같습니다. 구담이시여, 저는 조금 전에 마하 목건련을 찾아가 이러한 이치·이러한 문구·이러한 뜻으로 그에게 물었사온데 그도 또한 이러한 이치·이러한 문구·이러한 뜻으로 저에게 대답해주었습니다. 그것이 꼭 지금 구담께서 말씀하신 것과 같았습니다. 그러므로 구담이시여, 스승과 제자는 이치도 같은 이치요 문구도 같은 문구이며 뜻도 같은 뜻이요 제일의도 같기에 그래서 이상하다고 말씀드리는 것입니다."

그때 출가한 바차 종족이 볼 일이 있어서 나리那梨라는 마을로 갔다. 거기서 볼 일을 끝마치고 존자 선다가전연詵陀迦旃延을 찾아가서 서로 문안인사를 하였다. 문안인사를 한 뒤에 한쪽에 물러나 앉아서 선타가전연에게 물었다.

---

21 이 소경은 『별역잡아함경』 제10권 세 번째 소경과 그 내용이 비슷하다.

"무슨 인연으로 사문 구담께서는 혹 누가 와서 묻더라도 '여래는 후생이 있다, 후생이 없다, 후생이 있기도 하고 없기도 하며, 후생이 있지도 않고 없지도 않다'고 확실하게 대답해주시지 않으십니까?"

선타가전연이 출가한 바차 종족에게 말했다.

"내가 지금 너에게 물으리니 너는 마음대로 대답하라. 네 생각에는 어떠하냐? 만일 어떤 인연으로 갖가지로 지어진 모든 현상인 색계色界와 무색계無色界, 생각이 있는 세계〔想〕와 생각이 없는 세계〔非想〕, 생각이 없기도 하고 없지 않기도 한 세계〔非想非非想〕에 대해서 저러한 인연으로 된 행行이 남김없이 아주 사라지고 영원히 사라지고 말더라도 여래께서는 그것에 대해서 '후생이 있다, 후생이 없다, 후생이 있기도 하고 없기도 하며 후생이 있지도 않고 없지도 않다'고 말씀하실 수 있겠는가?"

출가한 바차 종족이 선타가전연에게 말했다.

"혹, 어떤 인연으로 갖가지로 지어진 모든 행인, 색계와 무색계, 생각이 있는 세계와 생각이 없는 세계, 생각이 없기도 하고 없지 않기도 한 세계에 대해서, 그 인연으로 된 행이 남김없이 사라진다면, 어떻게 구담께서 거기에 대해 '여래는 후생이 있다, 후생이 없다, 후생이 있기도 하고 없기도 하며, 후생이 있지도 않고 없지도 않다'고 말씀하시겠습니까?"

선타가전연이 출가한 바차 종족에게 말했다.

"그런 까닭에 여래께서는 혹 누가 와서 '여래는 후생이 있습니까, 후생이 없습니까, 후생이 있기도 하고 없기도 합니까, 후생이 없지도 않고 있지도 않습니까?' 하고 묻더라도 확실하게 대답하지 않으시는 것입니다."

출가한 바차 종족이 선타가전연에게 물었다.

"그대는 사문 구담의 제자가 된 지 오래이십니까?"

선타가전연이 대답하였다.

"출가하여 이 바른 법과 율律 안에서 범행梵行을 닦은 지 3년이 조금 지났습니다."

출가한 바차 종족이 말했다.

"선타가전연께서는 시원하게 좋은 이익을 얻었습니다. 젊어서 출가하여 그러한 몸의 율의〔身律儀〕와 입의 율의〔口律儀〕를 이룩하였고, 또 그러한 지혜와 말솜씨〔辯才〕까지 얻었습니다."

그때 출가한 바차 종족은 선타가전연의 말을 듣고 기뻐하면서 자리에서 일어나 떠나갔다.

960. 기특경奇特經[22]

이와 같이 나는 들었다.

어느 때 부처님께서 왕사성 가란다죽원에 계셨다.

그때 출가한 어떤 바차 종족이 부처님께 찾아와 합장하고 문안인사를 드렸다. 문안인사를 다 드리고 나서 한쪽에 물러나 앉아서 부처님께 여쭈었다.

"구담이시여, 여쭐 말씀이 있는데 혹 한가하시면 말씀해 주시겠습니까?"

부처님께서 출가한 바차 종족에게 말씀하셨다.

"마음대로 물어보아라. 너를 위해 설명해주리라."

출가한 바차 종족이 부처님께 여쭈었다.

"구담이시여, 무슨 까닭에 혹 누가 와서 '여래는 후생이 있습니까,

22 이 소경은 『별역잡아함경』 제10권 다섯 번째 소경과 그 내용이 비슷하다.

후생이 없습니까, 후생이 있기도 하고 없기도 합니까, 후생이 없지도 않고 있지도 않습니까?' 하고 질문을 해도 무슨 이유로 확실하게 대답해주시지 않으십니까?"

부처님께서 출가한 바차 종족에게 말씀하셨다.

"……이 사이의 자세한 내용들은 앞의 선타가전연경에서 말씀하신 것과 같다.……후생이 있지도 않고 없지도 않은 것이라고 말하지 않느니라."

출가한 바차 종족이 부처님께 여쭈었다.

"기이한 일입니다. 구담이시여, 스승과 제자는 뜻과 뜻이 같고 문구와 문구가 같으며 맛과 맛이 같고 그 이치가 다 같습니다. 이른바 제일구第一句의 말씀이십니다. 구담이시여, 저는 조그마한 일이 있어서 나리가那利迦라는 마을로 가서 일을 마치고 나서 잠깐 사문 가전연에게 들려 이러한 뜻·이러한 문구·이러한 맛으로 사문 가전연에게 질문한 적이 있었는데, 그 역시 이러한 뜻·이러한 문구·이러한 맛으로 저에게 대답하였습니다. 그때 그 대답이 지금 사문 구담께서 말씀하신 것과 같았습니다. 그런 까닭에 스승과 제자 사이에 뜻과 문구와 맛과 이치가 똑 같은 것이 참으로 이상한 일임을 알았습니다."

그때 출가한 바차 종족은 부처님의 말씀을 듣고 기뻐하면서 자리에서 일어나 물러갔다.

961. 유아경有我經[23]

이와 같이 나는 들었다.

어느 때 부처님께서 왕사성 가란다죽원에 계셨다.

그때 출가한 어떤 바차 종족이 부처님께 찾아와 합장하고 문안인사를 드렸다. 문안인사를 다 드리고 나서 한쪽에 물러나 앉아서 부처님께 여쭈었다.

"어떻습니까? 세존이시여, 나라고 하는 것이 있다고 생각하십니까?"

그러자 세존께서는 잠자코 아무 대답이 없으셨다. 이렇게 두 번 세 번 물었으나 세존께서는 여전히 두 번 세 번 다 대답하시지 않으셨다. 그때 출가한 바차 종족이 이렇게 생각하였다.

'내가 이미 세 번이나 사문 구담에게 여쭈어 보았으나 대답을 듣지 못했다. 나는 그만 돌아가야겠다.'

그때 존자 아난이 부처님의 뒤에서 부채로 부처님을 부쳐드리고 있었다.

아난이 부처님께 여쭈었다.

"세존이시여, 저 출가한 바차 종족이 세 번씩이나 질문했는데도 세존께서는 왜 대답하지 않으셨습니까? 그것은 저 출가한 바차 종족으로 하여금 '사문은 내가 묻는 것에 대답하지 못한다'고 하는 잘못된 생각을 더하게 하지 않겠습니까?"

부처님께서 아난에게 말씀하셨다.

"내가 만일 나라고 하는 것이 있다고 대답한다면 그가 이전부터 가지고 있던 삿된 견해를 더 늘어나게 할 것이요, 만일 내가 나라고 하

23 이 소경은 『별역잡아함경』 제10권 여섯 번째 소경과 같은 내용이다.

는 것은 없다고 대답한다면, 이전부터 가지고 있던 의혹이 어찌 더 늘어나지 않겠느냐? 그렇다면 그에게 본래는 나라고 하는 것이 있었는데 지금 끊어 없앴다고 말해야 하겠느냐? 만일 본래부터 나라고 하는 것이 있었다고 한다면 그것은 곧 상견常見이요, 지금 끊어 없앴다고 한다면 그것은 곧 단견斷見이다. 여래는 그 두 극단을 여의고 중도에 서서 다음과 같이 설법한다.

'이 일이 있기 때문에 이 일이 있고, 이 일이 일어나기 때문에 이 일이 생기는 것이다. 즉 무명無明을 연緣하여 행行이 있고,……(이하 생략)……태어남·늙음·병듦·죽음·근심·슬픔·괴로움의 번민이 멸하느니라.'"

부처님께서 이 경을 말씀하시자 존자 아난은 부처님의 말씀을 듣고 기뻐하며 받들어 행하였다.

962. 견경見經[24]

이와 같이 나는 들었다.

어느 때 부처님께서 왕사성 가란다죽원에 계셨다.

그때 출가한 어떤 바차 종족이 부처님께 찾아와 합장하고 문안인사를 드렸다. 문안인사를 다 드리고 나서 한쪽에 물러나 앉아서 부처님께 여쭈었다.

"구담이시여, 어째서 구담께서는 이와 같이 보셨으며, 이와 같이 말씀하셨습니까? 즉 '세간은 영원하다. 이것이 곧 진실이요 다른 것은 다 허망한 것이다'라고 말입니다."

24 이 소경은 『별역잡아함경』 제10권 일곱 번째 소경과 그 내용이 비슷하다.

부처님께서 출가한 바차 종족에게 말씀하셨다.

"나는 그와 같이 보고 그와 같이 말하지 않았다. 즉 '세상은 영원하다. 이것이 곧 진실이요 다른 것은 다 허망한 것이다'라고 말이니라."

"구담이시여, 어째서 구담께서는 그와 같이 보셨으며 그와 같이 말씀하셨습니까? 즉 '세간은 영원하지 않다, 영원하기도 하고 영원하지 않기도 하며 영원한 것도 아니요 영원하지 않은 것도 아니다. 끝이 있다, 끝이 없다, 끝이 있기도 하고 끝이 없기도 하며 끝이 있는 것도 아니요 끝이 없는 것도 아니다. 목숨은 곧 몸이다, 목숨과 몸은 다르다, 여래는 후생이 있다, 후생이 없다, 후생이 있기도 하고 없기도 하며 후생이 있는 것도 아니요 없는 것도 아니다'라고 말입니다."

부처님께서 출가한 바차 종족에게 말씀하셨다.

"나는 그와 같이 보고 그와 같이 말하지 않았다.……(이하 생략)……'후생이란 있는 것도 아니요 없는 것도 아니다'라고 말이니라."

그때 출가한 바차 종족이 부처님께 아뢰었다.

"구담께서는 이런 견해에 대해서 어떤 잘못을 보셨기에 이러한 여러 견해에 대하여 전혀 말씀하시지 않으십니까?"

부처님께서 출가한 바차 종족에게 말씀하셨다.

"만일 이러한 견해, 즉 '세상은 영원하다. 이것은 진실이요 다른 것은 다 허망한 것이다'라고 한다면 그것은 뒤바뀐 견해이고, 이것은 곧 관찰한다는 견해이며, 이것은 곧 흔들리는 견해이고, 이것은 곧 더러운 견해이며, 이것은 곧 결박하는 견해이다. 이것은 괴로움이고, 이것은 걸리는 것이며, 이것은 번뇌이고, 이것은 열熱로서 견해가 얽매이는 것이다. 그래서 어리석고 들은 게 없는 무식한 범부는 미래 세상에서 남·늙음·병듦·죽음·근심·슬픔·괴로움의 번민이 생기느니라.

바차 종족아, 만약 '세간은 영원하지 않다, 영원하기도 하고 영원하지 않기도 하다, 영원한 것도 아니요 영원하지 않은 것도 아니다, 끝이 있다, 끝이 없다, 끝이 있기도 하고 끝이 없기도 하다, 끝이 있는 것도 아니고 끝이 없는 것도 아니다, 목숨은 곧 몸이다, 목숨과 몸은 다르다, 여래는 후생이 있다, 후생이 없다, 후생이 있기도 하고 없기도 하다, 후생이 있는 것도 아니고 없는 것도 아니다'라고 한다면, 그것은 뒤바뀐 견해이며,……(이하 생략)……근심 · 슬픔 · 괴로움의 번민이 생기느니라."

출가한 바차 종족이 부처님께 여쭈었다.

"구담께서는 어떻게 보시나이까?"

부처님께서 출가한 바차 종족에게 말씀하셨다.

"여래는 이미 다 보았다. 출가한 바차 종족아, 여래의 견해는 이른바 '이것은 괴로움의 거룩한 진리다, 이것은 괴로움의 발생에 대한 거룩한 진리이다, 이것은 괴로움이 사라짐에 대한 거룩한 진리이다, 이것은 괴로움이 사라지는 길에 대한 거룩한 진리이다'라고 본 것이다. 이와 같이 알고 이와 같이 보았기 때문에 일체의 견해 · 일체의 감정 · 일체의 출생 · 일체의 나 · 내 것이라는 견해 · 잘난 체하는 거만 등으로 인해 얽매이고 집착하는 번뇌를 끊고 그것들을 고요하고 시원하고 진실하게 한다. 이와 같이 해탈한 비구에게는 태어난다고 해도 옳지 않고, 태어나지 않는다고 해도 옳지 않다."

바차가 부처님께 아뢰었다.

"구담이시여, 어째서 태어난다고 해도 옳지 않다고 말씀하십니까?"

부처님께서 바차 종족에게 말씀하셨다.

"내가 지금 너에게 물으리니 네 생각나는 대로 대답하라. 바차야, 비유하면 어떤 사람이 네 앞에서 불을 사르는 것과 같다. 너는 그때 그 불이 타는 것을 보겠느냐? 또 네 앞에서 불이 꺼지면 너는 불이 꺼지는 것을 보겠느냐?"

바차 종족이 부처님께 말하였다.

"그렇습니다, 구담이시여."

부처님께서 바차 종족에게 말씀하셨다.

"만일 어떤 사람이 너에게 묻기를 '아까는 불이 탔었는데 지금은 그 불이 어디에 있는가? 동쪽으로 갔는가, 아니면 서쪽 · 남쪽 · 북쪽으로 갔는가?'라고 한다면, 너는 어떻게 대답하겠느냐?"

바차 종족이 부처님께 아뢰었다.

"구담이시여, 만일 누가 저에게 와서 그렇게 묻는다면 저는 '내 앞에서 불이 탄 것은 섶이 있었기 때문이다. 만일 섶을 계속해서 대주지 않으면 불은 곧 아주 꺼져버리고 다시는 타지 않을 것이다. 동쪽이나 서쪽 · 남쪽 · 북쪽으로 갔다는 것은 옳지 않다'라고 대답하겠습니다."

부처님께서 바차 종족에게 말씀하셨다.

"나도 또한 그와 같이 말했다. 즉 '색色이 이미 끊어진 줄을 벌써 알았고 수受 · 상想 · 행行 · 식識도 이미 끊어진 줄을 벌써부터 알고 있다. 그래서 그 근본을 끊는 것이 마치 다라나무 밑동을 끊은 것과 같아서 다시는 움이 틀 거리가 없으니 앞으로는 영원히 일어나지 않을 것이다. 그런데 만일 동쪽 · 서쪽 · 남쪽 · 북쪽으로 갔다고 하면 그것은 옳지 않다. 그것은 매우 깊고 넓고 크며 한량없고 헤아릴 수도 없어 영원히 사라진 것이니라."

바차 종족이 부처님께 아뢰었다.

"제가 지금 비유로 말씀드리겠습니다."

부처님께서 바차 종족에게 말씀하셨다.

"지금이 적절한 때인 줄 알아야 할 것이다."

바차 종족이 부처님께 아뢰었다.

"구담이시여, 비유하면 여기에서 가까운 성읍城邑의 어느 마을에 좋고 깨끗한 땅이 있고 거기에 견고림堅固林이 있습니다. 거기에 커다란 견고나무가 한 그루가 나서 수천 년의 오랜 세월 동안 지내오면서 가지와 잎은 말라 떨어졌고 껍질은 썩었지만 오직 줄기만은 홀로 서 있는 것과 같이 구담이시여, 여래의 법과 율은 모든 가지와 잎은 떠나고 오직 빈 줄기만 굳건히 혼자 서 있나이다."

그때 출가한 바차 종족은 부처님의 말씀을 듣고 기뻐하면서 자리에서 일어나 물러갔다.

963. 무지경無知經[25]

이와 같이 나는 들었다.

어느 때 부처님께서 왕사성 가란다죽원에 계셨다.

그때 출가한 어떤 바차 종족이 부처님께서 계신 곳으로 찾아와 합장하고 문안 인사를 드렸다. 문안 인사를 다 드리고 나서 한쪽에 물러나 앉아서 부처님께 여쭈었다.

"구담이시여, 저들이 얼마나 알지 못하면 이와 같이 보고 이와 같이 말하겠습니까? 즉 '세간은 항상한 것이다. 이것은 진실이요 이와 다른 말은 허망한 것이다. 세간은 항상한 것이 아니다, 세간은 항상한 것이기도 하고 항상하지 않은 것이기도 하다, 세간은 항상한 것도 아니요 항상하지 않은 것도 아니다, 세상은 끝이 있다, 세상은 끝이 없다, 세상은 끝이 있기도 하고 끝이 없기도 하다, 세상은 끝이 있는 것도 아니고 끝이 없는 것도 아니다, 목숨은 곧 몸이다, 목숨은 몸과 다르다, 여래는 후생이 있다, 후생이 없다, 후생이 있기도 하고 없기도 하다, 후생이 있는 것도 아니요 없는 것도 아니다'라고 그렇게 하

25 이 소경은 『별역잡아함경』 제10권 여덟 번째 소경과 그 내용이 비슷하다.

겠습니까?"

부처님께서 바차 종족에게 말씀하셨다.

"색에 대해서 아는 것이 없기 때문에 '세상은 항상한 것이다. 이 말은 진실이요, 이와 다른 말은 허망한 것이다.……(이하 생략)……후생은 있는 것도 아니고 없는 것도 아니다'라고 그와 같이 보고 그와 같이 말하는 것이다. 수·상·행·식에 대해서 아는 것이 없기 때문에 '세간은 항상한 것이다. 이 말은 진실이요, 이와 다른 말은 허망한 것이다.……(이하 생략)……후생은 있는 것도 아니고 없는 것도 아니다'라고 그와 같이 보고 그와 같이 말하는 것이니라."

바차 종족이 부처님께 아뢰었다.

"구담께서는 어떤 법을 아시고 계시기에 '세간은 항상한 것이다. 이 말은 진실이요, 이와 다른 말은 허망한 것이다.……(이하 생략)……후생은 있는 것도 아니고 없는 것도 아니다'라고 그와 같이 보거나 그와 같이 말씀하시지 않으십니까?"

부처님께서 바차 종족에게 말씀하셨다.

"색에 대하여 알기 때문에 '세상은 항상한 것이다. 이 말은 진실이요, 이와 다른 말은 허망한 것이다.……(이하 생략)……후생은 있는 것도 아니요 없는 것도 아니다'라고 이와 같이 보거나 이와 같이 말하지 않는다. 수·상·행·식을 알고 있기 때문에 '세간은 항상한 것이다. 이 말은 진실이요, 이와 다른 말은 허망한 것이다.……(이하 생략)……후생은 있는 것도 아니고 없는 것도 아니다'라고 이와 같이 보거나 이와 같이 말하지 않는다. 이와 같은 것은 남이 알지 못한 것을 아는 것이요, 남들이 보지 못한 것을 본 것이며, 분별하지 못한 것을 분별한 것이요, 끊지 못한 것을 끊은 것이며, 관찰하지 못한 것을 관찰한 것이요, 살피지 못한 것을 살핀 것이며, 깨닫지 못한 것을 깨달은 것이니라."

부처님께서 이 경을 말씀하시자 출가한 바차 종족은 부처님의 말씀을 듣고 기뻐하면서 자리에서 일어나 떠나갔다.

964. 출가경出家經[26]

이와 같이 나는 들었다.

어느 때 부처님께서 왕사성 가란다죽원에 계셨다.

그때 출가한 어떤 바차 종족이 부처님께 찾아와 합장하고 문안 인사를 드렸다. 문안 인사를 다 드리고 나서 한쪽에 물러나 앉아서 부처님께 여쭈었다.

"구담시여, 여쭈어 볼 말씀이 있사온데 혹 한가하시면 설명하여 주시겠습니까?"

그때 세존께서 잠자코 계셨다. 출가한 바차 종족은 두 번 세 번 되풀이하여 물었으나 세존께서는 여전히 잠자코 계셨다.

그때 출가한 바차 종족이 부처님께 아뢰었다.

"저는 구담을 따르나이다. 지금 어떤 일에 대하여 질문을 하였사온데 어찌하여 잠자코 계시나이까?"

그때 세존께서 이렇게 생각하셨다.

'이 출가한 바차 종족은 오랜 세월 동안 질박하고 정직하여 아첨하지도 않고 남을 속이지도 않는다. 그런데 지금 묻는 것은 모르기 때문이지 일부러 성가시게 하려는 것이 아니다. 내가 이제 아비담阿毗曇과 율律로써 그를 받아들이리라.'

이렇게 생각하시고 나서 출가한 바차 종족에게 말씀하셨다.

---

26 이 소경은 『별역잡아함경』 제10권 아홉 번째 소경과 그 내용이 비슷하다.

"네 마음대로 물어라. 너를 위해 설명해주리라."

바차 종족이 부처님께 아뢰었다.

"어떠합니까? 구담이시여, 선善한 법과 선하지 않은 법이 있습니까?"

부처님께서 대답하셨다.

"있느니라."

바차 종족이 부처님께 아뢰었다.

"지금 저를 위해 착한 법과 착하지 않은 법을 설명하시어 제가 이해할 수 있게 해주소서."

부처님께서 바차 종족에게 말씀하셨다.

"내가 지금 너를 위해 착한 법과 착하지 않은 법에 대해 간단히 설명할 터이니, 자세히 듣고 잘 생각해 보아라. 바차야, 탐욕이란 착하지 않은 법이다. 탐욕을 항복 받으면 그것은 곧 착한 법이다. 성냄과 어리석음은 곧 착하지 않은 법이다. 성냄과 어리석음을 항복 받으면 그것은 곧 착한 법이다. 살생은 착하지 않은 법이다. 살생을 여의면 그것은 곧 착한 법이다. 도둑질 · 음행 · 거짓말 · 이간시키는 말 · 나쁜 말 · 꾸밈말 · 탐욕 · 성냄 · 삿된 견해는 다 착하지 않은 법이다. 도둑질하지 않고……(이하 생략)……바르게 보면 그것은 곧 착한 법이다. 이것이 내가 바차를 위해 세 가지 착한 법과 착하지 않은 법에 대해 말하는 것이니라.

이와 같이 거룩한 제자로서 이 세 가지 착한 법과 착하지 않은 법을 사실 그대로 알고, 또 열 가지 착하지 않은 법과 착한 법을 사실 그대로 알면, 곧 탐욕을 모조리 없앨 수 있을 것이요, 성냄과 어리석음을 모조리 없앨 수 있을 것이다. 그리하여 일체의 번뇌〔有漏〕를 다 없애고, 번뇌가 없어지면 심해탈心解脫하고, 혜해탈慧解脫하여 현재 세상에서 제 자신이 증득한 줄을 안다. 그래서 나의 생은 이미 다하였고,

범행은 이미 섰으며, 할 일을 이미 다 마쳤으므로 후생에는 몸을 받지 않으리라는 것을 스스로 아느니라."

바차 종족이 부처님께 아뢰었다.

"혹 어떤 비구가 이 법과 율律 안에서 번뇌를 없애어 번뇌가 다 끊어져서 심해탈하고……(이하 생략)……후생에는 몸을 받지 않을 그런 사람이 있겠습니까?"

부처님께서 바차 종족에게 말씀하셨다.

"다만 하나 혹은 둘, 셋 내지 5백뿐만이 아니다. 많은 비구들이 이 법과 율 안에서 모든 번뇌를 없애고……(이하 생략)……후생에는 몸을 받지 않으리라."

바차 종족이 부처님께 아뢰었다.

"비구는 그만두고, 혹 어떤 비구니가 이 법과 율에서 모든 번뇌를 없애고……(이하 생략)……후생에는 몸을 받지 않을 그런 사람이 있겠습니까?"

부처님께서 바차 종족에게 말씀하셨다.

"다만 하나 혹은 둘, 셋 내지 5백뿐만이 아니다. 많은 비구니들이 이 법과 율 안에서 모든 번뇌를 없애고……(이하 생략)……후생에는 몸을 받지 않으리라."

바차 종족이 부처님께 아뢰었다.

"비구는 놓아두고, 혹 어떤 우바새로서 이 법과 율에서 모든 번뇌를 없애고……(이하 생략)……후생에는 몸을 받지 않을 그런 사람이 있겠습니까?"

부처님께서 바차 종족에게 말씀하셨다.

"다만 하나 혹은 둘, 셋 내지 5백 우바새뿐만이 아니다. 많은 우바새가 모든 범행을 닦고, 이 법과 율 안에서 욕계의 다섯 가지 결박[五下分結]을 끊고 아나함阿那含을 얻어 다시는 이 세상에 도로 태어나지 않을 것이다."

바차 종족이 부처님께 아뢰었다.

"또 우바새는 놓아두고, 혹 어떤 우바이가 이 법과 율 안에서 범행을 닦고 이 법과 율에 대해서 의심하지 않는 이가 있겠습니까?"

부처님께서 바차 종족에게 말씀하셨다.

"다만 하나 혹은 둘, 셋 내지 5백 우바새뿐만이 아니다. 많은 우바새가 모든 범행을 닦고 이 법과 율 안에서 욕심세계의 다섯 가지 결박을 끊고 저기서 바뀌 나서 아나함을 얻어 다시는 이 세상에 도로 태어나지 않을 것이다."

바차 종족이 부처님께 아뢰었다.

"비구·비구니·우바새·우바이로서 범행을 닦는 이들은 놓아두고, 혹 어떤 우바새가 다섯 가지 욕락欲樂을 누리면서도 이 법과 율에 대해서 의심하지 않는 이가 있습니까?"

부처님께서 바차 종족에게 말씀하셨다.

"다만 하나 혹은 둘, 셋 내지 5백 뿐만이 아니다. 많은 우바새들이 속가에 거처하면서 처자를 거느리고 향과 꽃으로 장식하며 종들을 두고 부려가면서도, 이 법과 율 안에서 세 가지 결박〔三結〕을 끊고 탐욕·성냄·어리석음이 엷어져서 사다함斯陀含을 얻어 천상과 인간 세계를 한 번씩 오간 뒤에는 마침내 괴로움을 완전히 벗어나는 이가 있다."

바차 종족이 부처님께 아뢰었다.

"또 우바새는 그만두고 혹 어떤 우바이가 다섯 가지 욕락을 누리면서도 이 법과 율에 대해서 의심하지 않는 이가 있습니까?"

부처님께서 바차 종족에게 말씀하셨다.

"다만 하나나 둘 셋 내지 5백뿐만이 아니다. 많은 우바이가 속가에 거처하면서 아들과 딸을 기르고 다섯 가지 향락을 누리고 향과 꽃으로 장식하면서도, 이 법과 율 안에서 세 가지 결박을 끊고 수다원須陀洹을 얻어 나쁜 세계에 떨어지지 않고 결정코 삼보리三菩提로 바로 향해 한 번 천상과 인간 세상에 태어난 뒤에는 마침내 괴로움을 완전히 벗어나느니라."

바차 종족이 부처님께 아뢰었다.

"구담이시여, 가령 사문 구담께서 등정각等正覺을 이룩하셨다 하더라도 만일 비구·비구니·우바새·우바이로서 범행梵行을 닦는 이나 또 우바새와 우바이로서 다섯 가지 향락을 누리는 이가 이와 같은 공덕을 얻지 못하면 만족하지 않으실 것입니다. 그러나 사문 구담께서 등정각을 이룩하심으로써 비구·비구니·우바새·우바이로서 범행을 닦는 이나, 또는 우바새와 우바이로서 다섯 가지 향락을 누리면서도 그와 같은 공덕을 성취하기 때문에 곧 만족하시는 것이옵니다. 구담이시여, 제가 이제 비유를 들어 말하겠습니다."

부처님께서 바차 종족에게 말씀하셨다.

"마음대로 말하라."

바차 종족이 부처님께 아뢰었다.

"하늘에서 많은 비가 내리면 물이 밑으로 흘러내려 가는 것처럼, 구담의 법과 율도 또한 그와 같습니다. 비구·비구니·우바새·우바이로서 남자나 여자는 모두 흐름을 따라 열반으로 향하고 열반으로 실려 내려갑니다. 참으로 기이한 것은 부처님과 법과 승가의 평등한 법과 율입니다. 출가한 다른 외도들이 구담의 처소를 찾아가 그 법과 율 안에서 비구가 되어 구족계를 받으려고 한다면, 얼마동안의 시간이 지나야 허락을 얻을 수 있겠습니까?"

부처님께서 바차 종족에게 말씀하셨다.

"만일 출가한 다른 외도로서 이 바른 법과 율 안으로 출가하여 구족계를 받으려고 하면, 4개월 동안 화상和尙에게 의지하여 가르침을 받으면서 머물러야 한다. 그러나 그것은 사람에 따라 대충 제한을 정해 놓은 것일 뿐이니라."

바차 종족이 부처님께 아뢰었다.

"만일 출가한 다른 외도가 이 바른 법과 율 안에서 출가하여 구족계를 받으려고 하면, 화상에게 의지하여 가르침을 받으면서 머물러야 한다. 그렇게 4개월이 차서 출가하는 것을 허락하신다면, 저도 지금부터 4개월 동안 화상에게 의지하여 가르침을 받으면서 바른 법과 율 안에 출가하여 구족계를 받겠습니다. 그러므로 저는 마땅히 구담의 법 안에 출가하여 구족계를 받고 범행을 닦아 지니겠습니다."

부처님께서 바차 종족에게 말씀하셨다.

"내가 아까 사람에 따라 대충 제한을 정해 놓았다고 말하지 않았는가?"

바차 종족이 부처님께 아뢰었다.

"그렇습니다. 구담이시여."

그때 세존께서 모든 비구들에게 말씀하셨다.

"너희들은 마땅히 저 바차를 제도하여 우리의 바른 법과 율 안에서 출가하여 구족계를 받게 하라."

바차는 곧 바른 법과 율 안에서 출가하여 구족계를 받고 비구의 신분을 성취하게 되었다. 그래서 반 달 동안에 꼭 알아야 할 일, 꼭 분별해야 할 일, 꼭 보아야 할 일, 꼭 얻어야 할 일, 꼭 깨달아야 할 일, 꼭 증득해야 할 일들을 다 배우고 다 알며, 다 분별하고 다 보며, 다 얻고 다 깨달아서 여래의 바른 법을 다 증득하였다.

존자 바차가 생각하였다.

'나는 이제 꼭 알아야 할 일, 꼭 분별해야 할 일, 꼭 보아야 할 일, 꼭 얻어야 할 일, 꼭 깨달아야 할 일, 꼭 증득해야 할 일, 그 전부를 다 알고 다 분별하며, 다 보고 다 얻으며, 다 깨닫고 다 증득하였다.

나는 지금 가서 세존을 뵈오리라.'

그때 바차는 세존께 나아가 머리를 조아려 그 발에 예를 올리고 한쪽에 물러나 앉아서 부처님께 여쭈었다.

"세존이시여, 저는 꼭 알아야 할 일, 꼭 분별해야 할 일, 꼭 보아야 할 일, 꼭 얻어야 할 일, 꼭 깨달아야 할 일, 꼭 증득해야 할 일을 배워 그것을 다 알고 다 분별하였으며 다 보고 다 얻었으며 다 깨달아 세존의 바른 법을 다 증득하였습니다. 원컨대 세존께서는 저를 위해 설법하여 주십시오. 저는 그 법문을 듣고 나서 혼자 고요한 곳에서 골똘히 사색하고 방일하게 행동하지 않으며 선남자가 수염과 머리를 깎고 가사를 입고, 출가하여 도를 배우는 이유를 생각하여……(이하 생략)……스스로 후생에는 몸을 받지 않는 줄을 알도록 하겠습니다."

부처님께서 바차 종족에게 말씀하셨다.

"두 가지 법이 있다. 지止와 관觀을 닦아 익히고 많이 닦아 익혀야 한다. 이 두 가지 법을 닦아 익히고 더 많이 닦아 익히면 계界의 결과〔果〕를 알고 계를 깨닫고, 갖가지 계를 알고 갖가지 계를 깨닫게 될 것이다. 그 비구는 악하고 착하지 않은 법을 구하여……(이하 생략)……제4선禪을 원만하게 갖추어 머물러 자애로움·불쌍히 여김·기뻐함·평정과 그리고 허공 경계〔空入處〕·의식 경계〔識入處〕·아무것도 없는 경계〔無所有入處〕·생각도 아니고 생각 아닌 것도 아닌 경계〔非想非非想入處〕로써 세 가지 결박을 끊어 수다원을 얻고 세 가지 결박이 다하고 탐욕·성냄·어리석음이 엷어져서 사다함을 얻으며 욕계의 다섯 가지 결박〔五下分結〕을 끊어 아나함을 얻고 갖가지 신통 경계인 천안天眼·천이天耳·타심지他心智·숙명지宿命智·생사지生死智·누진지漏盡智를 모두 얻게 될 것이다. 그런 까닭에 비구야, 꼭 이 두 가지 법을 닦아야 한다. 닦아 익히고 더 많이 닦아 익이면 이 두 가지 법을 닦았기 때문에 갖가지 경계를 알고……(이하 생략)……번뇌를 다 끊게 되느니라."

그때 존자 바차는 부처님의 말씀을 듣고 기뻐하면서 예를 올리고 떠나갔다. 그때 바차가 혼자 고요한 곳에서 골똘히 사색하면서 방일하지 않고 머물러……(이하 생략)……후생에는 몸을 받지 않는다는 것을 스스로 알았다.

그때 많은 비구들이 장엄한 방편으로 세존께 나아가 공경을 다하여 공양하려고 하였다. 그때 바차가 모든 비구들에게 물었다.

"그대들은 장엄한 방편으로 세존께 나아가 공경하여 공양을 올리려고 하는가?"

비구들이 대답하였다.

"그렇다."

그때 바차가 비구 대중에게 말했다.

"존자여, 내 말을 간직하고 가서 세존께 예를 올리고 '기거는 가벼우시고 병이 없으시며 편안하십니까?' 하고 문안인사를 드려 주시오.

그리고 또 '바차 종족 비구는 세존께 아뢰나이다. 〈저는 이미 세존께 공양을 올렸습니다. 빠진 것 없이 갖추어 받들어 섬겨 기쁘게 해드렸으므로 매우 즐겁습니다. 스승님의 제자는 할 일을 다 마치고 스승님께 공양을 올려 스승님을 기쁘게 하고 나니 매우 즐겁습니다〉'라는 말도 전해 주시오."

그때 많은 비구들은 부처님의 처소로 나아가 머리를 조아려 그 발에 예를 올리고 한쪽에 물러나 앉아서 부처님께 아뢰었다.

"세존이시여, 존자 바차는 머리를 조아려 세존의 발에 예를 올리고……(이하 생략)……'기쁘시게 해드렸으므로 매우 즐겁습니다' 하고 아뢰었습니다."

부처님께서 비구들에게 말씀하셨다.

"모든 하늘들이 앞서 나에게 말했는데 너희들이 또 말하는구나. 여래는 제일의 지견知見을 성취하였다. 또 바차 종족 비구도 그러한 덕의 힘이 있느니라."

그때 세존께서 저 바차 종족 비구를 위하여 첫 번째 예언을 말씀하셨다.

부처님께서 이 경을 말씀하시자 모든 비구들은 부처님의 말씀을 듣고 기뻐하며 받들어 행하였다.

965. 울저가경鬱低迦經[27]

이와 같이 나는 들었다.

어느 때 부처님께서 왕사성 가란다죽원에 계셨다.

그때 출가한 울지가鬱低迦 외도가 세존이 계신 곳으로 찾아가서 서로 문안인사를 나누고 위로한 뒤에 한쪽에 물러나 앉아서 부처님께 여쭈었다.

"어떻습니까? 구담이시여, 어떻습니까? 구담이시여, 세상은 끝이 있습니까?"

부처님께서 울지가에게 말씀하셨다.

"그것은 확실하게 말해줄 수 없느니라."

울지가가 부처님께 아뢰었다.

"어떻습니까? 구담이시여, 세상은 끝이 없습니까, 끝이 있기도 하고 없기도 하며, 끝이 있는 것도 아니고 없는 것도 아닙니까?"

부처님께서 울지가에게 말씀하셨다.

"그것은 확실하게 말해줄 수 없느니라."

27 이 소경은 『별역잡아함경』 제11권 첫 번째 소경과 그 내용이 비슷하다.

울지가가 부처님께 아뢰었다.

“어째서 구담께서는 ‘세상은 끝이 있습니까?’ 하고 여쭈어도 ‘그것은 확실하게 말해줄 수 없다’고 하시고, ‘세상은 끝이 없습니까, 끝이 있기도 하고 없기도 합니까, 끝이 있는 것도 아니고 없는 것도 아닙니까?’ 하고 여쭈어도 ‘그것은 확실하게 말해줄 수 없다’고 대답하십니까? 구담이시여, 그러면 어떤 법에 대하여 확실하게 말해주실 수 있으십니까?”

부처님께서 울지가에게 말씀하셨다.

“아는 사람이이기도 하고 지혜로운 사람이기도 한 나는 제자들을 위해 도에 대하여 확실하게 설명하여 바로 괴로움을 다하게 하고 마침내는 괴로움을 완전히 벗어나게 하느니라.”

울지가가 부처님께 아뢰었다.

“구담께서는 어떻게 제자들을 위해 도를 설명하여 바로 괴로움을 다하게 하고 마침내는 괴로움을 완전히 벗어나게 하십니까? 또 일체 세간이 다 이 길에서 벗어납니까, 혹은 일부분만 그러합니까?”

그때 세존께서는 잠자코 대답하시지 않으셨다. 두 번 세 번 물었으나 부처님께서는 여전히 잠자코 대답하시지 않으셨다. 그때 존자 아난이 부처님 뒤에 서서 부채를 잡고 부처님을 부쳐드리고 있었다. 존자 아난이 출가한 울지가 외도에게 말하였다.

“너는 이 앞에서 벌써 이 뜻을 물었고, 지금은 또 다른 말로 물었다. 그런 까닭에 세존께서 말씀하시지 않으시는 것이다. 울지가여, 이제 내가 마땅히 너를 위해 비유로 설명하리라. 대개 지혜로운 사람은 비유를 들어 말하면 그로 인해 이해할 수 있기 때문이다. 비유하면 국왕이 제 국경 변두리에 성이 있는데 사방 주위는 튼튼하고 거리의 길은 편편하며 성문은 오직 하나만 있다. 그 문을 지키는 문지기는 총명하고 지혜로와 계산이 남보다 빠르다. 그래서 어떤 사람이 밖에서 올 때는 들여보내야 할 사람이면 들여보내고 들여보내서는 안 될 사람이면 들어가는 것을 허락하지 않았다. 그들은 온 성을 빙빙 돌면서 두 번째 문을 찾았지만 도무지 보이지 않았다. 고양이나 삵 같은 동물들이 드나들던 곳도 전혀 없었는데 하물며 두 번째 문이 있었겠느냐? 그런 까닭에 그 문지기는 드나드는 사람들을 전부 다 알지는 못하지만 그는 모든 사람들이 오직 그 문으로만 드나들 수 있고 또 다른 곳이 없다는 것을 아는 것과 같다.

이와 같이 세존께서도 비록 마음을 써서 '이 세간 일체 중생들이 다 이 도를 좇아 나오는가, 혹은 일부분인가?'에 대해서는 아시지 못하지만, 그러나 중생들이 진정 괴로움을 완전히 벗어나는 사람은 모두 이 도를 좇아 나온다는 것만은 아시느니라."

그때 울지가 외도는 부처님의 말씀을 듣고 기뻐하면서 자리에서 일어나 물러갔다.

966. 부린니경富隣尼經[28]

이와 같이 나는 들었다.

어느 때 부처님께서 왕사성 가란다죽원에 계셨다.

그때 존자 부린니富隣尼는 왕사성 기사굴산耆闍崛山에 머물고 있었다.

그때 출가한 많은 외도들이 존자 부린니를 찾아가 서로 문안인사를 하고 위로한 뒤에 한쪽에 물러나 앉아서 존자 부린니에게 물었다.

"내가 들으니 사문 구담은 '모든 존재를 끊고 부수어 버리라고 가르치신다'고 하더이다. 지금 존자 부린니께 묻습니다. 정말 그렇습

---

28 이 소경은 『별역잡아함경』 제11권 두 번째 소경과 그 내용이 비슷하다.

니까?"

부린니가 출가한 모든 외도들에게 말했다.

"나는 그렇게 알고 있지 않다. 세존께서는 중생을 가르치시되 '모든 존재를 끊고 부수어 버려서 아무 것도 없게 하라'고 말씀하셨을 것이라고 생각하지는 않는다. 그런 이치가 없기 때문이다. 세존께서는 '모든 중생들은 나〔我〕라는 것은 영원히 존재하는 것이라고 집착하여 나라고 하는 교만〔我慢〕과 삿된 교만〔邪慢〕을 일으키고 있다'고 말씀하셨다. 그래서 세존께서는 그들을 위해 설법하시어 그것을 끊어 없애 버리려고 하신 것이다."

그때 모든 외도들은 부린니의 말을 듣고 마음이 불쾌하여 꾸짖으면서 떠나갔다.

그때 존자 부린니는 모든 외도들이 떠난 뒤에 부처님께서 계신 곳으로 찾아가서 머리를 조아려 그 발에 예를 올리고 한쪽에 물러앉아, 조금 전에 모든 외도들이 와서 했던 말을 자세히 아뢰었다.

"세존이시여, 제가 아까 외도들에게 대답한 말이 혹 세존을 훼손시킨 일이나 되지 않습니까? 이렇게 설법한 말은 부처님께서 말씀하신 것과 같고 법다운 말이며, 법을 따르는 말로서 여러 이론가들의 비난이나 받지 않겠습니까?"

부처님께서 부린니에게 말씀하셨다.

"네 말대로라면 그것은 여래를 훼손한 일도 아니고 차례를 잃은 것도 아니며, 내가 확실하게 말했던 것과 같고 법다운 말이며 법을 따르는 말이니, 여러 이론가들의 비난을 받지 않을 것이다. 왜냐하면 부린니야, 아까 저 모든 중생들은 나라는 것은 영원히 존재하는 것이라고 집착하여 나라고 하는 교만과 삿된 교만이 있는 자들이다. 삿된 교만에 핍박을 당하여 삿된 교만이 쌓이고 삿된 교만이 끊임이 없지 않기 때문이다. 엉클어지기는 개 창자 같고 쇠사슬 같으며, 또 어지럽게 뒤엉킨 풀과 같아서, 갔다 왔다 치달리고 있는 자들이다. 이 세상에서 저 세상으로 저 세상에서 이 세상으로 왔다갔다 치달리면서 거기서 멀리 벗어나지 못하고 있는 자들이니라. 부린니야, 일체 중생들이 저 모든 삿된 교만을 남김없이 아주 없애면 저 일체 중생들은 오랜 세월 동안 편안하고 즐겁고 통쾌할 것이니라."

부처님께서 이 경을 말씀하시자 부린니 비구는 부처님의 말씀을 듣고 기뻐하면서 받들어 행하였다.

967. 구가나경俱迦那經[29]

이와 같이 나는 들었다.

어느 때 부처님께서 왕사성 가란다죽원에 계셨다.

그때 존자 아난은 새벽에 탑보하榻補河라고 하는 강 가로 가서 옷을 벗어 언덕에 두고 물속에 들어가 손발을 씻은 뒤에 다시 언덕에 올라가서 한 가지 옷을 입고 몸을 닦고 있었다. 그때 출가한 구가나俱迦那라는 외도도 물 가로 갔다. 존자 아난이 발자국 소리를 듣고는 곧 기침을 하여 소리를 내었다. 구가나 외도는 사람의 소리를 듣고 물었다.

"누구십니까?"

존자 아난이 대답하였다.

"사문입니다."

구가나 외도가 말하였다.

"어떤 사문입니까?"

존자 아난이 대답하였다.

29 이 소경은 『별역잡아함경』 제11권 세번째 소경과 그 내용이 비슷하다.

“썩씨 종족의 아들입니다.”

구가나 외도가 물었다.

“묻고 싶은 일이 있는데 대답해 주시겠습니까?”

존자 아난이 대답하였다.

“마음대로 물어보시오. 아는 대로 대답해 드리리다.”

구가나가 말하였다.

“어떻습니까? 아난이여, 여래에게도 후생後生이 있습니까?”

아난이 대답하였다.

“세존께서는 ‘그것은 확실하게 말해줄 수 없다’고 말씀하셨습니다.”

또 물었다.

“그러면 여래는 후생이 없습니까? 혹은 후생이 있기도 하고 없기도 합니까? 후생이 있는 것도 아니고 없는 것도 아닙니까?”

아난이 대답하였다.

“세존께서는 ‘그것은 확실하게 말해줄 수 없다’고 말씀하셨습니다.”

구가나 외도가 말하였다.

“어찌하여 ‘여래는 후생이 있습니까?’ 하고 물어도 ‘그것은 확실하게 말해줄 수 없다’고 대답하시고, 또 ‘여래는 후생이 없습니까, 혹은 있기도 하고 없기도 합니까, 있는 것도 아니고 없는 것도 아닙니까?’ 하고 물어도 ‘그것은 확실하게 말해줄 수 없다’고 말씀하십니까? 아난이여, 부처님께서는 알지도 못하고 보지도 못하셨습니까?”

아난이 대답하였다.

“모르시는 것도 아니고 못 보신 것도 아닙니다. 다 아시고 다 보셨습니다.”

또 물었다.

“어떻게 알고 어떻게 보았습니까?”

아난이 대답하였다.

"보아야 할 것을 다 보셨고 일어나는 곳을 다 보셨으며 결박이 끊긴 곳을 다 보셨습니다. 이것이 곧 아는 것이고, 이것이 곧 본 것이다. 나는 이렇게 알고 있고 이렇게 보았다. 어찌하여 알지 못하고 보지 못하였다고 말하겠습니까?"

구가나 외도가 또 물었다.

"존자의 이름은 무엇입니까?"

아난다阿難陀가 대답하였다.

"내 이름은 아난다입니다."

구가나 외도가 말했다.

"기이합니다. 스승과 제자가 서로 의논하였구나. 만일 내가 당신이 존자 아난다인 줄 알았더라면 감히 질문하지 않았을 것입니다."

그는 이렇게 말하고 곧 버리고 떠나갔다.

968. 급고독경給孤獨經[30]

이와 같이 나는 들었다.

어느 때 부처님께서 왕사성 가란다죽원에 계셨다.

그때 급고독 장자는 날마다 부처님을 찾아뵙고 예로 섬기고 공양하였다. 어느 날 급고독 장자는 이렇게 생각하였다.

'나는 오늘 너무 일찍 찾아왔다. 세존과 모든 비구들은 아직 선정에서 일어나지도 않았을 것이다. 나는 차라리 외도들이 살고 있는 곳에 먼저 들려보아야겠다.'

이렇게 생각한 그는 곧 외도들이 있는 절에 들어가 여러 외도들과

30 이 소경은 『별역잡아함경』 제11권 네번째 소경과 그 내용이 비슷하다.

서로 문안한 뒤에 한쪽에 물러나 앉았다.

그때 저 외도들이 물었다.

"장자여, 그대는 사문 구담을 보았으니, 어떻게 보았으며 그는 어떤 견해를 가지고 있더이까?"

장자가 대답하였다.

"내가 어떻게 세존을 보았으며 세존께서는 어떤 견해를 가지셨는지 나는 알지 못한다."

외도들이 물었다.

"너는 많은 비구승들을 보았다고 말했다. 그 많은 비구승들을 어떻게 보았으며 그들은 어떤 견해를 가졌더냐?"

장자가 대답하였다.

"나도 또한 내가 비구들을 어떻게 보았으며 비구들이 어떤 견해를 가지고 있는지 알지 못한다."

외도가 또 물었다.

"장자여, 너는 지금 자기 자신을 어떻게 보며 자신은 어떤 견해를 가지고 있느냐?"

장자가 대답하였다.

너희들은 각각 자기의 견해를 말하라. 그 다음에 내가 내 견해를 말하는 것은 그리 어렵지 않다."

그때 어떤 외도가 이렇게 말했다.

"장자여, 나는 일체 세간은 영원한 것이라고 본다. 이것은 진실이요 다른 것은 허망한 것이다."

또 어떤 이는 말했다.

"장자여, 나는 일체 세간은 영원하지 않다고 본다. 이것은 진실이요 다른 것은 허망한 것이다."

또 어떤 이는 말했다.

"장자여, 세간은 영원하기도 하고 영원하지 않기도 하다. 이것은 진실이요 다른 것은 허망한 것이다."

또 어떤 이는 말했다.

"세간은 영원한 것도 아니고 영원하지 않은 것도 아니다. 이것은 진실이요 다른 것은 허망한 것이다."

또 어떤 이는 말했다.

"세간은 끝이 있다. 이것은 진실이요 다른 것은 허망한 것이다."

또 어떤 이는 말했다.

"세간은 끝이 없다. 이것은 진실이요 다른 것은 허망한 것이다."

또 어떤 이는 말했다.

"세간은 끝이 있기도 하고, 끝이 없기도 하다."

또 어떤 이는 말했다.

"세간은 끝이 있는 것도 아니고 끝이 없는 것도 아니다."

또 어떤 이는 말했다.

"목숨은 곧 몸이다."

또 어떤 이는 말했다.

"목숨과 몸은 다르다."

또 어떤 이는 말했다.

"여래는 후생이 있다."

또 어떤 이는 말했다.

"여래는 후생이 없다."

또 어떤 이는 말했다.

"여래는 후생이 있기도 하고 없기도 하다."

또 어떤 이는 말했다.

"여래는 후생이 있는 것도 아니고 없는 것도 아니다. 이것은 진실이요 다른 것도 허망한 것이다."

여러 외도들이 장자에게 말했다.

"우리는 각각 우리의 견해를 말했다. 너도 마땅히 네 견해를 말해야 할 것이다."

장자가 대답하였다.

"내 견해로는 진실이라는 것은 함이 있는 것〔有爲〕이고 생각〔思量〕하는 것이며 인연을 따라 일어나는 것이다. 만일 그것이 함이 있고 생각하는 것이며 인연을 따라 일어나는 것이라면 그것은 곧 무상無常한 것일 테고, 만약 무상한 것이라면 곧 괴로운 것일 게다.

이렇게 알고 나면 일체 견해에 대해서 아무 것도 취할 것이 없다. 너희들 견해대로 '세간은 영원한 것이다. 이것은 진실이요 다른 것은 허망한 것이다'라고 하면서 이 견해가 진실이라고 하지만, 그것은 함이 있는 것이고 생각하는 것이며 인연을 따라 일어나는 것이다. 만일 그 진실이 함이 있고 생각하는 것이며 인연을 따라 일어나는 것이라면 그것은 곧 무상한 것일 테고, 만약 무상한 것이라면 곧 괴로운 것일 게다. 그런 까닭에 너희들은 괴로움을 친근히 하여 오직 괴로움만 받고 괴로움에 굳게 머물며 괴로움에 깊이 들어가는 것이다.

또 너희들 말대로 '세간은 영원한 것이 아니다. 이것은 진실이요 다른 것은 허망한 것이다'라는 그런 견해도 또한 저와 같은 잘못이 있느니라. 또 '세간은 영원하기도 하고 영원하지 않기도 하다. 영원한 것도 아니고 영원하지 않은 것도 아니다. 세간은 끝이 있다. 세간은 끝이 없다. 세간은 끝이 있기도 하고 끝이 없기도 하다. 끝이 있는 것도 아니고 끝이 없는 것도 아니다. 목숨은 곧 몸이다. 목숨과 몸은 다르다. 여래는 후생이 있다. 후생이 없다. 후생이 있기도 하고 후생이 없기도 하다. 후생이 있는 것도 아니고 후생이 없는 것도 아니다. 이것은 진실이요 다른 것은 허망한 것이다'라는 그런 견해도 위에서 말한 것과 같다."

어떤 외도가 급고독 장자에게 말했다.

"네 견해와 같이 '만일 그와 같이 보는 것이 진실이어서, 저 함이 있고 생각하는 것이며 인연을 따라 일어나는 것이라면 그것은 무상한 것이다. 만일 무상한 것이면 그것은 괴로운 것이다'라고 한다면, 장자의 견해도 또한 괴로움을 친근히 하여 괴로움을 받고 괴로움에 머물고 괴로움에 깊이 들어가는 것이다."

장자가 대답하였다.

"내가 아까 '견해가 진실하다고 하지만 그것은 함이 있고 생각하는 것이며 인연을 따라 일어나는 법으로서, 다 무상한 것이고 무상한 것은 곧 괴로움이다'라고 말하지 않았는가? 이 괴로움을 알았기 때문에 나는 모든 견해에 대해서 집착하지 않느니라."

저 외도는 말했다.

"그렇다, 장자의 말과 같다."

그때 급고독 장자는 외도들의 정사精舍에서 그들의 이론을 항복 받고 바른 이론을 세워, 저 외도들의 앞에서 사자처럼 외쳤다. 그리고는 그는 부처님께 나아가 머리를 조아려 그 발에 예를 올리고 한쪽에 물러앉아, 외도들과 서로 논란한 것을 부처님께 자세하게 아뢰었다. 그러자 부처님께서 급고독 장자에게 말씀하셨다.

"훌륭하고 훌륭하다. 때때로 저 어리석은 외도들을 꺾어 항복 받고 바른 이론을 세워야 하느니라."

부처님께서 이렇게 말씀하시자 급고독 장자는 기뻐하면서 예를 올리고 물러갔다.

969. 장조경長爪經[31]

이와 같이 나는 들었다.

어느 때 부처님께서 왕사성 가란다죽원에 계셨다.

그때 출가한 장조長爪 외도가 부처님께서 계신 곳을 찾아가 서로 문안인사를 하고 위로한 뒤에 한쪽에 물러나 앉아서 부처님께 여쭈었다.

"구담이시여, 저는 일체의 견해를 인정하지 않습니다."

부처님께서 화종火種 외도에게 말씀하셨다.

"네는 일체의 견해를 인정하지 않는다고 말한 그 견해도 인정하지 않느냐?"

장조 외도가 말하였다.

"아까 말한 '일체의 견해를 인정하지 않는다'는 그 견해도 인정하지 않습니다."

부처님께서 화종 외도에게 말씀하셨다.

"그와 같이 알고 그와 같이 보면, 그 견해는 이미 끊어진 것이고 이미 버린 것이며 이미 여읜 것이다. 다른 견해가 계속되지 않을 것이고 생기지도 않을 것이니라. 화종이여, 대부분의 사람들도 네 견해와 같다. 대부분의 사람들도 다 그와 같이 보고 그와 같이 말한다. 너도 또한 그들과 같다. 화종이여, 만일 모든 사문 바라문들이 그런 견해를 버리고 다른 견해도 일어나지 않는다면, 그러한 사문 바라문은 이 세간에서도 극히 드물 것이다.

화종이여, 그들은 세 가지 견해에 의지한다. 어떤 것이 그 세 가지인가? 어떤 이는 이렇게 주장한다.

'나는 일체를 인정한다.'

---

31 이 소경은 『별역잡아함경』 제11권 다섯 번째 소경과 그 내용이 비슷하다.

또 어떤 이는 이와 같은 견해를 가지고 이렇게 주장한다.

'나는 일체를 인정하지 않는다.'

또 어떤 이는 이와 같은 견해를 가지고 이렇게 주장한다.

'나는 어떤 것은 인정하고 어떤 것은 인정하지 않는다.'

화종이여, 만일 '일체를 인정한다'고 말하는 자라면 그 견해는 탐욕과 함께 생기는 것이요, 탐하지 않는 것이 아니다. 또 성냄과 함께 생기는 것이요, 성내지 않는 것이 아니며, 어리석음과 함께 생기는 것이요 어리석지 않은 것이 아니다. 그것은 얽매인 것이고 얽매임을 여의지 못한 것이며, 그것은 번뇌이고 청정하지 못한 것이다. 거기에서 좋아하여 취하고 물들어 집착하는 것이 생기느니라.

또 만일 '나는 일체를 인정하지 않는다'고 한다면 그 견해는 탐욕과 함께 하지 않는 것이고, 또한 성냄과 함께 하지 않는 것이며, 어리석음과 함께 하지 않는 것이다. 그것은 청정한 것이요 번뇌가 아니며, 얽매임을 여읜 것이요 얽매인 것이 아니다. 그래서 좋아하지 않고 취하지 않으며 물들지 않고 집착하지 않느니라.

화종이여, 만일 '나는 어떤 것은 인정하고 어떤 것은 인정하지 않는다'고 이런 견해를 가지고 있다고 말한다면, 저 인정하는 것에는 탐욕이 있어……(이하 생략)……집착이 생기는 것이요, '그와 같은 견해는 인정하지 않는다'고 하면 거기에서는 탐욕을 여읜 것이고,……(이하 생략)……집착이 생기지 않느니라. 그러나 많이 들어 아는 거룩한 제자는 배운 것을 이와 같이 말한다.

'〈내가 만일 일체를 인정한다〉고 이와 같이 보고 이와 같이 주장하면, 곧 다른 두 가지 견해를 가진 이로부터 나무람과 힐난을 당할 것이다.'

어떤 것이 그 두 가지인가? 이른바 일체를 인정하지 않는다는 견해, 그리고 어떤 것은 인정하고 어떤 것은 인정하지 않는다는 견해를 가진 이러한 무리들로부터 비난을 받는다. 나무라기 때문에 힐난하고, 힐난하기 때문에 해친다. 그는 나무람을 당하고 힐난을 받으며 해침을 당하기 때문에 곧 그 견해를 버리고 다른 견해를 일으키지 않는다. 이와 같이 견해를 끊고 견해를 버리고 견해를 여의어서, 다른 견해가 계속 이어지지 않으며 일어나지도 않고 생겨나지도 않느니라.

또 저 많이 들어 아는 거룩한 제자는 이와 같이 배운다.

'〈내가 만일 일체를 인정하지 않는다〉고 이와 같이 보고 이와 같이 주장하면, 곧 다른 두 가지 견해를 가진 이로부터 나무람과 힐난을 당할 것이다.'

어떤 것이 그 두 가지인가? 일체를 인정한다는 견해와 그리고 어떤 것은 인정하고 어떤 것은 인정하지 않는다는 견해를 이르는 말이다. 이와 같은 두 가지 견해를 가진 이로부터 나무람과 힐난이 있고,……(이하 생략)……계속 이어지지 않으며 일어나지도 않고 생겨나지도 않느니라.

또 저 많이 들어 아는 거룩한 제자는 이와 같이 배운다.

'내가 만일 어떤 것은 인정하고 어떤 것은 인정하지 않는다'고 이와 같이 보고 이와 같이 주장하면 곧 다른 두 가지 견해를 가진 이로부터 나무람과 힐난을 당할 것이다.'

어떤 것이 그 두 가지인가? 일체를 인정한다는 견해와 일체를 인정하지 않는다는 견해를 이르는 말이다. 이와 같은 두 가지 견해를 가진 이로부터 나무람과 힐난이 있고,……(이하 생략)……계속 이어지지 않으며 일어나지도 않고 생겨나지도 않느니라.

또 화종이여, 이와 같은, 즉 몸의 추한 네 가지 요소에 대하여 거룩한 제자는 무상한 것이라고 관하고 나고 사라지는 것이라고 관하며 그에 대한 탐욕을 여의어야 한다고 관하고 사라져 없어지는 것이라고 관하며 버려야 할 것이라고 관한다. 만일 거룩한 제자가 그것은 무상한 것이라고 관하고, 사라지는 것이라고 관하며 그에 대한 탐욕을 여의어야 한다고 관하고 사라져 없어지는 것이라고 관하며 버려야 할 것이라고 관하여 머무르면 그는 저 몸에 대하여 몸이라는 욕심·몸이라는 생각·몸이라는 애착·몸이라는 더러움·몸에 대한 집착이 아주 사라져 남아있지 않을 것이다.

화종이여, 세 가지 느낌〔受〕이 있다. 이른바 괴롭다는 느낌·즐겁다는 느낌·괴롭지도 않고 즐겁지도 않다는 느낌이다. 이 세 가지 느낌은 무엇이 인因이 되며 무엇이 발생〔集〕이 되며 무엇에서 생기고 무엇이 변한 것인가? 즉 이 세 가지 느낌은 감촉이 인이 되고 감촉이 발생이 되며 감촉에서 생기고 감촉이 변한 것이다. 그러므로 그 감촉이 모이면 느낌이 모이고 감촉이 사라지면 느낌도 곧 사라져서 지극히 고요하고 맑고 시원하게 되느니라.

그는 이 세 가지 느낌인 괴롭다는 느낌·즐겁다는 느낌·괴롭지도 즐겁지도 않다는 느낌에 대해서 그 느낌의 발생·사라짐·맛·근심, 그리고 거기에서 벗어나는 길을 참답게 알고 그것을 참답게 안 뒤에는 곧 그 느낌을 무상한 것이라고 관하고 나고 사라지는 것이라고 관하며 그에 대한 탐욕을 여의어야 한다고 관하고 사라져 없어지는 것이라고 관하며 버려야 할 것이라고 관한다. 그리하여 그는 몸의 한계와 감각에 대해 사실 그대로 알고 목숨의 한계와 감각에 대해 사실 그대로 알아서 몸이 무너지고 목숨이 끝난 뒤에는 일체의 느낌이 다 사라져서 남음이 없느니라.

그때 그는 이렇게 생각한다.

'즐거움을 느낄 때에도 몸은 역시 무너지고 괴로움을 느낄 때에도 몸은 또한 무너지며 괴롭지도 않고 즐겁지도 않음을 느낄 때에도 몸은 역시 무너지고 만다.'

그래서 그는 괴로움을 벗어나게 된다. 즉 저 즐거운 느낌에 대해서도 얽매이지 않아 얽매임을 여의고 괴로운 느낌에도 얽매이지 않아 얽매임을 여의며 괴롭지도 않고 즐겁지도 않은 느낌에도 얽매임을 여의어 얽매이지 않는다. 어떤 얽매임을 여의게 되는가? 탐욕·성냄·어리석음을 여의고 남·늙음·병듦·죽음·근심·슬픔·괴로움을 여의게 된다. 나는 이것을 괴로움에서 벗어나는 것이라고 말하느니라."

그때 존자 사리불舍利弗은 구족계를 받은 지 겨우 반달이 지났다. 그는 부처님의 뒤에 서서 부채를 들고 부처님을 부쳐드리고 있었다.

존자 사리불이 이렇게 생각하였다.

'세존께서는 저런 여러 가지 법에 대해서 욕심을 끊고 여의었으며 없애고 버리는 것을 칭찬하신다.'

존자 사리불은 곧 저 여러 가지 법은 무상한 것이라고 관하고 나고 사라지는 것이라고 관하며 그에 대한 탐욕을 여의어야 한다고 관하고 사라져 없어지는 것이라고 관하며 버려야 할 것이라고 관하였다. 그래서 모든 번뇌를 일으키지 않고 마음이 해탈할 수 있었다.

그때 장조 외도는 티끌과 때를 멀리 여의고 법안法眼이 깨끗하게 되어 출가한 장조 외도는 법을 보고 법을 얻었으며 법을 깨닫고 법에 들어갔다. 모든 의혹을 끊었으며 남의 제도를 받지 않고 바른 법과 율律에 들어가 두려움이 없게 되었다. 그는 곧 자리에서 일어나 옷을 바로잡고 부처님께 예를 올리고 합장하고 부처님께 여쭈었다.

"원컨대 바른 법과 율 안에서 출가하여 구족계를 받고, 부처님의 법에서 여러 가지 범행을 닦고 싶습니다."

부처님께서 출가한 장조 외도에게 말씀하셨다.

"너는 바른 법과 율 안에서 출가하여 구족계를 받고 비구의 신분을 얻었느니라."

그러자 그는 곧 선래善來 비구가 되어 선남자善男子로서 수염과 머리를 깎고 가사를 입고 바른 믿음을 가지고 집이 없는 데로 출가하여 도를 배우는 까닭을 생각하고……(이하 생략)……심해탈을 얻어 아라한이 되었다.

부처님께서 이 경을 말씀하시자 존자 사리불과 존자 장조는 부처님의 말씀하셨다.

잡아함경 제 35 권

970. 사라보경舍羅步經[1]

이와 같이 나는 들었다.

어느 때 부처님께서 왕사성王舍城 가란다죽원迦蘭陀竹園에 계셨다.

그때 왕사성에 사라보舍羅步라고 하는 출가 외도가 수마갈타須摩竭陀 못 가에 살고 있었다. 그는 자기 대중들 앞에서 이렇게 큰 소리를 내어 말하였다.

"나는 사문 석자釋子의 법을 다 알고 있다. 나는 예전부터 그의 법法과 율律에 대하여 다 알고 있었지만 지금은 다 버렸다."

그때 많은 비구들이 이른 아침에 가사를 입고 발우를 들고 왕사성으로 들어가 걸식하였다. 그때 거기에서 사라보라고 하는 출가 외도가 왕사성 수마갈타 못 가에 살고 있는데, 그는 자기 제자들 앞에서 큰 소리로 말하기를 '사문 석자釋子의 법과 율을 이미 다 알고 있다. 나는 예전부터 그 법과 율을 알고 있었지만 그 뒤로는 그것을 다 버렸

1 이 소경은 『별역잡아함경別譯雜阿含經』 제11권 여섯 번째 소경과 그 내용이 비슷하다.

다'고 한다는 말을 들었다. 그런 말을 듣고서 그들은 걸식을 마치고 정사(精舍 : 절)로 돌아와 가사와 발우를 챙겨두고 발을 씻은 뒤에, 부처님께서 계신 곳으로 나아가 머리 조아려 그 발에 예배하고는 한 쪽에 물러나 앉아서 부처님께 아뢰었다.

"세존이시여, 저희들은 이른 아침에 가사를 입고 발우를 들고서 왕사성으로 들어가 걸식하였습니다. 그때 거기에서 사라보라는 출가 외도가 왕사성 수마갈타 못 가에 살고 있는데, 그는 자기 대중들 앞에서 큰 소리로 말하기를 '사문 석자의 법을 나는 이미 다 알고 있다. 그 법과 율에 대해 다 알고 있지만 다 버렸다'고 한다는 말을 들었습니다. 세존이시여, 그를 가엾이 여기시어 저 수마갈타 못 가로 직접 찾아주시는 것이 좋겠습니다."

그때 세존께서는 잠자코 허락하시고 해질 무렵에 선정에서 깨어나 사라보 외도가 살고 있는 수마갈타 못 가로 가셨다.

그때 사라보 출가 외도는 멀리 세존께서 오시는 것을 보고 곧 자리를 펴놓고 앉으시기를 청하였다. 부처님께서 곧 자리에 앉으시어 사라보에게 말씀하셨다.

"그대가 '나는 사문 석자의 법과 율을 다 알고 있다. 그 법과 율을 이미 다 알고 나서는 모두 버렸다'라고 말한 것이 사실인가?"

그러자 사라보는 잠자코 아무 대답이 없었다.

부처님께서 사라보에게 말씀하셨다.

"그대는 지금 대답해 보라. 왜 잠자코 있는가? 그대가 알고 있는 것이 만족스러운 것이라면 나는 곧 따라 기뻐할 것이요, 만족스럽지 못하다면 내가 그대를 만족시켜 줄 것이다."

사라보는 그래도 잠자코 있었다. 이렇게 두 번 세 번 말씀하셨으나 그는 여전히 잠자코 있었다.

그때 사라보에게는 범행梵行을 하는 한 제자가 있었는데, 그가 사라보에게 말하였다.

"스승님께서 사문 구담瞿曇에게 가서 아시고 있는 것을 설명했어도 좋을 터인데 지금은 사문 구담이 직접 여기까지 왔습니다. 그런데 왜 아무 말씀도 하시지 않습니까? 더구나 사문 구담은 스승님에게 '만일 만족스러우면 나는 곧 따라 기뻐할 것이요, 만족스럽지 못하면 내가 그대를 만족시켜 주겠다'고 말하였습니다. 그런데 왜 잠자코 말씀하시지 않습니까?"

이렇게 사라보의 범행하는 제자가 권하였으나 그는 여전히 잠자코 있었다.

그때 세존께서 사라보에게 말씀하셨다.

"만일 어떤 이가 '사문 구담은 여래如來 · 응공應供 · 등정각等正覺이 아니다'라고 말한다면, 나는 그에게 좋은 말로 충고하고 좋은 말로 물을 것이다. 내가 좋은 말로 충고하고 좋은 말로 물을 때에 그가 엉뚱하게 다른 일을 얘기하거나 혹은 성내고 교만하게 굴면서 차마 마주 상대할 수 없어서 능히 설명하지 못하거나 혹은 부끄러워 잠자코 머리를 숙이고 가만히 스스로 반성하리니 지금 그대 사라보도 그와 같다. 또 누가 '사문 구담에게는 바른 법과 율이 없다'고 그렇게 말할 때에 내가 좋은 말로 충고하고 좋은 말로 물으면, 그도 지금의 그대처럼 잠자코 있을 것이다. 또 누가 '사문 구담의 성문들은 바른 길로 나아가지 않는다'고 말할 때에 내가 좋은 말로 충고하고 좋은 말로 물으면 그도 또한 지금의 그대처럼 잠자코 있을 것이다."

그때 세존께서는 수마갈타 못 가에서 사자처럼 외치시고 나서 자리에서 일어나 떠나셨다.

그때 사라보의 범행梵行 제자가 사라보에게 말했다.

"비유하면 어떤 소가 두 뿔을 잘리고 빈 외양간에 들어가 땅에 꿇어앉아 크게 외치는 것처럼, 스승님도 또한 그와 같아서 사문 구담이 없는 제자들 앞에서만 사자처럼 외치십니다. 비유하면 여자가 사내 소리를 흉내 내려 하지만 정작 소리를 내면 곧 여자 소리가 나는 것처럼, 스승님도 또한 그와 같아서 사문 구담이 없는 제자들 앞에서만 사자처럼 외치십니다. 또 비유하면 야간野干이 여우 소리를 흉내 내려 하다가 정작 소리를 내면 도로 승냥이 소리가 나는 것처럼, 스승님도 또한 그와 같아서 사문 구담이 없는 제자들 앞에서만 사자처럼 외치려고 하셨습니다."

그때 사라보의 범행 제자는 사라보의 면전에서 꾸짖고 빈정댄 뒤에 자리에서 일어나 떠나갔다.

971. 상좌경上座經[2]

이와 같이 나는 들었다.

어느 때 부처님께서 왕사성 가란다죽원에 계셨다.

그때 왕사성 수마갈타 못 가에 상좌上座라고 하는 출가 외도가 있었다. 그는 그 못 가에 살면서 자기 제자 앞에서 이렇게 말하였다.

"내가 게송 하나를 읊을 테니 만일 그 게송에 대하여 화답하는 사람이 있으면 나는 장차 그 밑에서 범행을 닦을 것이다."

그때 많은 비구들이 이른 아침에 가사를 입고 발우를 들고서 왕사성으로 들어가 걸식하고 있었다. 그러다가 상좌라는 출가 외도가 수마갈타 못 가에 살고 있으면서 자기 대중들에게 '내가 게송 하나를 읊을 테니 누구든지 거기에 화답할 수 있는 사람이 있으면 나는 그 사람 밑에서 범행을 닦겠다'고 그렇게 말했다는 것을 들었다. 그러자 걸식

2 이 소경은 『별역잡아함경』 제11권 일곱 번째 소경과 그 내용이 비슷하다.

을 마치고 정사로 돌아와 가사와 발우를 챙겨 두고 발을 씻은 뒤에 부처님께서 계신 곳으로 나아가 부처님의 발에 머리를 조아리고 한쪽에 물러나 앉아서 부처님께 아뢰었다.

"세존이시여, 저희들이 오늘 이른 아침에 많은 비구스님들과 함께 성에 들어가 걸식할 때 상좌라는 출가 외도가 수마갈타 못 가에 살고 있는데 그가 자기 대중들 앞에서 '내가 게송 하나를 읊을 테니 만일 그 게송에 대해 화답하는 사람이 있으면 나는 그 사람의 밑에서 범행을 닦을 것이다'라고 말하는 것을 들었습니다. 오직 바라옵건대 세존께서는 그를 가엾이 여겨 그곳을 직접 찾아주셨으면 합니다."

그때 세존께서는 잠자코 허락하시고, 해질 무렵에 선정에서 깨어나 수마갈타 못 가로 가셨다. 상좌 출가 외도는 멀리 세존께서 오시는 것을 보고 곧 자리를 펴놓고 앉으시기를 청하였다. 세존께서 앉으시고 나서 상좌 출가 외도에게 말씀하셨다.

"당신이 '내가 게송 하나를 읊을 테니 만일 화답하는 사람이 있으면 나는 그 사람의 밑에서 범행을 닦을 것이다'라고 말한 것이 사실입니까? 그러면 그대는 지금 곧 게송을 읊어라. 내가 화답할 것이다."

그러자 그 외도는 곧 침상〔繩床〕을 포개 자리를 높다랗게 만들고 그 위에 올라가 게송을 읊었다.

비구는 법으로 생활해 가면서
중생들을 두렵게 하지 않아야 한다.
뜻을 고요히 하고 모든 것 다 버리고
계율을 잘 지키면서 지식止息법을 수행하라.

그때 세존께서 그 상좌 외도의 마음을 아시고 곧 게송으로 말씀하셨다.

만일 그대가 읊은 그 게송을
스스로 따라 실천할 수만 있다면
나는 마땅히 그대가 사는 곳에서
훌륭한 대장부 되는 공부를 하리라.

허나 그대가 지금 한 말 들으니
말과 행동 걸맞지 않네.
고요히 머물러 스스로를 항복 받고
중생들을 두렵게 하지 말라.

마음을 고요히 하여 모든 것 멀리 여의고
깨끗한 계율을 받아 지키는 사람
제 마음 길들이고 고요히 머물면
몸·입·마음으로 짓는 나쁜 짓 여의리.

마음 단속하고 염처〔住處〕를 닦아
함부로 방일放逸하지 않게 하면
그것을 수순隨順이라고 말하나니
마음을 길들이고 고요히 머물라.

그때 상좌 출가 외도는 '사문 구담께서는 벌써 내 마음을 알고 계시는구나' 하고 생각하고는 곧 자리에서 내려와 합장하고 부처님께 아뢰었다.

"지금 저도 그 바른 법과 계율 안에서 출가하여 구족계具足戒를 받고 비구의 신분〔比丘法〕을 얻을 수 있겠습니까?"

부처님께서 상좌인 출가 외도에게 말씀하셨다.

"이제 너도 우리 바른 법과 계율 안에서 출가하여 구족계를 받고 비구의 신분을 얻을 수 있느니라."

이리하여 상좌인 출가 외도는 출가하여 비구가 되어 선남자로서 수염과 머리를 깎고 가사를 입고, 바른 믿음으로 집 아닌 데로 출가하여 도를 배우는 까닭을 생각하였고……(이하 생략)……마음의 해탈〔心善解脫〕을 얻어 아라한이 되었다.

972. 삼제경三諦經[3]

이와 같이 나는 들었다.

어느 때 부처님께서는 왕사성 가란다죽원에 계셨다.

그때 많은 바라문 출가자出家者들이 수마갈타須摩竭陀라는 못 가에 살면서 한 자리에 모여 '이런 것이야말로 바라문의 진리다, 이런 것이야말로 바라문의 진리다'라고 하면서 논란을 벌이고 있었다.

그때 세존께서는 저 많은 바라문 출가자들의 마음을 아시고 수마갈타 못 가로 가셨다. 그때 저 많은 바라문 출가자들은 멀리 부처님께서 오시는 것을 보고는 부처님을 위해 자리를 펴놓고 부처님께 앉으시기를 청하였다. 부처님께서 자리에 앉으시어 출가하여 수행하는 여러 바라문들에게 말씀하셨다.

"그대들은 이 수마갈타 못 가에서 한데 모여 무슨 논란을 벌이고 있었는가?"

바라문 출가자들이 부처님께 아뢰었다.

---

3 이 소경은 『별역잡아함경』 제11권 여덟 번째 소경과 『증일아함경』 제18권 제26 「사의단품四意斷品」의 여덟 번째 소경과 그 내용이 비슷하다.

"구담이시여, 우리 이 여러 바라문 출가자들은 여기 모여 앉아 '이런 것이야말로 바라문의 진리다, 이런 것이야말로 바라문의 진리다'라고 이와 같은 논란을 벌이고 있었습니다."

부처님께서 바라문 출가자들에게 말씀하셨다.

"바라문의 진실眞實에는 세 가지가 있나니, 이것은 내가 스스로 깨달아 등정각等正覺을 이룬 뒤에 다시 사람들을 위해 연설하는 것이다. 그대 바라문 출가자들은 '일체 중생을 해치지 말라. 이것은 바라문의 진실로서 거짓이 아니다'라고 그렇게들 말하고 있다. 그들은 '저보다 내 말이 낫다, 서로 같은 말이다, 내 말이 못하다'라고 말한다. 만일 그 진리에 얽매이지 않고 일체 세상에 대해서 사랑하는 마음으로 대상을 대한다면, 이것을 첫 번째 바라문의 진실이라고 하며, 내가 스스로 깨달아 등정각等正覺을 성취하고 난 뒤에 다시 사람들을 위해 연설한 것이다.

또 바라문들은 '온갖 존재가 발생하는 법〔集法〕은 다 사라지는 법〔滅法〕이다. 이것은 진실이요 거짓이 아니다'라고 그렇게들 말하는데……(이하 생략)……만일 그 진리에 집착하지 않고 일체 세간에 대해서 나고 멸하는 것을 관찰하면, 이것을 두 번째 바라문의 진리라고 한다.

또 바라문들은 '나라고 하는 것은 처소와 일이 없는 것이다. 나라고 하는 것이 처소와 일이 없는 것, 이것은 진리로서 거짓이 아니다'라고 그렇게들 말하는데……이 사이의 자세한 내용은 앞에서 말한 것과 같다……거기에 얽매여 집착하지 않고 일체 세간에 대해서 나라고 하는 관념이 없으면, 이것을 세 번째 바라문의 진리라고 한다. 이것은 내가 스스로 깨달아 등정각을 성취하고 난 뒤에 사람들을 위해 연설한 것이다."

그때 여러 바라문 출가자들은 잠자코 있었다. 그때 세존께서 이렇게 생각하셨다.

'지금 저들의 어리석음을 밝혀 주고, 저들의 나쁜 마음을 없애주었건만 이 대중들 가운데는 스스로 생각해보고 인연을 맺어 사문 구담의 법 안에서 범행梵行을 닦으려고 하는 이는 한 사람도 없구나.'

이렇게 아시고는 자리에서 일어나 떠나가셨다.

973. 전타경旃陀經[4]

이와 같이 나는 들었다.

어느 때 부처님께서 구섬미국拘睒彌國 구사라원瞿師羅園에 계셨는데 존자 아난阿難도 거기에 있었다.

그때 그곳에는 전타梅陀라고 하는 출가외도가 있었다. 그는 존자 아난이 있는 곳으로 찾아가서 존자 아난과 서로 문안인사를 나눈 뒤에 한쪽에 물러나 앉아 존자 아난에게 물었다.

"무엇 때문에 사문 구담에게 출가하여 범행을 닦습니까?"

아난이 대답했다.

"탐욕·성냄·어리석음을 끊기 위해, 그분께 출가하여 범행을 닦는 것입니다."

전타가 다시 물었다.

"그는 탐욕·성냄·어리석음을 끊는 방법을 잘 설명해 줄 수 있는 분입니까?"

아난이 대답하였다.

"저도 탐욕·성냄·어리석음을 끊는 방법을 설명해 줄 수 있습

4 이 소경은 『별역잡아함경』 제11권 아홉 번째 소경과 그 내용이 비슷하다.

니다."

전타가 또 물었다.

"당신은 탐욕·성냄·어리석음에서 어떤 허물과 걱정거리를 보았기에 탐욕·성냄·어리석음을 끊어야 한다고 말합니까?"

아난이 대답하였다.

"탐욕에 물들어 집착하면 마음을 덮어버리기 때문에 혹은 자기를 해치기도 하고 혹은 남을 해치기도 하며 혹은 둘 다 한꺼번에 해치기도 합니다. 현세現世에서 죄를 받기도 하고 후세後世에서 죄를 받기도 하며 현세와 후세에서 모두 죄를 받기도 합니다. 그래서 그 마음은 언제나 근심하고 괴로워하는 감정을 가지게 됩니다. 또 만일 성냄에 덮이고 어리석음에 덮이면, 혹은 자기를 해치기도 하고, 혹은 남을 해치기도 하며, 혹은 둘 다 한꺼번에 해치기도 합니다.……(이하 생략)……언제나 근심하고 괴로워하는 감정을 느끼게 됩니다. 또 탐욕은 장님이 되게 하고 눈을 없게 하며 지혜를 없게 하고 지혜의 힘을 약하게 하며 장애가 되나니, 그것은 밝은 것이 아니요 평등한 깨달음도 아니며 열반으로 향하지도 않습니다. 성냄과 어리석음도 그와 같습니다. 나는 탐욕·성냄·어리석음에서 이러한 허물과 걱정거리를 보았기 때문에 탐욕·성냄·어리석음을 끊어야 한다고 말하는 것입니다."

전타가 다시 물었다.

"당신은 탐욕·성냄·어리석음을 끊으면 어떤 복과 이익이 있음을 보았기에 탐욕·성냄·어리석음을 끊어야 한다고 말합니까?"

아난이 대답하였다.

"탐욕을 끊고 나면 자기도 해치지 않고 또 남도 해치지 않으며 둘을 다 해치지도 않습니다. 또 현세에서도 죄를 받지 않고, 후세에서도 죄를 받지 않으며, 현세와 후세에서 모두 죄를 받지 않습니다. 그래서 그 마음은 언제나 기쁘고 즐거운 감정을 가지게 됩니다. 성냄과 어리석음에 있어서도 그와 같습니다. 그리고 현세에서 항상 불꽃처럼 치성하게 타오르는 번뇌를 여의고 시절時節을 기다리지 않더라도, 현재법을 의지해 스스로 깨달아 지견知見을 얻게 됩니다. 이런 공덕과 이익이 있기 때문에 탐욕·성냄·어리석음을 끊어야 한다고 내가 말한 것입니다.

전다가 또 물었다.

"존자 아난이시여, 어떤 길〔道〕과 자취〔跡〕를 닦아 익히고 더 많이 닦아 익혀야 탐욕·성냄·어리석음을 끊을 수 있습니까?"

아난이 대답하였다.

"있습니다. 즉 여덟 가지 바른 길〔八正道〕을 닦아 익히면 되나니, 이른바 바른 견해〔正見〕……바른 선정〔正定〕입니다."

전타 외도가 존자 아난에게 말했다.

"그것은 곧 성현의 길이며 현인賢人이 수행하는 자취이니, 그것을 닦아 익히고, 더 많이 닦아 익히면 탐욕·성냄·어리석음을 끊을 수 있을 것입니다."

그때 전타 외도는 존자 아난의 말을 듣고 기뻐하면서 자리에서 일어나 떠나갔다.

974. 보루저가경補縷低迦經[5] ①

이와 같이 나는 들었다.

어느 때 부처님께서 사위국舍衛國 기수급고독원祇樹給孤獨園에 계

5 이 소경은 『별역잡아함경』 제11권 열 번째 소경과 그 내용이 비슷하다.

셨다.

그때 존자 사리불舍利弗이 부처님께서 계신 곳으로 찾아가서 부처님의 발에 머리를 조아리고 한쪽에 물러나 앉았다. 그때 세존께서 존자 사리불을 위해 갖가지로 설법해 가르쳐 보이시어 기쁘게 해주셨고 가르쳐 보이시어 기쁘게 해 주신 뒤에는 잠자코 계셨다.

존자 사리불은 부처님의 말씀을 듣고 기뻐하면서 부처님의 발에 머리 조아려 예를 올리고 나서 떠나갔다.

그때 보루저가補縷低迦라고 하는 출가 외도가 길을 따라 오다가 존자 사리불에게 물었다.

"어디에서 오는 길이십니까?"

사리불이 대답하였다.

"불을 숭상하는 종족〔火種〕이여, 나는 세존께서 계신 곳에서 큰 스승님〔大師〕께서 가르치는 설법을 듣고 오는 길입니다."

보루저가가 존자 사리불에게 물었다.

"아직도 젖을 떼지 못해 스승으로부터 스승이 가르치는 설법을 듣고 오는 길입니까?"

사리불이 대답하였다.

"불을 숭상하는 종족이여, 나는 아직 젖이 덜어지지 않아 큰 스승님 계신 곳에서 가르쳐 주시는 설법을 듣는 것입니다."

보루저가가 존자 사리불에게 말했다.

"나는 이미 젖이 떨어져서 이제는 스승님이 가르치는 설법은 듣지 않아도 됩니다."

사리불이 말하였다.

"당신의 법은 나쁘게 설명한 법과 계율이요, 나쁜 깨달음입니다. 그것은 번뇌를 벗어나는 법도 아니요, 또한 바른 깨달음의 길도 아닙니다. 그것은 무너지는 법으로서 찬탄할 만한 법이 아니요 의지할 만한 법이 못 됩니다. 게다가 당신의 스승은 등정각等正覺도 아니니, 그러므로 당신들은 너무 성급하게 젖을 떼어버리고 스승이 가르쳐준 법을 떠난 것입니다.

비유하면 마치 젖소가 성질이 사납고 거칠어 날뛸 뿐만 아니라 또 젖이 적게 나오면 송아지들은 젖을 빨다가도 빨리 젖을 떼고 떠나는 것처럼 당신의 법은 나쁘게 설명된 법과 계율이요 나쁜 깨달음입니다. 그 법은 번뇌를 벗어나는 법도 아니요, 바른 깨달음의 길이 아닙니다. 그것은 무너지는 법으로서 칭찬할 만한 법이 아니요 의지할 만한 법이 아닙니다. 또 당신의 스승은 등정각도 아니니, 그러므로 당신들은 스승이 가르치는 법을 빨리 버린 것입니다.

그러나 내가 지닌 법은 바른 법과 계율이요 훌륭한 깨달음이며, 번뇌를 벗어나는 법이요, 바른 깨달음의 길이다. 그것은 무너지지 않는 법으로서 찬탄할 만하고 의지할 만합니다. 또 우리 큰 스승님은 등정각이시니, 그러므로 우리는 그 젖을 오래도록 먹고 큰 스승님께서 가르치는 설법을 듣는 것입니다.

비유하면 젖소의 성질이 거칠지 않고 사납지 않으며 또 젖이 많으면 송아지가 그 젖을 오래도록 먹어도 싫증을 내지 않는 것처럼 우리의 법도 이와 같아서 이것은 바른 법과 계율이요,……(이하 생략)……가르치시는 설법을 오래도록 듣는 것입니다."

그때 보루저가가 사리불에게 말하였다.

"당신들은 통쾌하고 좋은 이익을 얻어 바른 법과 계율에 대하여……(이하 생략)……가르치시는 설법을 오래도록 듣는 것입니다."

그때 보루저가 출가 외도는 사리불의 말을 듣고 기뻐하면서 가던 길로 떠나갔다.

975. 보루저가경[6] ②

이와 같이 나는 들었다.

어느 때 부처님께서 사위국 기수급고독원에 계셨다.

그때 보루저가 출가 외도가 부처님께서 계신 곳으로 찾아와서 세존과 서로 문안인사를 나눈 뒤에 한쪽에 물러나 앉아서 부처님께 아뢰었다.

"구담瞿曇이시여, 전날 많은 외도들과 사문바라문 출가자出家者들이 미증유未曾有라는 강당에 모여 이런 논의를 하였습니다.

'사문 구담의 지혜는 마치 빈 집과 같아서 대중들 가운데에서 〈그것은 이치에 타당한가, 타당하지 않는가, 그것은 이치에 부합하는가, 부합하지 않는가〉 하는 이론을 세울 수가 없습니다. 비유하면 마치 눈먼 소가 밭 기슭으로만 다니고 밭 가운데는 들어가지 못하는 것처럼 사문 구담도 그와 같아서 과연 〈타당한지 타당하지 않은지〉 하는 것이 없고 〈부합하는지 부합하지 않는가〉 하는 것이 없습니다.'"

부처님께서 보루저가에게 말씀하셨다.

"이 여러 외도들이 '타당한가, 타당하지 않은가' 하며 논란한 것들은 우리 거룩한 법과 계율 안에서는 어린애 장난과 같은 이야기이다. 비유하면 나이 80·90이 되어 머리가 세고 이가 빠진 사내가 소꿉장난을 하는 어린애처럼 흙을 뭉쳐 코끼리나 말 따위의 갖가지 형상을 만들 때 여러 사람들은 그것을 보고 모두들 '저 늙은 어린애'라고 말하는 것처럼 불을 숭상하는 종족이여, 이른바 '타당한가, 타당하지 않은가, 부합하는가, 부합하지 않는가' 하는 따위의 갖가지 논의들은 우리 거룩한 바른 법과 계율 안에서는 어린애 장난과 같은 일이다.

---

6 이 소경은 『별역잡아함경』 제11권 열한 번째 소경의 그 내용이 비슷하다.

그리고 거기에는 비구의 방편에 알맞은 것도 없다."

보루저가가 부처님께 아뢰었다.

"구담이시여, 어떤 것이 비구의 방편에 알맞은 것입니까?"

부처님께서 외도에게 말씀하셨다.

"청정하지 못한 것을 청정하게 하는 것을 비구의 방편에 알맞은 것이라고 하고, 길들여지지 않은 것을 길들이는 것을 비구의 방편에 알맞은 것이라고 하며, 모든 적정寂靜하지 않은 것을 정수正受에 들게끔 하는 것을 비구의 방편에 알맞은 것이라고 하고, 해탈하지 못한 것을 해탈하게 하는 것을 비구의 방편에 알 맞는 것이라고 하며, 단절하지 못한 것을 단절하게 하는 것, 알지 못하는 것을 알게 하는 것, 닦지 못한 것을 닦게 하는 것, 얻지 못한 것을 얻게 하는 것, 이런 것들을 비구의 방편에 알맞은 것이라고 한다.

어떤 것이 청정하지 못한 것을 청정하게 하는 것인가? 계율이 청정하지 못한 것을 청정하게 하는 것이다.

어떤 것이 길들지 않은 것을 길들이는 것이라고 하는가? 안근眼根·이근耳根·비근鼻根·설근舌根·신근身根·의근意根이 길들여지지 않은 것을 길들이는 것이니, 이를 일러 길들지 않은 것을 길들이는 것이라고 한다.

어떤 것이 적정하지 않은 것을 정수에 들게끔 하는 것인가? 마음이 바른 선정에 들지 못하는 것을 정수에 들게끔 하는 것이다.

어떤 것이 해탈하지 못한 것을 해탈하게 하는 것인가?

마음이 탐욕·성냄·어리석음에서 해탈하지 못한 것을 해탈하게 하는 것이다.

어떤 것이 단절하지 못한 것을 단절하게 하는 것인가? 무명無明·존재·애욕 따위가 끊어지지 않는 것을 끊어지게 하는 것이다.

어떤 것이 알지 못하는 것을 알게 하는 것인가? 명색名色에 대해 알지 못하는 것을 알게 하는 것이다.

어떤 것이 닦지 못한 것을 닦게 하는 것인가? 지止와 관觀을 닦지 못한 것을 닦게 하는 것이다.

어떤 것이 얻지 못한 것을 얻게 하는 것인가? 반열반般涅槃을 얻지 못한 것을 얻게 하는 것이니, 이것을 비구의 방편에 알맞은 것이라고 한다."

보루저가가 부처님께 아뢰었다.

"구담이시여, 그 이치야말로 비구의 방편에 알맞은 것이옵니다. 이것이야말로 비구의 견고한 방편에 알맞은 것이니, 이른바 모든 번뇌〔有漏〕를 다 없앴기 때문입니다."

그때 보루저가 출가 외도는 부처님의 말씀을 듣고 기뻐하면서 자리에서 일어나 떠나갔다.

976. 시바경尸婆經[7] ①

이와 같이 나는 들었다.

어느 때 부처님께서 왕사성 가란다죽원에 계셨다.

그때 시바尸婆라고 하는 출가 외도가 부처님께서 계신 곳으로 찾아와서 세존을 뵙고 서로 문안인사를 나눈 뒤에 한쪽에 물러나 앉아서 부처님께 여쭈었다.

"구담이시여, 무엇을 공부라고 하며 또 그 공부는 어떻게 해야 합니까?"

부처님께서 시바에게 말씀하셨다.

---

7 이 소경은 『별역잡아함경』 제11권 열두 번째 소경과 그 내용이 비슷하다.

"공부해야 할 것을 공부하는 것이기 때문에 공부라고 한다."

시바가 부처님께 아뢰었다.

"어떤 공부를 해야 합니까?"

부처님께서 시바에게 대답하셨다.

"때를 따라 증상계增上戒를 공부하고 증상의增上意와 증상혜增上慧를 공부해야 한다."

시바가 부처님께 아뢰었다.

"만일 아라한 비구로서 모든 번뇌가 이미 다 끊어졌고 할 일을 이미 마쳤으며, 온갖 무거운 짐을 다 벗어버려 자기 자신이 이익을 얻고 모든 존재의 결박을 끊으며 바른 지혜로 잘 해탈하였으면 그때에는 또 무엇을 공부해야 합니까?"

부처님께서 시바에게 말씀하셨다.

"만일 아라한 비구로서 모든 번뇌가 이미 다 끊어졌고,……(이하 생략)……바른 지혜로 잘 해탈하였으면 그때에는 탐욕을 밝게 알아 남김없이 다 없애고 성냄과 어리석음을 밝게 알아 남김없이 다 없애야 한다. 그리하여 다시는 온갖 악을 짓지 말고 항상 온갖 선을 행해야 한다. 시바여, 이것을 일러 공부해야 할 것을 공부하는 것이라고 한다."

그때 시바 출가 외도는 부처님 말씀을 듣고 기뻐하면서 자리에서 일어나 떠나갔다.

977. 시바경[8] ②

이와 같이 나는 들었다.

어느 때 부처님께서 왕사성 가란다죽원에 계셨다.

그때 시바尸婆라는 출가 외도가 부처님께서 계신 곳으로 찾아와서 세존을 뵙고 서로 문안인사를 나눈 뒤에 한쪽에 물러나 앉아서 부처님께 아뢰었다.

"구담이시여, 어떤 사문 바라문들은 이런 견해를 가지고 이렇게 주장합니다.

'만일 어떤 사람이 알고 깨닫고 하는 것이 있으면 그 일체는 전생에 지은 인因이 있기 때문이다. 그러므로 온갖 고행을 닦아 과거의 업을 다 없애고 다시 새로운 업을 짓지 않으면, 모든 인연이 끊어져서 미래세未來世에는 온갖 번뇌〔諸漏〕가 다시는 없게 될 것이다. 온갖 번뇌가 다 없어졌기 때문에 업業이 다하고 업이 다하기 때문에 괴로움도 다 없어질 것이며 괴로움이 다 없어진 사람은 마침내 괴로움을 완전히 벗어날 것이다.'

이 견해에 대하여 지금 구담께서는 어떻게 말씀하시겠습니까?"

부처님께서 시바에게 말씀하셨다.

"그 사문 바라문들의 말은 실로 모호하여 자세하지도 않고 조리도 없으며 어리석고 옳지도 않으며 분별력도 없다.

왜냐하면 혹 어떤 중생은 풍병風病으로 인해 괴로워하기도 하고 혹은 담병痰病·가래병〔唾病〕으로 혹은 네 가지 요소〔等分〕가 더하거나 줄어듦에 따라 괴로워하기도 하며 혹은 스스로 해치기도 하고 혹은 남이 해치기도 하며 혹은 절기節氣로 인해 괴로워하기도 하기 때문이

---

8 이 소경은 『별역잡아함경』 제11권 열세 번째 소경과 그 내용이 비슷하다.

다.

스스로 해친다고 한 것은 털을 뽑거나 혹은 수염을 뽑거나 혹은 항상 서서 손을 들고 있거나 혹은 땅에 꿇어앉아 있거나 혹은 재나 흙 위에 누워있거나 혹은 가시덤불 위에 눕거나, 혹은 나무공이〔杵〕나 널빤지 위에 눕거나 혹은 쇠똥을 땅에 바르고 그 위에 눕거나 혹은 물속에 눕거나 혹은 하루에 세 번씩 목욕을 하거나 혹은 한 발로 서서 해를 따라 몸을 바꾸는 등 이러한 온갖 괴로운 짓을 열심히 자행自行하는 것이다. 시바여, 이것을 스스로 해치는 것이라고 한다.

남이 해친다고 한 것은 혹 다른 사람이 손에 돌·칼·막대기 따위를 가지고 여러 가지 방법으로 몸에 해를 입히는 것을 남이 해치는 것이라고 말한다. 시바여, 또 절기의 해침이라고 한 것은 겨울에는 몹시 춥고 봄철에는 매우 덥고[9] 여름에는 추위와 더위가 한꺼번에 닥치는 것 따위를 절기로 인한 해침이라고 말하나니, 이것은 세간의 진실한 것으로서 거짓된 것이 아니다. 시바여, 세간에는 이런 진실한 것이 있어서 풍병으로 해를 입고……(이하 생략)……절기로 해를 입나니, 저 중생들은 그것들을 사실 그대로 깨달아 느끼는 것이다. 그대에게도 이런 근심이 있으리니, 풍병·담병·가래병과……(이하 생략)……절기로 해를 입는 것을 사실 그대로 느끼는 것이다.

시바여, 만일 그 사문 바라문들이 '모든 사람이 알고 느끼는 것은 다 전생에 지은 인因 때문이다'라고 한다면 그는 이 세상의 진실한 사실을 버리고 제 소견을 따라 거짓말을 하는 것이다. 시바여, 다섯 가지 인因과 다섯 가지 연緣이 있어 마음에 근심과 괴로움이 생긴다. 어떤 것이 그 다섯인가? 이른바 탐욕의 결박〔貪欲纏〕을 인하고 탐욕의

9 봄철에 덥다고 한 것은 인도 지방의 여름 우기雨期가 되기 전 더운 일기를 말하는 것으로 여기의 기후와는 서로 맞지 않다.

결박을 연하여 마음에 근심과 괴로움이 생기고 성냄·수면睡眠·들뜸〔掉悔〕·의심〔疑〕의 결박을 인하고 성냄·수면·들뜸·의심의 결박을 연하여 마음에 근심과 괴로움이 생긴다. 시바여, 이것을 일컬어 다섯 가지 인과 다섯 가지 연이 있어 마음에 근심과 괴로움이 생기는 것이라고 말한다.

시바여, 다섯 가지 인과 다섯 가지 연이 있어 마음에 근심과 괴로움이 생기지 않는다. 어떤 것이 그 다섯인가? 탐욕의 결박을 인하고 탐욕의 결박을 연하여 그 마음에 근심과 괴로움이 생기는 사람은 그 탐욕의 결박을 여의면 마음에 근심과 괴로움이 생기지 않는다.

성냄·수면·들뜸·의심의 결박을 인하고 성냄·수면·들뜸·의심의 결박을 연하여 마음에 근심과 괴로움이 생기는 사람은 그 성냄·수면·들뜸·의심의 결박을 여의면 마음에 근심과 괴로움이 생기지 않는다. 시바여, 이것을 다섯 가지 인과 다섯 가지 연으로 마음에 근심과 괴로움이 생기지 않는 것이라고 한다. 그래서 현재 세계에서 번뇌를 여의고 때〔時〕를 기다리지 않더라도 통달하여 나타나는 것을 연하여 스스로 깨달아 알게 되느니라.

시바여, 다시 현재에서 번뇌를 여의고 때〔時〕를 기다리지 않고 통달하여 나타나는 것을 연하여 스스로 깨달아 아는 법이 있으니, 이른바 8정도正道로서 바른 견해〔正見〕……바른 선정〔正定〕이 그것이다."

이렇게 법을 설하시자, 시바 출가 외도는 티끌과 때를 멀리 여의어 법안法眼이 깨끗하게 되었다. 그때 시바 출가 외도는 법을 보고 법을 얻었으며, 법을 알고 법에 들어갔다. 온갖 의심을 여의고 남을 의지하지 않고 바른 법과 계율에 들어가 두려움이 없게 되었다.

그는 곧 자리에서 일어나 옷매무새를 고치고 나서 합장하고서 부처님께 여쭈었다.

"세존이시여, 저도 지금 저 바른 법과 계율 안에서 출가하여 구족계를 받고 비구의 신분을 얻을 수 있겠습니까?"

부처님께서 시바에게 말씀하셨다.

"시바여, 너는 지금 이미 출가한 것이다.……이 사이의 자세한 내용은 앞에서 말한 것과 같다.……마음이 해탈하여 아라한이 되었다."

978. 상주경商主經[10]

이와 같이 나는 들었다.

어느 때 부처님께서 나라那羅라는 마을에 있는 호의암라원好衣菴羅園에 계셨다. 그때 나라 마을에는 어떤 상인 출가 외도가 있었다. 그는 나이가 120세나 되는 노숙한 늙은이로서 나라라는 마을에 있는 여러 사문·바라문·장자·거사들의 존경과 공양을 받고 있었는데, 마치 아라한이 대접을 받는 것과 같았다. 저 상인 출가 외도에게는 일찍 죽어 천상에 태어난 친척 한 사람이 있었다. 그 친척은 천상에서 상인 출가 외도를 보고 이렇게 생각하였다.

'내가 인간 세상에 내려가서 저 상인 출가 외도로 하여금 세존께서 계신 곳으로 나아가 범행을 닦게 하고 싶다. 그러나 그가 내 말을 잘 따르지 않을 텐데 걱정이다. 내가 지금 당장 그에게 가서 어떤 문제를 주어 다른 이에게 물어보게 하리라.'

그는 곧 나라 마을에 내려가 그 상인 출가 외도가 있는 곳으로 가서 게송으로 물었다.

10 이 소경은 『별역잡아함경』 제11권 열네 번째 소경과 그 내용이 비슷하다.

어떤 친구가 나쁜 친구로서
착한 벗인 양 겉모습만 꾸미는가?
어떤 친구가 착한 친구로서
두 몸을 자기 한 몸처럼 생각하는가?
무엇 때문에 끊으려고 애쓰며
불꽃같은 번뇌를 여의면 어떠한가?

"만일 그대 선인仙人이 이 문제를 가지고 누구에게나 물어보아 그 뜻을 너에게 분명하게 해석해서 대답해주는 사람이 있거든, 그를 따라 출가하여 범행을 닦아도 좋을 것이다."

그때 상인 출가 외도는 하늘이 시키는 대로, 그것을 가지고 부란나가섭富蘭那迦葉의 처소로 가서 그 문제의 게송에 담겨있는 뜻을 부란나가섭에게 물었다. 그러나 그것을 부란나가섭 자신도 이해하지 못하는데 더구나 어떻게 대답해줄 수 있었겠는가? 그러자 상인 출가 외도는 다시 말가리구사리자末迦梨瞿舍利子의 처소·산사야비라지자刪闍耶毘羅坻子의 처소·아기다지사흠바라阿耆多枳舍欽婆羅의 처소·가라구타가전연迦羅拘陀迦栴延의 처소·니건타야제자尼乾陀若提子의 처소를 차례대로 찾아가서 이 문제의 게송에 담겨 있는 뜻을 물었으나 아무도 대답하지 못하였다. 그때 상인 출가 외도는 이렇게 생각하였다.

'나는 이 문제의 게송을 가지고 출가한 여러 스승들에게 물었으나 아무도 대답하지 못했다. 나는 이제 다시 출가한 이들을 찾느니보다 나에겐 지금 재물과 보배가 많이 있으니, 차라리 집으로 돌아가 다섯 가지 향락〔五欲〕이나 누리며 사는 것이 낫겠다.'

그는 다시 이렇게 생각하였다.

'나는 이제 마지막으로 사문 구담이 있는 곳을 찾아가 보자. 그런데 저 나이 많은 장로〔耆舊〕와 사문 바라문인 부란나가섭 같은 스승들도 다 대답하지 못했는데 사문 구담은 아직 나이가 아주 젊은 출가자出家者이니 어떻게 그것을 잘 알 수 있겠는가? 그러나 나는 옛날 노인들에게서 〈처음으로 공부하는 젊은 출가자라 하여 업신여기지 말라〉라는 말을 들은 적이 있다. 어쩌면 젊은 출가 사문이라도 큰 덕의 힘을 가졌을 수도 있으니 잠깐 사문 구담을 찾아가 보리라.'

그는 부처님께서 계신 곳으로 나아가 그 문제에 대하여 마음으로 생각했던 것을 아뢰었다.

……질문한 게송의 내용은 앞의 게송과 같다.

그때 세존께서 저 출가 수행하는 상인이 마음에 무슨 생각을 하고 있는지를 아시고 곧 게송으로 말씀하셨다.

어떤 친구가 나쁜 친구로서
착한 벗인 양 겉모습만 꾸미는가?
마음속으론 진실로 수치스러워하고 싫어하면서도
입으로는 나와 똑같은 마음이라고 떠들어대며
일을 같이 하기를 좋아하지 않나니
그러므로 착한 벗 아닌 줄 안다.

입으로는 은혜롭고 부드러운 말만을 하면서
그 마음은 진실로 거기에 맞지 않네.
하는 일마다 서로 같지 않나니
지혜로운 사람은 깨달아 알라.
그런 친구는 실로 나쁜 친구이면서
착한 벗인 양 겉모습만 꾸미는 이라네.

자기 몸과 똑같이 여기는 사람이
어째서 좋은 친구인가?
제 몸과 똑같이 생각하는 사람이니
다음과 같은 일을 하지 않아야 선지식이다.

방일한 행동을 하는데도 말리지 않거나
일을 방해하거나 의심을 품고
어떤 단점이나 살펴 찾으면서
착한 친구인 것처럼 행세하는 것이네.

자식이 아비 품에 안긴 듯하여
아무도 그 사이를 뗄 수 없나니
그는 착한 벗인 줄 알아야 한다.
무엇 때문에 끊기를 구하는가.

기쁘고 즐거운 곳에 태어나
맑고 시원한 것을 좋아라 감탄하고
복되고 이익 있을 과업을 닦아 익히면
번뇌 아주 사라져 맑고 시원하리라.

그러므로 끊기를 구하라.
불꽃같은 번뇌를 여의면 어떠한가.
지극히 고요하고 편히 쉬는 맛
그는 멀리 여읜 그 맛을 알리.

불꽃같은 번뇌의 악을 멀리 여의어

참 법의 기쁜 맛을 한껏 마시고
탐욕의 불길 떠나 완전히 고요하면
이것을 번뇌를 떠난 경계라고 한다네.

그때 상인 출가 외도는 이렇게 생각하였다.

'사문 구담은 내 마음을 다 알고 계시는구나.'

이렇게 생각하고는 곧 부처님께 아뢰었다.

"저도 지금부터 사문 구담의 바른 법과 율 안에 들어가 범행을 닦으면서 출가하여 구족계를 받고 비구의 신분을 얻을 수 있겠습니까?"

부처님께서 상인 출가 외도에게 말씀하셨다.

"너도 지금부터 우리 바른 법과 율 안에서 범행을 닦으면서 출가하여 구족계를 받고 비구의 신분을 얻을 수 있느니라."

그리하여 출가한 뒤에는 사색하고……(이하 생략)……마음이 잘 해탈하여 아라한이 되었다.

979. 수발다라경須跋陀羅經[11]

이와 같이 나는 들었다.

어느 때 부처님께서 구이나갈국俱夷那竭國의 역사力士가 태어난 곳인 견고쌍수림堅固雙樹林 속에 계셨다.

그때 세존께서 반열반般涅槃하실 때가 되어 존자 아난에게 말씀하셨다.

"너는 세존을 위하여 두 그루 나무 사이에 머리를 북쪽으로 둘 수

11 이 소경은 『별역잡아함경』 제11권 열다섯 번째 소경과 그 내용이 비슷하다.

있도록 하여 자리를 펴라. 여래가 오늘밤에 무여열반無餘涅槃으로 반열반할 것이니라."

존자 아난은 분부를 받들어 두 그루의 나무 사이에다가 북쪽으로 머리를 둘 수 있게끔 자리를 펴고 나서 부처님께서 계신 곳으로 나아가 부처님의 발에 머리 조아리고서 한쪽에 물러나 앉아서 부처님께 아뢰었다.

"세존이시여, 두 그루의 나무 사이에 북쪽으로 머리를 하실 수 있도록 자리를 폈습니다."

그러자 세존께서 두 그루의 나무 사이로 가시어 자리에 올라 북쪽으로 머리를 두고 오른쪽 옆구리를 땅에 대고 누워 두 발을 서로 포개고, 밝다는 생각에 마음을 두고 바른 기억과 바른 지혜로 계셨다. 그때 구이나갈국에 수발다라須跋陀羅라고 하는 출가 외도가 있었는데, 그의 나이는 120세나 되는 늙은이로서 마치 아라한처럼 구이나갈국 사람들의 존경과 공양을 받았다. 그 수발다라 출가 외도는 세존께서 오늘밤에 무여열반으로 반열반하신다는 말을 듣고는 '내게 의심이 가는 일이 있고 또 바라는 바이기도 하니, 세존께서 조금만 더 머물러 계시기를 바란다. 사문 구담께서는 능력이 있으시니 나를 잘 깨우쳐 주실 것이다. 나는 지금 당장 사문 구담께서 계신 곳으로 나아가 내가 의심하고 있는 일들을 여쭈어 보리라.'

그리고는 곧 구이나갈국으로 세존을 찾아 출발했다.

그때 존자 아난은 동산 밖에서 거닐고 있었다. 수발다라가 아난에게 말하였다.

"저는 사문 구담께서 오늘 밤중에 무여열반으로 반열반하신다는 말을 들었습니다. 저에게는 의심스러운 일이 있어 좀더 머물러 계시기를 바라고 있습니다. 사문 구담께서는 능력이 있으시니 저를 깨우쳐 주실 수 있을 것입니다. 만일이 아난께서 수고를 아끼지 않으신다면 저를 위하여 구담께 가셔서 잠깐이나마 틈이 계시면 제 질문에 대답해 주시라고 아뢰어주시겠습니까?"

아난이 대답하였다.

"세존을 괴롭히지 마십시오. 세존께서는 몹시 피로하십니다."

수발다라는 아난에게 이와 같이 두 번 세 번 간청하였으나 아난도 또한 두 번 세 번 거절하였다. 수발다라가 말하였다.

"나는 옛날에 출가하신 나이 많은 큰 스승님의 말을 들은 적이 있습니다.

'먼 뒷날에 마치 우담발화優曇鉢花와 같이 여래如來·응공應供·등정각等正覺께서 이 세상에 출현하실 것이다.'

그런데 지금 여래께서는 오늘 밤중에 무여열반으로 반열반 하실 것이라고 합니다, 저는 지금 법에 대해서 의심을 가지고 있어, 믿는 마음으로 머물러 주시기를 바라고 있습니다. 사문 구담께서는 능력이 있으시니 저를 잘 깨우쳐 주실 수 있을 것입니다. 만일 아난께서 수고를 아끼지 않으신다면 저를 위해 사문 구담께 여쭈어 주십시오."

아난이 다시 대답하였다.

"수발다라여, 세존을 괴롭히지 마십시오. 세존께서는 지금 몹시 피로하십니다."

그때 세존께서 천이天耳의 신통력으로 아난과 수발다라가 서로 주고받는 말을 들으시고 존자 아난에게 말씀하셨다.

"수발다라 출가 외도를 막지 말라. 들어와 그 의심나는 것을 묻게 하라. 왜냐하면 이것은 출가 외도들과 이야기하는 최후가 될 것이요, 맨 마지막 성문聲聞이 될 것이기 때문이다. 수발다라 비구여, 잘 왔다."

그때 수발다라는 세존께서 착한 근기를 열어주시겠다는 말을 듣고 못내 벅찬 기쁨으로 세존께서 계신 곳으로 나아가 세존께 문안인사를 여쭌 다음 한쪽에 물러나 앉아서 부처님께 아뢰었다.

"구담이시여, 세상의 지도자인 부란나가섭 등 여섯 스승들은 '내가 사문이다, 내가 사문이다'라고 저마다 그렇게 주장하였습니다. 어떻습니까? 구담시여, 과연 그러한 여러 주장들이 옳습니까?"

그때 세존께서는 곧 게송으로 말씀하셨다.

내 나이 스물아홉에
비로소 출가하여 훌륭한 도를 닦아
도를 성취한 오늘날까지
이미 50여 년이나 지났네.

삼매와 지혜와 행을 갖추고
언제나 깨끗한 계율을 닦았으니
조금이라도 이 도를 벗어나면
이밖에는 어디에도 사문이 없노라.

부처님께서 수발다라에게 말씀하셨다.

"우리의 바른 법과 율律 안에서 8정도正道를 얻지 못한 사람은 첫째 사문도 되지 못하고 둘째·셋째·넷째 사문도 되지 못한다. 수발다라야, 우리 법과 율 안에서 8정도를 얻은 사람이라야 첫째 사문도 되고 둘째·셋째·넷째 사문도 될 수 있다. 이것을 제외하고는 어떤 외도에도 사문은 없다. 그것은 곧 외도의 스승이며 이름만의 사문 바라문일 뿐이다. 그러므로 나는 대중 가운데에서 사자처럼 외치느니라."

이렇게 설법하시자 수발다라 출가 외도는 티끌과 때를 멀리 여의고 법안法眼이 깨끗하게 되었다. 그때 수발다라는 법을 보아 법을 얻고 법을 알아 법에 들어갔다. 모든 의심에서 벗어나 다른 믿음을 의지하지 않고 남의 제도를 받지 않으며 바른 법과 율 안에서 두려움이 없게 되었다. 그는 곧 자리에서 일어나 옷을 바르게 여민 다음에 오른 무릎을 땅에 대고 존자 아난에게 아뢰었다.

"당신은 좋은 이익을 얻었습니다. 당신은 큰 스승을 얻었습니다. 당신은 큰 스승의 제자가 되어 큰 스승께서 내리시는 법의 비를 정수리에 맞았습니다. 나도 지금 만약 이 바른 법과 계율 안에서 출가하여 구족계를 받고 비구의 신분을 얻으면 좋은 이익을 얻을 수 있을 것입니다."

그때 존자 아난이 부처님께 아뢰었다.

"세존이시여, 이 수발다라 출가 외도는 우리 법과 율 안에서 출가하여 구족계를 받고 비구 신분이 되기를 원합니다."

그때 세존께서 수발다라에게 말씀하셨다.

"비구야, 와서 범행梵行을 닦아라."

저 존자 수발다라는 그때 출가하여 곧 구족계를 받고 비구의 신분이 되었다. 그리하여 사색하고……(이하 생략)……마음이 잘 해탈하여 아라한이 되었다. 그때 존자 수발다라는 아라한이 되어 해탈의 즐거움을 깨닫고는 이렇게 생각하였다.

'나는 차마 부처님께서 반열반 하시는 것을 보지 못하겠다. 내가 먼저 반열반하리라.'

그때 존자 수발다라가 먼저 반열반한 뒤 세존께서도 반열반하셨다.

980. 염삼보경念三寶經

이와 같이 나는 들었다.

어느 때 부처님께서 발기국跋耆國 인간 세상을 유행하시다가 비사리국毘舍離國 미후彌猴 못 가에 있는 2층 강당에 계셨다.

그때 비사리국의 많은 상인들은 달찰시라국怛刹尸羅國으로 가려고 장엄한 준비를 하였다. 그 상인들은 세존께서 발기국 인간 세상을 유행하시다가 비사리국에 이르시어 미후 못 가에 있는 2층 강당에 계신다는 말을 듣고 부처님께서 계신 곳으로 나아가 부처님의 발에 머리를 조아리고 한쪽에 물러나 앉았다. 부처님께서 여러 상인들을 위해 갖가지로 설법하여 가르쳐 보이시어 기쁘게 해주셨고 가르쳐 보이시어 기쁘게 해주시고 나서는 잠자코 계셨다. 그러자 모든 상인들은 자리에서 일어나 옷을 바르게 여민 다음에 부처님께 예배하고 합장하고서 부처님께 아뢰었다.

"세존이시여, 저희 상인들은 장엄한 준비를 마치고 달찰시라국으로 가려고 합니다. 원컨대 세존께서는 많은 대중들과 함께 내일 아침에 저희들의 공양을 받아 주십시오."

그러자 세존께서는 잠자코 허락하셨다. 여러 상인들은 세존께서 청을 수락하신 것을 알고 자리에서 일어나 부처님 발에 예배하고 제각기 자기의 집으로 돌아가 갖가지 정갈하고 맛있는 음식을 장만하고 자리를 펴고 깨끗한 물을 준비한 뒤에 이른 아침에 사람을 보내어 부처님께 "때가 되었습니다" 하고 아뢰게 하였다.

그때 세존께서는 여러 대중들과 함께 가사를 입고 발우를 가지고 그 상인들이 있는 곳으로 가시어 자리에 앉으셨다. 그때 상인들은 정갈하고 맛있는 음식을 손수 공양하였다. 공양이 끝나고 발우를 씻은 뒤 여러 상인들은 조그만 자리를 가져다 대중 앞에 앉아 부처님의 설법을 들었다.

세존께서 그 상인들에게 말씀하셨다.

"당신들은 넓은 벌판을 가다가 온갖 두려움이 생겨 마음이 놀라 온

몸의 털이 곤두서거나 할 때에는 마땅히 여래에 대한 일을 생각해야 하나니, 곧 '여래 · 응공 · 등정각……불세존이시다'라고 그와 같이 생각하면 두려움은 곧 사라지게 될 것이오, 또 법에 대한 일, 즉 '부처님의 바른 법과 계율은 능히 현재 세계에서 번뇌를 여의어 시간을 기다리지 않고도 통달하고 친근할 것이고 그러한 인연으로 스스로 깨달아 알게 될 것이다'라고 그렇게 기억하시오. 또 승가에 대한 일, 즉 '세존의 제자들은 착하고 바른 곳으로 나아가며,……(이하 생략)……세존의 복 밭이다'라고 그렇게 기억하시오. 이렇게 기억하는 사람은 두려움이 곧 없어지게 될 것이오.

과거 세상에 제석천과 아수륜阿須輪이 서로 싸운 일이 있었소. 그때에 제석천〔天帝釋〕이 여러 하늘들에게 말하였소.

'너희들이 아수륜과 싸울 때에 두려움이 생기거든 꼭 나의 최복당摧伏幢이라는 깃발을 기억하라. 그 깃발을 기억하면 곧 두려움이 없어질 것이다. 만일 내 깃발을 기억하지 못하겠거든 이사나伊舍那[12] 천자의 깃발을 생각하라. 만일 이사나 천자의 깃발을 기억하지 못하겠거든 바류나婆留那[13] 천자의 깃발을 기억하라. 그 깃발을 기억하면 두려움이 곧 사라지게 될 것이다.'

이와 같나니 여러 상인들이여, 당신들이 넓은 벌판으로 가다가 두려움이 생기거든 여래나 법이나 승가의 일을 기억하시오."

그리고 세존께서는 비사리의 여러 상인들을 위해 공양 올리는 일을

---

12 산스크리트로는 Iśāna라고 함. 세계를 보호하는 8방천方天의 하나. 혹은 12천의 하나로 욕계 제6천에 살며 이차나伊遮那 · 이사나伊賜那 · 이사伊沙라 음역하기도 한다. 구역舊譯에서는 마혜수라摩醯首羅 · 자재천自在天이라고 하였다. 신체는 청흑색靑黑色을 띠고 세 개의 눈을 가지고 있다고 한다.

13 산스크리트로는 Vanuṇa라고 한다. 수천水天의 범어 이름으로 서방西方을 담당하는 천신이다.

기뻐하는 게송을 설하셨다.

그때를 따라 비구 스님에게
음식이나 의복을 받들어 공양하며
오롯한 기억으로 자세히 생각하고
바른 지혜로 보시 행하라.

깨끗한 물건은 좋은 복밭 되나니
너희들은 그것을 두루 갖추어라.
그런 공덕의 이익을 인연하여
오랜 세월 동안 안락을 얻으리라.

마음 내어 구하는 것 있으면
온갖 이익 다 모여들리니
사람이나 짐승들도 다 편안하고
길을 오갈 때에도 늘 편안하며
밤에도 편안하고 낮에도 편안하며
모든 나쁜 일을 다 여의게 되리.

마치 저 기름지고 비옥한 밭에다
티 없이 순수하고 좋은 종자 뿌리고
때를 따라 흠씬 물대어 주면
그 수확의 결실 이루 헤아릴 수 없으리.

깨끗한 계율의 좋은 복 밭에
정밀하고 맛있는 음식 종자를 심어

바른 행으로 따라 키우면
마침내 묘한 과업 성취하리.

그러므로 보시를 행하는 사람
온갖 덕을 두루 갖춰 가지려거든
마땅히 지혜를 따라 행하라.
온갖 과업 저절로 갖춰지리.

지혜와 행을 두루 갖춘 이에게
바른 마음으로 지극히 공경하고
갖가지 착한 종자 심어 가꾸면
마침내 큰 복과 이익 얻으리.

모든 세간을 사실 그대로 알아
바른 견해 완전히 갖추고
바른 길 완전히 갖춰 알면
위로 자꾸자꾸 높이 오를 것이요.

일체의 번뇌를 멀리 여의고
저 열반涅槃의 도를 얻어
마침내 괴로움에서 벗어나리니
이것을 온갖 덕의 갖춤이라 한다네.

그때 세존께서 비사리의 여러 상인들을 위해 갖가지로 설법하여 가르쳐 보이고 기쁘게 해주신 뒤에 자리에서 일어나 떠나가셨다.

981. 당경幢經

이와 같이 나는 들었다.

어느 때 부처님께서 사위국 기수급고독원에 계셨다.

그때 세존께서 모든 비구들에게 말씀하셨다.

"만일 비구가 텅 비고 한적한 곳이나 나무 밑이나 빈집에 있을 때 두려움이 생겨 마음이 놀라서 온몸의 털이 곤두서거든 마땅히 여래와 법과 승가에 대한 일을 기억하라.……이 사이의 자세한 내용은 앞에서 말한 것과 같다.……여래와 법과 승가에 대한 일을 기억하면 두려움은 곧 없어질 것이다.

비구들아, 과거 세상에 석제환인釋提桓因과 아수라가 싸운 적이 있었다. 그때 제석천이 삼십삼천三十三天들에게 말하였다.

'여러 인자仁者들이여, 하늘과 아수라가 싸울 때 두려움이 생겨 마음이 놀라서 온몸의 털이 곤두서거든 그대들은 마땅히 나의 적을 무찌르는 깃발을 기억하라. 그 깃발을 기억하면 곧 두려움이 없어질 것이다.'

그와 같이 비구들아, 만일 텅 비고 한적한 곳이나 나무 밑이나 빈집에서 두려움이 생겨 마음이 놀라 온 몸의 털이 곤두서거든 마땅히 여래를 기억해야 하나니, 즉 '여래·응공·등정각……불세존이시다'라고 생각하라. 그렇게 생각하면 두려움이 곧 없어질 것이다. 왜냐하면 저 천제석天帝釋은 탐욕·성냄·어리석음을 품고 있어서 태어남·늙음·병듦·죽음·근심·슬픔·번민의 괴로움에서 해탈하지 못하였기 때문에 두려워하고 무서워하여 도망치고 피해 가면서도 오히려 삼십삼천들에게 말하기를 '나의 적을 무찌르는 깃발을 기억하라'고 하였거늘 하물며 여래·응공·등정각……불세존은 탐욕·성냄·어리석음을 여의었고, 태어남·늙음·병듦·죽음·근심·슬픔·번민의 괴로움에서 해탈하여 어떤 두려움과 무서움도 없어 도망치거나 피하는 일이 없거늘, 그 여래를 기억함으로 해서 모든 두려움을 없애지 못할 이치가 있겠는가?"

부처님께서 이 경을 말씀하시자 모든 비구들은 부처님의 말씀을 듣고 기뻐하며 받들어 행하였다.

982. 아난사리불경阿難舍利弗經

이와 같이 나는 들었다.

어느 때 부처님께서 사지국娑枳國 안사나安闍那 숲 속에 계셨다.

그때 세존께서 사리불舍利弗에게 말씀하셨다.

"나는 법을 간단히 설명할 수도 있고 자세히 설명할 수도 있지만 다만 아는 이가 드물다."

존자 사리불이 부처님께 아뢰었다.

"원컨대 세존께서는 간단히 설명하시든지, 자세히 설명하시든지 간에 설법하여 주소서. 그 법을 사실 그대로 이해하는 이가 있을 것입니다."

부처님께서 사리불에게 말씀하셨다.

"만일 어떤 중생이 이 의식이 있는 몸과 바깥 경계의 일체 현상에 대해 나와 내 것이라는 견해와 나라는 교만과 집착하는 번뇌가 없어,……(이하 생략)……심해탈心解脫·혜해탈慧解脫하여 현재 세상에서 증득證得한 줄을 스스로 알아 원만히 머무나니 그는 이 의식이 있는 몸과 바깥 경계의 일체 현상에 대해 나와 내 것이라는 견해와 나라는 교만과 집착하는 번뇌가 없기 때문에 그는 심해탈·혜해탈하여 현재 세상에서 증득한 줄을 스스로 알아 원만히 머물게 되는 것이니라.

사리불아, 그 비구가 이 의식이 있는 몸과 바깥 경계의 일체 현상에 대해 나와 내 것이라는 견해와 나라는 교만과 집착하는 번뇌가 없어 그는 심해탈·혜해탈 해탈하여 현재 세상에서 증득한 줄을 스스로 알아 원만히 머문다고 하자, 그는 이 의식이 있는 몸과 바깥 경계의 일체 현상에 대해, 나와 내 것이라는 견해와 나라는 교만과 집착하는 번뇌가 없기 때문에 그는 심해탈·혜해탈하여 현재 세상에서 증득한 줄을 스스로 알아 원만히 머물게 되는 것이다.

사리불아, 또 어떤 비구는 이 의식이 있는 몸과 바깥 경계의 일체 현상에 대해, 나와 내 것이라는 견해와 나라는 교만과 집착하는 번뇌가 없어, 그는 심해탈·혜해탈하여 현재 세상에서 증득한 줄을 스스로 알아 원만하게 머문다.

사리불아, 만일 또 어떤 비구가 이 의식이 있는 몸과 바깥 경계의 일체 현상에 대해, 나와 내 것이라는 견해와 나라는 교만과 집착하는 번뇌가 없어 심해탈·혜해탈하여 현재 세상에서 증득한 줄을 스스로 알아 원만히 머문다고 하자. 그는 이 의식이 있는 몸과 바깥 경계의 일체 현상에 대해 나와 내 것이라는 견해와 나라는 교만과 집착하는 번뇌가 없기 때문에 그는 심해탈·혜해탈하여 현재 세상에서 스스로 증득한 줄을 알아 원만히 머물게 되는 것이다.

사리불아, 이것을 '비구가 애욕의 결박과 맺음을 끊고 또 교만을 끊으며 평등한 지혜로 괴로움을 완전히 벗어난 것'이라고 한다. 그리고 사리불아, 나는 이 문제에 대해 파라연부린니가波羅延富隣尼迦의 물음[14]에 대한 대답으로 다음과 같이 설명한 일이 있다.

이 세간의 차별을 헤아린다면

14 파라연부린니가가 피안彼岸에 이르는 길에 대해 부처님께 물은 것을 말함.

어디서도 흔들리지 않을 수 없네.
지극히 고요하여 모든 티끌 여의고
뿌리 채로 뽑아 다시 바라는 게 없으면
세 가지 존재의 바다를 건너
다시는 늙고 죽는 근심 없으리.

부처님께서 이 경을 말씀하시자 존자 사리불은 부처님의 말씀을 듣고 기뻐하며 자리에서 일어나 예를 올리고 떠났다.

983. 아난경阿難經

이와 같이 나는 들었다.

어느 때 부처님께서 사위국 기수급고독원에 계셨다.

그때 존자 아난도 사위국 기수급고독원에 있었다. 그는 혼자 고요한 곳에서 이렇게 생각하였다.

'혹 어떤 사람은 〈나는 이 의식이 있는 몸과 바깥 경계의 일체 현상에 대해 나와 내 것이라는 견해와 나라는 교만과 집착하는 번뇌가 없어서 심해탈·혜해탈하여 현재 세상에서 증득한 줄을 스스로 알아 원만히 머문다〉라고 생각한다고 하자. 이 의식이 있는 몸과 바깥 경계의 일체 현상에 대해 나와 내 것이라는 견해와 나라는 교만과 집착하는 번뇌가 없으면 나도 마땅히 심해탈·혜해탈하여 현재 세상에서 증득한 줄을 스스로 알아 원만히 머물 수 있을 것이다.'

존자 아난은 저녁때에 선정에서 깨어나 세존께서 계신 곳으로 나아가 부처님의 발에 머리 조아려 예를 올리고 한쪽에 물러나 앉아서 부처님께 아뢰었다.

“세존이시여, 저는 혼자서 고요한 곳에 있으면서 ‘어떤 사람은 〈나는 이 의식이 있는 몸과 바깥 경계의 일체 현상에 대해……(이하 생략)……증득한 줄을 스스로 알아 원만히 머문다〉고 생각한다’라고 생각하였습니다.”

부처님께서 아난에게 말씀하셨다.

“그러하니라, 그러하니라. 만일 어떤 사람이 ‘나는 이 의식이 있는 몸과 바깥 경계의 일체 현상에 대해 나와 내 것이라는 견해와 나라고 하는 교만함으로 집착하는 번뇌가 없어, 현재 세상에서 증득한 줄을 알아 원만히 머문다’고 그와 같이 생각한다면 아난아, 그 비구는 이 의식이 있는 몸과 바깥 경계의 일체 현상에 대해 나와 내 것이라는 견해와 나라고 하는 교만과 집착하는 번뇌가 없기 때문에 심해탈·혜해탈하여 현재에서 증득한 줄을 스스로 알아 원만히 머무는 것이다. 이 의식이 있는 몸과 바깥 경계의 일체 현상에 대해 나와 내 것이라는 견해와 나라고 하는 교만으로 집착하는 번뇌가 없으면 그는 심해탈·혜해탈하여 현재 세상에서 증득한 줄을 스스로 알아 원만히 머물게 되느니라.

아난아, 만일 어떤 비구가 이 의식이 있는 몸과 바깥 경계의 일체 현상에 대해……(이하 생략)……증득한 줄을 스스로 알면, 이것을 비구가 애욕의 결박과 맺힘과 교만을 끊고 평등한 지혜로 괴로움을 완전히 벗어난 것이라고 한다. 아난아, 나는 이 문제에 대해 파라연우타야波羅延憂陀耶의 물음에 대한 대답으로 다음과 같이 설명한 일이 있다.

사랑과 욕망의 생각을 끊고
근심과 괴로움을 함께 여의며
수면에서 똑똑히 깨어나고

들뜸의 마음 덮개 없애 버리며

탐욕과 성냄 버려 깨끗이 되고
눈앞의 현상들을 잘 관찰하면
나는 그를 지혜로 해탈을 얻어
무명의 어둠에서 없앤 이라고 하리라.

부처님께서 이 경을 말씀하시자 존자 아난은 부처님의 말씀을 듣고 기뻐하면서 부처님께 예배하고 떠났다.

984. 애경愛經 ①

이와 같이 나는 들었다.

어느 때 부처님께서 사위국 기수급고독원에 계셨다.

그때 세존께서 모든 비구들에게 말씀하셨다.

"나는 이제 설명하리라. 탐애貪愛는 그물이 되고 아교가 되며 샘물이 되고 연뿌리가 된다. 그것은 중생의 장애가 되고 덮개가 되며 아교가 되고 문지기가 되며, 씌우개〔覆〕가 되고 닫개〔閉〕가 되며 마개〔塞〕가 되고 어둠〔闇冥〕이 되며 개의 창자〔狗腸〕가 되고 어수선한 풀이 되며 솜이 되어 이 세상에서 저 세상으로 가고 저 세상에서 이 세상으로 오며, 가고 오면서 돌아다녀 잠시도 쉴 틈이 없느니라.

비구들아, 어떤 것을 탐애는 그물이 되고 아교가 되며,……(이하 생략)……가고 오면서 돌아다녀 잠시도 쉴 틈이 없다고 하는가? 그것은 이른바 나라고 하는 집착이 있기 때문에 아我·욕아欲我·이아爾我·유아有我·무아無我·이아異我·당아當我·부당아不當我·욕아欲

我・당이시當爾時・당이이아當異異我・혹욕아或欲我・혹이아或爾我・혹이或異・혹연或然・혹욕연或欲然・혹이연或爾然・혹이或異 등 이러한 열여덟 가지 탐애의 행이 안에서 일어난다.

비구들은 '나라고 하는 집착이 있기 때문에 모든 소유에 대해서 아我와 욕아欲我와 이아爾我와……(이하 생략)……열여덟 가지 탐애의 행이 밖에서 일어난다'고 말한다. 그러므로 통틀어 열여덟 가지 탐애의 행이라고 말한다. 이와 같이 서른여섯 가지 탐애의 행이 혹은 과거에 일어났고 혹은 미래에 일어날 것이며 혹은 현재에 일어나므로 통틀어 백 여덟 가지 탐애의 행이라고 말한다.

이것이 이른바 탐애는 그물이 되고 아교가 되며, 샘물이 되고 연뿌리가 되며, 중생의 장애가 되고 덮개가 되며, 아교가 되고 문지기가 되며, 씌우개가 되고 닫개가 되며, 마개가 되고 어둠이 되며, 개 창자가 되고 어수선한 풀이 되며, 솜이 되어 이 세상에서 저 세상으로 가고, 저 세상에서 이 세상으로 오는 등, 가고 오고 하면서 돌아다녀 잠시도 쉴 틈이 없다고 하는 것이니라."

부처님께서 이 경을 말씀하시자 여러 비구들은 부처님의 말씀을 듣고 기뻐하며 받들어 행하였다.

985. 애경 ②

이와 같이 나는 들었다.

어느 때 부처님께서 사위국 기수급고독원에 계셨다.

그때 세존께서 모든 비구들에게 말씀하셨다.

"탐애貪愛로부터 탐애가 생기고 탐애로부터 미움[恚]이 생기며 미움으로부터 탐애가 생기고 미움으로부터 미움이 생긴다.

어떤 것이 탐애로부터 탐애가 생기는 것인가?

즉 어떤 사람이 어떤 중생을 좋아하고 사랑하며 기억하고 마음에 흡족해 할 때, 다른 사람도 그에 대해 덩달아 좋아하고 사랑하며 기억하고 마음에 흡족해 하면서 그를 따라 행하면 이렇게 생각한다.

'나는 저 중생을 좋아하고 사랑하며 기억하고 마음으로 흡족해 하는데, 다른 이도 저 중생을 좋아하고 사랑하며 생각하고 마음에 흡족해 하며 그것을 따라 행하기 때문에 나는 또 저 사람까지도 좋아한다.'

이것을 탐애로부터 탐애가 생기는 것이라고 하느니라.

어떤 것을 탐애로부터 미움이 생기는 것이라고 하는가?

즉 어떤 사람이 어떤 중생을 좋아하고 사랑하며 기억하고 마음으로 흡족해 할 때 다른 사람은 그것을 좋아하지 않고 사랑하지 않으며 기억하지 않고 마음으로 흡족해 하지 않으면서 그것을 따라 행하면 이렇게 생각한다.

'나는 저 중생을 좋아하고 사랑하며 기억하고 마음으로 흡족해 하는데 다른 사람은 저 중생을 좋아하지 않고 사랑하지 않으며 기억하지 않고 마음으로 흡족해 하지 않으면서 따라 행하기 때문에 나는 저 사람에게 미움을 느낀다.'

이것을 탐애로부터 미움이 생기는 것이라고 하느니라.

어떤 것을 미움으로부터 탐애가 생기는 것이라고 하는가?

어떤 사람이 어떤 중생을 좋아하지 않고 사랑하지 않으며 기억하지 않고 마음으로 흡족해 하지 않을 때 다른 사람도 또 그 중생을 좋아하지 않고 사랑하지 않으며 기억하지 않고 마음으로 흡족해 하지 않으면서 따라 행하면 그 때문에 그는 그 사람에게 사랑을 느낀다. 이것을 미움으로부터 탐애가 생기는 것이라고 하느니라.

어떤 것을 미움으로부터 미움이 생기는 것이라고 하는가?

어떤 사람이 어떤 중생을 좋아하지 않고 사랑하지 않으며 기억하지 않고 마음으로 흡족해 하지 않을 때 다른 사람은 그것을 좋아하고 사랑하며 기억하고 마음으로 흡족해 하면서 그것을 따라 행하면 이렇게 생각한다.

'나는 저 중생을 좋아하지 않고 사랑하지 않으며 기억하지 않고 마음으로 흡족해 하지 않는데 다른 사람은 그 중생을 좋아하고 사랑하며 기억하고 마음으로 흡족해 하면서 따라 행한다. 나는 다른 사람의 물음에 대해 미움을 느낀다.'

이것을 미움으로부터 미움이 생기는 것이라고 하느니라.

만일 비구가 탐욕과 악하고 착하지 않은 법을 여의고, 거칠고 미세한 생각〔有覺有觀〕이 있으며……(이하 생략)……초선·제2선·제3선·제4선을 두루 갖추어 머물면 탐애로부터 탐애가 생기는 것과 미움으로부터 미움이 생기는 것, 미움으로부터 탐애가 생기는 것, 탐애로부터 미움이 생기는 것을 끊고 그 끊은 것을 안 다음 그 뿌리를 끊되 마치 다라多羅나무 밑동을 끊은 것처럼 다시는 생겨날 근거가 없어 미래 세상에 태어나지 않는 법을 성취하게 되느니라.

만일 그 비구가 모든 번뇌를 없애고 번뇌가 없어 심해탈·혜해탈하여 현재 세상에서 증득한 줄을 스스로 알아 '나의 생은 이미 다하고, 범행은 이미 섰으며, 할 일은 이미 마쳐, 후세의 몸을 받지 않는다'라고 스스로 알면 그때에 그는 자기를 내세우지 않고 번뇌〔塵〕를 일으키지 않으며, 불타지〔熾然〕 않고 남을 싫어하지 않느니라.

어떤 것을 자기를 내세우는 것이라고 하는가?

즉 색色이 곧 나이다, 색은 나와 다르다, 나라는 것 속에 색이 있고, 색 속에 나라는 것이 있다고 주장하며, 수受·상想·행行·식識에 있어서도 그와 같이 보는 것이니, 이것을 자기를 내세우는 것이라고 하느니라.

어떤 것을 자기를 내세우지 않는 것이라고 하는가?

색은 곧 나라거나 색은 나와 다른 것이라거나 나라는 것 속에 색이 있다거나, 색 속에 나라는 것이 있다고 보지 않으며, 수·상·행·식에 대해서도 그와 같이 보지 않는 것이니, 이것을 자기를 내세우지 않는 것이라고 하느니라.

어떤 것을 되돌려 자기를 내세우는 것이라고 하는가?

꾸짖는 사람을 되돌려 꾸짖고, 미워하는 사람을 되돌려 미워하며, 때리는 사람을 되돌려 때리고, 부딪치는 사람을 되돌려 부딪치는 것이니, 이것을 되돌려 자기를 내세우는 것이라고 하느니라.

어떤 것을 되돌려 자기를 내세우지 않는 것이라고 하는가?

꾸짖는 사람을 되돌려 꾸짖지 않고 미워하는 사람을 되돌려 미워하지 않으며 때리는 사람을 되돌려 때리지 않고 부딪치는 사람을 되돌려 부딪치지 않는 것이니, 이것을 되돌려 자기를 내세우지 않는 것이라고 하느니라.

어떤 것을 번뇌를 일으키는 것이라고 하는가?

아我·아욕我欲[15]과……(이하 생략)……열여덟 가지 탐애가 있으면 이것을 번뇌를 일으키는 것이라고 한다.

어떤 것을 번뇌를 일으키지 않는 것이라고 하는가?

무아無我·무아욕無我欲과……(이하 생략)……열여덟 가지 번뇌를 일으키지 않는 것이니, 이것을 번뇌를 일으키지 않는 것이라고 하느니라.

어떤 것을 불타는 것이라고 하는가?

내 것이라고 생각하는 것과 내 것이라는 욕심과……(이하 생략)……바깥의 열여덟 가지 탐애의 행이 있는 것이니, 이것을 불타는 것

15 앞의 소경인 애경愛經에는 '욕아欲我'로 되어 있다.

이라고 하느니라.

어떤 것을 불타지 않는 것이라고 하는가?

내 것이라고 생각하는 것과 내 것이라는 욕심이 없고,……(이하 생략)……바깥의 열여덟 가지 탐애의 행이 없으면 이것을 불타지 않는 것이라고 하느니라.

어떤 것을 남을 싫어하는 것이라고 하는가?

나는 진실한 것이라는 견해를 일으켜 아만我慢·아욕我欲·아사我使를 일으켜 끊지도 않고 알지도 못하는 것이니, 이것을 남을 싫어하는 것이라고 하느니라.

어떤 것을 남을 싫어하지 않는 것이라고 하는가?

나는 진실한 것이라고 보지 않아 아만과 아욕·아사를 끊고, 또 끊은 줄을 아는 것이니, 이것을 남을 싫어하지 않는 것이라고 하느니라."

부처님께서 이 경을 말씀하시자 모든 비구들은 부처님의 말씀을 듣고 기뻐하며 받들어 행하였다.

986. 이사난단경二事難斷經

이와 같이 나는 들었다.

어느 때 부처님께서 사위국 기수급고독원에 계셨다.

그때 세존께서 모든 비구들에게 말씀하셨다.

"끊기는 했으나 지속하기 어려운 두 가지 일이 있다. 어떤 것이 그 두 가지 일인가?

만일 속인俗人이 사람이 없는 곳에서 의복·음식·침구·온갖 생활도구 등에 대해 탐욕을 끊었으나, 또 그 끊은 것을 지속하기가 어려운 일이요, 또 비구로서 집 아닌 데로 출가하여 탐애를 끊어 없앴으나 그 끊은 것을 지속하기도 매우 어려운 일을 말한다."

그때 세존께서 곧 게송으로 말씀하셨다.

이 세상에는 끊었으나 지속하기 어려운
두 가지 일이 있다.
이것은 진리의 말씀으로서
등정각等正覺께서 깨달으신 것이니라.

세속에 있으면서 들고나는 재물과
의복과 음식 따위의 생활 도구들
세상 사람들 탐하고 즐기나니
그것을 끊었어도 지속하기는 매우 어렵네.

속세를 떠나 비구의 몸이 되어
바른 믿음으로 집 아닌 데로 출가해
탐심과 애욕을 이미 끊었으나
그것을 지속하기는 어려우니라.

부처님께서 이 경을 말씀하시자 모든 비구들은 부처님의 말씀을 듣고 기뻐하며 받들어 행하였다.

987. 이법경二法經

이와 같이 나는 들었다.

어느 때 부처님께서 사위국 기수급고독원에 계셨다.

그때 세존께서 모든 비구들에게 말씀하셨다.

"나는 두 가지 법에 의지하여 대부분의 시간을 거기에 머물렀다. 어떤 것이 그 두 가지인가?

모든 착한 법에 대해 일찍이 족함을 알지 못했던 것이고 끊어야 할 것에 대해 일찍이 멀리 여의지 못했던 것인데 착한 법에 대해 알지 못하였기 때문이요, 끊어야 할 모든 법에 대하여 아직 멀리 여의지 못했기 때문이다. 그러므로 살이 빠지고 힘줄이 드러나고 뼈가 불거지는 지경에 이르도록 방편으로 꾸준히 노력하기를 그치지 않았고 착한 법을 버리지 않았으며 얻지 않아야 할 것은 얻지 않는 일을 끝내 쉬지 않았다. 그리하여 하열下劣한 마음에 대하여 일찍이 기쁜 마음을 내지 않았고 언제나 즐겁게 더욱 정진해 상도上道로만 올라갔었다. 그와 같이 열심히 노력하였기 때문에 아뇩다라삼먁삼보리阿耨多羅三藐三菩提를 빨리 얻었느니라.

비구들아, 마땅히 두 가지 법을 의지하여 대부분의 시간을 거기에 머물러야 하나니, 모든 착한 법에 대해서 마음으로 흡족하다는 생각을 내지 않았던 것이요, 모든 끊어야 할 법에 대해 일찍이 멀리 여의지 못했던 것인데, 거기에 의지해 살이 다 빠지고 힘줄이 드러나고 뼈가 불거지는 지경에 이르도록 방편으로 꾸준히 노력하여 착한 법 닦아 익히기를 쉬지 않아야 한다.

그러므로 비구들아, 온갖 하열한 마음에 대하여 즐겁다는 생각을 내지 말고〔於諸下劣 不生歡喜想〕[16] 위를 향해 자꾸자꾸 올라가기를 익

16 고려대장경 원문에는 불不자가 없다. 이 부정사 불不자가 없이 풀이하면, 말이 잘 이어지지 않으며, 또 바로 앞부분에 나온 미증어열 심생환희未曾於劣 心生歡喜라는 글의 내용과 보조를 맞추기 위하여 부정사를 넣어 풀이하였다.

혀야 한다. 그와 같이 닦아 익히면 오래지 않아 모든 번뇌가 다하게 되어, 번뇌 없이 심해탈·혜해탈하여 현재 세상에서 증득한 줄을 스스로 알아 '나의 생은 이미 다하였고 범행은 이미 섰으며 할 일을 이미 다 마쳐 후세에는 몸을 받지 않는다'고 스스로 아느니라."

부처님께서 이 경을 말씀하시자 모든 비구들은 부처님의 말씀을 듣고 기뻐하며 받들어 행하였다.

988. 제석경帝釋經 ①

이와 같이 나는 들었다.

어느 때 부처님께서 왕사성 가란다죽원에 계셨다.

그때 형색形色이 뛰어나게 아름다운 석제환인釋提桓因이 새벽에 부처님께서 계신 곳으로 찾아가서 부처님의 발에 머리를 조아리고 한쪽에 물러나 앉았는데, 하늘 몸의 위신력威神力으로 그 몸에서 나오는 광명이 가란다죽원을 두루 비추었다.

석제환인이 부처님께 아뢰었다.

"세존이시여, 세존께서는 일찍이 격계산隔界山 석굴 안에서 말씀하시기를, '만일 어떤 사문 바라문으로서 끝없는 애욕이 다해 해탈하고, 마음이 저 변제邊際·구경변제究竟邊際·이구변제離垢邊際로 범행梵行을 완전히 성취한다'고 하셨습니다. 어떤 것이 비구가 변제·구경변제·이구변제로 범행을 완전히 성취한 것입니까?"

부처님께서 천제석에게 말씀하셨다.

"만일 비구로서 모든 느낌〔受覺〕, 즉 괴로운 느낌과 즐거운 느낌과 괴롭지도 않고 즐겁지도 않은 느낌과 그 느낌들의 발생〔集〕·느낌의 사라짐〔滅〕·느낌의 맛〔味〕·느낌의 근심〔患〕과, 느낌에서 분출되는 것들을 사실 그대로 알고 사실 그대로 안 뒤에는 그 느낌들은 다 무상한 것이라고 관찰하고, 그것은 나고 소멸하는 것임을 관찰하며 그것에 대한 욕심을 버려야 할 것임을 관찰하고, 그것은 사라져 없어지는 것임을 관찰하며 그것은 버려야 할 것임을 관찰해야 한다. 이와 같이 관찰하고 나면, 그것이 곧 변제·구경변제·이구변제로서 범행을 완전히 성취한 것이다. 구시가拘尸迦여, 이것이 이른바 비구가 바른 법과 계율에 대한 변제·구경변제·이구변제로서 범행을 완전히 성취한 것이니라."

그러자 천제석은 부처님의 말씀을 듣고 기뻐하면서 예배하고 떠나갔다.

989. 제석경 ②

이와 같이 나는 들었다.

어느 때 부처님께서 왕사성 가란다죽원에 계셨다.

그때 존자 대목건련大目揵連은 기사굴산에 있으면서 새벽에 일어나 거닐다가 이상한 광명이 가란다죽원을 두루 비추는 것을 보았다. 그는 그것을 보고는 이렇게 생각하였다.

'오늘밤에 혹 어떤 큰 힘을 지닌 귀신이 세존께서 계신 곳을 찾아왔기 때문에 이런 광명이 있는 것이 아닐까?'

존자 대목건련은 이른 아침에 부처님께서 계시는 곳으로 나아가 부처님의 발에 머리를 조아리고서 한쪽에 물러나 앉아서 부처님께 아뢰었다.

"세존이시여, 저는 지난 새벽에 방에서 나와 거닐다가 특이한 광명이 가란다죽원을 두루 비추는 것을 보았습니다. 그리고 그것을 보고는 '어떤 큰 힘을 지닌 귀신이 세존께서 계신 곳을 찾아왔기 때문에 이런 광명이 있는 것이 아닐까?'라고 생각하였습니다."

부처님께서 대목건련에게 말씀하셨다.

"어제 새벽에 석제환인이 내가 있는 곳에 와서 머리를 조아려 예배하고 한쪽에 물러나 앉아서……이하 자세한 내용은 앞에서 말한 것과 같다."……기뻐하면서 예배하고 물러갔다.

990. 녹주우바이경鹿住優婆夷經 ①

이와 같이 나는 들었다.

어느 때 부처님께서 사위국 기수급고독원에 계셨다.

그때 존자 아난은 이른 아침에 가사를 입고 발우를 가지고 왕사성으로 들어가 차례로 걸식하다가 녹주鹿住라고 하는 우바이優婆夷의 집에 이르게 되었다. 녹주 우바이는 멀리서 존자 아난을 보고 얼른 평상을 펴고 아뢰었다.

"존자 아난이시여, 이 자리에 앉으십시오."

그때 녹주 우바이는 아난의 발에 머리를 조아려 예배하고 한쪽에 물러나 앉아서 존자 아난에게 아뢰었다.

"어떤 것을 세존께서 법을 아신다고 말하는 것입니까? 내 아버님 부란나富蘭那는 전생에 범행梵行을 닦아 탐욕을 여의어 깨끗하며 향이나 꽃을 쓰지 않고 모든 비루하고 저속한 일을 멀리 하였습니다. 내 숙부 이사달다梨師達多는 범행을 닦지는 않았지만, 그러나 만족해 할 줄을 알았습니다. 그 두 사람이 함께 세상을 떠나자 세존께서는 '그 두 사람은 같은 세계에 태어나고 같은 생을 받아 후세에도 똑같이 사다함斯陀含이 된 뒤에 도솔천兜率天에 태어났다가 한 번 이 세상에 와서는 괴로움을 완전히 벗어날 것이다'라고 말씀하셨습니다. 어떻습니까? 아난이시여, 범행을 닦은 이와 범행을 닦지 않은 이가 똑같은 세계에 태어나고 같은 생을 받아 후세를 같이 할 수 있는 것입니까?"

아난이 대답하였다.

"자매여, 그대는 그만 중단하시오. 그대는 세간 중생들의 근기의 차별을 알지 못하고 있소. 그러나 여래께서는 세간 중생들의 근기가 우세한지 하열한지 다 알고 계시오."

이렇게 말하고 자리에서 일어나 떠나갔다.

그때 존자 아난은 정사精舍로 돌아와 가사와 발우를 챙겨두고 발을 씻은 뒤에 부처님께 나아가 부처님의 발에 머리를 조아려 예를 올리고 한쪽에 물러나 앉아서 녹주 우바이가 한 말을 세존께 자세히 아뢰었다.

부처님께서 아난에게 말씀하셨다.

"저 녹주 우바이가 어떻게 세간 중생들의 근기가 우세한지 하열한지를 알 수 있겠느냐? 그러나 아난아, 이 여래는 세간 중생들의 능력이 우세한지 하열한지를 다 아느니라.

아난아, 혹 계율을 범한 어떤 사람은 심해탈·혜해탈에 대해 사실 그대로 알지 못하면서도 그가 범한 계율을 남김없이 멸하고 남김없이 없애며 탐욕을 남김없이 다 버릴 수가 있다. 또는 계율을 범한 어떤 사람은 심해탈·혜해탈을 사실 그대로 알아서 그가 범한 계율을 남김없이 멸하고 남김없이 없애며, 탐욕을 남김없이 버리는 수도 있다. 그것에 대해서 어떤 사람은 어림짐작으로 평가하여 말할 것이다.

'이것도 그럴 만한 이치가 있고, 저것도 그럴 만한 이치가 있다. 그래서 그들은 같은 세계에 태어나고 같은 생을 받아 후세를 같이 할 것이다.'

그러나 그렇게 어림짐작으로 평가하는 사람은 오랜 세월 동안 이치가 아니고 이익도 없는 괴로움만 받게 될 것이다.

아난아, 그 계율을 범한 사람이 심해탈·혜해탈에 대해 사실 그대로 알지 못하면서 그가 범한 계율을 남김없이 멸하고 남김없이 없애며, 탐욕을 남김없이 버리면, 그 사람은 바로 후퇴하는 것이지 앞으로 전진해 나아가는 것이 아니라는 사실을 알아야 한다. 그러므로 나는 그 사람을 후퇴하는 부류라고 말한다. 아난아, 계율을 범한 어떤 사람이 심해탈·혜해탈을 사실 그대로 알고서 그가 범한 계율을 남김없이 멸하고 남김없이 없애며, 탐욕을 남김없이 버리면, 그 사람은 잘 전진해 나아가는 것이고 뒤로 후퇴하는 것이 아님을 알아야 한다. 그러므로 나는 그 사람을 훌륭하게 나아가는 부류라고 말한다. 여래가 아니고서야 이 두 사람의 차이를 누가 다 알겠느냐?

그러므로 아난아, 어림짐작으로 사람들을 평가하여 취하지 말라. 어림짐작으로 사람들을 평가하면 병이 될 것이요, 어림짐작으로 사람들을 평가하면 스스로 그 근심거리를 부르게 될 것이다. 오직 여래만이 능히 사람들을 알 뿐이다. 계율을 범한 두 사람과 같이 계율을 지키는 두 사람에 있어서도 다 그와 같으니라.

그가 심해탈·혜해탈에 대해 사실 그대로 알지 못하면서 그가 가진 계율을 남김없이 멸하거나, 들떠 동요하는 사람으로서 심해탈·혜해탈을 사실 그대로 알지 못하면서 그가 일으킨 들떠 동요하는 것을 남김없이 없애거나, 성내는 사람으로서 심해탈·혜해탈에 대해 사실 그대로 알지 못하면서 그가 일으킨 성냄을 남김없이 없애거나, 혹은 탐하는 사람으로서 심해탈·혜해탈에 대해 사실 그대로 알지 못하면서 그가 일으킨 탐욕을 남김없이 없애거나, 더러움과 깨끗함도……이 사이의 자세한 내용은 앞에서 말한 것과 같다.……여래만이 능히 사람들을 잘 아느니라.

아난아, 녹주 우바이는 어리석고 지혜가 적어서 여래가 한결같이 설법한 것에 대해 마음에 의심이 생긴 것이다. 어떠냐? 아난아, 여래가 두 말을 하더냐?"

아난이 부처님께 아뢰었다.

"아닙니다, 세존이시여."

부처님께서 아난에게 말씀하셨다.

"훌륭하고 훌륭하다. 여래가 설법을 함에 있어서 어디서건 두 말을 할 리가 없다. 아난아, 만일 부란나富蘭那가 계율을 가졌고 이사달다梨師達多도 그와 같이 계율을 가졌다 해도 태어날 세계에 대해 부란나는 이사달다가 태어날 세계를 알지 못해 어느 세계에 태어날지, 어떤 생生을 받을지, 어떤 후세가 될지를 알지 못할 것이다. 만일 이사달다가 성취한 지혜를 부루나도 또한 그 지혜를 성취하였다면 이사달다도 또한 부루나가 어느 세계에 태어날지, 어떤 생을 받을지, 어떤 후세가 될지를 알지 못할 것이다.

아난아, 저 부루나는 계율을 가짐이 훌륭하고 이사달다는 지혜가 출중하다. 그러므로 그들이 함께 목숨을 마쳤을 때에 나는 '그 두 사람은 같은 세계에 태어나고 같은 생을 받으며 후세도 똑같이 사다함이 된 뒤에 도솔천에 태어났다가 한 번 이 세상에 와서는 괴로움을 완전히 벗어날 것이다'라고 말한 것이다. 그 두 사람의 차이를 여래가 아니고서야 그 누가 능히 알 수 있겠느냐? 그러므로 아난아, 사람들을 어림짐작으로 평가하지 말라. 어림짐작으로 평가하면 자기 자신의 생을 손감損減할 것이다. 오직 여래만이 능히 사람들을 알뿐이니라."

부처님께서 이 경을 말씀하시자 존자 아난은 부처님의 말씀을 듣고 기뻐하며 받들어 행하였다.

991. 녹주우바이경 ②

이와 같이 나는 들었다.

어느 때 부처님께서 석씨의 미성彌城 유리읍留利邑에서 여름 안거를 지내셨고 다른 비구들은 사위국 기수급고독원에서 여름 안거를 지냈다.

그때 비구들은 이른 아침에 가사를 입고 발우를 가지고 사위성으로 들어가 차례로 걸식하다가 녹주 우바이 집에 이르게 되었다. 녹주 우바이는 멀리서 비구들이 오는 것을 보고 얼른 자리를 펴고 비구들을 앉게 하였다.……이 사이의 자세한 내용은 앞의 아난경〔阿難修多羅〕에서 말한 것과 같다.

그때 그 비구들은 녹주 우바이에게 말했다.

"자매姉妹여, 그만 중지하시오. 당신이 어떻게 중생들의 근기가 우세한지 하열한지를 알겠소? 자매여, 오직 여래만이 능히 중생들의 근기가 우세한지 하열한지를 아신다오."

이렇게 말하고 자리에서 일어나 떠나갔다.

그때 그 비구들은 석 달 동안의 여름 안거를 마치고 옷을 다 지어 마친 다음 가사와 발우를 가지고 석씨의 읍인 미성彌城 유리留利로 갔다. 거기에 이르러서는 가사와 발우를 챙겨두고 발을 씻은 다음 부처님께서 계신 곳으로 나아가 부처님의 발에 머리를 조아리고 한쪽에 물러나 앉아서 녹주 우바이와 나누었던 이야기들을 부처님께 자세히 아뢰었다.

부처님께서 비구들에게 말씀하셨다.

"녹주 우바이가 어떻게 세간 중생들의 근기가 우세한지 하열한지를 알겠느냐? 오직 여래만이 세간 중생들의 근기가 우세한지 하열한지를 알 수 있을 뿐이니라.

그는 성냄과 교만을 여의지 못했고 때로는 탐욕도 일으키며, 법을 듣지 않고 많이 들어 배우지도 않았으며 법에 대한 소견을 길들여 항복 받지도 못하였고 때때로 해탈하려는 마음을 일으키지도 않는다. 비구들아, 또 어떤 사람은 성냄과 교만을 여의지 못했고 때로 탐욕을 일으키긴 하지만 그는 법을 듣고 많이 들어 배우고 익혔으며 소견을 잘 길들여 항복 받으며 때때로 해탈하려는 마음을 일으키기도 한다. 만약 그것에 대하여 '이것은 그럴 만한 이치가 있고 저것도 저럴 만한 이치가 있다. 그들은 같은 세계에 태어나고 생을 받으며 후세가 똑같을 것이다'라고 어림짐작으로 평가한다면 그는 오래도록 이치가 아니고 이익도 없는 괴로움만 받게 될 것이다.

비구들아, 또 어떤 사람은 성냄과 교만을 여의지 못하고 때때로 탐욕을 일으키며, 또한 법을 듣지도 않고 많이 들어 익히지도 않으며 소견을 길들여 항복 받지 못하고 때때로 해탈하려는 마음을 내지 않으면 나는 그런 사람을 비열하고 하천한 사람이라고 말한다. 비구들아, 또 어떤 사람은 성냄과 교만을 여의지 못하고 때때로 탐욕을 일으키지만 그는 법을 듣고 많이 들어 알기를 좋아하며, 모든 소견을 길들여 항복 받고 때때로 해탈하려는 마음을 일으키면, 나는 그런 사람을 제일 훌륭한 사람이라고 말한다. 이 두 사람의 차이를 여래가 아니고서야 누가 능히 알겠느냐?

그런 까닭에 비구들아, 사람들을 어림짐작으로 평가하지 말라.……(이하 생략)……여래만이 능히 그가 우세한지 하열한지를 알 수 있을 뿐이니라.

비구들아, 또 어떤 사람은 성냄과 교만을 여의지 못하고 때때로 나쁜 욕설을 하며……이 사이의 자세한 내용은 앞에서 말한 것과 같다.……비구들아, 또 어떤 사람이 어질고 착하며 편안하고 즐거운 곳에 함께 머물며 명철하고 지혜로운 사람을 좋아하고 범행을 닦는 이와 같이 함께 있기를 좋아한다. 그러나 그는 법 듣기를 좋아하지 않고,……(이하 생략)……때때로 해탈하려는 마음을 그 사람은 어질고 착한 자리에는 머물지만 앞으로 더 나아가지는 못하느니라. 어질고 착한 자리란 인간 세계와 천상세계를 말하는 것이다.

또 어떤 사람은 그 성품이 어질고 착하며 대중들과 안락한 곳에 함께 머물며 범행을 닦는 사람을 좋아하여 벗으로 삼으며 바른 법 듣기를 좋아하고 많이 들어 배워 익히며 제 소견을 잘 길들이고 때때로 해탈하려는 마음을 낸다면 그는 어질고 착한 자리에서 더욱 더 훌륭한 곳으로 나아가는 사람임을 알아야 한다. 그리고 그 사람은 바른 법의 흐름을 충분히 감당해낼 수 있는 사람임을 알아야 한다.

이런 두 사람의 차이를 여래가 아니고서야 누가 알 수 있겠느냐? 그러므로 비구들아, 사람들을 함부로 평가하지 말라. 사람들을 함부로 평가하면 스스로 근심거리를 부를 것이다. 오직 여래만이 사람들을 알 수 있을 뿐이니라.

비구들아, 녹주 우바이는 어리석고 지혜가 적어……이 사이의 자세한 내용은 앞에서 말한 것과 같다."

부처님께서 이 경을 말씀하시자 모든 비구들은 부처님의 말씀을 듣고 기뻐하며 받들어 행하였다.

992. 복전경福田經[17]

이와 같이 나는 들었다.

어느 때 부처님께서 사위국 기수급고독원에 계셨다.

그때 급고독給孤獨 장자는 부처님께서 계신 곳으로 나아가 부처님의 발에 머리를 조아리고 한쪽에 물러나 앉아서 부처님께 아뢰었다.

---

17 이 소경에 참고될 만한 비슷한 내용의 경으로는 『중아함경』 제30권 127번째 소경인 복전경福田經이 있다.

"세존이시여, 세상에는 복밭〔福田〕이 몇 가지나 있습니까?"

부처님께서 장자에게 말씀하셨다.

"세상에는 두 가지의 복밭이 있다. 어떤 것이 그 두 가지인가 하면, 배우는 사람〔學〕[18]과 다 배운 사람〔無學〕[19]이니라."

곧 게송으로 말씀하셨다.

세상에는 배우는 이와 다 배운 이가 있으니
큰 법회를 열어 언제나 청하여라.
그는 마음이 정직하고 진실하며
몸이나 입도 또한 그러하니라.
그들은 진실로 좋은 복 밭이니
그들에게 보시하면 큰 과보果報 얻으리라.

부처님께서 이 경을 말씀하시자 급고독 장자는 부처님의 말씀을 듣고 기뻐하며 받들어 행하였다.

18 성자聖者의 네 가지 과위[須陀洹·斯陀含·阿那含·阿羅漢] 중 아직까지 배워야 할 것이 남아 있는 앞의 세 가지 과위를 가리킴.

19 성자의 네 번째 과위 중 이미 다 배워서 이제는 배워야 할 것을 남기지 않은 경지를 말하는 것으로 아라한과阿羅漢果를 가리킴.

잡아함경 제 36 권

993. 찬상좌경讚上座經[1]

이와 같이 나는 들었다.

어느 때 부처님께서 사위국 기수급고독원에 머무시고 계셨다.

그때 여러 상좌上座 비구들은 부처님을 모시고 좌우에 서 있었다. 즉 존자 아야교진여阿若憍陳如·존자 마하가섭摩訶迦葉·존자 사리불舍利弗·존자 마하 목건련摩訶目揵連·존자 아나율타阿那律陀·존자 이십억이二十億耳·존자 타라표마라자陀羅驃摩羅子·존자 바나가바사婆那迦婆娑·존자 야사사라가비하리耶舍舍羅迦毘訶利·존자 부류나富留那·존자 분타단니가分陀檀尼迦 등이었고 그 밖의 다른 상좌 비구들도 부처님을 모시고 좌우에 서 있었다.

그때 존자 바기사婆耆舍는 사위국 동쪽 동산 녹자모鹿子母 강당에 있었다. 그는 이렇게 생각하였다.

'오늘 세존께서 사위국 기수급고독원에 계시고, 여러 상좌 비구들은

1 이 소경은 『별역잡아함경別譯雜阿含經』 제13권 일곱 번째 소경과 그 내용이 비슷하다.

부처님을 모시고 좌우에 서 있다. 나는 지금 당장 세존께서 계신 곳으로 나아가 사람마다 각각 게송 하나씩을 지어 여러 상좌 비구들을 찬탄하리라.'

그렇게 생각한 그는 곧 부처님께서 계신 곳으로 나아가 부처님의 발에 머리를 조아리고 한쪽에 물러나 앉아서 게송으로 말하였다.

으뜸가는 상좌 비구들
온갖 탐욕 이미 다 끊고
일체 세간의 쌓이고 쌓인 번뇌
그 모든 것을 완전히 벗어났네.

지혜는 깊으나 말은 적으며
용맹스럽고 부질ㄴ한 노력과 방편에 힘쓰며
도덕은 맑고 밝게 드러났기에
머리 조아려 지금 나는 예배하네.

모든 원수 악마를 다 항복 받고
시끄럽고 속된 무리 멀리 여의며
다섯 가지 욕망에 얽매이지 않고
언제나 고요하고 한가함 익혀
맑고 빈 마음에 욕심 없으시기에
머리 조아려 나는 이제 예배하네.

차라연遮羅延의 훌륭한 종족
선정에 들어 방일放逸하지 않고
마음으로 정수正受를 좋아하면서

맑고 깨끗하게 번뇌를 여의고
슬기로운 변재辯才로 깊은 뜻 드러내기에
그러므로 머리 숙여 예배드리네.

그가 얻은 신통과 지혜
모든 신통의 힘을 초월하고
여섯 가지 신통 있는 대중들
자유자재로 두려움 없어
그 신통 가장 훌륭하기에
그러므로 머리 숙여 예배드리네.

삼천대천三千大千 저 세계 안에
다섯 세계에 태어난 저 중생들로부터
나아가 범천 세계에 이르기까지
하늘과 사람들의 우세하고 하열한 것
깨끗한 천안天眼으로 모두 다 보기에
그러므로 머리 숙여 예배드리네.

부지런한 노력과 방편의 힘으로
모든 탐애의 쌓임을 끊고
나고 죽는 그물을 찢어 없애며
마음은 언제나 바른 법을 좋아하네.

구하고 바라는 모든 생각 여의고
저 언덕으로 뛰어 건너가
맑고 깨끗하여 번뇌가 없기에

그러므로 머리 숙여 예배드리네.

그 어떤 두려움도 아주 여의어
의지함 없고 재물을 떠나
마음으로 흡족할 줄 알고 의혹을 끊고
모든 악마와 원수를 항복 받고
몸을 생각하되 청정한 것 관하기에
그러므로 머리 숙여 예배드리네.

그 어느 세상의 어떤 번뇌도
조그만 가시 숲도 남음이 없고
어떤 결박도 모두 풀어버리고
세 가지 존재의 인연 끊었네.

정밀하게 다루어져 모든 번뇌를 없애고
최상의 지혜 광명으로 밝게 비치며
어두운 숲에 대해 그 숲을 떠나갔기에
그러므로 머리 숙여 예배드리네.

의지하고 살던 집을 버리고
허깨비·거짓·어리석음·성냄 없애며
모든 애욕과 기뻐함을 길들여 항복 받고
온갖 삿된 견해를 멀리 벗어나
맑고 깨끗하고 한 점 티도 없기에
그러므로 머리 숙여 예배드리네.

그 마음 자유로이 움직이되
단단하고 튼튼하여 흔들림 없고
지혜와 큰 덕의 힘은
항복 받기 어려운 악마를 항복 받고
무명의 큰 번뇌를 끊어 없앴기에
그러므로 머리 숙여 예배드리네.

모든 어둠 여읜 큰 어른이시고
적멸寂滅 얻으신 모니牟尼 높으신 분
바른 법으로 때와 허물 여의고
큰 광명 스스로 밝게 나타내어
일체 세계를 두루두루 비추기에
그러므로 부처라 부른다네.

지신地神과 허공과 또 하늘과
저 삼십삼천 하늘 신의
그 광명들 가리어 어둡게 하였으니
그러므로 부처라 부른다네.

나고 죽는 세계를 다 벗어나고
모든 중생 무리를 멀리 뛰어넘으며
부드럽고 연약한 마음을 길들여
정각正覺께서는 가장 높은 진리를 깨달으셨네.

결박이란 결박은 모두 끊어버리고
그 어떤 외도도 다 굴복시키며

일체의 악마 원수 다 항복 받고
위없는 바른 진리 증득證得하여
모든 티끌과 때를 여의었기에
그러므로 머리 숙여 예배드리네.

존자 바기사가 게송으로 찬탄할 그때 모든 비구들은 그의 말을 듣고 매우 기뻐하였다.

994. 바기사멸진경婆耆娑滅盡經[2]

이와 같이 나는 들었다.

어느 때 부처님께서 사위국 기수급고독원에 계셨다.

그때 존자 바기사는 사위국 동쪽 동산 녹자모 강당에 있었는데 병세가 위독하여, 존자 부린니(富隣尼 : 富樓那)가 간병인看病人이 되어 공양을 보살펴주고 있었다.

그때 존자 바기사가 존자 부린니에게 말하였다.

"그대는 세존께서 계신 곳으로 가서 내 말로써 세존께 아뢰어주시오.

'존자 바기사는 세존의 발에 머리를 조아리고 문안드립니다.

〈병이나 괴로움이 적으시고 기거가 경건하시며 편안히 지내십니까?〉'

그리고 다시 아뢰어 주시오.

'존자 바기사는 동쪽 동산 녹자모 강당에 있는데 병세가 위독하여

2 이 소경은 『별역잡아함경』 제13권 여덟 번째 소경과 그 내용이 비슷하다.

세존을 직접 가서 뵈옵고자 해도 세존께서 계신 곳까지 갈 기력이 없습니다. 훌륭하신 세존이시여, 존자 바기사를 가엾이 여기시어 동쪽 동산 녹자모 강당의 존자 바기사가 있는 곳까지 찾아주시기를 바라나이다.'"

그때 존자 부린니는 그 청을 받들고 곧 세존께서 계신 곳으로 나아가 부처님의 발에 머리를 조아려 예를 올리고 한 쪽에 물러나 앉아서 이렇게 아뢰었다.

"존자 바기사는 지금 동쪽 동산 녹자모 강당에 있는데 병세가 위독하여 세존을 뵈옵고자 해도 뵈러 갈 기력이 없습니다. 훌륭하신 세존이시여, 존자 바기사를 가엾이 여기시어 동쪽 동산 녹자모 강당의 존자 바기사가 있는 곳까지 찾아주셨으면 히고 바라고 있습니다."

그러자 세존께서는 잠자코 허락하셨다. 존자 부린니는 부처님께서 허락하신 것을 알고 곧 자리에서 일어나 부처님 발에 예배하고 물러갔다.

세존께서는 저녁때가 되어 선정에서 깨어나시더니 존자 바기사가 잇는 곳으로 가셨다. 존자 바기사는 멀리 세존께서 오시는 것을 보고 책상을 붙잡고 일어나려고 하였다. 그때 세존께서 존자 바기사가 책상을 붙잡고 일어나려고 애쓰는 모습을 보시고 말씀하셨다.

"바기사야, 함부로 움직이지 말라."

그렇게 말씀하시고는 곧 자리에 앉으시어 존자 바기사에게 물으셨다.

"네가 앓고 있는 질병이 좀 편안해져서 참고 견딜 만한가? 몸의 온갖 고통은 좀 덜하고 더하지나 않은가?"……이 사이의 자세한 내용은 앞의 염마가경[3]에서 말한 것과 같다.

---

3 이 경 제5권 104번째 소경인 『염마경焰摩經』을 말하는 것이다.

"제 병의 고통은 갈수록 더하고 덜하지 않는 것 같습니다."

부처님께서 바기사에게 말씀하셨다.

"내가 이제 너에게 물으리니 생각하고 있는 대로 나에게 대답하라. 네 마음은 물들지도 않고 집착하지도 않으며 더럽지도 않고 해탈하여 모든 뒤바뀜에서 벗어나게 되었는가?"

바기사가 부처님께 아뢰었다.

"제 마음은 물들지도 않고 집착하지도 않으며 더럽지 않고 해탈하여 모든 뒤바뀜에서 벗어났습니다."

부처님께서 바기사에게 말씀하셨다.

"너는 어떤 것을 네 마음은 물들지도 않고 집착하지도 않으며 더럽지도 않고 해탈하여 모든 뒤바뀜에서 벗어나게 되었다고 하느냐?"

바기사가 부처님께 아뢰었다.

"저는 과거에도 눈이 형상〔色〕을 보고 생기는 인식작용에 대하여 마음으로 돌아보아 기억하지 않고 미래의 형상에 대해 기뻐하지 않으며 현재의 현상에 대해 집착하지 않습니다. 저는 과거·미래·현재에서 눈이 현상을 보고 일으키는 인식작용에 대하여 탐하는 욕심〔貪欲〕과 사랑하고 좋아하는 생각〔愛念〕이 없어지고 욕망도 없으며 소멸하고 사라지며 쉬고 떠나고 해탈하여 마음까지도 이미 심해탈까지 하였습니다. 그러므로 물들지도 않고 집착하지도 않으며 더럽혀지지도 않고 모든 뒤바뀜을 여의어 정수正受에 머물게 되었습니다. 이와 같이 귀·코·혀·몸·뜻의 알음알이도 과거의 법에 대해 마음이 돌아보아 기억하지 않고 미래에 대하여 기뻐하지 않으며 현재에도 집착하지 않고 과거·미래·현재의 법에 대해 사랑하거나 탐하는 마음이 없어지고 욕망도 없으며 소멸하고 사라지며 쉬고 떠나고 해탈하여 이미 심해탈까지 하였습니다. 그러므로 물들지도 않고 집착하지도 않으며, 더럽혀지지도 않고 해탈하여 모든 뒤바뀜에서 벗어나 정수에 머물게 되었습니다. 원컨대 세존이시여, 오늘 최후로 저를 유익하게 하시는 뜻에서 제 게송을 들어주소서."

부처님께서 말씀하셨다.

"좋을 대로 하여라."

존자 바기사는 자리에서 일어나 몸가짐을 바르게 하고 단정히 앉아 기억을 한곳에 집중하고서 게송으로 말하였다.

나는 지금 부처님 앞에 앉아
머리 조아려 공경하고 예배하네.
일체의 온갖 법에 대하여
그 어느 것에서도 해탈하였네.

모든 법의 모양을 잘 이해하고
바른 법을 깊이 믿고 좋아합니다.
세존께서는 등정각等正覺이시고
세존께서는 큰 스승이시며

세존께서는 악마를 항복 받고
세존께서는 큰 모니牟尼이시니
모든 번뇌를 다 소멸하시고
일체 중생을 몸소 건지시네.

세존께서는 이 세상의
그 어떤 법도 다 깨달아 아시니
진실로 이 세상에 법을 알기로는
부처님보다 나은 이 전혀 없네.

저 모든 하늘과 인간들 중에도
부처님과 같은 이 또한 없나니
그러므로 나는 오늘 크게 정진하신
그 분께 머리를 조아립니다.

가장 큰 선비님께 머리 조아리나니
그는 온갖 애욕의 가시 뽑았네.
나는 지금 죽음에 다다라
마지막으로 세존을 뵈었기에

일종日種[4] 어른님께 머리 조아리고
오늘 밤 반열반般涅槃에 들겠나이다.
바른 지혜로 바른 기억 잡아매고
장차 썩어 없어질 이 몸뚱이의

남은 세력이 일으킨 모든 것
오늘밤부터는 영원히 사라지고
다시는 삼계에 물들지 않아
남음 없는 열반에 들어가리라.

괴로운 느낌과 즐거운 느낌
괴롭지도 않고 즐겁지도 않은 느낌은
접촉〔觸〕의 인연으로 생기는 것

---

4 구담瞿曇의 다른 명칭이다. 인도에는 일종日種과 월종月種의 왕족王族이 있는데, 구담 부처님께서 태어난 석가釋迦족도 일종에 속한다.

이제는 그런 것들 영원히 끊어 없애리.

괴로운 느낌과 즐거운 느낌
괴롭지도 않고 즐겁지도 않은 느낌은
접촉의 인연으로 생기는 것
이제는 그런 줄을 분명히 알았네.

안에서나 혹은 바깥에서 생기는
괴롭거나 즐거운 모든 느낌들
그 느낌들에 대해 집착 없나니
바른 지혜로 마음을 바르게 잡아맨다.

처음이나 중간이나 마지막에도
모든 쌓임의 장애가 없고
일체의 쌓임을 이미 다 끊었나니
그 느낌을 남김없이 밝게 알았네.

진실을 분명히 보는 사람은
91겁[5]을 설명하기를
3겁 중에는 불공겁不空劫으로
큰 신선인 높은 어른 계시나
3겁이 지나면 의지할 곳〔洲〕[6]이 없고

---

5 이 게송에 서술된 91겁 가운데 단지 3겁에만 부처님께서 출현하시고 그 나머지 겁 동안은 부처님께서 전혀 출현하시지 않는다. 때문에 이것을 공포겁恐怖劫이라고 한다.

6 대하의 중간에 잇는 성으로 천중도川中道를 말함. 큰 바다에서 성은 모든 이에게 의지

공포겁恐怖劫에 두려워할 뿐이네.

마땅히 알아야 하리. 큰 신선께서
이 세상에 다시 출현出現하시어
모든 하늘과 사람 편하게 해주시고
눈을 뜨여 어둠에서 벗어나게 해주시리.

모든 중생들에게 깨달음 나타내시어
일체는 다 괴로운 것임을 깨닫게 하셨네.
괴로움과 괴로움의 발생과
괴로움을 벗어난 지극히 고요한 경지〔寂滅〕와
현성의 여덟 가지 바른 길〔八正道〕을 깨닫게 하여
안온하게 열반으로 나아가게 하시네.

이 세상에서 만나기 어려운 분
나는 현재 세상에서 다 얻었네.
이 세상에 태어나 사람 몸 얻고서
바른 법의 연설을 들었다네.

제각기 자기들의 소원을 따라
때〔垢〕를 여의고 청정함을 구하고
오로지 자기 이익만을 전념하여 닦으면서
헛되이 지내 결과 없게 하지 말라.

처가 되듯 부처님도 모든 중생들에게 의지처가 되므로 부처님을 섬에 비유한 것이다.

헛되이 지내면 근심이 생기고
장차는 지옥의 괴로움 받으리라.
말씀하신 그 바른 법을
좋아하지 않고 받으려 하지 않으면

오랫동안 나고 죽는 가운데 있으면서
윤회輪廻가 그칠 날 기약 없으며
오랜 세월 동안 괴로워하고 번민함이
마치 재물을 잃은 상인 같으리.

내게는 이제 온갖 경사 모여
다시는 나고 늙고 죽는 일 없고
윤회는 이미 다 끊어져
두 번 다시 태어남 받지 않으리.

애욕의 강물이 흐르는 물길
이제는 모두 다 말라버리고
이미 모든 쌓임〔陰〕의 근본을 뽑았으니
사슬고리 이어지지 않으리.

큰 스승님께 공양하여 마쳤고
해야 할 일 이미 끝냈으며
무거운 짐 다 벗어버렸고
존재의 흐름도 이미 다 끊어졌네.

다시는 태어남을 좋아하지 않고

죽음 또한 싫어할 것도 없네.
바른 지혜로 생각을 거두어 잡아
다만 죽을 때가 오기만을 기다리네.

넓은 벌판의 코끼리 생각하면
60마리의 용맹한 짐승으로서
하루아침에 쇠사슬에서 풀려나
수풀 속에서 마음대로 즐기네.

이 바기사도 또한 그와 같아서
큰 스승의 입에서 태어난 아들로서
모든 속된 무리들 싫어서 버리고
바른 기억으로 때 오기를 기다리네.

내 이제 너희들께 일러두나니
여기 와 모인 이들은 모두
내가 읊는 마지막 게송을 들어라
그 진리 유익함이 많을 것이다.

한 번 생겨난 것은 다 사라지나니
어느 것 하나 영원한 것 없네.
어느새 생겨났다 어느새 죽는 법
어찌 그것 영원하다 믿을 것인가.

그러므로 그 뜻을 굳세게 하여
꾸준히 노력하고 방편으로 구하되

모든 것 두려운 줄 잘 관찰해
모니牟尼의 길 그대로 따라 행하라.

이 괴로움의 쌓임 빨리 버리고
다시는 윤회의 길 더하지 말라.
부처님 입에서 생겨난 아들
이 게송으로 찬탄한 뒤에

그 대중들과 영원히 하직하고
이 바기사는 열반에 들었다.
자애롭고 불쌍히 여기는 마음으로
위없는 이 게송을 그는 읊었네.

여래의 법에서 생겨난 아들
존자 바기사는
중생을 가엾이 여기는 마음으로
위없는 이 게송 읊고 나서
반열반般涅槃에 드니
중생들이 공경하고 예배하였네.

995. 아련야경阿練若經[7]

이와 같이 나는 들었다.

---

7 이 소경은 『별역잡아함경』 제8권 첫 번째 소경과 그 내용이 비슷하다.

어느 때 부처님께서 사위국 기수급고독원에 계셨다.

그때 얼굴이 아주 잘생긴 어떤 천자天子가 새벽에 부처님께서 계신 곳으로 찾아가서 부처님의 발에 머리를 조아리고 한쪽에 물러나 앉아 있었는데, 그의 온몸에서 나오는 광명이 기수급고독원을 두루 비추었다.

그때 그 천자가 게송으로 부처님께 여쭈었다.

아련야阿練若의 비구[8]는
텅 비고 한가한 곳에 머물면서
고요한 가운데 범행梵行을 닦고
하루 한 끼만을 먹고 있는데도
무슨 까닭으로
그 얼굴빛이 그리도 선명합니까?

그때 세존께서 게송으로 대답하셨다.

지나간 일에 대해 근심이 없고
다가올 일에 대해 반겨하지 않으며
현재에는 얻는 그대로 따르고
바른 지혜로 생각을 매어 두며
먹는 것에도 생각을 거두었기에
얼굴빛이 언제나 곱고 밝다네.

---

8 아련야를 팔리어로는 arañña라고 한다. 번역하여 한림閑林·한정처閑靜處라고 하는데 아련야 비구란 대중들과 떨어져 산 속의 굴이나 숲 속의 한가롭고 조용한 곳에서 수행하는 비구를 말한다.

다가올 일에 마음이 치달려 생각하고
지나간 일을 돌아보고 근심하고 뉘우치며
어리석음의 불로 제 자신을 태우는 것
마치 우박이 초목을 때림과 같네.

그 천자는 다시 게송으로 말하였다.

오래전에 바라문을 보았는데
그 바라문은 반열반을 얻어
모든 두려움에서 이미 벗어났고
세상 은애까지 모두 벗어났네.

그때 그 천자는 부처님의 말씀을 듣고 기뻐하면서 부처님의 발에 머리를 조아려 예를 올리고 곧 사라지더니 나타나지 않았다.

996. 교만경憍慢經[9]

이와 같이 나는 들었다.

어느 때 부처님께서 사위국 기수급고독원에 계셨다.

그때 얼굴이 아주 잘생긴 어떤 천자가 새벽에 부처님께서 계신 곳으로 찾아가서 부처님의 발에 머리를 조아려 예를 올리고 한쪽에 물러나 앉아 있었는데 그의 온몸에서 나오는 광명이 기수급고독원을 두루 비추었다.

---

9 이 소경은 『별역잡아함경』 제8권 두 번째 소경과 그 내용이 비슷하다.

그때 그 천자가 게송으로 부처님께 아뢰었다.

교만한 마음을 일으켜
제 마음을 잘 길들이지 못하고
한 번도 고요함을 닦지 않으며
또한 정수(正受 : 선정)에 들지도 않고
숲 속에서 방일하게 행동하면
죽음의 저 언덕을 넘어가지 못하리.

그때 세존께서 게송으로 대답하셨다.

교만한 마음 벌써 여의고
마음은 항상 정수에 들어
밝은 지혜로 잘 분별하여
일체의 결박에서 벗어났네.

나 혼자 한적한 숲 속에 있으면서
그 마음 함부로 방일하지 않나니
저 죽음의 악마 원수로부터 벗어나
어느 새 저 언덕에 건너갔다네.

그 천자는 다시 게송으로 대답하였다.

오래전에 바라문을 보았는데
그 바라문은 반열반을 얻어
모든 두려움에서 이미 벗어났고

세상의 은애까지 모두 벗어났네.

그때 그 천자는 부처님의 말씀을 듣고 기뻐하면서 부처님의 발에 머리를 조아리고 곧 사라지더니 나타나지 않았다.

997. 공덕증장경功德增長經[10]

이와 같이 나는 들었다.

어느 때 부처님께서 사위국 기수급고독원에 계셨다.

그때 얼굴이 아주 잘생긴 어떤 천자가 새벽에 부처님께서 계신 곳으로 찾아가서 부처님의 발에 머리를 조아리고는 한쪽에 물러나 앉아 있었는데 그의 온몸에서 나오는 광명이 기수급고독원을 두루 비추었다.

그때 그 천자가 게송으로 부처님께 여쭈었다.

어떻게 하면 밤낮으로
공덕을 항상 자라게 할 수 있으며
어떻게 하면 하늘에 태어나는지
바라건대 자세히 설명하여 주소서.

그때 세존께서 게송으로 대답하셨다.

동산에 과일나무 심으면

10 이 소경은 『별역잡아함경』 제8권 세 번째 소경과 그 내용이 비슷하다.

나무 그늘은 맑고 시원할 것이요
다리나 배로써 물 건네어 주고
복이 되고 덕이 되는 집을 지으며
우물을 파서 목마름을 풀어주고
객사를 지어 나그네 쉬게 하라.

이와 같이 하면 그 공덕은
밤낮으로 항상 자라날 것이다.
또 법답게 계율을 갖추면
그 인연으로 천상에 태어나리라.

그러자 그 천자는 다시 게송으로 대답하였다.

오래전에 바라문을 보았는데
그 바라문은 반열반을 얻어
모든 두려움에서 이미 벗어났고
세상의 은애까지 영원히 벗어났네.

그때 그 천자는 부처님의 말씀을 듣고 기뻐하면서 부처님의 발에 머리를 조아리고 곧 사라지더니 나타나지 않았다.

998. 시하득대력경時何得大力經[11]

이와 같이 나는 들었다.

어느 때 부처님께서 사위국 기수급고독원에 계셨다.

그때 얼굴이 아주 잘생긴 어떤 천자가 새벽에 부처님께서 계신 곳으로 찾아가서 부처님의 발에 머리를 조아리고는 한쪽에 물러나 앉아 있었는데 그의 온몸에서 나오는 광명이 기수급고독원을 두루 비추었다.

그때 그 천자가 게송으로 부처님께 여쭈었다.

무엇을 보시해야 큰 힘을 얻고
무엇을 보시해야 아름다운 용모를 얻으며
무엇을 보시해야 안락을 얻고
무엇을 보시해야 밝은 눈을 얻습니까?

또 어떤 보시를 닦아 익혀야
일체 보시라 이름하는지
이제 세존께 여쭈옵나니
바라건대 분별하여 설명해주소서.

그때 세존께서 게송으로 대답하셨다.

음식을 보시하면 큰 힘을 얻고
의복을 보시하면 아름다운 용모를 얻으며

---

11 이 소경은 『별역잡아함경』 제8권 네 번째 소경과 그 내용이 비슷하다.

수레를 보시하면 안락을 얻고
등불을 보시하면 밝은 눈 얻는다.

집을 지어 나그네를 대접하면
그것을 일체 보시라고 말하고
중생들에게 법으로 깨우쳐 이끌어주면
그것은 곧 감로甘露를 보시함이다.

그러자 그 천자는 다시 게송으로 대답하였다.

오래전에 바라문을 보았는데
그 바라문은 반열반을 얻어
모든 두려움에서 이미 벗어났고
세상의 은애까지 영원히 벗어났네.

그때 그 천자는 부처님의 말씀을 듣고 기뻐하면서 부처님의 발에 머리를 조아리고는 곧 사라지더니 나타나지 않았다.

999. 환희경歡喜經[12]

이와 같이 나는 들었다.
어느 때 부처님께서 사위국 기수급고독원에 계셨다.
그때 얼굴이 아주 잘 생긴 실비리悉鞞梨라고 하는 어떤 천자 새벽에

12 이 소경은 『별역잡아함경』 제8권 다섯 번째 소경과 그 내용이 비슷하다.

부처님께서 계신 곳으로 찾아가서 부처님의 발에 머리를 조아리고 한쪽에 물러나 앉아 있었는데 그의 온몸에서 나오는 광명이 기수급고독원을 두루 비추었다.

그때 그 천자가 게송으로 부처님께 아뢰었다.

모든 하늘과 세상 사람들
음식을 보고는 모두 기뻐하는데
과연 그 어느 세상에서도
행복과 즐거움이 저절로 따르나이까?

그때 세존께서 게송으로 대답하셨다.

깨끗한 믿음으로 보시 행하면
이 세상이나 저 세상이나
어디든지 그가 가는 곳에는
그림자처럼 복의 과보果報 따르리.

그러므로 인색한 마음 버리고
때 없는 깨끗한 보시 행하라.
보시하면 이 세상이나 저 세상이나
어디서나 기쁨을 누리게 되리.

그때 그 실비리 천자가 부처님께 아뢰었다.
"기이합니다. 세존이시여, 그 이치를 잘 말씀해주셨습니다."

깨끗한 믿음으로 보시 행하면

이 세상이나 저 세상이나
어디든지 그가 가는 곳에는
그림자처럼 복의 과보 따르리.

그러므로 인색한 마음 버리고
때 없는 깨끗한 보시 행하라.
보시하면 이 세상이나 저 세상이나
어디서나 기쁨을 누리게 되리.

천자 실비리가 부처님께 아뢰었다.

"세존이시여, 저는 과거 세상 어느 때인가 왕이 되었던 적이 있었는데 그때 저의 이름을 실비리라고 하였습니다. 저는 네 성문에 보시를 행하여 복을 지었고, 그 성 안에는 네 갈래 길이 있었는데, 거기에서도 보시를 행해 복을 지었습니다. 그때 저의 첫째 부인이 저에게 와서 말하였습니다.

'대왕께서는 큰 복덕을 짓는데 저는 복업福業을 닦을 만한 능력이 없습니다.'

그래서 저는 부인에게 말해주었습니다.

'성 동문 밖에서 보시를 행해 지은 복은 다 당신에게 돌아가게 하겠소.'

그러자 여러 왕자들이 내게 와서 말하였습니다.

'대왕께서는 공덕을 많이 지으시고 부인께서도 그렇게 하는데, 우리는

복업을 닦을 만한 능력이 없습니다. 우리도 대왕을 의지해 조금이나마 공덕을 짓고 싶습니다.'

그래서 저는 대답하였습니다.

'성 남문 밖에서 보시를 행해 지은 복은 다 너희들에게 돌아가게 하리라.'그러자 대신들이 저에게 와서 말하였습니다.

'오늘 대왕께서는 공덕을 많이 지으셨고 부인과 왕자들도 다 그렇게 하셨는데, 저희들은 복업을 닦을 만한 능력이 없습니다. 저희들도 대왕을 의지해 조금이나마 복을 짓고 싶습니다.'

그래서 나는 말했습니다.

'성 서문 밖에서 보시해 지은 복은 다 그대들에게 돌아가게 하리라.'

그때 또 여러 장군들이 저에게 와서 말하였습니다.

'오늘 대왕께서는 공덕을 많이 지으셨고 부인과 태자와 여러 대신들도 다 그렇게 하였는데 오직 저희들만 복업을 닦을 만한 능력 이 없습니다. 저희들도 대왕을 의지해 복을 짓고 싶습니다.'

그래서 저는 대답하였습니다.

'성 북문 밖에서 보시를 행해 지은 복은 다 그대들에게 돌아가게 하리라.'

그러자 온 나라 백성들이 저에게 와서 말하였습니다.

'오늘 대왕께서는 공덕을 많이 지으셨고 부인과 왕자와 대신과 여러 장군들도 다 그렇게 하였사온데 저희들은 복을 닦을 만한 힘이 없습니다. 저희도 대왕을 의지해 조금이나마 복을 짓고 싶습니다.'

저는 그들에게 대답하였습니다.

'성 안의 네거리 길목에서 보시를 행해 지은 복은 다 그대들에게 돌아가게 하리라.'

그때 국왕의 부인·왕자·대신·장군·백성들은 다 보시를 행하여 모든 공덕을 짓게 되자 제가 먼저 지은 보시의 공덕은 다 없어지고 말았습니다. 그러자 제가 시켜서 복을 짓게 하였던 여러 사람들은 제가 있는 곳으로 와서 저에게 절하고 말하였습니다.

'대왕께서는 마땅히 아셔야만 합니다. 온갖 복을 닦으신 곳마다 부인 · 왕자 · 대신 · 장군 · 백성들이 제각기 한 곳씩 차지해 보시를 행해 복을 짓고 나니, 대왕께서 보시한 공덕은 이제 다 없어지고 말았습니다.'

그래서 저는 그들에게 대답해주었습니다.

'선남자善男子들이여, 변방 여러 나라에서 세금으로 받는 재물들은 당연히 내게 다 들어오고 있는데 그 중 절반은 창고에 넣고 절반은 그곳에서 보시해 복을 지으라.'

그들은 명령을 받고 곧 변방 나라로 가서 모든 재물을 모아 절반은 창고로 보내고 절반은 그곳에서 보시해 복을 지었습니다. 그래서 저는 오랜 세월 동안 이렇게 보시해 복을 지음으로 인하여 오랜 세월 동안 사랑할 만하고 기억할 만하며 마음에 드는 복의 과보를 얻고 항상 즐거움을 받음이 끝이 없었습니다. 이런 복의 업〔福業〕과 복의 결과〔福果〕와 갚음〔福報〕은 다 큰 공덕 무더기의 수에 들어 있습니다.

비유하면 다섯 개 큰 강이 모여 한 줄기의 흐름이 되는 것과 같습니다. 이른바 항하恒河 · 야포나耶蒲那 · 살라유薩羅由 · 이라발제伊羅跋提 · 마혜摩醯 등 이 다섯 강이 모여 한 줄기의 흐름이 되면 그 강물의 백천만억 말〔斗〕이나 섬〔斛〕으로 된다고 해도 이러한 수량의 단위로는 저 강물을 헤아릴 수 없고, 저 큰 강물은 큰 물줄기가 되는 것처럼 제가 지은 공덕의 결과와 공덕의 과보도 헤아릴 수 없어 다 큰 공덕의 무더기 수에 들어갔습니다."

그때 천자 비실리는 부처님의 말씀을 듣고 기뻐하면서 부처님의 발에 머리를 조아리고는 이내 사라지더니 나타나지 않았다.

1000. 원유경遠遊經[13]

이와 같이 나는 들었다.

어느 때 부처님께서 사위국 기수급고독원에 계셨다.

그때 얼굴이 아주 잘 생긴 어떤 천자가 새벽에 부처님께서 계신 곳으로 찾아가서 부처님의 발에 머리를 조아리고 한쪽에 물러나 앉아 있었는데 그의 온몸에서 나오는 광명이 기수급고독원을 두루 비추었다.

그때 그 천자가 게송으로 부처님께 여쭈었다.

그 어떤 사람이 능히
먼 길을 떠날 때 좋은 벗이 되며
또한 어떤 사람이 능히
집안에 있을 적에 좋은 벗이 됩니까?

그 어떤 사람이 능히
재물을 가지고 있을 때 좋은 벗이 되며
그 어떤 사람이 능히
후세에 있어서 좋은 벗이 됩니까?

그때 세존께서 게송으로 대답하셨다.

상인에게는 길을 인도하는 길잡이가
길을 떠날 때는 좋은 벗이 되고

---

13 이 소경은 『별역잡아함경』 제8권 여섯 번째 소경과 그 내용이 비슷하다.

정숙하고 자상하며 어진 아내가
집 안에 있을 적엔 좋은 벗이 된다.

일가친척들과 서로 가까이 지내는 것이
재물을 지니고 있을 때는 좋은 벗이 되고
스스로 닦는 공덕功德이
후세에 있어서는 좋은 벗이 된다.

그러자 그 천자는 다시 게송으로 대답하였다.

오래전에 바라문을 보았는데
그 바라문은 반열반을 얻어
모든 두려움에서 이미 벗어났고
세상의 은애까지 영원히 벗어났네.

그때 그 천자는 부처님의 말씀을 듣고 기뻐하면서 부처님의 발에 머리를 조아리고는 곧 사라지더니 나타나지 않았다.

1001. 침박경侵迫經[14]

이와 같이 나는 들었다.
어느 때 부처님께서 사위국 기수급고독원에 계셨다.
그때 얼굴이 아주 잘 생긴 어떤 천자가 새벽에 부처님께서 계신 곳

14 이 소경은 『별역잡아함경』 제8권 일곱 번째 소경과 그 내용이 비슷하다.

으로 찾아가서 부처님의 발에 머리를 조아리고 한쪽에 물러나 앉아 있었는데 그의 온몸에서 나오는 광명이 기수급고독원을 두루 비추었다.

그때 그 천자가 게송으로 부처님께 아뢰었다.

어두운 운명이 목숨을 앗아가
그 때문에 사람의 목숨을 짧아지나니
늙음이 닥쳐와 침노하고 핍박하건만
아무도 구원해 보호해줄 사람 없다네.

이 늙음과 병듦과 죽음을 보면
사람들을 몹시 두렵게 하나니
오직 온갖 공덕을 지어야만
즐거움에 머물고 즐거운 곳으로 간답니다.

그때 세존께서 게송으로 대답하셨다.

어두운 운명이 목숨을 앗아가
그 때문에 사람의 목숨을 짧아지나니
늙음이 닥쳐와 침노하고 핍박하건만
아무도 구원해 보호해줄 사람 없구나.

남아 있는 이 몸의 허물을 보면
사람들을 몹시 두렵게 하나니
마땅히 이 세상 탐애를 끊고
무여열반無餘涅槃을 즐겨라.

그러자 그 천자는 다시 게송으로 말하였다.

오래전에 바라문을 보았는데
그 바라문은 반열반을 얻어
모든 두려움에서 이미 벗어났고
세상의 은애까지 영원히 벗어났네.

그때 그 천자는 부처님의 말씀을 듣고 기뻐하면서 부처님의 발에 머리를 조아리고는 곧 사라지더니 나타나지 않았다.

1002. 단제경斷除經[15]

이와 같이 나는 들었다.

어느 때 부처님께서 사위국 기수급고독원에 계셨다.

그때 얼굴이 아주 잘 생긴 어떤 천자가 새벽에 부처님께서 계신 곳으로 찾아가서 부처님의 발에 머리를 조아리고 한쪽에 물러나 앉아 있었는데 그의 온몸에서 나오는 광명이 기수급고독원을 두루 비추었다.

그때 그 천자가 게송으로 부처님께 여쭈었다.

몇 가지 법을 끊어 없애야 하고
몇 가지 법을 마땅히 버려야 하며
그리고 또 몇 가지 법을

15 이 소경은 『별역잡아함경』 제8권 아홉 번째 소경과 그 내용이 비슷하다.

방편으로 닦아 증진해야 하며
몇 가지 무더기를 뛰어넘어야
비구는 빠른 흐름을 건너게 됩니까?

그때 세존께서 게송으로 대답하셨다.

다섯 가지[16]를 끊고 다섯 가지[17]를 버리고 나서
다섯 가지 근본〔根〕[18]을 힘써 닦아서
다섯 가지 화합和合된 것[19]을 뛰어 넘으면
그 비구는 흐르는 물을 건널 수 있으리.

그러자 그 천자는 다시 게송으로 대답하였다.

오래전에 바라문을 보았는데
그 바라문은 반열반을 얻어
모든 두려움에서 이미 벗어났고
세상의 은애까지 영원히 벗어났네.

그때 그 천자는 부처님의 말씀을 듣고 기뻐하면서, 부처님의 발에

---

16 팔리어본 주석에 의하면 이 다섯 가지는 탐욕개貪欲蓋・진애개瞋恚蓋・수면개睡眠蓋・도회개掉悔蓋・의개疑蓋인 5개蓋를 말한다고 되어 있다.

17 팔리어본 주석에 의하면 이 다섯 가지는 색色・성聲・향香・미味・촉觸인 5욕欲을 가리키는 것이라고 되어 있다.

18 팔리어본 주석에 의하면 이 다섯 가지 근본이란 신근信根・정근精根・염근念根・정근定根・혜근慧根 등 5무루근無漏根을 지칭하는 것이라고 되어 있다.

19 팔리어본 주석에 의하면 이 다섯 가지는 탐결貪結・에결恚結・만결慢結・질결嫉結・간결慳結 등 5결을 지칭하는 것이라고 되어 있다.

머리를 조아리고는 곧 사라지더니 나타나지 않았다.

1003. 각면경覺眠經[20]

이와 같이 나는 들었다.

어느 때 부처님께서 사위국 기수급고독원에 계셨다.

그때 얼굴이 아주 잘 생긴 어떤 천자가 새벽에 부처님께서 계신 곳으로 찾아가서 부처님의 발에 머리를 조아리고 한쪽에 물러나 앉아 있었는데 그의 온몸에서 나오는 광명이 기수급고독원을 두루 비추었다.

그때 그 천자가 게송으로 부처님께 여주었다.

어떤 사람을 깨어 있어도 잠을 잔다 하고
어떤 사람을 잠을 자도 깨어있다 하며
어떤 사람을 더러운 때를 지녔다고 하고
어떤 사람을 청정함을 얻었다고 하는가?

그때 세존께서 게송으로 대답하셨다.

다섯 종류의 사람을 깨어 있어도 잔다고 하고
다섯 종류의 사람을 잠을 자도 깨어 있다 하며
다섯 종류의 사람을 더러운 때를 지녔다고 하고
다섯 종류의 사람을 청정함을 얻었다고 한다.

---

20 이 소경은 『별역잡아함경』 제8권 열 번째 소경과 그 내용이 비슷하다.

그러자 그 천자는 다시 게송으로 말했다.

오래전에 바라문을 보았는데
그 바라문은 반열반을 얻어
모든 두려움에서 이미 벗어났고
세상의 은애까지 영원히 벗어났네.

그때 그 천자는 부처님의 말씀을 듣고 기뻐하면서 부처님의 발에 머리를 조아리고는 곧 사라지더니 나타나지 않았다.

1004. 상희경相喜經[21]

이와 같이 나는 들었다.

어느 때 부처님께서 사위국 기수급고독원에 계셨다.

그때 얼굴이 아주 잘 생긴 어떤 천자가 새벽에 부처님께서 계신 곳으로 찾아가서 부처님의 발에 머리를 조아리고 한쪽에 물러나 앉아 있었는데 그의 온몸에서 나오는 광명이 기수급고독원을 두루 비추었다.

그때 그 천자가 게송으로 부처님께 여쭈었다.

어미와 자식은 서로 기뻐하고
소 임자는 그 소를 좋아하며
중생은 받은 그 몸을 좋아하나니
몸이 없어지는 것을 좋아할 이는 아무도 없네.

---

21 이 소경은 『별역잡아함경』 제8권 열한 번째 소경과 그 내용이 비슷하다.

그때 세존께서 게송으로 대답하셨다.

어미와 자식은 서로 걱정하고
소 임자는 그 소를 걱정하며
몸이 있으면 중생들 걱정하나니
몸이 없으면 중생들 걱정도 없으리라.

그러자 그 천자는 다시 게송으로 대답하였다.

오래전에 바라문을 보았는데
그 바라문은 반열반을 얻어
모든 두려움에서 이미 벗어났고
세상의 은애까지 영원히 벗어났네.

그때 그 천자는 부처님의 말씀을 듣고 기뻐하면서 부처님의 발에 머리를 조아리고는 곧 사라지더니 나타나지 않았다.

1005. 인물경人物經[22]

이와 같이 나는 들었다.

어느 때 부처님께서 사위국 기수급고독원에 계셨다. 그때 얼굴이 아주 잘 생긴 어떤 천자가 새벽에 부처님께서 계신 곳으로 찾아가서 부처님의 발에 머리를 조아리고 한쪽에 물러나 앉아 있었는데 그의

22 이 소경은 『별역잡아함경』 제8권 열여덟 번째 소경과 그 내용이 비슷하다.

온몸에서 나오는 광명이 기수급고독원을 두루 비추었다.

그때 그 천자가 게송으로 부처님께 여쭈었다.

어떤 것을 사람의 소유라 하고
어떤 것을 제일 좋은 도반이라 하며
무엇으로써 목숨을 보전하며
중생은 무엇을 의지하여 있습니까?

그때 세존께서 게송으로 대답하셨다.

논이나 집은 중생들의 소유이고
어진 아내는 제일 좋은 도반이며
음식으로써 목숨을 보존하고
직업은 중생이 의지하는 것이다.

그러자 그 천자는 다시 게송으로 말하였다.

오래전에 바라문을 보았는데
그 바라문은 반열반을 얻어
모든 두려움에서 이미 벗어났고
세상의 은애까지 영원히 벗어났네.

그때 그 천자는 부처님의 말씀을 듣고 기뻐하면서 부처님의 발에 머리를 조아리고는 곧 사라지더니 나타나지 않았다.

1006. 애무과자경愛無過子經[23]

이와 같이 나는 들었다.

어느 때 부처님께서 사위국 기수급고독원에 계셨다.

그때 얼굴이 아주 잘 생긴 어떤 천자가 새벽에 부처님께서 계신 곳으로 찾아가서 부처님의 발에 머리를 조아리고 한쪽에 물러나 앉아 있었는데, 그의 온몸에서 나오는 광명이 기수급고독원을 두루 비추었다.

그때 그 천자가 게송으로 부처님께 여쭈었다.

사랑하기는 자식보다 더한 것 없고
재산 중엔 소보다 더 귀한 것 없다.
광명은 해보다 더 밝은 것 없고
살라薩羅[24]는 바다보다 더한 것 없다.

그때 세존께서 게송으로 대답하셨다.

사랑함은 제 자신보다 더한 것 없고
재물은 곡식보다 더 나은 것 없다.
광명은 지혜보다 더 나은 것 없고
살라는 견해보다 더 지날 것이 없다.

그러자 그 천자는 다시 게송으로 말하였다.

---

23 이 소경은 『별역잡아함경』 제8권 열아홉 번째 소경과 그 내용이 비슷하다.
24 팔리어로는 sara라고 하며, 호수[湖]라는 뜻이다.

오래전에 바라문을 보았는데
그 바라문은 반열반을 얻어
모든 두려움에서 이미 벗어났고
세상의 은애까지 영원히 벗어났네.

그때 그 천자는 부처님의 말씀을 듣고 기뻐하면서 부처님의 발에 머리를 조아리고는 곧 사라지더니 나타나지 않았다.

1007. 찰리경刹利經[25]

이와 같이 나는 들었다.

어느 때 부처님께서 사위국 기수급고독원에 계셨다.

그때 얼굴이 아주 잘 생긴 어떤 천자가 새벽에 부처님께서 계신 곳으로 찾아가서 부처님의 발에 머리를 조아리고 한쪽에 물러나 앉아 있었는데 그의 온몸에서 나오는 광명이 기수급고독원을 두루 비추었다.

그때 그 천자가 게송으로 부처님께 여쭈었다.

찰리刹利는 사람 중에 제일 높고
황소는 동물 중에 가장 훌륭하니라.
순결한 처녀가 으뜸가는 아내이고
아들로는 맏아들이 제일 귀하다.

---

25 이 소경은 『별역잡아함경』 제8권 스무 번째 소경과 그 내용이 비슷하다.

그때 세존께서 게송으로 대답하셨다.

부처님은 사람 중에 제일 높고
산 말은 동물 중에 제일이니라.
남편에게 순종하면 어진 아내요
번뇌를 끊은 아들이 제일이니라.

그러자 그 천자는 다시 게송으로 말하였다.

오래전에 바라문을 보았는데
그 바라문은 반열반을 얻어
모든 두려움에서 이미 벗어났고
세상의 은애까지 영원히 벗어났네.

그때 그 천자는 부처님의 말씀을 듣고 기뻐하면서 부처님의 발에 머리를 조아리고는 곧 사라지더니 나타나지 않았다.

1008. 종자경種子經[26]

이와 같이 나는 들었다.

어느 때 부처님께서 사위국 기수급고독원에 계셨다.

그때 얼굴이 아주 잘 생긴 어떤 천자가 새벽에 부처님께서 계신 곳으로 찾아가서 부처님의 발에 머리를 조아리고 한쪽에 물러나 앉

26 이 소경은 『별역잡아함경』 제8권 스물두 번째 소경과 그 내용이 비슷하다.

아 있었는데 그의 온몸에서 나오는 광명이 기수급고독원을 두루 비추었다.

그때 그 천자가 게송으로 부처님께 아뢰었다.

땅에서 생겨난 중생들 중에
어떤 것이 가장 훌륭합니까?
저 허공에서 떨어진 것 중에
어떤 것이 가장 으뜸입니까?

원하고 바라는 모든 것 중에서
어떤 것이 가장 제일이 되며
모든 언어들 가운데서
어떤 것이 가장 훌륭한 말이 됩니까?

그때 어떤 천자가 있었다. 그는 원래는 농부의 아들이었는데, 지금은 천상에 태어났더라도 본래의 습기가 남아 있었기 때문에 게송으로 그 천자에게 대답하였다.

5곡은 땅에서 생겨나는데
이것이 가장 수승殊勝하고
허공에서 땅에 떨어진 것 중에는
종자가 가장 훌륭한 것입니다.

황소는 사람을 키우는 근본 바탕이니
이것이 의지하는 것 중에 훌륭한 것이요
사랑하는 아들이 하는 말

이것은 말 중에서 가장 훌륭한 것입니다.

처음에 질문을 꺼냈던 그 천자가 대답한 이에게 말하였다.

"내가 그대에게 물은 것도 아닌데 왜 수다스럽게 경솔히 망령된 말을 하는가? 나는 다시 세존께 게송으로 여쭐 것이다."

땅에서 솟아나는 중생들 중에
어떤 것이 가장 훌륭합니까?
저 허공에서 떨어지는 것 중에
어떤 것이 가장 훌륭합니까?

원하고 바라는 모든 것 중에서
어떤 것이 가장 훌륭합니까?
모든 언어들 가운데서
어떤 것이 훌륭한 말이 됩니까?

그때 세존께서 게송으로 대답하셨다.

밑에서 솟아오르는 것 중에서는
세 가지 밝음〔三明〕이 가장 훌륭하고
허공에서 흘러내리는 것 중에서도
세 가지 밝음이 제일이니라.

성인의 제자인 저 스님들은
의지하는 스승으로 최상이 되며
여래의 말씀이

모든 언어들 가운데서 으뜸이니라.

그때 그 천자는 다시 게송으로 말하였다.

세간은 몇 가지 법으로 생겨났고
몇 가지 법이 서로 화합한 것입니까?
세간은 몇 가지 법이 애욕을 취하고
세간은 몇 가지 법이 손감損減시킵니까?

그때 세존께서 게송으로 대답하셨다.

여섯 가지 법[27]으로 세간은 생겨났고
세간은 여섯 가지 법[28]이 서로 화합하며
여섯 가지 법〔안 감관〕이 애욕을 취하고
여섯 가지 법〔바깥 경계〕이 세상을 해친다.

그러자 그 천자가 다시 게송으로 아뢰었다.

오래전에 바라문을 보았는데
그 바라문은 반열반을 얻어
모든 두려움에서 이미 벗어났고
세상의 은애까지 영원히 벗어났네.

---

27 안의 감관 즉 안처眼處・이처耳處・비처鼻處・설처舌處・신처身處・의처意處 등의 6내처內處를 말함.

28 바깥 경계 즉 색色・성聲・향香・미味・촉觸・법法의 여섯 가지 대상경계[六境]를 말함.

그때 그 천자는 부처님의 말씀을 듣고 기뻐하면서 부처님의 발에 머리를 조아리고는 이내 사라지더니 나타나지 않았다.

1009. 심경心經[29]

이와 같이 나는 들었다.

어느 때 부처님께서 사위국 기수급고독원에 계셨다.

그때 얼굴이 아주 잘 생긴 어떤 천자가 새벽에 부처님께서 계신 곳으로 찾아가서 부처님의 발에 머리를 조아리고는 한쪽에 물러나 앉아 있었는데 그의 온몸에서 나오는 광명이 기수급고독원을 두루 비추었다.

그때 그 천자가 게송으로 부처님께 여쭈었다.

무엇이 세간을 유지해 가며
무엇이 세간을 이끌고 갑니까?
또 무엇이 하나의 법이 있어
이 세간을 제어制御합니까?

그때 세존께서 게송으로 대답하셨다.

마음이 세간을 유지해 가고
마음이 세간을 구속해 이끌고 있다.
그 마음이 하나의 법이 되어

29 이 소경은 『별역잡아함경』 제12권 스물세 번째 소경과 그 내용이 비슷하다.

세간을 능히 제어한다.

그러자 그 천자는 다시 게송으로 말했다.

오래전에 바라문을 보았는데
그 바라문은 반열반을 얻어
모든 두려움에서 이미 벗어났고
세상의 은애까지 영원히 벗어났네.

그때 그 천자는 부처님의 말씀을 듣고 기뻐하면서 부처님의 발에 머리를 조아리고는 이내 사라지더니 나타나지 않았다.

1010. 박경縛經[30]

이와 같이 나는 들었다.

어느 때 부처님께서 사위국 기수급고독원에 계셨다.

그때 얼굴이 아주 잘 생긴 어떤 천자가 새벽에 부처님께서 계신 곳으로 찾아가서 부처님의 발에 머리를 조아리고는 한쪽에 물러나 앉아 있었는데 그의 온몸에서 나오는 광명이 기수급고독원을 두루 비추었다.

그때 그 천자가 게송으로 부처님께 여쭈었다.

무엇이 세간을 결박하고 있고

30 이 소경은 『별역잡아함경』 제12권 스물네 번째 소경과 그 내용이 비슷하다.

무엇을 항복 받아야 그것이 풀어집니까?
어떠한 법을 끊어 없애야
열반을 얻었다고 말할 수 있습니까?

그때 세존께서 게송으로 대답하셨다.

애욕이 세간을 결박하고 있으니
그 애욕을 항복 받아야 해탈하리라.
저 애욕을 끊어 없애면
열반을 얻었다고 말하리라.

그러자 그 천자가 다시 게송으로 말하였다.

오래전에 바라문을 보았는데
그 바라문은 반열반을 얻어
모든 두려움에서 이미 벗어났고
세상의 은애까지 영원히 벗어났네.

그때 그 천자는 부처님의 말씀을 듣고 기뻐하면서 부처님의 발에 머리를 조아리고는 이내 사라지더니 나타나지 않았다.

1011. 엄경掩經[31]

이와 같이 나는 들었다.

어느 때 부처님께서 사위국 기수급고독원에 계셨다.

그때 얼굴이 아주 잘 생긴 어떤 천자가 새벽에 부처님께서 계신 곳으로 찾아가서 부처님의 발에 머리를 조아리고는 한쪽에 물러나 앉아 있었는데 그의 온몸에서 나오는 광명이 기수급고독원을 두루 비추었다.

그때 그 천자가 게송으로 부처님께 여쭈었다.

무엇이 이 세간을 가리고 있으며
무엇이 이 세간을 막고 있습니까?
무엇이 중생들을 결박하고 있고
어떤 이치가 이 세간을 건립하고 있습니까?

그때 세존께서 게송으로 대답하셨다.

노쇠함이 이 세간을 가리고 있고
죽음이 이 세간을 막고 있으며
애욕이 중생들을 결박하고 있고
법이 이 세간을 건립하고 있다.

그러자 그 천자가 다시 게송으로 말하였다.

---

31 이 소경은 『별역잡아함경』 제12권 스물다섯 번째 소경과 그 내용이 비슷하다.

오래전에 바라문을 보았는데
그 바라문은 반열반을 얻어
모든 두려움에서 이미 벗어났고
세상의 은애까지 영원히 벗어났네.

그때 그 천자는 부처님의 말씀을 듣고 기뻐하면서 부처님의 발에 머리를 조아리고는 이내 사라지더니 나타나지 않았다.

1012. 무명경無明經[32]

이와 같이 나는 들었다.

어느 때 부처님께서 사위국 기수급고독원에 계셨다.

그때 얼굴이 아주 잘 생긴 어떤 천자가 새벽에 부처님께서 계신 곳으로 찾아가서 부처님의 발에 머리를 조아리고는 한쪽에 물러나 앉아 있었는데 그의 온몸에서 나오는 광명이 기수급고독원을 두루 비추었다.

그때 그 천자가 게송으로 부처님께 여쭈었다.

무엇이 이 세간을 가리우며
무엇이 이 세간을 결박합니까?
무엇이 중생을 기억하며
무엇이 중생의 깃대를 세웁니까?

32 이 소경은 『별역잡아함경』 제12권 스물여섯 번째 소경과 그 내용이 비슷하다.

그때 세존께서 게송으로 대답하셨다.

무명無明이 세간을 가리고
애욕이 중생들을 결박하고 있다.
가리워 덮음이 중생을 기억하고
아만我慢이 중생들의 깃대를 세웠느니라.

그 천자는 다시 게송으로 부처님께 여쭈었다.

어느 누가 덮개가 없으며
어느 누가 애욕의 결박 없습니까?
어느 누가 가림을 벗어났으며
어느 누가 교만의 깃대를 세우지 않습니까?

그때 세존께서 게송으로 대답하셨다.

여래如來·등정각等正覺은
바른 지혜로 심해탈心解脫하였으니
다시는 무명에 덮이지 않고
또한 애욕에 결박되지 않으며
가리워 덮임을 벗어났고
아만의 깃대 꺾어 없앴다.

그러자 그 천자가 다시 게송으로 말하였다.

오래전에 바라문을 보았는데

그 바라문은 반열반을 얻어
모든 두려움에서 이미 벗어났고
세상의 은애까지 영원히 벗어났네.

그때 그 천자는 부처님의 말씀을 듣고 기뻐하면서 부처님의 발에 머리를 조아리고는 이내 사라지더니 나타나지 않았다.

1013. 신경信經[33]

이와 같이 나는 들었다.

어느 때 부처님께서 사위국 기수급고독원에 계셨다.

그때 얼굴이 아주 잘 생긴 어떤 천자가 새벽에 부처님께서 계신 곳으로 찾아가서 부처님의 발에 머리를 조아리고는 한쪽에 물러나 앉아 있었는데 그의 온몸에서 나오는 광명이 기수급고독원을 두루 비추었다.

그때 그 천자가 게송으로 부처님께 여쭈었다.

그 어떤 것을 훌륭한 사람이
가지고 있는 재물이라 합니까?
어떤 것을 잘 닦아 익혀야
안락한 결과를 누리나이까?

---

33 이 소경은 『별역잡아함경』 제12권 스물일곱 번째 소경과 그 내용이 비슷하다.

어떤 것을 온갖 맛 가운데서
가장 훌륭한 맛이라 하며
어떤 것이 중생들 가운데에서
가장 훌륭한 목숨이 됩니까?

그때 세존께서 게송으로 대답하셨다.

깨끗하게 믿고 즐거워하는 마음이
훌륭한 사람의 제일가는 재물이요
바른 법을 닦고 행해야
안락한 결과를 불러오리라.

참된 진리의 묘한 그 말씀
그것은 맛 가운데 최상이 되고
성인의 지혜로운 혜명慧命이
수명 중에 제일이니라.

그러자 그 천자가 다시 게송으로 말하였다.

오래전에 바라문을 보았는데
그 바라문은 반열반을 얻어
모든 두려움에서 이미 벗어났고
세상의 은애까지 영원히 벗어났네.

그때 그 천자는 부처님의 말씀을 듣고 기뻐하면서 부처님의 발에 머리를 조아리고는 이내 사라지더니 나타나지 않았다.

1014. 제이경第二經[34]

이와 같이 나는 들었다.

어느 때 부처님께서 사위국 기수급고독원에 계셨다.

그때 얼굴이 아주 잘 생긴 어떤 천자가 새벽에 부처님께서 계신 곳으로 찾아가서 부처님의 발에 머리를 조아리고는 한쪽에 물러나 앉아 있었는데 그의 온몸에서 나오는 광명이 기수급고독원을 두루 비추었다.

그때 그 천자가 게송으로 부처님께 여쭈었다.

어떤 것이 비구의
제2의 동반자입니까?
어떤 것이 비구가 되어
가르침을 따르고 순종하는 것입니까?

비구는 어느 곳에
마음을 두고서 좋아해야 합니까?
거기서 좋아하고 나면
모든 결박이 끊어집니까?

그때 세존께서 게송으로 대답하셨다.

믿음이 제2의 동반자가 되고
지혜가 가르쳐 주는 사람이 된다.

---

34 이 소경은 『별역잡아함경』 제12권 28번째 소경과 그 내용이 비슷하다.

열반의 자리가 기뻐하고 좋아할 곳이요
거기서 비구의 결박이 끊어지리라.

그러자 그 천자가 다시 게송으로 대답하였다.

오래전에 바라문을 보았는데
그 바라문은 반열반을 얻어
모든 두려움에서 이미 벗어났고
세상의 은애까지 영원히 벗어났네.

그때 그 천자는 부처님의 말씀을 듣고 기뻐하면서 부처님의 발에 머리를 조아리고는 이내 사라지더니 나타나지 않았다.

1015. 지계지로경持戒至老經[35]

이와 같이 나는 들었다.

어느 때 부처님께서 사위국 기수급고독원에 계셨다.

그때 얼굴이 아주 잘 생긴 어떤 천자가 새벽에 부처님께서 계신 곳으로 찾아가서 부처님의 발에 머리를 조아리고는 한쪽에 물러나 앉아 있었는데 그의 온몸에서 나오는 광명이 기수급고독원을 두루 비추었다.

그때 그 천자가 게송으로 부처님께 여쭈었다.

---

35 이 소경은 『별역잡아함경』 제12권 스물아홉 번째 소경과 그 내용이 비슷하다.

어떤 일을 하면서 늙음에 잘 이르고
어떤 일을 하여 잘 건립해야 합니까?
어떤 것이 사람의 보배가 되고
어떤 것을 도적이 빼앗아가지 못합니까?

그때 세존께서 게송으로 대답하셨다.

바른 계율로 늙음에 잘 이르고
깨끗한 믿음으로 잘 건립한다.
지혜가 사람의 보배가 되고
공덕은 도적도 빼앗아가지 못하느니라.

그러자 그 천자가 다시 게송으로 대답하였다.

오래전에 바라문을 보았는데
그 바라문은 반열반을 얻어
모든 두려움에서 이미 벗어났고
세상의 은애까지 모두 벗어났네.

그때 그 천자는 부처님의 말씀을 듣고 기뻐하면서 부처님의 발에 머리를 조아리고는 이내 사라지더니 나타나지 않았다.

1016. 중생경衆生經[36] ①

이와 같이 나는 들었다.

어느 때 부처님께서 사위국 기수급고독원에 계셨다.

그때 얼굴이 아주 잘 생긴 어떤 천자가 부처님께서 계신 곳으로 찾아가서 부처님의 발에 머리를 조아렸는데 그의 온몸에서 나오는 광명이 기수급고독원을 두루 비추었다.

그때 그 천자가 게송으로 부처님께 여쭈었다.

어떤 법이 중생을 생겨나게 하고
무엇이 앞으로 치달려 들뜨게 합니까?
무엇이 나고 죽음을 일으키며
무엇 때문에 해탈하지 못합니까?

그때 세존께서 게송으로 대답하셨다.

애욕이 중생을 생겨나게 하고
마음이 앞으로 치달려 들뜨게 한다.
중생이 나고 죽음 일으켰으며
괴로운 법이 해탈하지 못하게 한다.

그러자 그 천자가 다시 게송으로 말하였다.

오래전에 바라문을 보았는데

---

36 이 소경은 『별역잡아함경』 제12권 서른 번째 소경과 그 내용이 비슷하다.

그 바라문은 반열반을 얻어
모든 두려움에서 이미 벗어났고
세상의 은애까지 영원히 벗어났네.

그때 그 천자는 부처님의 말씀을 듣고 기뻐하면서 부처님의 발에 머리를 조아리고는 이내 사라지더니 나타나지 않았다.

1017. 중생경[37] ②

이와 같이 나는 들었다.

어느 때 부처님께서 사위국 기수급고독원에 계셨다.

그때 얼굴이 아주 잘 생긴 어떤 천자가 새벽에 부처님께서 계신 곳으로 찾아가서 부처님의 발에 머리를 조아렸는데 그의 온몸에서 나오는 광명이 기수급고독원을 두루 비추었다.

그때 그 천자가 게송으로 부처님께 여쭈었다.

어떤 법이 중생을 생겨나게 하였고
무엇이 앞으로 치달려 들뜨게 합니까?
무엇이 나고 죽음을 일으키며
어떤 법이 의지하고 믿을 만합니까?

그때 세존께서 게송으로 대답하셨다.

---

37 이 소경은 『별역잡아함경』 제12권 서른한 번째 소경과 그 내용이 비슷하다.

애욕이 중생을 생겨나게 하고
마음이 앞으로 치달려 들뜨게 한다.
중생이 나고 죽음을 일으켰고
업은 의지하고 믿을 만한 것이다.

그러자 그 천자가 다시 게송으로 말하였다.

오래전에 바라문을 보았는데
그 바라문은 반열반을 얻어
모든 두려움에서 이미 벗어났고
세상의 은애까지 영원히 벗어났네.

그때 그 천자는 부처님의 말씀을 듣고 기뻐하면서 부처님의 발에 머리를 조아리고는 이내 사라지더니 나타나지 않았다.

1018. 중생경[38] ③

이와 같이 나는 들었다.

어느 때 부처님께서 사위국 기수급고독원에 머계셨다.

그때 얼굴이 아주 잘 생긴 어떤 천자가 새벽에 부처님께서 계신 곳으로 찾아가서 부처님의 발에 머리를 조아렸는데 그의 온몸에서 나오는 광명이 기수급고독원을 두루 비추었다.

그때 그 천자가 게송으로 부처님께 여쭈었다.

---

38 이 소경은 『별역잡아함경』 제12권 서른두 번째 소경과 그 내용이 비슷하다.

어떤 법이 중생을 생겨나게 하고
무엇이 앞으로 치달려 들뜨게 합니까?
무엇이 나고 죽음을 일으키며
어떤 법이 가장 두려운 것입니까?

그때 세존께서 게송으로 대답하셨다.

애욕이 중생을 태어나게 하였고
마음이 앞으로 치달려 들뜨게 한다.
중생이 나고 죽음을 일으켰으며
업장이 가장 두려운 것이니라.

그러자 그 천자가 다시 게송으로 대답하였다.

오래전에 바라문을 보았는데
그 바라문은 반열반을 얻어
모든 두려움에서 이미 벗어났고
세상의 은애까지 영원히 벗어났네.

그때 그 천자는 부처님의 말씀을 듣고 기뻐하면서 부처님의 발에 머리를 조아리고는 이내 사라지더니 나타나지 않았다.

1019. 비도경非道經[39]

이와 같이 나는 들었다.

어느 때 부처님께서 사위국 기수급고독원에 계셨다.

그때 얼굴이 아주 잘 생긴 어떤 천자가 새벽에 부처님께서 계신 곳으로 찾아가서 부처님의 발에 머리를 조아렸는데 그의 온몸에서 나오는 광명이 기수급고독원을 두루 비추었다.

그때 그 천자가 게송으로 부처님께 여쭈었다.

어떤 것을 도 아니라고 말하며
어떤 것이 밤낮으로 옮겨갑니까?
무엇이 범행梵行을 더럽게 하며
무엇이 세간을 괴롭힙니까?

그때 세존께서 게송으로 대답하셨다.

탐욕을 도 아니라고 말하고
수명이 밤낮으로 옮겨간다.
여자가 범행을 더럽게 하고
여자가 세상을 괴롭히나니
불꽃처럼 왕성히 범행 닦으면
온갖 자잘한 잘못 씻어 버린다.

그러자 그 천자는 다시 게송으로 대답하였다.

---

39 이 소경은 『별역잡아함경』 제12권 서른세 번째 소경과 그 내용이 비슷하다.

오래전에 바라문을 보았는데
그 바라문은 반열반을 얻어
모든 두려움에서 이미 벗어났고
세상의 은애까지 영원히 벗어났네.

그때 그 천자는 부처님의 말씀을 듣고 기뻐하면서, 부처님의 발에 머리를 조아리고는 이내 사라지더니 나타나지 않았다.

1020. 무상경無上經[40]

이와 같이 나는 들었다.

어느 때 부처님께서 사위국 기수급고독원에 계셨다.

그때 얼굴이 아주 잘 생긴 어떤 천자가 새벽에 부처님께서 계신 곳으로 찾아가서 부처님의 발에 머리를 조아렸는데 그의 온몸에서 나오는 광명이 기수급고독원을 두루 비추었다.

그때 그 천자가 게송으로 부처님께 여쭈었다.

어떤 법이 세간을 두루 비추며
어떤 법이 더없이 가장 높습니까?
무엇이 하나의 법이 되어
모든 중생을 두루 제어制御합니까?

그때 세존께서 게송으로 대답하셨다.

---

40 이 소경은 『별역잡아함경』 제12권 서른네 번째 소경과 그 내용이 비슷하다.

이름〔名 : 정신〕이 이 세간을 두루 비추고
이름이 세간에서 더없이 높다.
오직 이름이란 이 한 법이
이 세간을 능히 제어하느니라.

그러자 그 천자가 다시 게송으로 말하였다.

오래전에 바라문을 보았는데
그 바라문은 반열반을 얻어
모든 두려움에서 이미 벗어났고
세상의 은애까지 영원히 벗어났네.

그때 그 천자는 부처님의 말씀을 듣고 기뻐하면서 부처님의 발에 머리를 조아리고는 이내 사라지더니 나타나지 않았다.

1021. 하법위게인경何法爲偈因經[41]

이와 같이 나는 들었다.

어느 때 부처님께서 사위국 기수급고독원에 계셨다.

그때 얼굴이 아주 잘 생긴 어떤 천자가 새벽에 부처님께서 계신 곳으로 찾아가서 부처님의 발에 머리를 조아렸는데, 그의 온몸에서 나오는 광명이 기수급고독원을 두루 비추었다.

---

41 이 소경은 『별역잡아함경』 제12권 서른다섯 번째 소경과 그 내용이 비슷하다.

그때 그 천자가 게송으로 부처님께 여쭈었다.

어떤 법이 게송의 근원이 되고
무엇으로 게송을 장엄莊嚴합니까?
게송은 무엇을 의지하며
무엇이 게송의 본체가 됩니까?

그때 세존께서 게송으로 대답하셨다.

애욕〔欲〕이 게송의 근원이 되고
문자가 게송을 장엄한다.
이름〔名〕이 게송의 의지하는 곳이요
게송 짓는 사람이 게송의 몸이 된다.

그러자 그 천자는 다시 게송으로 대답하였다.

오래전에 바라문을 보았는데
그 바라문은 반열반을 얻어
모든 두려움에서 이미 벗어났고
세상의 은애까지 영원히 벗어났네.

그때 그 천자는 부처님의 말씀을 듣고 기뻐하면서 부처님의 발에 머리를 조아리고는 이내 사라지더니 나타나지 않았다.

1022. 왕거경王車經[42]

이와 같이 나는 들었다.

어느 때 부처님께서 사위국 기수급고독원에 계셨다.

그때 얼굴이 아주 잘 생긴 어떤 천자가 새벽에 부처님께서 계신 곳으로 찾아가서 부처님의 발에 머리를 조아리고는 한쪽에 물러나 앉아 있었는데 그의 온몸에서 나오는 광명이 기수급고독원을 두루 비추었다.

그때 그 천가가 게송으로 부처님께 여쭈었다.

어떻게 그것이 수레인 줄을 알고
어떻게 또 불인 줄을 압니까?
어떻게 그 나라의 됨됨이를 알고
어떻게 그 아내의 됨됨이를 압니까?

그때 세존께서 게송으로 대답하셨다.

깃대를 보고 수레인 줄을 알고
연기를 보고 불인 줄 안다.
그 왕을 보면 그 나라를 알 수 있고
그 남편을 보면 그 아내를 알 수 있다.

그러자 그 천자가 다시 게송으로 말하였다.

---

42 이 소경은 『별역잡아함경』 제8권 서른여섯 번째 소경과 그 내용이 비슷하다.

오래전에 바라문을 보았는데
그 바라문은 반열반을 얻어
모든 두려움에서 이미 벗어났고
세상의 은애까지 영원히 벗어났네.

그때 그 천자는 부처님의 말씀을 듣고 기뻐하면서 부처님의 발에 머리를 조아리고는 이내 사라지더니 나타나지 않았다.

잡아함경 제 37 권

1023. 파구나경巴求那經

이와 같이 나는 들었다.

어느 때 부처님께서 사위국舍衛國 기수급고독원祇樹給孤獨園에 계셨다.

그때 존자 파구나巴求那가 동쪽 동산에 있는 녹모鹿母 강당[1]에 있었는데 병에 걸려 매우 위독한 지경이었다. 존자 아난阿難은 부처님께서 계신 곳으로 나아가 부처님의 발에 머리 조아려 예를 올리고 한쪽으로 물러나 부처님께 아뢰었다.

"세존이시여, 존자 파구나가 동쪽 동산 녹자모 강당에 있사온데 병에 걸려 지금 몹시 위독합니다. 이런 병으로 인하여 비구들이 많이 죽어가고 있습니다. 훌륭하신 세존이시여, 그를 가엾게 여기시어

---

1 또는 녹자모강당(鹿子母講堂, migārā-mātu-pāsāda)이라고도 함. 앙가국鴦伽國 장자의 집에서 출생. 자라서 사위성의 장자인 녹자鹿子의 아내가 됨. 남편 녹자가 그녀를 어머니와 같다고 칭찬하였다 하여 세상에서 별명을 지어 녹자모라고 함. 부처님의 교화를 도왔고 사위성에 동원정사東園精舍를 지어 부처님께 바친 것으로 유명.

동쪽 동산 녹자모 강당의 존자 파구나의 처소를 찾아 주시기 바랍니다."

그러자 세존께서는 잠자코 허락하셨고 해질 무렵에 선정에서 깨어나시어 동쪽 동산의 녹자모 강당으로 가셨다. 그리고 존자 파구나의 방으로 들어가시어 자리를 펴고 앉아 존자 파구나를 위해 갖가지로 설법하시어 가르쳐 보이고 기쁘게 하셨고 가르쳐 보이고 기쁘게 하신 뒤에 자리에서 일어나 떠나가셨다.

존자 파구나는 세존께서 떠나신 뒤에 이내 목숨을 마쳤는데 임종에 다다랐을 때 모든 감관이 기쁨에 차고 얼굴 모습도 청정해졌으며 살빛도 희고 고왔다. 그때 존자 아난이 존자 파구나의 사리에 공양을 올린 다음 부처님께서 계신 곳으로 나아가 부처님의 발에 머리를 조아리고는 한쪽으로 물러나 부처님께 아뢰었다.

"세존이시여, 존자 파구나는 세존께서 오신 뒤에 이내 목숨을 마쳤습니다. 임종 때 모든 감관은 기쁨에 차 있었고 살빛은 맑고 고와 빛났었습니다. 알지 못하겠습니다. 세존이시여, 그는 어느 세계에 태어나서 어떤 생을 받고, 그의 후세는 어떠하겠습니까?"

부처님께서 아난에게 말씀하셨다.

"만일 어떤 비구가 병이 들기 전에는 5하분결下分結을 아직 끊지 못하였더라도 만약 병이 든 것을 깨닫고서 그 몸이 괴롭고 마음이 언짢으며 회생할 기운이 미약할 때 큰 스승의 가르침과 훈계와 갖가지 설법을 듣게 되면 그는 그 법을 듣고 나서 5하분결이 끊어질 것이다. 아난아, 이것을 큰 스승이 가르치고 설법한 복덕이며 이익이라고 하느니라.

또 아난아, 만일 어떤 비구가 아직 병이 들기 전에 5하분결을 끊지 못하고, 그 뒤에 병이 들어 몸이 괴롭고 회생할 기운이 자꾸 미약해질 그때 큰 스승의 가르침과 훈계와 설법을 듣지 못했을지라도 많이 아는 다른 큰 스승이나 범행을 닦는 사람의 가르침과 훈계와 설법을 듣게 되면 그는 그 설법을 듣고 나서 5하분결이 끊어질 것이다. 아난아, 이것을 가르침과 훈계와 법을 들은 복덕과 이익이라고 하느니라.

다시 아난아, 만일 어떤 비구가 아직 병이 들기 전에는 5하분결을 끊지 못하고,……(이하 생략)……회생할 기운이 미약할 때 큰 스승이나 범행梵行을 닦는 사람들의 가르침과 훈계와 설법을 듣지 못했더라도 그가 일찍이 들은 법을 혼자 고요히 생각하고 헤아리고 관찰하면 5하분결이 끊어지게 될 것이다. 아난아, 이것을 일찍이 들은 법을 생각하고 관찰하여 얻는 복덕과 이익이라고 하느니라.

또 아난아, 만일 어떤 비구가 아직 병이 들기 전에 5하분결은 끊고 탐애貪愛가 다한 최상의 해탈은 얻지 못했으나 모든 번뇌를 일으키지는 않고 마음이 잘 해탈하였었다. 그러다가 병이 들어 몸이 괴롭고 회생할 기운이 미약해졌더라도 큰 스승의 가르침과 훈계와 설법을 들으면 탐애가 다한 최상의 해탈을 얻고 모든 번뇌를 일으키지 않으며 욕심을 여읜 해탈을 얻게 된다. 아난아, 이것을 큰 스승이 설법한 복덕과 이익이라고 하느니라.

또 아난아, 만일 어떤 비구가 아직 병이 들기 전에 5하분결은 끊고, 탐애가 다한 최상의 해탈은 얻지 못했으나 모든 번뇌를 깨닫고 지독히 괴로워할 때 큰 스승의 가르침과 훈계와 설법을 듣지 못했더라도 다른 많이 아는 덕 높은 스님이나 범행梵行을 닦는 사람들의 가르침과 훈계와 설법을 들으면, 탐애가 다한 최상의 해탈을 얻고 모든 번뇌를 일으키지 않으며, 욕심을 여읜 해탈을 얻게 된다. 아난아, 이것을 가르침과 훈계와 법을 들은 복덕과 이익이라고 하느니라.

또 아난아, 만일 어떤 비구가 아직 병이 들기 전에 5하분결은 끊었고 탐애가 다한 최상의 해탈은 얻지 못했으나 모든 번뇌를 일으키지는 않고 욕심을 여읜 해탈을 얻었었다. 그러다가 몸에 병이 들어 지독히 괴로워할 그때 큰 스승의 가르침과 훈계와 설법도 듣지 못하고 다른 많이 아는 덕 높은 스승의 가르침과 훈계와 설법도 듣지 못했더라도 일찍이 들었던 법을 혼자 고요한 곳에서 생각하고 헤아리고 관찰하면 탐애가 다한 최상의 해탈을 얻고 모든 번뇌를 일으키지 않으며 욕심을 여읜 해탈을 얻게 된다. 아난아, 이것을 일찍이 들은 법을 생각함으로써 얻는 복덕과 이익이라고 하느니라.

그러니 무슨 이유로 파구나 비구의 모든 감관이 기쁨에 차고 얼굴은 청정하며 피부가 곱고 빛나지 않았겠는가? 파구나 비구는 아직 병들기 전에는 5하분결을 끊지 못했으나 그는 직접 큰 스승의 가르침과 훈계와 설법을 듣고 5하분결을 끊었느니라."

세존께서는 그 존자 파구나가 아나함阿那含이 될 것이라고 예언하셨다.

부처님께서 이 경을 말씀하시자 존자 아난은 부처님의 말씀을 듣고 기뻐하면서 예배하고 물러갔다.

1024. 아습파서경阿濕波誓經[2]

이와 같이 나는 들었다.

어느 때 부처님께서 사위국 기수급고독원에 계셨다.

그때 존자 아습파서阿濕波誓는 동쪽 동산에 있는 녹모 강당에 있었는데 그는 몸에 중병이 걸려 매우 괴로워하고 있었다. 존자 부린니(富

2 팔리어로는 Assaji라고 함. 또는 아설시阿說示 · 마승馬勝 · 마사馬師라고 쓰기도 하는데 부처님께서 처음으로 법륜法輪을 굴리실 때 처음으로 제도 받은 다섯 비구 중 한 명임. 부처님께서는 몸가짐의 단정함과 걸음걸이의 정연함이 제일이라고 칭찬하셨다 함.

隣尼 : 富樓那)가 그를 간호해주고 있었다.……이 사이에 세 가지 느낌에 대한 말에서부터 고통이 점점 심해질 뿐 조금도 차도가 없다고 한 데까지는 앞의 발가리경〔跋迦梨修多羅〕[3]에서 자세히 말한 것과 같다.

부처님께서 아습파서에게 말씀하셨다.

"너는 마음을 고쳐먹거나 후회하지 말라."

아습파서가 부처님께 아뢰었다.

"세존이시여, 저는 실로 마음이 바뀌어 후회가 됩니다."

부처님께서 아습파서에게 말씀하셨다.

"너는 계율을 깨뜨린 적이 없는가?"

아습파서가 부처님께 아뢰었다.

"세존이시여, 저는 계율을 깨뜨린 적이 없습니다."

부처님께서 아습파서에게 말씀하셨다.

"너는 계율을 깨뜨리지 않았는데 왜 마음을 고쳐먹고 후회하느냐?"

아습파서가 부처님께 아뢰었다.

"세존이시여, 제가 병이 들기 전에는 몸이 편하고 즐거워 정수(正受 : 禪定)를 많이 닦아 익혔으나 이제 저는 다시는 그 삼매에 들 수가 없습니다. 그래서 저는 '내가 이제 삼매를 완전히 잃어버리지 않겠는가?'라는 그런 생각이 들었기 때문에 그렇습니다."

부처님께서 아습파서에게 말씀하셨다.

"내가 이제 너에게 물으리니 마음대로 대답하라. 아습파서야, 너는 '색色은 곧 나〔我〕이다, 나와 다르다, 둘이 합쳐진 것이다'라고 보느냐?"

---

3 여기 설명에서 '앞의 발가리경'이라고 했는데 고려대장경 본문에 의거해서 보면 앞이 아니라 뒤에 수록되어 있다. 본 경전에서는 제47권 중에 나온다. 이는 아마도 편집상의 문제가 있었던 듯한데 불광산종무위원회佛光山宗務委員會에서 간행한 『불광대장경佛光大藏經』에는 이 소경을 제36권 소경번호 1009로 바로 잡아 편집해 놓았다.

아습파서가 부처님께 아뢰었다.

"아닙니다, 세존이시여."

또 물으셨다.

"너는 '수受·상想·행行·식識은 곧 나이다, 나와 다르다, 둘이 합쳐진 것이다'라고 보느냐?"

아습파서가 부처님께 아뢰었다.

"아닙니다, 세존이시여."

부처님께서 아습파서에게 말씀하셨다.

"너는 이미 '색은 곧 나이다, 나와 다르다, 둘이 합쳐진 것이다'라고 보지 않았고, '수·상·행·식은 곧 나이다, 나와 다르다, 둘이 합쳐진 것이다'라고 보지 않았는데 왜 마음을 고쳐먹고 후회하느냐?"

아습파서가 부처님께 아뢰었다.

"세존이시여, 바르게 생각하지 못했기 때문입니다."

부처님께서 아습파서에게 말씀하셨다.

"어떤 사문 바라문이 삼매가 견고하고 삼매가 평등하며, 만약 그 삼매에 들지 못하더라도 그는 '나는 삼매에서 타락하였다'고 생각하지 않을 것이다. 그러므로 거룩한 제자로서 '색色은 곧 나이다, 나와 다르다, 둘이 합쳐진 것이다'라고 보지 않고, '수·상·행·식은 곧 나이다, 나와 다르다, 둘이 합쳐진 것이다'라고 보지 않으며, 다만 다음과 같이 깨달아 알아야 한다.

탐욕이 영원히 다하여 남은 것이 없고, 성냄과 어리석음도 영원히 다하여 남은 것이 없다. 탐욕·성냄·어리석음이 영원히 다하여 남은 것이 없으면 모든 번뇌가 다 없어지고 번뇌 없이 심해탈心解脫·혜해탈慧解脫하여 현재 세상에서 스스로 증득한 줄을 알아 '나의 생은 이미 다하고 범행梵行은 이미 섰으며 할 일은 이미 마쳐 후세의 몸을 받지 않는다'라고 스스로 안다."

부처님께서 이 법을 말씀하시자 존자 아습파서는 어떤 번뇌도 일으키지 않고 마음이 해탈을 얻게 되어 기뻐 뛰면서 좋아하였다. 그는 그렇게 기뻐하고 좋아서 뛰었기 때문에 몸의 병이 곧 완쾌되었다.

부처님께서 이 경을 말씀하시어 존자 아습파서를 기쁘게 해주시고 자리에서 일어나 떠나셨다.……이하 자세한 내용은 차마가경〔差摩迦修多羅〕[4]에서 5수음受陰에 대하여 말씀하신 것과 같다.

1025. 질병경疾病經 ①

이와 같이 나는 들었다.

어느 때 부처님께서 사위국 기수급고독원에 계셨다.

그때 새로 배우는 승랍이 적은 어떤 비구가 있었는데 그는 이 법과 율에 출가한 지 오래 되지 않아 친구가 적었고 혼자서 객승客僧으로서 아무도 돌봐주는 이가 없었다. 그때 마침 그는 변두리 마을의 어느 객승들이 머무는 방에서 병에 걸려 위독한 지경에 처해 있었다.

그때 여러 비구들이 부처님 계신 곳에 찾아가서 부처님의 발에 머리 조아려 예를 올리고 한쪽에 물러앉아 아뢰었다.

"세존이시여, 새로 배우는 승랍이 적은 어떤 비구가……(이하 생략)……병에 걸려 위급한 지경인데 지금 변두리 마을의 어느 객승들이 머무는 방에 있습니다. 저 병으로 인하여 많은 비구들이 많이 죽어가고 있으며 살아남는 이가 없습니다. 거룩하신 세존이시여, 그를 가엾게 여기시어 그가 머무는 곳을 찾아주셨으면 합니다."

4 이 차마가경은 본 경 제5권 103번째 소경을 말하는 것이다. 아래 질병경에서 언급하고 있는 차마경도 마찬가지이다.

그때 세존께서는 잠자코 허락하셨고 해질 무렵에 선정에서 깨어나시어 그가 머물고 있는 곳을 찾으셨다. 그 병든 비구는 멀리서 세존께서 오시는 것을 보고 평상을 붙들고 일어나려고 애를 썼다. 그러자 부처님께서 비구에게 말씀하셨다.

"그대로 누워 일어나지 말라. 비구여, 어떤가? 고통은 어떻게 견딜 만한가?"

……이 사이의 세 가지 느낌에 대한 말에서부터 고통의 느낌이 점점 심해질 뿐 조금도 차도가 없다고 한 데까지는 앞의 차마가경에서 자세히 말한 것과 같다.

부처님께서 병든 비구에게 말씀하셨다.

"내가 지금 너에게 물으리니 마음대로 내게 대답하라. 너는 마음을 고쳐먹거나 후회하지 않느냐?"

병든 비구가 부처님께 아뢰었다.

"진실로 마음이 바뀌어 후회가 됩니다, 세존이시여."

부처님께서 병든 비구에게 말씀하셨다.

"너는 계율을 범한 일이 없느냐?"

병든 비구가 부처님께 아뢰었다.

"세존이시여, 진실로 계율을 범한 적이 없습니다."

부처님께서 병든 비구에게 말씀하셨다.

"네가 계율을 범하지 않았다면 왜 마음을 바꾸어 후회하느냐?"

병든 비구가 부처님께 아뢰었다.

"세존이시여, 저는 승랍이 적고 출가한 지도 오래되지 않아서 사람의 법을 벗어난 뛰어난 법의 훌륭하고 묘한 지견을 아직 얻지 못하였습니다. 그래서 저는 '내가 목숨을 마치면 어디에 가서 태어날 것인가를 알아야 하겠다'라고 생각하였습니다. 그 때문에 마음이 바뀌고 후회가 생겼습니다."

부처님께서 비구에게 말씀하셨다.

"내가 이제 너에게 물으리니 마음대로 대답하라. 어떠냐? 비구야, 눈이 있기 때문에 안식眼識이 있다고 생각하느냐?"

병든 비구가 부처님께 아뢰었다.

"그렇습니다, 세존이시여."

또 물으셨다.

"비구야, 네 생각은 어떠냐? 안식이 있기 때문에 안촉眼觸이 있고 그 안촉으로 말미암아 괴로운 느낌〔苦受〕·즐거운 느낌〔樂受〕·괴롭지도 않고 즐겁지도 않은 느낌〔不苦不樂受〕이 있느냐?"

비구가 부처님께 아뢰었다.

"그렇습니다, 세존이시여."

귀·코·혀·몸·뜻에 있어서도 그와 같다고 말씀하셨다.

"어떠냐? 비구야, 만일 눈이 없으면 안식이 없을 것이라고 생각하느냐?"

비구가 부처님께 아뢰었다.

"그렇습니다, 세존이시여."

또 물으셨다.

"비구야, 만일 안식이 없으면 안촉도 없고, 안촉이 없으면 안촉이 없기 때문에 생겨나는 괴롭거나 즐겁거나 혹은 괴롭지도 않고 즐겁지도 않은 느낌이 없을 것이라고 생각하느냐?"

비구가 부처님께 아뢰었다.

"그렇습니다, 세존이시여."

귀·코·혀·몸·뜻에 있어서도 그와 같다고 말씀하셨다.

"그러므로 비구야, 이와 같은 법을 잘 생각하면 목숨을 잘 마칠 수도 있고 다음 세상도 또한 좋을 것이다."

그때 세존께서 그 병든 비구를 위해 갖가지 방법으로 설법하여 가르쳐 보이시고 기쁘게 해주신 뒤에 자리에서 일어나 떠나가셨다.

그때 병든 비구는 세존께서 떠나신 뒤에 이내 목숨을 마쳤는데 그 비구가 임종할 때에 모든 감각기관이 기쁨에 차 있었고 얼굴은 청정하며 살빛은 곱고 희었다.

그때 여러 비구들이 부처님께서 계신 곳으로 나아가 부처님의 발에 머리 조아려 예를 올리고 한쪽으로 물러앉아 부처님께 아뢰었다.

"세존이시여, 그 승랍이 적은 비구는 병이 위독하더니 결국 그 존자는 이제 목숨을 마치고 말았습니다. 임종할 무렵에는 모든 감각기관은 기쁨이 가득 차 있었고 얼굴 모습이 청정하였으며, 살빛은 곱고 희었습니다. 어떠하겠습니까?"

부처님께서 여러 비구들에게 말씀하셨다.

"저 목숨을 마친 비구는 참으로 보배로운 사람이었다. 그는 내 설법을 듣고 분명히 깨달아 알았고 법에 대해 두려움 없이 반열반般涅槃에 들었다. 너희들은 마땅히 그 사리를 공양하라."

그때 세존께서 그 비구에게 첫 번째 기별記莂을 주셨다.

부처님께서 이 경을 말씀하시자 모든 비구들은 그 말씀을 듣고 기뻐하며 받들어 행하였다.

1026. 질병경 ②

이와 같이 나는 들었다.

어느 때 부처님께서 사위국 기수급고독원에 계셨다.……이 아래의 자세한 내용은 앞의 경에서 말한 것과 같으며 다만 다른 내용은 다음과 같다.

"자세히 듣고 잘 생각하라. 너희들을 위해 설명하리라. 만일 저 비구가 '나는 이 몸〔識身〕과 바깥 경계의 일체 현상에 대해 나〔我〕라고 하는 견해와 내 것〔我見〕이라고 하는 견해와 아만我慢에 얽매이고 집착하는 번뇌〔使〕가 없어 심해탈·혜해탈하여 현재 세상에서 스스로 증득한 줄을 알아 원만히 머물자. 이 몸과 바깥 경계의 일체 현상에 대해 나라고 하는 견해와 내 것이라고 하는 견해와 아만에 얽매이고 집착하는 번뇌가 없으면 심해탈·혜해탈하여 현재 세상에서 스스로 증득한 줄을 알아 원만히 머물 수 있을 것이다'라고 생각한다면 그 비구는 몸과 바깥 경계의 일체 현상에 대해 나라고 하는 견해와 내 것이라고 하는 견해와 아만에 얽매이고 집착하는 번뇌가 없기 때문에 심해탈·혜해탈하여 현재 세상에서 스스로 증득한 줄을 알아 원만히 머물 수 있을 것이다.

이 몸과 바깥 경계의 일체 현상에 대해 나라고 하는 견해와 내 것이라고 하는 견해와 아만에 얽매이고 집착하는 번뇌가 없어 심해탈·혜해탈하여 현재 세상에서 스스로 증득한 줄을 알아 원만히 머물려고 할 때에 만일 그 비구가 몸과 바깥 경계의 일체 현상에 대해 나라고 하는 견해와 내 것이라고 하는 견해와 아만에 얽매이고 집착하는 번뇌가 없으면 심해탈·혜해탈하여 현재 세상에서 스스로 증득한 줄을 알아 원만히 머물 수 있는 것이다.

그 몸과 바깥 경계의 일체 현상에 대해 나라고 하는 견해와 내 것이라고 하는 견해와 아만과 얽매이고 집착하는 번뇌가 없어서 심해탈·혜해탈하여 현재 세상에서 스스로 증득한 줄을 알아 원만히 머물 수 있으면 그것을 일러 비구가 애욕을 끊고 모든 결박을 풀고 큰 교만을 그치고 완전한 지혜로 돌려 마침내 괴로움을 벗어나는 것이라 하느니라."

부처님께서 이 경을 말씀하시자 모든 비구들은 그 말씀을 듣고 기뻐하며 받들어 행하였다.

1027. 병비구경病比丘經

이와 같이 나는 들었다.

어느 때 부처님께서 사위국 기수급고독원에 계셨다.……이 아래의 자세한 내용은 앞의 경에서 말한 것과 같으며, 다만 다른 내용은 다음과 같다.

부처님께서 병든 비구에게 말씀하셨다.

"너는 스스로 계율을 범한 일이 없느냐?"

비구가 부처님께 아뢰었다.

"세존이시여, 저는 깨끗한 계율을 지니지 못했기 때문에 세존 밑에서 범행을 닦는 것입니다."

부처님께서 비구에게 말씀하셨다.

"너는 또 어떤 법을 위해 내 밑에서 범행을 닦느냐?"

비구가 부처님께 아뢰었다.

"탐욕을 여의기 위해 세존 밑에서 범행을 닦고 성냄과 어리석음을 여의기 위해 세존 밑에서 범행을 닦습니다."

"그러하니라, 그러하니라. 너는 정녕 탐욕을 여의기 위해 내 밑에서 범행을 닦고 성냄과 어리석음을 여의기 위해서 내 밑에서 범행을 닦아야 한다. 비구야, 탐욕이 얽어매기 때문에 탐욕을 여의지 못하고 무명이 얽어매기 때문에 지혜가 청정해지지 못한다. 그러므로 비구야, 탐욕을 여의면 심해탈하고 무명을 여의면 혜해탈 하느니라. 만일 비구가 탐욕을 여의어서 심해탈하여 몸으로 증득하고 무명을 여의어서 혜해탈하면 그것을 일러 비구가 온갖 애욕을 다 끊고 결박을 풀고 교만을 그치고 간단〔間〕 없이 평등하게 마침내 괴로움을 벗어나는 것이라고 하느니라. 그러므로 비구야, 이 법을 잘 생각하여야 하느니라."

……이 아래의 첫 번째 기별記莂을 주셨다고 하는 데까지의 내용은 위의 경에서 자세히 말한 것과 같다.

부처님께서 이 경을 말씀하시자 모든 비구들은 부처님의 말씀을 듣고 기뻐하면서 예배하고 물러갔다.

1028. 질병경疾病經 ①

이와 같이 나는 들었다.

어느 때 부처님께서 사위국 기수급고독원[5]에 계셨다.

그때 모든 비구들이 가리예伽梨隸 강당에 모여 있었는데 대부분 질병에 걸려 있었다.

그때 세존께서 해질 무렵에 선정에서 깨어나시어 가리예 강당으로 가셨고, 대중들 앞에서 자리를 펴고 앉아 여러 비구들에게 말씀하셨다.

"바른 기억〔正念〕과 바른 지혜〔正智〕로 때를 기다려야 하나니, 그것이 곧 내가 말하는 교법을 수순隨順하는 것이니라.

비구여, 어떤 것이 바른 기억〔正念〕인가? 이른바 비구가 안의 몸〔內身〕을 몸 그대로 관찰하는 염처念處에 머물면서 방편으로 열심히 노력하여 바른 기억과 바른 지혜로 세간의 탐욕과 근심을 항복 받고 바깥의 몸〔外身〕을 몸 그대로 관찰하는 염처와 안팎의 몸〔內外身〕을 몸 그대로 관찰하는 염처에 머물고 또 안의 느낌〔內受〕·바깥의 느낌〔外受〕·안팎의 느낌〔內外受〕과 안의 마음〔內心〕·바깥의 마음〔外心〕·안

5 이 장소가 팔리본에는 Vesāliyaṃ Mahāvane kūṭāgārasālāyaṃ 즉 비사리국毘舍離國 대림大林 중각강당重閣講堂으로 되어 있다.

팎의 마음〔內外心〕과 안의 법〔內法〕·바깥의 법〔外法〕도 마찬가지이며 안팎의 법〔內外法〕을 법 그대로 관하는 염처에 머물면서 방편으로 열심히 노력하여 바른 기억과 바른 지혜로 세상의 탐욕과 근심을 항복받는 것이니, 이것을 비구의 바른 기억〔憶念〕이라고 하느니라.

어떤 것이 비구의 바른 지혜〔正智〕인가? 이른바 비구가 오거나 가거나 바른 지혜로써 머물고 바라보고 관찰하는 것과 굽히고 펴는 것과 구부리고 우러러보는 것과 옷이나 발우를 지니는 것과 다니고·서고·앉고·눕고 자고 깨는 것과 나아가 50번·60번에 이르기까지[6] 말하고 침묵하기를 바른 지혜로 행하는 것이니 비구들아, 이것을 바른 지혜라고 하느니라.

이와 같이 비구들아, 바른 기억과 바른 지혜로 머무는 사람이 능히 즐거운 느낌이 일어날 경우 이것은 인연이 있는 것이지 인연이 없는 것이 아니다. 어떤 인연인가? 즉 몸을 인연하는 것이니 이렇게 생각하면 된다.

'내 이 몸은 무상無常한 것이요 유위有爲의 것이며, 마음을 인연하여 생긴 것이다. 즐거운 느낌도 무상한 것이요 유위의 것이며, 마음을 인연하여생긴 것이다.'

그리하여 몸과 즐거운 느낌에 대해 무상한 것이라 관찰하고, 나고 사라지는 것이라고 관찰하며, 욕심을 버려야 할 것이라고 관찰하고, 사라져 없어지는 것이라고 관찰하며, 버려야 할 것이라 관찰하면, 그는 이 몸이나 즐거운 느낌 따위는 다 무상한 것이라는 이치를 관찰해 알고는……(이하 생략)……그것들을 다 버리게 된다. 그래서 몸과 즐거운 느낌에 대한 탐욕의 번뇌〔使〕도 영원히 다시는 번뇌가 되지

6 팔리본에는 이런 말이 없고, 다만 '대변大便·소변小便을 보는 일에 있어서도 또한 바른 지혜로 행한다'라고 되어 있을 뿐이다.

않을 것이다.

이와 같은 바른 기억과 바른 지혜가 있는 이가 만일 괴로운 느낌이 생길 경우 그것도 인연이 있는 것이지 인연이 없는 것이 아니다.

어떤 인연인가? 그때도 몸을 인연하여 이렇게 생각해야 한다.

'내 이 몸은 무상한 것이요 유위의 것이며 마음을 인연하여 생긴 것이다. 괴로운 느낌도 무상한 것이요 유위의 것이며 마음을 인연하여 생긴 것이다.'

그리하여 몸과 괴로운 느낌에 대해 무상한 것이라 관찰하고는……(이하 생략)……그것을 다 버리면 그때에는 괴로운 느낌과 성냄의 번뇌도 영원히 번뇌가 되지 못할 것이다.

이와 같이 바른 기억과 바른 지혜가 있는 이가 또 만일 괴롭지도 않고 즐겁지도 않은 느낌이 생길 경우 그것도 인연이 있는 것이지 인연이 없는 것이 아니다.

어떤 인연인가? 이른바 몸을 인연하여 이렇게 생각해야 한다.

'내 이 몸은 무상한 것이요 유위의 것이며, 마음을 인연하여 생긴 것이다. 또 괴롭지도 않고 즐겁지도 않은 느낌 따위도 다 무상한 것이요 유위의 것이며, 마음을 인연하여 생긴 것이다.'

그리하여 그 몸과 괴롭지도 않고 즐겁지도 않은 느낌 따위는 다 무상한 것이라고 관찰하고는……(이하 생략)……그것들을 다 버리면, 몸이라는 존재와 괴롭지도 않고 즐겁지도 않은 느낌에 대한 무명의 번뇌도 영원히 다시는 번뇌가 되지 못할 것이니라. 많이 들어 아는 거룩한 제자로서 이렇게 관찰하는 사람은 색色을 싫어하여 여의고 수受·상想·행行·식識을 싫어하여 모두 여읜다. 이런 것들을 다 싫어하여 여의고 나면 탐욕도 여의게 되고, 탐욕을 여의고 나면 해탈하고 또 해탈지견解脫知見이 생긴다. 그래서 '나의 생은 이미 다하고 범행은 이미 섰으며 할 일은 이미 마쳐 후세의 몸을 받지 않는다'라고 스스로 아느니라."

그때 세존께서 곧 게송으로 말씀하셨다.

즐거운 느낌을 느낄 그때도
그것을 즐거운 느낌이라고 인식하지 말라.
탐욕이란 번뇌의 부림을 받아
거기서 벗어날 방법을 알지 못한다.

괴로운 느낌을 느낄 그때도
그것을 괴로운 느낌이라고 인식하지 말라.
성냄이란 번뇌의 부림을 받아
거기서 벗어날 방법을 알지 못한다.

괴롭지도 즐겁지도 않은 느낌에 대해서도
등정각等正覺께서 말씀하셨으니
그것도 사실 그대로 알지 못하면
마침내 저 언덕에 이르지 못하리라.

만일 비구로서 열심히 노력하고
바른 지혜로 흔들리지 않으면
저 일체의 느낌에 대해
지혜로서 참되게 다 아느니라.

그 모든 느낌을 참되게 알고 나면
현재 세상에서 모든 번뇌 다 없어져서
지혜의 힘을 입어 목숨을 마치고도

열반에 들어 중생 수에 끼지 않으리.

부처님께서 이 경을 말씀하시자 모든 비구들은 부처님의 말씀을 듣고 기뻐하며 받들어 행하였다.

1029. 질병경 ②

이와 같이 나는 들었다.

어느 때 부처님께서는 사위국 기수급고독원에 계셨다.……이 사이의 자세한 내용은 앞에서 말한 것과 같다.

그때 모든 비구들은 가리예 강당에 모여 있었는데, 대부분 질병에 걸려 있었다.……이 아래의 자세한 내용은 위의 경에서 말한 것과 같고 다만 다른 내용은 다음과 같다.

"거룩한 제자로서 이렇게 관찰하는 사람은 색色에서 해탈하고 수受·상想·행行·식識에서 해탈하며, 내가 말한 이런 사람은 태어남〔生〕·늙음〔老〕·병듦〔病〕·죽음〔死〕에서 해탈하느니라."

그때 세존께서 곧 게송으로 말씀하셨다.

지혜롭고 또 많이 들어 아는 사람이라도
온갖 느낌을 느끼지 못하는 것은 아니다.
만약 괴롭거나 즐거운 느낌에 대해
그것을 분별하고 분명히 자세하게 알면
견고한 일이 무엇인지를 알련만
범부들은 거기에서 오르락내리락 한다.

즐거운 느낌에도 물들지 않고
괴로운 느낌에도 흔들리지 않으며
그 생生을 받거나 받지 않는 것
탐욕 · 성냄 · 느낌에 달린 것임을 안다.

그것들을 모두 다 끊어 버리고
그 마음이 잘 해탈하여
묘한 경계를 반연하여 생각을 매어 두고
바로 향하여 죽음을 기다린다.

만일 비구가 열심히 노력하여
바른 지혜로 흔들리지 않으면
여기에서 일체의 느낌에 대해
지혜로운 이는 능히 깨달아 아나니

그 모든 느낌을 깨달아 알고 나면
현재 세상에서 온갖 번뇌 다하고
지혜의 힘을 입어 목숨을 마치고는
열반에 들어 중생 수에 끼지 않으리.

부처님께서 이 경을 말씀하시자 모든 비구들은 기뻐하면서 예배하고 물러갔다.

1030. 급고독경給孤獨經 ①

이와 같이 나는 들었다.

어느 때 부처님께서 사위국 기수급고독원에 계셨다.

그때 급고독給孤獨 장자가 병에 걸려 매우 괴로워하고 있었다. 세존께서 그 말을 들으시고 이른 아침에 가사를 입고 발우를 가지고 걸식하러 사위성으로 들어가 차례로 걸식하시다가 급고독 장자의 집으로 가셨다. 장자는 멀리서 세존께서 다가오시는 것을 보고 평상을 부여잡고 일어나려고 애를 썼다. 세존께서 그것을 보시고 그에게 말씀하셨다.

"장자여, 일어나지 말라. 고통이 더하지 않겠는가?"

세존께서 곧 자리하시고서 장자에게 말씀하셨다.

"어떠한가? 장자여, 병은 견딜 만한가? 몸의 고통은 더한가, 덜한가?"

장자가 부처님께 아뢰었다.

"세존이시여, 너무 괴롭습니다. 세존이시여, 정말로 견디기 어렵습니다."……이 사이에 세 가지 느낌에 대한 말에서부터 고통의 느낌이 점점 심해질 뿐 조금도 차도가 없다고 한 데까지는 앞의 차마경[7]에서 자세히 말한 것과 같다.

부처님께서 장자에게 말씀하셨다.

"마땅히 부처님에 대한 무너지지 않는 깨끗한 믿음〔佛不壞淨〕과 법에 대한 무너지지 않는 깨끗한 믿음〔法不壞淨〕과 승가에 대한 무너지지 않는 깨끗한믿음〔僧不壞淨〕과 거룩한 계〔聖戒〕를 성취하리라[8]고 그

---

7 이 소경은 본 경전 제1권 103번째 소경을 말한다.

8 불괴정不壞淨이란 팔리어로는 aveccappasāda이며 부처님·법·스님·계율에 대한 맑

렇게 공부해야 하느니라."

장자가 부처님께 아뢰었다.

"세존께서 말씀하신 네 가지 무너지지 않는 깨끗한 믿음이라면 저는 그 법을 가졌고 그 법 안에 제가 있습니다. 세존이시여, 저는 지금 부처님에 대한 무너지지 않는 깨끗한 믿음과 법과 승가에 대한 무너지지 않는 깨끗한 믿음과 거룩한 계를 성취하였습니다."

부처님께서 장자에게 말씀하셨다.

"훌륭하고 훌륭하다."

그리고는 곧 장자에게 아나함과阿那含果를 얻을 것이라고 예언하셨다.

장자가 부처님께 아뢰었다.

"원컨대 세존이시여, 오늘은 여기에서 공양하시기 바랍니다."

세존께서는 잠자코 허락하셨다. 장자는 곧 명령하여 갖가지 깨끗하고 맛있는 음식을 장만하여 세존께 공양하였다. 세존께서 공양을 마치시고 장자를 위해 갖가지로 설법하여 가르쳐 보이시고 기쁘게 해주신 다음 자리에서 일어나 떠나셨다.

1031. 급고독경 ②

이와 같이 나는 들었다.

어느 때 부처님께서 사위국 기수급고독원에 계셨다.

그때 존자 아난은 급고독 장자가 몸에 병이 들어 고통 받고 있다는 말을 듣고 그의 집으로 찾아갔다. 장자는 멀리서 아난이 오고 있는

고 견고한 신앙을 의미함.

것을 보고 평상을 부여잡고 일어나려고 애를 썼다.……이 사이에 세 가지 느낌에 대한 말에서부터 고통이 점점 심해질 뿐 조금도 차도가 없다고 한 데까지는 앞의 차마경에서 자세히 말한 것과 같다.

그때 존자 아난이 장자에게 말했다.

"두려워하지 마십시오. 만일 어리석고 들어 아는 게 없는 범부라면 부처님을 믿지 않고 법과 승가를 믿지 않으며, 거룩한 계를 갖추지 못하였기 때문에 두려움이 생기고 또 목숨을 마친 뒤에 다음 생의 괴로움에 대하여 두려워할 것입니다. 그러나 그대는 지금 불신不信을 이미 끊었고, 또 끊은 줄도 이미 알고 있습니다. 부처님에 대한 깨끗한 믿음을 완전히 갖추었고 법과 승가에 대한 깨끗한 믿음을 완전히 갖추었으며 거룩한 계를 성취하지 않았습니까?"

장자가 존자 아난에게 말했다.

"제가 지금 무엇을 두려워하겠습니까? 저는 처음 왕사성 한림寒林의 묘지에서 세존世尊을 뵙고부터 곧 부처님에 대한 무너지지 않는 깨끗한 믿음과 법과 승가에 대한 무너지지 않는 깨끗한 믿음과 거룩한 계를 성취하게 되었습니다. 그 뒤로부터 지금까지 집에 있는 재물들을 모두 부처님과 그 제자인 비구·비구니·우바새優婆塞·우바이優婆夷들 모두에게 보시하였습니다."

존자 아난이 말했다.

"훌륭하십니다. 장자여, 당신은 스스로 수다원과須陀洹果를 예언하셨습니다."

장자가 존자 아난에게 아뢰었다.

"여기서 공양하소서."

존자 아난은 잠자코 청을 들어주었다. 그러자 그는 곧 갖가지 깨끗하고 맛있는 음식을 장만하여 존자 아난에게 공양하였다. 존자 아난은 공양을 마친 뒤에 다시 갖가지로 설법하여 가르쳐 보이고 기쁘게 해준 뒤에 자리에서 일어나 떠나갔다.

1032. 급고독경[9] ③

이와 같이 나는 들었다.

어느 때 부처님께서 사위국 기수급고독원에 계셨다.

그때 존자 사리불舍利弗이 급고독 장자가 몸에 병이 들어 고통 받고 있다는 말을 듣고 존자 아난에게 말했다.

"알고 계십니까? 급고독 장자가 지금 몸에 병이 들어 고통 받고 있다고 합니다. 같이 위문 가십시다."

그때 존자 사리불은 존자 아난과 함께 급고독 장자의 집으로 갔다. 장자는 멀리서 존자 사리불이 오고 있는 것을 보고 평상을 붙들고 일어나려고 하였다.……이 사이에 세 가지 느낌에 대한 말에서부터 몸의 모든 고통이 점점 심해질 뿐 조금도 차도가 없다고 한 데까지는 앞의 차마경에서 말한 것과 같다.

존자 사리불이 장자에게 말했다.

"마땅히 이렇게 공부해야 합니다.

'눈〔眼〕에 집착하지 않으면 안계眼界에 의해 탐욕의 인식작용이 생기지 않고 귀〔耳〕·코〔鼻〕·혀〔舌〕·몸〔身〕도 마찬가지이며 뜻〔意〕에 집착하지 않으면 의계意界에 의해 탐욕의 인식작용이 생기지 않는다. 빛깔〔色〕에 집착하지 않으면 색계色界에 의해 탐욕의 인식작용이 생기지 않고 소리〔聲〕·냄새〔香〕·맛〔味〕·감촉〔觸〕도 마찬가지이며 법

---

9 이 소경은 『중아함경』 제6권 스물아홉 번째 소경인 교화병경教化病經과 『증일아함경』 제49권 제51품의 여덟 번째 소경과 같은 내용이다.

法에 집착하지 않으면 법계法界에 의해 탐욕의 인식작용이 생기지 않는다. 지계地界에 집착하지 않으면 지계에 의해 탐욕의 인식작용이 생기지 않고 수계·화계·풍계·공계도 마찬가지이며 의계意界에 집착하지 않으면 의계에 의해 탐욕의 인식작용이 생기지 않는다. 색음色陰에 집착하지 않으면 색음에 의해 탐욕의 인식작용이 생기지 않고 수음受陰·상음想陰·행음行陰도 마찬가지이며 식음識陰에 집착하지 않으면 식음에 의해 탐욕의 인식작용이 생기지 않는다.'"

그때 급고독 장자는 슬퍼 탄식하면서 눈물을 흘렸다. 존자 아난이 장자에게 말했다.

"당신은 지금 겁이 나십니까?"

장자가 존자 아난에게 말했다.

"겁나지 않습니다. 내가 스스로 과거를 생각해보니 부처님을 섬긴 지 20여 년 동안 아직껏 존자 사리불께서 지금 들은 것과 같은 심오하고 묘한 법을 말씀하시는 것을 들은 적이 없었습니다."

존자 사리불이 장자에게 말했다.

"저도 오랫동안 여러 장자들을 위해 이런 법을 말한 적이 없었습니다."

장자가 존자 사리불에게 말했다.

"저는 속가에서 사는 속인으로서 뛰어난 믿음〔勝信〕과 뛰어난 기억〔勝念〕과 뛰어난 즐거움〔勝樂〕을 지녔음에도 깊은 법을 듣지 못해 포기할 마음을 내었습니다. 훌륭하신 존자 사리불이시여, 속가에 있는 속인을 가엾게 여기시어 심오하고 묘한 법을 말씀하여 주십시오. 존자 사리불이시여, 오늘은 여기서 공양하십시오."

존자 사리불 등은 잠자코 청을 들어 주었고 그 장자는 곧 갖가지 깨끗하고 맛있는 음식을 장만하여 공경을 다하여 공양하였다. 존자 사리불은 공양을 마치고 장자를 위해 갖가지로 설법하여 가르쳐 보이고 기쁘게 해주었고 가르쳐 보이고 기쁘게 해준 다음 곧 자리에서 일어나 떠나갔다.

1033. 달마제리경達磨提離經

이 달마제리장자경도 세존께서 급고독 장자를 위해 설하신 것으로서 자세한 내용은 처음 경에서 말씀하신 것과 같다. 둘째 경도 역시 그와 같이 말씀하셨으며 다만 다른 점은 다음 내용과 같다.

"다시 장자는 이 네 가지 무너지지 않는 깨끗한 믿음에 의지해 거기서 다시 6수념隨念을 닦아 익혀야 한다. 즉 여래에 대한 일을 생각하고……(이하 생략)……하늘을 생각하는 일이니라."

장자가 부처님께 아뢰었다.

"세존이시여, 네 가지 무너지지 않는 깨끗한 믿음에 의지해 거기서 다시 6수념을 닦는 일 등은 저는 지금 다 성취하였습니다. 그래서 저는 항상 여래에 대한 일을 생각하고……(이하 생략)……하늘을 생각하는 일을 닦고 있습니다."

부처님께서 장자에게 말씀하셨다.

"훌륭하고 훌륭하다. 그대는 지금 스스로 아나함과阿那含果를 예언하였다."

장자가 부처님께 아뢰었다.

"오직 바라옵건대 세존이시여, 제가 올리는 공양을 받아 주소서."

그때 세존께서는 잠자코 그의 청을 받아들이셨다. 장자는 부처님께서 잠자코 청을 받아주신 것을 알고 곧 갖가지 깨끗하고 맛있는 음식을 장만하여 공경을 다해 공양하였다. 세존께서는 공양을 마치시고 다시 장자를 위해 갖가지로 설법하시어 가르쳐 보이고 기쁘게 해주신 다음 자리에서 일어나 떠나셨다.

1034. 장수경長壽經

이와 같이 나는 들었다.

어느 때 부처님께서 왕사성 가란다죽원에 계셨다.

그때 수제樹提 장자의 손자인 장수長壽 동자가 몸에 병이 들어 위독하였다.

그때 세존께서 장수 동자가 몸에 병이 들어 위독하다는 말을 들으시고 이른 아침에 가사를 입고 발우를 들고 왕사성으로 들어가 차례로 걸식하시다가 장수 동자의 집에 이르셨다. 장수 동자는 멀리서 세존께서 오시는 것을 보고 평상을 붙들고 일어나려고 하였다.……이 사이에 세 가지 느낌에 대한 말에서부터 병의 고통이 점점 심해질 뿐 조금도 차도가 없다고 한 데까지는 앞의 차마경에서 자세히 말한 것과 같다.

부처님께서 말씀하셨다.

"그러므로 동자야, 이렇게 공부해야 한다.

'부처님에 대한 무너지지 않는 깨끗한 믿음과 법과 승가에 대한 무너지지 않는 깨끗한 믿음과 거룩한 계를 성취하자.'"

동자가 부처님께 아뢰었다.

"세존이시여, 세존께서 말씀하신 네 가지 무너지지 않는 깨끗한 믿음을 저는 지금 다 갖추고 있습니다. 그래서 저는 항상 부처님에 대한 무너지지 않는 깨끗한 믿음과 법과 승가에 대한 무너지지 않는 깨끗한 믿음과 거룩한 계를 성취하고 있습니다."

부처님께서 동자에게 말씀하셨다.

"너는 네 가지 무너지지 않는 깨끗한 믿음에 의지하여 거기에서 다시 여섯 가지 지혜로운 생각[明分想]을 닦아 익혀야 한다.

어떤 것이 여섯 가지인가? 이른바 일체 행行은 다 무상無常한 것이라는 생각과 무상한 것은 괴로운 것[苦]이라는 생각, 괴로운 것은 나라고 할 것이 없다[無我]는 생각, 음식은 더러운 것이라는 생각과 일체 세상은 좋아할 만한 것이 아니라는 생각과 죽는다는 생각 등이니라."

동자가 부처님께 아뢰었다.

"세존께서 말씀하시기를 '네 가지 무너지지 않는 깨끗한 믿음에 의지하여 여섯 가지 지혜로운 생각을 닦아야 한다'고 하셨는데 저는 지금 그것을 다 갖추고 있습니다. 그러나 저는 이런 걱정을 하고 있습니다.

'내가 죽은 뒤 내 할아버님 수제 장자는 장차 어떻게 될지 알 수 없다.'"

그때 수제 장자가 장수 동자에게 말했다.

"너는 내 걱정을 하지 말아라. 너는 지금은 우선 세존의 설법을 듣고 생각하고 기억하면 오랜 세월 동안 행복과 이익과 안락의 요익함을 얻을 것이다."

그때 장수 동자가 말했다.

"저는 일체 행은 다 무상한 것이라는 생각과 무상한 것은 괴로운 것이라는 생각과, 괴로운 것은 나라고 할 것이 없다는 생각과 음식은 더러운 것이라는 생각과 일체 세상은 즐거워할 만한 것이 아니라는 생각과 죽는다는 생각을 가져 언제나 눈앞에 있게 하겠습니다."

부처님께서 동자에게 말씀하셨다.

"너는 지금 스스로 사다함과斯陀含果를 예언하였다."

장수 동자가 부처님께 아뢰었다.

"세존이시여, 오직 바라옵건대 세존께서는 저의 집에 머무시면서 공양하소서."

그러자 세존께서는 잠자코 허락하셨고 장수 동자는 곧 갖가지 깨끗하고 맛있는 음식을 장만하여 세존께 공경을 다하여 공양하였다.

세존께서 공양을 마치시고 다시 동자를 위해 갖가지로 설법하시어 가르쳐 보이시고 기쁘게 해주신 뒤에 자리에서 일어나 떠나가셨다.

1035. 바수경婆藪經

이와 같이 나는 들었다.

어느 때 부처님께서 바라내국波羅㮈國에 있는 선인仙人이 머물렀던 곳인 녹야원鹿野苑에 계셨다.

그때 바수婆藪 장자가 몸에 병이 들어 괴로워하고 있었다. 그때 세존께서는 바수 장자가 몸에 병이 들어 괴로워하고 있다는 말을 들으시고……이 사이의 자세한 내용은 바로 앞의 달마제나장자경에서 말한 것과 같다.

아나함과阿那含果의 기별을 받았다.……(이하 생략)……자리에서 일어나 떠나가셨다.

1036. 사라경沙羅經

이와 같이 나는 들었다.

어느 때 부처님께서 가비라위국迦毘羅衛國에 있는 니구율원尼拘律園에 계셨다.

그때 석씨釋氏인 사라沙羅가 병에 걸려 위독하였다. 마침 세존께서 석씨 사라가 병에 걸려 위독하다는 말을 들으시고 이른 아침에 가사를 입고 발우를 가지고 가유라위국迦維羅衛國으로 들어가 차례로 걸식하시다가 석씨 사라의 집에 이르셨다.

석씨 사라는 멀리 세존께서 오시는 것을 보고 평상을 붙들고 일어나려고 하였다.……이 사이에 세 가지 느낌에 대한 말에서부터 고통이 점점 심해질 뿐 조금도 차도가 없다고 한 데까지는 앞의 차마가경에서 자세히 말한 것과 같다.

세존께서 말씀하셨다.

"그러므로 석씨 사라야, 이렇게 공부해야 한다.

'부처님에 대한 무너지지 않는 깨끗한 믿음과 법과 승가에 대한 무너지지 않는 깨끗한 믿음과 거룩한 계를 성취하자.'"

석씨 사라가 부처님께 아뢰었다.

"세존께서 말씀하신 '부처님에 대한 무너지지 않는 깨끗한 믿음과 법과 승가에 대한 무너지지 않는 깨끗한 믿음과 거룩한 계의 성취'를 저는 지금 다 갖추고 있습니다. 그래서 저는 항상 부처님에 대한 깨끗한 믿음과 법과 승가에 대한 깨끗한 믿음과 거룩한 계를 성취하고 있습니다."

부처님께서 석씨 사라에게 말씀하셨다.

"그러므로 너는 마땅히 부처님에 대한 무너지지 않는 깨끗한 믿음과 법과 승가에 대한 무너지지 않는 깨끗한 믿음과 거룩한 계의 성취에 의지해서 거기서 다시 다섯 가지 기쁜 일을 닦아 익혀야 한다.

어떤 것이 다섯 가지인가? 즉 여래에 대한 일과……(이하 생략)……스스로 보시하는 법을 생각하는 것이니라."

석씨 사라가 부처님께 아뢰었다.

"세존께서 말씀하신 것과 같은 네 가지 무너지지 않는 깨끗한 믿음에 의지하여 다섯 가지 기쁜 일 닦는 것에 대해서는 저도 이미 다 갖추고 있습니다. 그래서 저는 항상 여래에 대한 일과……(이하 생략)……스스로 보시하는 법을 생각하고 있습니다."

부처님께서 말씀하셨다.

"훌륭하고 훌륭하다. 너는 지금 스스로 사다함과를 예언하였다."

사라가 부처님께 아뢰었다.

"오직 바라옵건대 세존이시여, 오늘 저의 집에서 공양하소서."

그러자 세존께서 잠자코 허락하셨고 사라 장자는 곧 갖가지 깨끗하고 맛있는 음식을 장만하여 세존께 공경을 다해 공양하였다. 세존께서는 공양을 마치시고 다시 사라 장자를 위해 갖가지로 설법하시어 가르쳐 보이고 기쁘게 해주신 다음 자리에서 일어나 떠나가셨다.

1037. 야수경耶輸經

이와 같이 나는 들었다.

어느 때 부처님께서 나리那梨 부락에 있는 굴곡정사曲谷精舍에 계셨다.

그때 야수耶輸 장자가 병이 들어 위독한 지경에 처해 있었다.……이 사이의 아나함과의 수기를 받았다고 한 내용까지는 달마제나경에서 자세히 말한 것과 같다.

1038. 마나제나경摩那提那經

이와 같이 나는 들었다.

어느 때 부처님께서 첨파국瞻波國 갈가竭伽라고 하는 못 가에 계셨다.

그때 마나제나摩那提那 장자가 병을 앓다가 병이 막 나았다. 그러자 마나제나 장자가 어떤 남자에게 말했다.

"선남자여, 너는 존자 아나율阿那律이 있는 곳으로 가서 나를 위해 아나율의 발에 머리 조아려 예를 올리고 '기거하시기는 가벼우시고 편안히 머무십니까?' 하고 문안을 여쭙고, '내일 통신사인通身四人과 함께 제 청을 받아 주시기 바랍니다' 하고 내 대신 말을 전해다오. 만일 청을 받아 주시거든 너는 다시 나를 위해 '저는 속인인 데다 왕가王家의 일이 많아 직접 나아가 맞이하지 못합니다. 오직 바라옵건대 존자께서는 때가 되시거든 통신사인과 함께 내일 낮에 저를 가엾게 여기셔서 저의 공양을 받아주소서'라고 말해다오."

그때 그 남자는 장자의 부탁을 받고 존자 아나율이 있는 곳으로 가서 존자의 발에 머리 조아려 예를 올리고 존자에게 아뢰었다.

"마나제나 장자가 공경히 예배하고 문안드리기를 '병이나 괴로움이 적으시고 기거하시기가 가벼우시며 편안히 머무십니까? 오직 바라옵건대 존자께서는 통신사인과 함께 내일 낮에 저를 불쌍히 여기시어 저의 공양을 받아 주소서."

그때 존자 아나율이 잠자코 그 청을 허락하자 그 남자는 다시 마나제나장자의 말을 대신해서 존자 아나율에게 아뢰었다.

"저는 속인인 데다 왕가에 일이 많아 몸소 나아가 맞이하지 못합니다. 오직 바라옵건대 존자께서는 저를 가엾게 여기시어 내일 낮에 통신사인과 함께 제 공양을 받아 주소서."

존자 아나율타가 말했다.

"너는 그만 안정하라. 내가 알아서 하겠다. 내일 통신사인과 함께 그 집으로 가리라."

그러자 그 남자는 존자 아나율의 말을 듣고 돌아와 장자에게 아뢰었다.

"아리阿梨여, 아시다시피 저는 존자 아나율께서 계신 곳으로 나아가 당신의 뜻을 자세히 전했습니다. 존자 아나율께서는 '너는 그만 안정하라. 내가 알아서 하겠다'라고 하셨습니다."

그때 그 마나제나 장자는 밤에 깨끗하고 맛있는 음식을 장만한 뒤 이른 아침에 다시 그 남자에게 말했다.

"너는 저 존자 아나율께서 계신 곳으로 가서 때가 되었다고 말해 다오."

그 남자는 지시를 받자마자 존자 아나율이 있는 곳으로 찾아가서 그의 발에 머리 조아려 예를 올리고 말했다.

"공양이 다 준비되었습니다. 오직 바라옵건대 때가 되었음을 아소서."

그러자 존자 아나율은 가사를 입고 발우를 가지고 통신사인과 함께 장자의 집으로 갔다. 그때 마나제나 장자는 채녀婇女들에게 둘러 쌓여 안 문 왼쪽에 있다가 존자 아나율을 보고 온 몸을 엎드려 발을 잡고 예배하고 안내하여 들어가 자리에 모신 뒤 다시 머리를 조아려 문안드리고 일어나 한쪽으로 물러앉았다.

존자 아나율이 장자에게 문안하였다.

"편히 지내셨습니까?"

장자가 대답했다.

"그렇습니다. 존자여, 편히 지냈습니다. 지난번에 병을 앓을 때에는 위독하였습니다만 지금은 다 나았습니다."

존자 아나율이 장자에게 물었다.

"당신은 어떤 곳에 마음을 두어 그 질병의 고통을 낫게 하였습니까?"

장자가 말했다.

"존자 아나율이시여, 저는 4념처念處에 머물러 기억을 매어두고 오로지 집중하여 수행하였기 때문에 몸의 온갖 고통이 쉬게 되었습니다. 어떤 것이 그 네 가지인가? 이른바 안의 몸을 몸 그대로 관찰하는 염처〔內身身觀念〕에 머물면서 방편을 써서 열심히 노력하여 바른 기억〔正念〕과 바른 지혜〔正智〕로 세상의 탐욕과 근심을 항복 받았습니다. 또 바깥의 몸〔外身〕과 안팎의 몸〔內外身〕과 안의 느낌〔內受〕·바깥의 느낌〔外受〕·안팎의 느낌〔內外受〕과 안의 마음〔內心〕·바깥의 마음〔外心〕·안팎의 마음〔內外心〕과 안의 법〔內法〕·바깥의 법〔外法〕도 마찬가지이며 안팎의 법〔內外法〕을 법 그대로 관찰하는 염처에 머물면서 방편을 써서 열심히 노력하여 바른 기억과 바른 지혜로 세상의 탐욕과 근심을 항복 받았습니다.

이와 같이 존자 아나율이시여, 저는 4념처에 마음을 매어 머물렀기 때문에 몸의 온갖 고통이 쉬게 되었습니다."

존자 아나율이 장자에게 말했다.

"그대는 지금 스스로 아나함과를 예언하였습니다."

그때 마나제나 장자는 갖가지 깨끗하고 맛있는 음식으로 손수 공양을 올려 마음껏 드시게 하였다. 공양을 마치고 나서 양치질을 끝낸 다음 마나제나 장자는 다시 낮은 자리에 앉아서 미묘한 설법을 들었다. 존자 아나율은 갖가지로 설법하여 가르쳐 보이고 기쁘게 해준 뒤에 자리에서 일어나 떠나갔다.

1039. 순다경淳陀經

이와 같이 나는 들었다.

어느 때 부처님께서 왕사성 금사정사金師精舍에 계셨다.

그때 순다淳陀 장자가 부처님께서 계신 곳으로 나아가 부처님의 발에 머리 조아리고는 한쪽으로 물러앉았다.

그때 세존께서 순다 장자에게 물으셨다.

"그대는 지금 어떤 사문 바라문의 청정한 행〔淨行〕[10]을 좋아하는가?"

순다가 부처님께 아뢰었다.

"어떤 사문 바라문은 물을 받들어 섬기고 비습파毘濕波 하늘을 섬기는데 지팡이를 짚고 물통을 들고 다니면서 항상 손을 깨끗이 씻습니다. 그 정사正士들은 설법을 잘하는데 이렇게 합니다.

'선남자들이여, 매달 보름날 호마胡麻 가루나 암마라菴摩羅 가루로 머리를 감고 재법齋法을 실천하되 새롭고 깨끗한 긴 털로 짠 흰 천을 감고 쇠똥을 땅에 바르고 그 위에 누워라. 선남자들이여, 새벽에 일찍 일어나 손을 땅에 대고 〈이 땅은 청정하다. 나는 이와 같은 깨끗한 손으로 쇠똥덩이와 신선한 풀을 잡는다〉라고 그렇게 말하라. 그리고 또 〈이것은 청정하다. 나도 이와 같이 청정하다〉라고 그렇게 말하라. 만일 이와 같이 하는 사람은 생각〔見〕이 청정해지겠지만 이와 같이 하지 않는 사람은 영원히 청정해지지 못할 것이다.'

세존이시여, 만일 이런 부류의 사문 바라문들이 청정하다면 저는 그들을 우러러 숭배하겠습니다."

부처님께서 순다에게 말씀하셨다.

"검은 법〔黑法 : 惡法〕에는 검은 과보〔黑報〕가 따르고 청정하지 않은 것에는 청정하지 않은 결과가 있으며 무거운 것을 지면 구부러지게 마련이다. 그러한 모든 나쁜 법을 익힌 사람은 아무리 이른 새벽에 일찍 일어나 손을 땅에 대고 청정하다고 외쳐대도 그것은 더러운 것

---

10 팔리어로는 soceyyāni라고 함. 모든 청정한 행을 말하는 것으로 몸의 청정[身淸淨]·말의 청정[口淸淨]·생각의 청정[意淸淨]을 가리킴.

이요, 또 땅에 대지 않더라도 마찬가지로 더러운 것이다. 또 쇠똥덩어리나 신선한 풀을 잡고 청정하다고 외치더라도 그것 또한 더러운 것이요, 손을 대지 않더라도 마찬가지로 더러운 것이다.

순다여, 어떤 것이 검은 법에는 검은 과보가 따르는 것이며 청정하지 않은 것에는 청정하지 않은 결과가 있는 것이며 무거운 것을 지면 구부러지고……(이하 생략)……대거나 대지 않거나 다 더럽다고 하는가?

순다여, 말하자면 살생하는 나쁜 업이니 손은 늘 피투성이고, 마음으로는 항상 때리고 죽이기를 생각하면서 부끄러워 할 줄도 모르고〔無慚無愧〕 탐내고 인색하며 일체 중생은 물론 나아가 곤충들에 대해서도 살생하기를 버리지 못하는 것이다.[11]

부락이나 공한空閒한 자리에서 남의 재물을 훔치는 것을 모두 버리지 못하는 것이다.[12]

온갖 음행을 행하는 것이니 부모·형제·자매·남편·주인·친척 등과 내지는 정혼자〔授花鬘者〕에 이르기까지 이와 같이 보호하는 이들을 억지로 구해 온갖 삿된 음행을 행하며 삿된 음행을 버리지 못하는 것이다.[13]

진실하지 못한 거짓말을 하는 것이니, 왕가王家가 진실을 말해야 하는 장소나 많은 대중들인 모인 곳 등 온당한 말을 해야 할 장소에서 거짓말을 하는 것이니, 보지 않은 것을 보았다고 말하고 본 것을 보지 못했다고 말하며 듣지 못한 것을 들었다고 말하고 들은 것을 듣지 못했다고 말하며 아는 것을 알지 못한다고 말하고 알지 못하는 것을 안

---

11 살생하는 사람을 가리킴[殺生者].

12 도둑질하는 사람을 가리킴[偸盜者].

13 삿된 음행을 행하는 사람을 가리킴[行邪淫者].

다고 말하며 자기를 위해서나 남을 위해서 혹은 재물과 이익을 위해서 알면서도 거짓말을 하며 거짓말을 버리지 못하는 것이다. 이것을 거짓말이라고 한다.[14]

이간하는 말〔兩舌〕을 버리지 못하는 것이니, 이쪽 말을 저쪽에 가서 전하거나 저쪽 말을 이쪽에 와서 전하여 양쪽을 다 헐뜯어 친한 사이를 벌어지게 하고 서로 사이가 벌어지면 기뻐한다. 이것을 이간하는 말이라고 한다.[15]

나쁜 말을 버리지 않는 것이니, 만일 어떤 사람이 부드러운 말로 말하면 귀에도 즐겁고 마음도 기쁘며 바르고 떳떳해 알기도 쉽고 뽐냄이 없는 말은 듣기도 즐겁다. 그러므로 많은 사람들이 좋게 생각하고 그들 마음에도 맞으며 고요한〔三昧〕 평정심을 따르게 된다. 그러하거늘 만일 거칠고 사나운 말을 하면 사람들은 미워하고 좋게 여기지 않으며 그들 마음에도 맞지 않고 고요하고 평온한 말투를 거스르게 된다. 이런 말은 거칠고 투박함을 버리지 못한 것으로 이것을 나쁜 말이라고 한다.[16]

꾸며 무너뜨리는 말, 시기적절하지 못한 말, 진실하지 않은 말, 내용이 없는 말, 법답지 못한 말, 생각이 없는 말 등 이런 말들을 버려야 할 말〔壞語〕이라고 한다.[17]

탐욕을 버리지 못하는 것이니, 남의 재물에 대해 탐욕을 일으켜 이것은 내 것이라고 말하는 것이다.[18]

---

14 거짓말하는 사람을 가리킴[妄語者].

15 이간하는 말을 하는 사람을 가리킴[離間語者].

16 나쁜 말 즉 욕을 하는 사람을 가리킴[粗惡語者].

17 쓸데없는 말을 하는 사람을 가리킴[綺語者]. 기어綺語는 혹 잡예어雜穢語라고도 함. 무의미하고 무익한 꾸밈말이나 나쁜 의미의 농담, 외설적인 농담, 내용 없이 말에다 현란한 치장만 한 진실 되지 못한 말을 통칭함.

18 탐욕이 있는 사람을 가리킴[貪欲者].

성내고 모진 것을 좋아해 버리지 못하는 것이니, 마음으로 '저 중생은 꼭 결박해야 한다, 채찍으로 때려야 한다, 복종시켜야 한다, 죽여야 한다'고 생각한다. 그리하여 분란〔難〕 만들기를 좋아하는 것이다.[19]

삿된 견해로 뒤바뀜을 버리지 못하는 것이니, 이렇게 보고 이렇게 말하는 것이다.

'보시도 없고 과보도 없으며 복이란 것도 없고 착한 행이나 악한 행도 없으며 착하거나 악한 업의 과보도 없고 이 세상도 없고 저 세상도 없으며 부모도 없고 중생이 세상에 태어나는 일도 없으며 세상에는 아라한이 이 세상에서나 저 세상에 대하여 현재 세계에서 스스로 증득한 줄을 알아 〈나의 생은 이미 다하고 범행梵行은 이미 섰으며 할 일을 이미 마쳐 후세의 몸을 받지 않는다는 것을 스스로 안다〉고 하는 것도 없다.'[20]

순다여, 이런 것들을 〈악한 법에는 악한 과보가 따르고 청정하지 않은 것에는 청정하지 않은 결과가 있으며,……(이하 생략)……대거나 대지 않거나 모두 다 더러운 것이다〉라고 한 것이다.

순다여, 착한 법〔白法〕에는 착한 과보〔白報〕가 따르고 청정한 것에는 청정한 결과가 있으며 가벼운 신선이라야 위로 오를 수 있는 법이다. 이것을 성취하고 나면 이른 아침에 땅에 손을 대고 '이것도 청정하고 나도 청정하다'고 하는 사람도 청정할 것이요, 대지 않는 사람도 마찬가지로 청정할 것이다. 손으로 쇠똥덩어리를 잡건 신선한 풀을 잡건 인因이 깨끗하고 과果가 깨끗하면 잡건 잡지 않건 마찬가지로 청정할 것이다.

---

19 성내는 마음을 일으키는 사람을 가리킴[瞋心者].

20 삿된 견해를 가진 사람을 가리킴[邪見者].

순다여, 무엇을 '착한 법에는 착한 과보가 따르고……(이하 생략)……잡건 잡지 않건 마찬가지로 청정할 것이다'라고 하는가?

사람이 살생하지 않고 살생을 아주 버린 것이니, 칼이나 몽둥이를 버리고 부끄러워할 줄 알며, 일체 중생들을 다 불쌍히 여기는 것이다.

도둑질하지 않고 도둑질 할 마음을 멀리 저버리는 것이니, 주는 것만 갖고 주지 않는 것은 갖지 않으며, 청정한 마음으로 탐내지 않는 것이다.

삿된 음행婬行을 버리는 것이니, 부모……(이하 생략)……정혼자 등 보호하는 이들에게 억지로 삿된 음행할 마음을 일으키지 않는 것이다.

거짓말을 여의는 것이니, 자세하고 진실한 말만 하는 것이다.

이간질하는 말을 멀리 버리는 것이니, 이쪽 말을 저쪽에 가서 전하거나 저쪽 말을 이쪽에 와서 전하여 양쪽을 서로 헐뜯지 않아서 서로 사이가 벌어진 사람은 친하게 하고 친하면 따라서 기뻐하는 것이다.

나쁜 말을 멀리 버리고 거칠거나 사납지 않아 많은 사람들이 그의 그런 말을 좋아하는 것이다.

버려야 할 말〔壞語〕을 버리는 것이니, 자세한 말, 시기 적절한 말, 진실한 말, 내용 있는 말, 법다운 말, 견해가 담긴 말이다.

탐욕을 버리는 것이니, 남의 재물이나 남의 물품을 보고 자기 소유라는 생각을 내어 탐하거나 집착하지 않는 것이다.

성냄을 버리는 것이니, 때리고 결박하고 죽이는 등 여러 가지 분란을 일으키려는 생각을 하지 않는 것이다.

바른 견해를 성취하여 뒤바뀐 견해가 없는 것이니 '보시도 있고 과보〔報〕[21]도 있고 복도 있으며 착하고 악한 행의 결과와 과보도 있고

21 고려대장경 본문에는 '설說'자로 되어 있으나, 이 문구는 앞서 설명한 부분을 반복

이 세상도 있고 부모도 있고 중생들의 태어남도 있으며 세상에는 아라한이 이 세상이나 저 세상에 대하여 현재 세상에서 스스로 증득한 줄을 알아 〈나의 생은 이미 다하고 범행은 이미 섰으며 할 일은 이미 마쳐 후세의 몸을 받지 않는다〉고 스스로 안다는 것도 있다'고 하는 것이다.

순다여, 이런 것들을 '착한 법에는 착한 과보가 따르고,……(이하 생략)……대거나 대지 않거나 다 청정한 것이다'라고 한 것이다."

그때 순다 장자는 부처님의 말씀을 듣고 기뻐하며 예배하고 떠나갔다.

1040. 사행경捨行經

이와 같이 나는 들었다.

어느 때 부처님께서 왕사성 금사정사에 계셨다.

그때 어떤 바라문이 보름날 머리를 감고 재법齋法을 받고는 새롭고 긴 털로 짠 흰 천을 감고 손에는 신선한 풀을 들고 부처님께서 계신 곳을 찾아가 세존과 서로 안부 인사를 건네고서 한쪽으로 물러앉았다.

그때 세존께서 바라문에게 말씀하셨다.

"그대는 머리를 감고 새롭고 긴 털로 짠 흰 천을 감았는데 그것은 누구의 법인가?"

바라문이 부처님께 아뢰었다.

"구담이시여, 이것은 사법捨法을 공부하는 법입니다."

하는 것이므로 '보報'자로 보아야 마땅할 듯하여 고쳐 번역하였다.

부처님께서 바라문에게 물으셨다.

"어떻게 하는 것이 바라문들이 행하는 사법인가?"

바라문이 부처님께 아뢰었다.

"구담이시여, 이와 같이 보름날 머리를 감고 재법을 실천하되 새롭고 깨끗한 긴 털로 짠 흰 천을 감고 손에는 신선한 풀을 쥐고 스스로의 능력에 따라 보시하여 복을 짓습니다. 구담이시여, 이것을 바라문들이 수행하는 사법이라고 합니다."

부처님께서 바라문에게 말씀하셨다.

"성현의 법과 율에서 행하는 사법은 그것과 다르다."

바라문이 부처님께 아뢰었다.

"구담이시여, 어떻게 하는 것이 성현의 법과 율에서 행하는 사법捨法입니까?"

부처님께서 바라문에게 말씀하셨다.

"살생을 버리고 살생을 좋아하지 않는 것이니,……이 사이의 자세한 내용은 앞의 순다경〔淸淨分〕에서 말한 것 같다.……죽이지 않음으로써 살생을 버리는 것이다.……이 사이의 자세한 내용은 앞의 순다경에서 말한 것과 같다.……도둑질을 여의고 도둑질을 좋아하지 않는 것이니, 도둑질하지 않음으로써 주지 않는 것을 가지는 행위를 버리는 것이다. 온갖 삿된 음행을 버리고 삿된 음행을 좋아하지 않는 것이니, 음행하지 않음으로써 범행이 아닌 것을 버리는 것이다.

거짓말을 버리고 거짓말을 좋아하지 않는 것이니, 거짓말하지 않음으로써 진실하지 않은 말을 버리는 것이다. 온갖 이간질하는 말을 버리고 이간질하는 말을 좋아하지 않는 것이니, 이간질하는 말을 하지 않음으로써 이간질하는 말을 버리는 것이다. 나쁜 말을 버리고 나쁜 말을 좋아하지 않는 것이니, 나쁜 말을 하지 않음으로써 추한 말을 버리는 것이다. 온갖 꾸밈말〔綺語〕을 버리고 꾸밈말을 좋아하지 않는 것이니, 꾸밈말을 하지 않음으로써 의미 없는 말을 버리는 것이다.

탐욕을 없애 탐욕의 고통을 멀리 버리는 것이니, 탐욕의 마음이 없음으로써 애착愛著을 버리는 것이다. 성냄을 끊어 없애 분노와 원한이 생기지 않는 것이니, 분노가 없음으로써 성냄과 원한을 버리는 것이다. 바른 견해를 익혀 뒤바뀐 견해를 일으키지 않는 것이니, 바른 견해로써 삿된 견해를 버리는 것이다.

바라문이여, 이것을 성현의 법과 율에서 행하는 사법이라고 하느니라."

바라문이 부처님께 아뢰었다.

"훌륭하십니다. 구담이시여, 성현의 법과 율에서 행하는 사법은 참으로 훌륭합니다."

그때 그 바라문은 부처님의 말씀을 듣고 기뻐하면서 자리에서 일어나 떠나갔다.

1041. 생문범지경生聞梵志經

이와 같이 나는 들었다.

어느 때 부처님께서 왕사성 가란다죽원에 계셨다.

그때 생문生聞 범지가 부처님께서 계신 곳으로 찾아가 세존과 안부인사를 나눈 뒤에 한쪽으로 물러앉아 부처님께 아뢰었다.

"구담이시여, 저에게는 지극히 사랑하는 친족이 있었는데 갑자기 목숨을 마쳤습니다. 그래서 제가 그를 위해 믿는 마음으로 보시를 하려고 합니다만 어떻습니까? 세존이시여, 그가 그것을 받을 수 있겠습니까?"

부처님께서 바라문에게 말씀하셨다.

"꼭 받을 것이라고 단정 지을 수는 없다. 만일 그대 친족이 지옥에 태어났다면 그는 지옥 중생들의 음식을 먹고 살아가야 할 운명이므로 그대가 믿는 마음으로 보시한 음식을 받지 못할 것이다. 만일 축생畜生이나 아귀餓鬼나 인간으로 태어났으면 또한 그 사람들의 음식을 먹어야 하므로 그대가 보시한 것을 받지 못할 것이다. 바라문이여, 아귀 세계 가운데에는 입처入處아귀라는 한 곳이 있는데, 만일 그대 친족이 그 입처아귀 가운데 태어났으면 그대가 보시한 음식을 받을 수 있을 것이다."

바라문이 부처님께 아뢰었다.

"만일 제 친족이 그 입처아귀 세계에 태어나지 못했을 경우 제가 믿는 마음으로 보시한 음식은 누가 먹게 됩니까?"

부처님께서 바라문에게 말씀하셨다.

"만일 그대가 믿는 마음으로 보시한 음식을 받아야 할 친족이 입처아귀 세계에 태어나지 못했을 경우, 틀림없이 다른 아는 친족으로서 입처아귀 세계에 태어난 사람이 그것을 받아먹을 것이다."

바라문이 부처님께 아뢰었다.

"구담이시여, 만일 제가 믿는 마음으로 보시한 음식을 받아야 할 친족이 입처아귀 세계에 태어나지 못했고, 또 다른 아는 친족으로서 입처아귀 세계에 태어난 사람도 없을 경우, 그 믿는 마음으로 보시한 음식은 마땅히 누가 먹습니까?"

부처님께서 바라문에게 말씀하셨다.

"설사 보시한 음식을 받을 친족이 입처아귀 세계에 태어나지 못했고, 또 다른 아는 친족으로서 입처아귀 세계에 태어난 이가 없더라도, 믿는 마음으로 한 그 보시는 시주 자신이 그 복을 얻을 것이다. 그 시주의 보시는 믿음의 보시로서 그 시주는 보시한 공덕을 잃지 않기 때문이다."

바라문이 부처님께 여쭈었다.

"어떻게 시주가 보시하면 시주가 그 성취한 보시 공덕을 얻을 수 있습니까?"

부처님께서 바라문에게 말씀하셨다.

"어떤 사람이 살생의 악행惡行으로 인하여 손은 항상 피투성이요,……이 사이의 열 가지 악한 업의 내용은 앞의 순다경에서 자세히 말한 것과 같다.……그렇더라도, 모든 사문 바라문과……가난한 이나 거지에게 재물·의복·음식·등불과 온갖 장엄莊嚴하는 데 쓰이는 도구들을 보시하라. 바라문이여, 그 은혜로운 시주가 만일 또 계를 범해 코끼리로 태어났다 하더라도 그는 일찍이 사문 바라문에게 재물·의복·음식……장엄하는 데 쓰이는 도구들을 보시하였기 때문에 그는 코끼리로 있으면서도 그 보시한 과보果報로써 의복·음식……갖가지 장엄하는 데 쓰이는 도구들을 받을 수 있을 것이다. 또 소·말·나귀·토끼 따위의 축생 세계에 태어나더라도 과거에 보시한 공덕으로 다 그 과보를 받게 되고 그들이 태어난 곳을 따라 그가 필요로 하는 것들을 다 얻게 될 것이다.

바라문이여, 만일 그 시주가 계율을 지켜서 살생하지 않고 도둑질하지 않으며……바른 견해를 일으켜 모든 사문 바라문과……거지에게 재물·의복·음식……등불을 보시하면 그는 그 공덕으로 인간 세계에 태어나서 그 과보로 의복·음식……등불이나 온갖 도구들을 앉아서 받게 될 것이다. 또 바라문이여, 만일 계율을 지킴으로써 천상天上에 태어나면 저 온갖 것을 보시한 공덕으로 말미암아 그 과보로 천상에서 재물·의복·음식……온갖 장엄하는 데 쓰이는 도구들을 다 받게 될 것이다. 바라문이여, 이것을 시주가 보시를 행하면 그 시주는 보시를 돌려 받아 그 과보를 잃지 않는다고 한 것이니라."

그때 생문 바라문은 부처님의 말씀을 듣고 기뻐하면서 자리에서 일어나 떠나갔다.

1042. 비라경鞞羅經

이와 같이 나는 들었다.

어느 때 부처님께서 구살라국拘薩羅國 인간 세상을 유행하시다가 비라마鞞羅磨라고 하는 마을 북쪽에 있는 신서림身恕林에 계셨다.

비라마 마을의 바라문 장자들은 세존께서 비라마 마을 북쪽에 있는 신서림에 계신다는 말을 듣고 서로 불러 모여 부처님께서 계신 곳으로 찾아가서 부처님 발에 머리를 조아리고는 한쪽에 물러앉아 부처님께 여쭈었다.

"세존이시여, 무슨 인연으로 어떤 중생은 몸이 무너지고 목숨이 끝나면 지옥에 태어납니까?"

부처님께서 여러 바라문 장자들에게 말씀하셨다.

"법답지 못한 행동을 하거나 위험한 행동을 하면 그 인연으로 몸이 무너지고 목숨이 끝나면 지옥에 태어나느니라."

여러 바라문 장자들이 부처님께 여쭈었다.

"어떤 것이 법답지 못한 행동과 위험한 행동을 하는 것이기에 몸이 무너지고 목숨이 끝나면 지옥에 태어납니까?"

"살생하는 것과……삿된 견해을 일으키는 등 이 열 가지가 착하지 않은 업業이다. 바라문이여, 이것이 법답지 못한 행동이며 위험한 행동으로서 몸이 무너지고 목숨이 끝나면 지옥에 태어나느니라."

바라문들이 부처님께 아뢰었다.

"무슨 인연으로 어떤 중생들은 몸이 무너지고 목숨이 끝나면 천상에 태어나게 됩니까?"

부처님께서 바라문 장자들에게 말씀하셨다.

"법다운 행동을 하고 바른 행동을 하면 그 인연으로 몸이 무너지고 목숨이 끝나면 천상에 태어나게 되느니라."

또 여쭈었다.

"세존이시여, 어떤 법다운 행동을 하고 바른 행동을 해야 몸이 무너지고 목숨이 끝나면 천상에 태어나게 됩니까?"

부처님께서 바라문 장자들에게 말씀하셨다.

"이른바 살생을 버리고……바른 견해를 일으키는 등 이 열 가지 착한 업을 지은 인연으로 인하여 몸이 무너지고 목숨이 끝나면 천상에 태어나게 되느니라.

바라문 장자들이여, 만일 이 법다운 행동을 하고 바른 행동을 한 사람으로서 찰리刹利의 큰 가문이나 바라문의 큰 가문이나 거사의 큰 가문에 태어나기를 희망한다면 다 소원대로 거기에 태어나게 되느니라. 왜냐하면 법다운 행동을 하고 바른 행동을 한 인연 때문이니라.

또 사왕천四王天이나 삼십삼천三十三天이나……타화자재천他化自在天 등 그 어느 곳이든 태어나기를 희망한다면 모두 소원하는 곳에 가서 태어나게 된다. 왜냐하면 법다운 행동을 하고 바른 행동을 한 인연 때문이니라. 계율을 깨끗하게 지킨 사람은 그 마음에 원하는 것이 있으면 다 저절로 얻어지게 되느니라. 또 이와 같이 법다운 행동을 하고 바른 행동을 한 사람이 범천梵天에 태어나기를 희망하여도 또한 그는 그곳에 가서 태어나게 된다. 왜냐하면 바른 행을 행하였고 법다운 행을 행하였으며, 계율을 청정하게 지켰고 마음의 애욕愛欲을 여의었기 때문에 그가 원하는 것이면 무엇이든 반드시 얻게 되는 것이다. 또 광음천光音天과 변정천遍淨天과……아가니타천阿伽尼吒天 등 그 어느 곳이든 태어나기를 희망한다면 모두 소원하는 대로 그렇게 될 것이다. 왜냐하면 그는 계를 잘 지켜 청정하고 마음의 애욕을 여의었기 때문이니라.

만일 또한 애욕과 악하고 착하지 않은 법을 여읜 사람이 거친 생각과 미세한 생각〔有覺有觀〕이 있고,……(이하 생략)……제4선禪을 성취해 머물기를 희망한다면 다 성취하게 될 것이다. 왜냐하면 그는 법다운 행동과 바른 행동을 하였고 계를 청정하게 지켰으며 마음의 애욕을 여의었기 때문에 소원하는 것이면 반드시 얻게 되느니라.

또 자애로움·불쌍히 여김·기뻐함·평정과, 공입처空入處·식입처識入處·무소유입처無所有入處·비상비비상입처非想非非想入處 등도 희망하면 다 얻게 되느니라. 왜냐하면 그는 법다운 행동과 바른 행동을 하였고 계를 청정하게 지켰으며 마음의 애욕을 여의었기 때문에 소원하는 것이면 반드시 얻게 되느니라.

또 세 가지 번뇌〔三結〕를 끊고 수다원과須陀洹果·사다함과斯陀含果·아나함과阿那含果와, 한량없는 신통神通으로서 천이天耳·타심지他心智·숙명지宿命智·생사지生死智·누진지漏盡智를 얻는 등 희망하는 것이면 다 얻게 되느니라. 왜냐하면 법다운 행동과 바른 행동을 하였고 계를 청정하게 지켰으며 마음의 애욕을 여의었기 때문에 소원하는 것이면 반드시 얻게 되느니라."

그때 바라문 장자들은 다 부처님의 말씀을 듣고 기뻐하면서 예를 올리고 떠나갔다.

1043. 비라마경鞞羅磨經

이와 같이 나는 들었다.

어느 때 부처님께서는 구살라국 인간 세상을 유행하시다가 비라마鞞羅磨라고 하는 마을 북쪽에 있는 신서림身恕林에 계셨다. 그때 비라마 마을에 살고 있는 바라문 장자들은 세존께서 비라마 마을의 신서림에 계시다는 말을 들었다. 그들은 흰 마차를 타고 많은 수종꾼들을 데리고, 금자루 일산과 금 물병을 들고 비라마 마을을 나와 신서림 어귀에 이르렀다. 거기에서 수레에서 내려 동산 문으로 걸어 들어가 세존 앞에 나아가 문안한 뒤 한쪽에 앉아 아뢰었다.

"구담이시여, 무슨 인연으로 어떤 사람은 목숨을 마치고 지옥에 태어나며……천상에 태어납니까?"

자세한 것은 앞의 경에서 말한 것과 같다.

그때 비라마 마을의 바라문들은 부처님 말씀을 듣고 기뻐하면서 자리에서 일어나 떠나갔다.

1044. 비뉴다라경鞞紐多羅經

이와 같이 나는 들었다.

어느 때 부처님께서 구살라국 인간 세상을 유행하시다가 비뉴다라鞞紐多羅라는 마을에 이르러 마을 북쪽에 있는 신서림身恕林에 계셨다.

그때 비뉴다라 마을에 살고 있는 바라문 장자들은 세존께서 그 마을 북쪽에 있는 신서림에 계신다는 말을 듣고는 그들은 서로 불러 신서림으로 나아가 세존께서 계신 곳에 이르러 서로 안부 인사를 나눈 뒤 한쪽으로 물러앉았다. 그때 세존께서 바라문 장자들에게 말씀하셨다.

"내 마땅히 스스로 이치를 통하는 법을 설명하리니, 자세히 듣고 잘 생각해보라.

어떤 것이 스스로 이치를 통하는 법인가?

이른바 거룩한 제자는 이렇게 공부해야 한다.

'나는 〈만일 어떤 이가 나를 죽이려고 한다면 나는 기쁘지 않을 것이다. 내가 만일 기뻐하지 않는 일이라면 남들도 그럴 것이다. 그런데 어떻게 남을 죽이겠는가?〉 라고 생각한다.'

이렇게 생각하고 나서는 살생하지 말라는 계를 받고서 살생을 좋아하지 않는다.……이 사이의 자세한 내용은 앞에서 말한 것과 같다.

'내가 만일 남이 내 물건 훔쳐 가는 것을 좋아하지 않는다면 남들도 역시 그렇게 하는 것을 좋아하지 않을 것이다. 그런데 내가 어떻게 남의 물건을 훔치겠는가?'

그러므로 훔치지 말라는 계를 지니고서 훔치기를 좋아하지 않는다.……이 사이의 자세한 내용은 앞에서 말한 것과 같다.

'내가 만일 남이 내 아내를 범하는 것을 좋아하지 않는다면 남들도 또한 그렇게 하는 것을 좋아하지 않을 것이다. 그런데 내가 어떻게 남의 아내를 범하겠는가?'

그러므로 다른 사람과 음행하지 말라는 계를 받아 지니고서……이 사이의 자세한 내용은 앞에서 말한 것과 같다.

'나는 남에게 속는 것을 좋아하지 않나니, 남도 또한 그럴 것이다. 그런데 어떻게 남을 속이겠는가?'

그러므로 거짓말하지 말라는 계를 받아 지니고서……이 사이의 자세한 내용은 앞에서 말한 것과 같다.

'나는 남이 내 친구를 이간질하는 것을 좋아하지 않나니, 남들도 그럴 것이다. 그런데 내가 어떻게 남의 친구를 이간질하겠는가?'

그러므로 이간질하지 않는다.

'나는 남이 내게 욕하는 것을 좋아하지 않나니, 남들도 그럴 것이다. 그런데 어떻게 남에게 욕을 하겠는가?'

그러므로 남에게 욕을 하지 않는다.……이 사이의 자세한 내용은 앞에서 말한 것과 같다.

'나는 남이 나에게 꾸밈말 쓰는 것을 좋아하지 않나니, 남들도 그럴 것이다. 그런데 어떻게 남에게 꾸밈말을 쓰겠는가?'

그러므로 남에게 꾸밈말을 쓰지 않는다.……이 사이의 자세한 내용은 앞에서 말한 것과 같다.

이와 같은 일곱 가지 계를 거룩한 계〔聖戒〕라고 한다.

또 부처님에 대한 무너지지 않는 깨끗한 믿음을 성취하고 법과 승가에 대한 무너지지 않는 깨끗한 믿음을 성취하면 이것을 거룩한 제자의 네 가지 무너지지 않는 깨끗한 믿음의 성취라고 한다.

만일 이러한 것들을 현전現前에서 스스로 관찰할 수 있으면 능히 스스로 '나에게 지옥은 끝나고 축생과 아귀도 끝나고 일체의 나쁜 세계가 없어지고 수다원을 얻어 나쁜 세계의 법에 떨어지지 않고 결정코 삼보리三菩提로 바로 향해 일곱 번 천상과 인간에 태어났다가 마침내 괴로움을 완전히 벗어나리라'고 말할 수 있을 것이다."

그때 비뉴다라 마을에 살고 있는 바라문 장자들은 부처님의 말씀을 듣고 기뻐하면서 자리에서 일어나 떠나갔다.

1045. 수류경隨類經

이와 같이 나는 들었다.

어느 때 부처님께서 사위국 기수급고독원에 계셨다.

그때 세존께서 모든 비구들에게 말씀하셨다.

"서로 친해지는 법이 있다. 자세히 듣고 잘 생각하라. 너희들을 위해 설명해주리라. 어떤 것이 서로 친해지는 법인가? 이른바 살생하는 이는 살생하는 이와 친해지고 도둑질·음행·거짓말·이간하는 말·나쁜 말·꾸밈말·탐욕·성냄·삿된 견해에 있어서도 각각 그 부류를 따라 서로 친해진다. 비유하면 더러운 물건은 더러운 물건과 서로 화합하는 것처럼 살생은 살생과……(이하 생략)……삿된 견해는 삿된 견해와 서로 친해지느니라.

이와 같이 비구들아, 살생하지 않는 이는 살생하지 않는 이와 서로 친해지고,……(이하 생략)……바른 견해를 가진 이와 서로 친해진다. 비유하면 깨끗한 물건은 깨끗한 물건과 서로 화합하여 우유〔乳〕는 낙酪을 생겨나게 하고 낙은 수酥를 생겨나게 하며 수는 제호醍醐를 생겨나게 하고 제호는 저절로 서로 화합하는 것처럼 살생하지 않는 이는 살생하지 않는 이와 서로 친해지고,……(이하 생략)……바른 견해가 있는 사람은 바른 견해가 있는 사람과 서로 친해진다. 이러한 것을 비구들의 서로 친해지는 법이라고 하느니라."

부처님께서 이 경을 말씀하시자 모든 비구들은 부처님의 말씀을 듣고 기뻐하며 받들어 행하였다.

1046. 사행경蛇行經

이와 같이 나는 들었다.

어느 때 부처님께서 사위국 기수급고독원에 계셨다.

그때 세존께서 모든 비구들에게 말씀하셨다.

"사행법蛇行法이 있다. 자세히 듣고 잘 생각하라. 너희들을 위해 설명해주리라.

어떤 것이 사행법인가? 이른바 살생하는 나쁜 업이니 손은 늘 피투성이이고……(이하 생략)……열 가지 착하지 않은 업이니,……이 사이의 내용은 앞의 순다경에서 자세히 말한 것과 같다.……그는 그때 몸으로 짓는 사행〔身蛇行〕·입으로 짓는 사행〔口蛇行〕·뜻으로 짓는 사행〔意蛇行〕을 행한다. 그는 이와 같이 몸과 입과 뜻으로 사행을 행한 뒤에 두 세계에서 하나하나의 세계인 지옥이나 축생 세계로 향한다. 사행 중생이란, 즉 뱀·쥐·고양이·살쾡이 따위의 배결음질하는 중생들을 말하는 것이니 이것을 사행법이라고 하느니라.

어떤 것이 사행이 아닌 법인가? 이른바 살생하지 않고……(이하 생략)……바른 견해이니,……이 사이의 열 가지 착한 업의 자세한 내용에 대해서는 앞의 순다경에서 말한 것과 같다.……이것을 사행이 아닌 법이라고 한다. 몸으로도 사행을 짓지 않고 입으로도 사행을 짓지 않으며 뜻으로도 사행을 짓지 않으면 그 두 세계에서 하나하나의 세계인 천상이나 인간 세계에 태어난다. 이것을 사행이 아닌 법이라고 하느니라."

부처님께서 이 경을 말씀하시자 모든 비구들은 부처님의 말씀을 듣고 기뻐하며 받들어 행하였다.

1047. 원주경圓珠經 ①

이와 같이 나는 들었다.

어느 때 부처님께서 사위국 기수급고독원에 계셨다.

그때 세존께서 모든 비구들에게 말씀하셨다.

"나쁜 업業의 인因·나쁜 마음의 인·나쁜 견해의 인이 있다. 그런 업인業因이 있는 중생은 몸이 무너지고 목숨이 끝나면 틀림없이 나쁜 세계인 지옥에 떨어진다. 비유하면 둥근 구슬을 공중에 던지면 그것이 다시 땅에 떨어져 굴러서 본래 있던 자리에 머물지 않는 것처럼 나쁜 업의 인·나쁜 마음의 인·나쁜 견해의 인은 몸이 무너지고 목숨이 끝난 뒤에는 반드시 지옥에 떨어져 본래의 자리에 머물 수 없게 된다.

어떤 것을 나쁜 업이라고 하는가? 이른바 살생으로부터 꾸밈말에 이르기까지를 말하는 것이니,……이 사이의 자세한 내용은 앞에서 말한 것과 같다.……이것을 나쁜 업이라고 한다.

어떤 것이 나쁜 마음인가? 이른바 탐욕과 성냄이니,……이 사이의 자세한 내용은 앞에서 말한 것과 같다.……이것을 나쁜 마음이라고 한다.

어떤 것이 나쁜 견해인가? 이른바 삿된 착각이니,……이 사이의 자세한 내용은 앞에서 말한 것과 같다.……이것을 나쁜 견해라고 한다.

이상의 것들이 나쁜 업의 인・나쁜 마음의 인・나쁜 견해의 인으로서 몸이 무너지고 목숨이 끝나면 반드시 나쁜 세계인 지옥에 태어난다고 하는 것이니라.

착한 업의 인・착한 마음의 인・착한 견해의 인은 몸이 무너지고 목숨이 끝난 뒤에는 틀림없이 좋은 세계인 천상에 태어난다.

바라문이여, 어떤 것이 착한 업인가? 이른바 살생을 버리고 살생을 좋아하지 않으며,……(이하 생략)……꾸밈말을 하지 않는 것이니, 이것을 착한 업이라고 한다.

어떤 것이 착한 마음인가? 이른바 탐하지 않고 성내지 않는 것이니, 이것을 착한 마음이라고 한다.

어떤 것이 착한 견해인가? 이른바 바른 견해로 뒤바뀜이 없고……(이하 생략)……후세의 몸을 받지 않는 것이니, 이것을 착한 견해라고 한다.

이것이 업의 착한 인, 마음의 착한 인, 견해의 착한 인으로서 몸이 무너지고 목숨이 끝난 뒤에 천상에 태어난다고 하는 것이니라.

비유하면 네모난 마니摩尼구슬을 공중에 던지면 땅에 떨어지자마자 곧 안정하는 것처럼 저 세 가지 착한 인은 생을 받는 곳마다 거기서 편안해지느니라."

부처님께서 이 경을 말씀하시자 모든 비구들은 부처님의 말씀을 듣고 기뻐하며 받들어 행하였다.

1048. 원주경 ②

이와 같이 나는 들었다.

어느 때 부처님께서 사위국 기수급고독원에 계셨다.

그때 세존께서 모든 비구들에게 말씀하셨다.

"만일 살생하기를 많이 익히고 많이 행하면 지옥에 태어날 것이요, 혹 인간 세계에 태어나더라도 틀림없이 수명이 짧을 것이다. 주지 않는 것 취하기를 많이 익히고 많이 행하면 지옥에 태어날 것이요, 혹 인간 세계에 태어나더라도 재물에 어려움이 많을 것이다. 삿된 음행을 많이 익히고 많이 행하면 지옥에 태어날 것이요, 혹 인간 세계에 태어나더라도 자기 아내가 남의 꾀임에 빠지게 될 것이다.

거짓말을 많이 익히고 많이 행하면 지옥에 태어날 것이요, 혹 인간 세계에 태어나더라도 남의 놀림을 많이 받을 것이다. 이간질하는 말을 많이 익히고 많이 행하면 지옥에 태어날 것이요, 혹 인간 세계에 태어나더라도 친구들이 배반하고 떠날 것이다. 욕설을 많이 익히고 많이 행하면 지옥에 태어날 것이요, 혹 인간 세계에 태어나더라도 언제나 추한 음성을 갖게 될 것이다. 꾸밈말을 많이 익히고 많이 행하면 지옥에 태어날 것이요, 혹 인간 세계에 태어나더라도 말에 신용이 없을 것이다.

탐욕을 많이 익히고 많이 행하면 지옥에 태어날 것이요, 혹 인간 세계에 태어나더라도 탐욕만 더 늘어날 것이다. 성내는 일을 많이 익히고 많이 행하면 지옥에 태어날 것이요, 혹 인간 세계에 태어나더라도 성내는 일만 더욱 더 늘어날 것이다. 삿된 견해를 많이 익히고 많이 행하면 지옥에 태어날 것이요, 혹 인간 세계에 태어나더라도 어리석음만 더욱 더 늘어날 것이다.

만일 살생하지 않기를 닦아 익히기를 많이 닦아 익히면 천상에 태어날 것이요, 혹 인간 세계에 태어나더라도 틀림없이 장수하게 될 것이다. 훔치지 않기를 닦아 익히기를 많이 닦아 익히면 천상에 태어날 것이요, 혹 인간 세계에 태어나더라도 재물을 잃지 않을 것이다.

삿된 음행하지 않기를 닦아 익히기를 많이 닦아 익히면 천상에 태어날 것이요, 혹 인간 세계에 태어나더라도 그 아내가 순수하고 어질 것이다.

거짓말하지 않기를 닦아 익히기를 많이 닦아 익히면 천상에 태어날 것이요, 혹 인간 세계에 태어나더라도 남의 놀림을 받지 않을 것이다. 이간질하는 말 하지 않기를 닦아 익히기를 많이 닦아 익히면 천상에 태어날 것이요, 혹 인간 세계에 태어나더라도 친구가 의리를 굳게 지킬 것이다. 욕설하지 않는 것을 많이 닦고 익히면 천상에 태어날 것이요, 혹 인간 세계에 태어나더라도 언제나 아름다운 음성을 가질 것이다. 꾸밈말하지 않기를 닦아 익히기를 많이 닦아 익히면 천상에 태어날 것이요, 혹 인간 세계에 태어나더라도 하는 말마다 신용을 얻을 것이다.

탐내지 않기를 닦아 익히기를 많이 닦아 익히면 천상에 태어날 것이요, 혹 인간 세계에 태어나더라도 애욕이 늘어나지 않을 것이다. 성내지 않기를 닦아 익히기를 많이 닦아 익히면 천상에 태어날 것이요, 혹 인간 세계에 태어나더라도 성냄이 늘어나지 않을 것이다. 바른 견해를 닦아 익히기를 많이 닦아 익히면 천상에 태어날 것이요,

혹 인간 세계에 태어나더라도 어리석음이 늘어나지 않을 것이니라."

부처님께서 이 경을 말씀하시자 모든 비구들은 부처님의 말씀을 듣고 기뻐하며 받들어 행하였다.

1049. 삼인경三因經

이와 같이 나는 들었다.

어느 때 부처님께서 사위국 기수급고독원에 계셨다.

그때 세존께서 모든 비구들에게 말씀하셨다.

"살생에 세 종류가 있나니, 즉 탐욕으로부터 생기는 것・성냄으로부터 생기는 것・어리석음으로부터 생기는 것이다.……(이하 생략)……삿된 견해에도 세 종류가 있나니, 즉 탐욕으로부터 생기는 것・성냄으로부터 생기는 것・어리석음으로부터 생기는 것이다.

살생을 버리는 데에도 세 종류가 있나니, 탐하지 않음에서 생기는 것・성내지 않음에서 생기는 것・어리석지 않음에서 생기는 것이다.……(이하 생략)……삿된 견해를 버리는 데에도 세 종류가 있나니, 탐하지 않음에서 생기는 것・성내지 않음에서 생기는 것・어리석지 않음에서 생기는 것이니라."

부처님께서 이 경을 말씀하시자 모든 비구들은 부처님의 말씀을 듣고 기뻐하며 받들어 행하였다.

1050. 출불출경出不出經

이와 같이 나는 들었다.

어느 때 부처님께서 사위국 기수급고독원에 계셨다.

그때 세존께서 모든 비구들에게 말씀하셨다.

"벗어나는 법〔出法〕과 벗어나지 못하는 법〔不出法〕이 있다.[22] 어떤 것이 벗어나는 법이며, 또 벗어나지 못하는 법인가? 즉 살생하지 않는 것이 살생에서 벗어나는 것이요,……(이하 생략)……바른 견해가 삿된 견해에서 벗어나는 것이니라."

부처님께서 이 경을 말씀하시자 모든 비구들은 부처님의 말씀을 듣고 기뻐하며 받들어 행하였다.

1051. 피안차안경彼岸此岸經

이와 같이 나는 들었다.

어느 때 부처님께서 왕사성 가란다죽원迦蘭陀竹園에 계셨다.

그때 어떤 생문生聞[23] 바라문이 부처님께서 계시는 곳으로 나아가 부처님의 발에 머리를 조아려 예를 올리고 한쪽에 물러앉아 부처님께 아뢰었다.

"구담께서 말씀하신 이 언덕〔此岸〕과 저 언덕〔彼岸〕이란 어떤 것입니까?"

부처님께서 바라문에게 말씀하셨다.

---

22 출법出法이란 10선업善業을 말하는 것이고, 불출법不出法이란 10악업惡業을 말하는 것이다.

23 송宋·원元·명明 세 본에는 생문生聞 두 글자가 사문沙門으로 되어 있다.

"살생하는 것은 이 언덕이요, 살생하지 않는 것은 곧 저 언덕이다.……(이하 생략)……삿된 견해를 일으키는 것은 이 언덕이요, 바른 견해를 일으키는 것은 저 언덕이니라."

그때 세존께서 곧 게송으로 말씀하셨다.

조금이라도 착한 업을 닦은 사람은
저 언덕으로 건너갈 수 있건만
저렇게도 많은 중생의 무리들은
이 언덕에서 치달리며 노니네.

이 바른 법과 율에서
법과 법의 모양 관찰하는 사람
그들은 능히 저 언덕으로 건너가
죽음의 악마 무찔러 항복 받네.

그때 생문 바라문은 부처님의 말씀을 듣고 기뻐하면서 자리에서 일어나 떠나갔다.……이와 같이 어떤 비구의 물음, 존자 아난의 물음, 부처님께서 비구들에게 물으신 세 경에서도 앞에서와 같이 말씀하셨다.

1052. 진실법경眞實法經

이와 같이 나는 들었다.

어느 때 부처님께서 사위국 기수급고독원에 계셨다.

그때 세존께서 모든 비구들에게 말씀하셨다.

"악한 법과 진실한 법이 있다. 자세히 듣고 잘 생각해 보아라. 너희들을 위해 설명해주리라.

어떤 것이 악한 법인가? 즉 살생 · 주지 않는 것을 취함 · 삿된 음행 · 거짓말 · 이간하는 말 · 욕설 · 꾸밈말 · 탐욕 · 성냄 · 삿된 견해를 일으키는 것이니, 이런 것들을 악한 법이라고 한다.

어떤 것이 진실한 법인가? 이른바 살생을 버리고……(이하 생략)……바른 견해를 일으키는 것이니, 이런 것들을 진실한 법이라고 하느니라."

부처님께서 이 경을 말씀하시자 모든 비구들은 부처님의 말씀을 듣고 기뻐하며 받들어 행하였다.

1053. 악법경惡法經

이와 같이 나는 들었다.

어느 때 부처님께서 사위국 기수급고독원에 계셨다.

그때 세존께서 모든 비구들에게 말씀하셨다.

"악한 법과 악한 법보다 더 악한 법이 있고 진실한 법과 진실한 법보다 더 진실한 법이 있다. 자세히 듣고 잘 생각해 보아라. 너희들을 위해 설명해주리라.

어떤 것이 악한 법인가? 이른바 살생하고……(이하 생략)……삿된 견해를 일으키는 것이니, 이것을 악한 법이라고 한다. 어떤 것이 악한 법보다 더 악한 법인가? 이른바 제 자신도 직접 살생하고 또 남을 시켜서도 살생하게 하며,……(이하 생략)……제 자신도 직접 삿된 견해를 일으키고 또 남을 시켜서도 삿된 견해를 행하게 하는 것이니, 이것을 악한 법보다 더 악한 법이라고 한다.

어떤 것이 진실한 법인가? 이른바 살생하지 않고,……(이하 생략)……바른 견해를 일으키는 것이니, 이것을 진실한 법이라고 한다. 어떤 것이 진실한 법보다 더 진실한 법인가? 이른바 제 자신도 직접 살생하지 않고, 또 남을 시켜서도 살생하게 하지 않으며,……(이하 생략)……제 자신도 바른 견해를 행하고 또 남을 시켜서도 바른 견해를 행하게 하는 것이니, 이것을 진실한 법보다 더 진실한 법이라고 하느니라."

부처님께서 이 경을 말씀하시자 모든 비구들은 부처님의 말씀을 듣고 기뻐하며 받들어 행하였다.

1054. 선남자경善男子經

이와 같이 나는 들었다.

어느 때 부처님께서 사위국 기수급고독원에 계셨다.

그때 세존께서 모든 비구들에게 말씀하셨다.

"선남자善男子가 아닌 사람과 선남자가 있다. 자세히 듣고 잘 생각해 보아라. 너희들을 위해 설명해주리라.

어떤 것이 선남자가 아닌 사람인가? 이른바 살생하고,……(이하 생략)……삿된 견해를 일으키는 사람이니, 이것을 선남자가 아닌 사람이라 한다.

어떤 것이 선남자인가? 이른바 살생하지 않고,……(이하 생략)……바른 견해를 일으키는 사람이니, 이것을 선남자라 하느니라."

부처님께서 이 경을 말씀하시자 모든 비구들은 부처님의 말씀을 듣고 기뻐하며 받들어 행하였다.

1055. 십법경十法經 ①

이와 같이 나는 들었다.

어느 때 부처님께서 사위국 기수급고독원에 계셨다.

그때 세존께서 모든 비구들에게 말씀하셨다.

"선남자가 아닌 사람과 선남자가 아닌 사람보다 더 착하지 않은 남자가 있고, 선남자와 선남자보다 더 착한 남자가 있다. 자세히 듣고 잘 생각해 보아라. 너희들을 위해 설명해주리라.

어떤 것이 선남자가 아닌 사람인가? 이른바 살생하고,……(이하 생략)……삿된 견해를 일으키는 사람이니, 이런 사람들을 선남자가 아닌 사람이라고 한다.

어떤 것이 선남자가 아닌 사람보다 더 착하지 않은 남자인가? 이른바 자기 손으로 직접 살생하고 남을 시켜 살생하게 하며,……(이하 생략)……제 자신도 삿된 견해를 가지고 남을 시켜서도 삿된 견해를 행하게 하는 것이니, 이것을 선남자보다 더 착하지 않은 남자라고 한다.

어떤 것이 선남자인가? 이른바 살생하지 않고,……(이하 생략)……바른 견해를 일으키는 사람이니 이런 사람을 선남자라고 한다.

어떤 것이 선남자보다 더 착한 남자인가? 이른바 제 자신도 살생하지 않고 남을 시켜서도 살생하게 하지 않으며,……(이하 생략)……제 자신도 바른 견해를 행하고 또 남을 시켜서도 바른 견해를 행하게 하는 것이니, 이런 사람을 선남자보다 더 착한 남자라고 하느니라."

부처님께서 이 경을 말씀하시자 모든 비구들은 부처님의 말씀을 듣고 기뻐하며 받들어 행하였다.

1056. 십법경 ②

이와 같이 나는 들었다.

어느 때 부처님께서 사위국 기수급고독원에 계셨다.

그때 세존께서 모든 비구들에게 말씀하셨다.

“만일 열 가지 법을 성취하면 쇠창으로 물을 뚫는 것처럼 몸이 무너지고 목숨이 끝난 뒤에는 악한 세계인 지옥에 떨어져 태어날 것이다.

어떤 것이 그 열 가지인가? 이른바 살생하고……(이하 생략)……삿된 견해를 일으키는 것이다.

만일 열 가지 법을 성취하면 쇠창으로 허공을 뚫는 것처럼 몸이 무너지고 목숨이 끝난 뒤에는 천상에 올라 태어날 것이다.

어떤 것이 그 열 가지인가? 이른바 살생하지 않고,……(이하 생략)……바른 견해를 일으키는 것이니라.”

부처님께서 이 경을 말씀하시자 모든 비구들은 부처님의 말씀을 듣고 기뻐하며 받들어 행하였다.

1057. 이십법경二十法經

이와 같이 나는 들었다.

어느 때 부처님께서 사위국 기수급고독원에 계셨다.

그때 세존께서 모든 비구들에게 말씀하셨다.

“만일 스무 가지 법을 성취하면 쇠창으로 물을 뚫는 것처럼 몸이 무너지고 목숨이 끝난 뒤에는 밑으로 악한 세계인 지옥에 떨어져 태어날 것이다.

어떤 것이 그 스무 가지인가? 이른바 자기 손으로 직접 살생하고 남을 시켜 살생하게 하며……(이하 생략)……제 자신이 직접 삿된 견해를 행하고 또 남을 시켜 삿된 견해를 행하게 하는 것이다. 이것이 스무 가지 법을 성취하면 쇠창으로 물을 뚫는 것처럼 몸이 무너지고 목숨이 끝난 뒤에는 악한 세계인 지옥에 떨어져 태어난다는 것이니라.

만일 스무 가지 법을 성취하면 마치 쇠창으로 허공을 뚫는 것처럼 몸이 무너지고 목숨이 끝난 뒤에는 천상에 올라 태어난다.

어떤 것이 그 스무 가지 법인가? 이른바 제 자신도 직접 살생하지 않고 남을 시켜 살생하게 하지도 않으며,……(이하 생략)……제 자신도 직접 바른 견해를 행하고 또 남을 시켜서도 바른 견해를 행하게 하는 것이다. 이것을 스무 가지 법을 성취하면 쇠창으로 허공을 뚫는 것처럼 몸이 무너지고 목숨이 끝난 뒤에는 천상에 올라 태어난다고 하는 것이니라."

모든 비구들이 부처님의 말씀을 듣고 기뻐하며 받들어 행하였다.

1058. 삼십법경三十法經

이와 같이 나는 들었다.

어느 때 부처님께서 사위국 기수급고독원에 계셨다.

그때 세존께서 모든 비구들에게 말씀하셨다.

"서른 가지 법을 성취하면 쇠창으로 물을 뚫는 것처럼 몸이 무너지고 목숨이 끝난 뒤에는 악한 세계인 지옥에 떨어져 태어난다.

어떤 것이 그 서른 가지 법인가? 이른바 자기 손으로 직접 살생하고 남을 시켜 살생하게 하며 살생하는 것을 찬양하고,……(이하 생략)……제 자신도 삿된 견해를 행하고 또 남을 시켜 삿된 견해를 행하게 하며 항상 삿된 견해 행하는 것을 찬양하는 것이니, 이것이 서른 가지 법으로서 쇠창으로 물을 뚫는 것처럼, 몸이 무너지고 목숨이 끝난 뒤에는 악한 세계인 지옥에 떨어져 태어난다는 것이다.

서른 가지 법을 성취하면 쇠창으로 허공을 뚫는 것처럼 몸이 무너지고 목숨이 끝난 뒤에는 천상에 올라 태어난다.

어떤 것이 서른 가지 법인가? 이른바 제 자신이 직접 살생하지도 않고 남을 시켜 살생하게 하지도 않으며 살생하지 않는 공덕을 항상 찬양하고,……(이하 생략)……제 자신도 바른 견해를 행하고 또 남을 시켜서도 바른 견해를 행하게 하며 바른 견해를 행하는 공덕을 항상 찬양하는 것이니, 이것이 서른 가지 법을 성취하면 쇠창으로 허공을 뚫는 것처럼 몸이 무너지고 목숨이 끝난 뒤에는 천상에 올라 태어난다고 하는 것이니라."

그때 모든 비구들은 부처님의 말씀을 듣고 기뻐하며 받들어 행하였다.

1059. 사십법경四十法經

이와 같이 나는 들었다.

어느 때 부처님께서 사위국 기수급고독원에 계셨다.

그때 세존께서 모든 비구들에게 말씀하셨다.

"마흔 가지 법을 성취하면 쇠창으로 물을 뚫는 것처럼 몸이 무너지고 목숨이 끝난 뒤에는 악한 세계인 지옥에 떨어져 태어난다.

어떤 것이 그 마흔 가지 법인가? 이른바 자기 손으로 직접 살생하고 남을 시켜 살생하게 하며 살생하는 것을 찬양하고 남이 살생하는 것을 보고 마음으로 따라서 기뻐하며,……(이하 생략)……스스로 삿된 견해를 행하고 남을 시켜 삿된 견해를 행하게 하며 삿된 견해 행하는 것을 찬양하고 삿된 견해 행하는 것을 보고 마음으로 따라서 기뻐하는 것이니, 이것이 마흔 가지 법을 성취하면 창으로 물을 뚫는 것처럼 몸이 무너지고 목숨이 끝난 뒤에는 악한 세계인 지옥에 떨어져 태어난다고 한 것이니라.

마흔 가지 법을 성취하면 쇠창으로 허공을 뚫는 것처럼 몸이 무너지고 목숨이 끝난 뒤에는 천상에 올라 태어난다.

어떤 것이 그 마흔 가지 법인가? 이른바 자신이 직접 살생하지 않고 남을 시켜 살생하게 하지도 않으며 살생하지 않는 공덕을 항상 찬양하고 살생하지 않는 이를 보고 마음으로 따라서 기뻐하며,……(이하 생략)……제 자신이 직접 바른 견해를 행하고 남을 시켜 바른 견해를 행하게 하며 바른 견해를 행하는 공덕에 대하여 항상 찬양하고 남이 바른 견해 행하는 것을 보고는 마음으로 따라서 기뻐하는 것이니, 이것이 마흔 가지 법을 성취하면 쇠창으로 허공을 뚫는 것처럼 몸이 무너지고 목숨이 끝난 뒤에는 천상에 올라 태어난다고 하는 것이니라."

부처님께서 이 경을 말씀하시자 모든 비구들은 부처님의 말씀을 듣고 기뻐하며 받들어 행하였다.

1060. 법비법경法非法經

이와 같이 나는 들었다.

어느 때 부처님께서 사위국 기수급고독원에 계셨다.

그때 세존께서 모든 비구들에게 말씀하셨다.

"그릇된 법[非法]과 바른 법[正法]이 있다. 자세히 듣고 잘 생각해

보아라. 너희들을 위해 설명해주리라.

어떤 것이 그릇된 법인가? 이른바 살생하고……(이하 생략)……삿된 견해를 일으키는 것이니, 이런 것들을 그릇된 법이라고 한다.

어떤 것이 바른 법인가? 이른바 살생하지 않고,……(이하 생략)……바른 견해를 일으키는 것이니, 이런 것들을 바른 법이라고 하느니라."

부처님께서 이 경을 말씀하시자 모든 비구들은 부처님의 말씀을 듣고 기뻐하며 받들어 행하였다.

1061. 비율정률경非律正律經

이와 같이 나는 들었다.

어느 때 부처님께서 사위국 기수급고독원에 계셨다.

그때 세존께서 모든 비구들에게 말씀하셨다.

"그릇된 율〔非律〕과 바른 율〔正律〕이 있다. 자세히 듣고 잘 생각해 보아라. 너희들을 위해 설명해주리라.

어떤 것이 그릇된 율인가? 이른바 살생하는 것과,……(이하 생략)……삿된 견해를 일으키는 것이니, 이것을 그릇된 율이라고 한다.

어떤 것이 바른 율인가? 이른바 살생하지 않고,……(이하 생략)……바른 견해를 일으키는 것이니, 이것을 바른 율이라고 하느니라."

부처님께서 이 경을 말씀하시자 모든 비구들은 부처님의 말씀을 듣고 기뻐하며 받들어 행하였다.……그릇된 율과 바른 율을 설명한 것처럼, 거룩하지 않은 것과 거룩한 것, 착하지 않은 것과 착한 것, 친하지 않은 것과 친한 것, 착하다고 칭찬하지 않는 것과 착하다고 칭찬하는 것, 나쁜 법과 좋은 법, 진리가 아닌 것과 바른 진리, 낮은 법과 훌륭한 법, 죄가 있는 법과 죄가 없는 법, 버려야 할 법과 버리지 말아야 할 법 등에 대한 것도 경마다 일일이 앞에서와 같이 말씀하셨다.

잡아함경 제 38 권

1062. 선생경先生經

이와 같이 나는 들었다.

어느 때 부처님께서 사위국舍衛國 기수급고독원祇樹給孤獨園에 계셨다.

그때 존자 선생善生은 수염과 머리를 처음으로 깎고 가사를 입고 바른 믿음으로 집 아닌 데로 출가하여 도를 배웠다. 그는 부처님께서 계신 곳으로 찾아가서 부처님의 발에 머리를 조아리고는 한쪽에 물러나 앉아 있었다.

그때 세존께서 모든 비구들에게 말씀하셨다.

"비구들아, 마땅히 알아야 한다. 이 선생 선남자善男子에게는 단정한 두 가지가 있다. 하나는 수염과 머리를 깎고 가사를 입고 바른 믿음으로 집 아닌 데로 출가하여 도를 배우는 것이고 다른 하나는 모든 번뇌가 다하여 번뇌 없이 심해탈心解脫·혜해탈慧解脫하여 현재 세상에서 스스로 증득한 줄을 알아 '나의 생은 이미 다하였고, 범행梵行은 이미 섰으며 할 일을 이미 다 마쳐 후세에는 몸을 받지 않는다'라고 스스로 아는 것이다."

그때 세존께서 곧 게송을 설하셨다.

적정寂靜 속에서 온갖 번뇌 끊었으니
저 비구의 장엄함이 좋기도 하다.
탐욕 여의고 모든 결박을 끊고
열반을 얻어 다시는 태어나지 않나니
저 맨 마지막의 몸을 가지고
원수 악마 무찔러 항복 받았네.

부처님께서 이 경을 말씀하시자 모든 비구들은 부처님의 말씀을 듣고 기뻐하며 받들어 행하였다.

1063. 추루경醜陋經[1]

이와 같이 나는 들었다.

어느 때 부처님께서 사위국 기수급고독원에 계셨다.

그때 어떤 비구가 있었는데 보기 민망할 만큼 그 형색形色이 추하고 더러웠으므로 모든 비구들에게 업신여김을 받았다. 그 비구가 부처님 계신 곳으로 찾아왔다.

그때 세존께서는 사부대중四部大衆들에게 둘러싸여 계셨다. 비구들은 그 추하고 더러운 비구가 오는 것을 보고 모두 업신여기는 생각을 내어 서로들 말하였다.

---

1 이 소경은 『별역잡아함경』 제1권 두 번째 소경과 그 내용이 비슷하다.

'저 비구는 누구인데 길을 따라 오고 있는가? 얼굴이 추해 보기에 민망하구나. 반드시 남의 업신여김을 받을 것이다.'

그때 세존께서는 모든 비구들이 마음속으로 생각하고 있는 것을 아시고 모든 비구들에게 말씀하셨다.

"너희들은 저기 오는 비구가 얼굴이 너무도 추해 보기에 민망스러워 남의 업신여김을 받으리라고 보는가?"

비구들이 부처님께 아뢰었다.

"예. 그렇게 보입니다."

부처님께서 비구들에게 말씀하셨다.

"너희들은 저 비구에 대해 업신여기는 생각을 내지 말라. 왜냐하면 저 비구는 모든 번뇌가 이미 다하고 할 일을 마쳤으며 온갖 무거운 짐을 버리고 모든 결박을 끊었으며 바른 지혜로 마음이 잘 해탈하였기 때문이다. 비구들아, 너희들은 함부로 사람을 평가하지 말라. 오직 여래만이 사람됨을 평가할 수 있느니라."

그 비구는 부처님 계신 곳으로 와서 부처님 발에 머리를 조아리고는 한쪽으로 물러나 앉았다. 그때 세존께서 다시 비구들에게 말씀하셨다.

"너희들은 이 비구가 머리를 조아리고는 한쪽으로 물러나 앉은 것을 보았느냐?"

비구들이 부처님께 아뢰었다.

"예, 보았습니다."

"너희들은 이 비구에 대해 업신여기는 생각을 내지 말라.……(이하 생략)……그리고 너희들은 함부로 사람을 평가하지 말라. 오직 여래만이 사람됨을 알 수 있느니라."

그때 세존께서 곧 게송을 설하셨다.

나는 새와 달리는 짐승들
사자를 두려워하지 않는 것 없나니
오직 사자만이 짐승의 왕인지라
그와 견주어 같은 것 없느니라.

이와 같이 저 지혜로운 사람은
몸은 비록 작으나 큰 사람이니
다만 그 몸의 겉모양만 보고
업신여기는 마음을 내지 말라.

커다란 몸에 살덩이 많고
지혜 없으면 어디다 쓰리.
이 사람은 훌륭하고 지혜 있나니
그는 곧 최상의 장부라네.

탐욕 여의고 모든 결박을 끊고
열반을 얻어 영원히 태어나지 않으리니
이 맨 마지막의 몸을 가지고
모든 악마 무찔러 항복 받았다.

부처님께서 이 경을 말씀하시자 모든 비구들은 부처님의 말씀을 듣고 기뻐하며 받들어 행하였다.

1064. 제바경提婆經[2]

이와 같이 나는 들었다.

어느 때 부처님께서 왕사성 가란다죽원迦蘭陀竹園에 계셨다.

그때 제바달다提婆達多[3]는 많은 이양利養을 받고 있었다. 그 많은 이양이란 비제히毘提希의 아들인 마갈다국摩竭陀國의 왕 아사세阿闍世가 날마다 5백 대의 수레에 5백 개의 밥이 들어있는 솥을 싣고 제바달다의 처소에 와서 제바달다에게 공양하였다. 제바달다는 5백 명이나 되는 다른 대중들을 거느리고 그 공양을 받곤 하였다.

그때 많은 비구들은 이른 아침에 가사를 입고 발우를 가지고 왕사성에 들어가 걸식하다가, 제바달다가 이와 같이 많은 이양을 받고……(이하 생략)……심지어는 그의 다른 대중 5백 명들까지도 따로 공양을 받는다는 말을 들었다. 그들은 걸식을 마치고 정사精舍로 돌아와 가사袈裟와 발우를 챙겨두고 발을 씻은 다음 부처님께서 계신 곳으로 나아가 부처님의 발에 머리를 조아리고는 한쪽에 물러나 앉아서 부처님께 아뢰었다.

"세존이시여, 저희들이 이른 아침에 가사를 입고 발우를 가지고 왕사성에 들어가 걸식하다가 제바달다가 이러이러하게 많은 이양을 받고 있으며……(이하 생략)……심지어는 그의 다른 대중들 5백 명까지도 따로 공양을 받는다는 말을 들었습니다."

부처님께서 모든 비구들에게 말씀하셨다.

"너희들은 그 제바달다가 많은 이양을 얻는다고 찬양하지 말라. 왜

---

2 이 소경은 『별역잡아함경』 제1권 3번째 소경과 그 내용이 비슷하다.

3 팔리어로는 Devadatta라고 함. 그는 부처님의 사촌 동생으로 원래는 부처님의 제자였으나 아사세왕阿闍世王의 후원과 지지에 힘입어 부처님께 반란을 꾀하고서 자신의 승단을 조직하였다.

냐하면 그 제바달다가 따로 공양을 받으면 현세現世에서도 제 자신이 망할 것이요 후세後世에서도 망할 것이기 때문이니라.

비유하면 파초나 대나무나 갈대는 열매를 맺으면 곧 죽고 이듬해에도 다시는 살아나지 못하는 것처럼 제바달다도 따로 공양을 받으면 현세에서도 망하고 후세에서도 망할 것이다. 비유하면 노새〔駏驉〕가 새끼를 배면 반드시 죽는 것처럼 제바달다도 그러한 온갖 공양을 받으면 현세에서도 망하고 후세에서도 망할 것이다. 저 어리석은 제바달다는 얼마동안 그 이익을 받겠지만 반드시 오랜 세월 동안 이익이 없는 괴로움을 받을 것이다. 그러므로 모든 비구들아, 너희들은 마땅히 '비록 내게 이익이 있더라도 거기에 물들거나 집착하지 말아야 한다'고 배워야 하느니라."

그때 세존께서 곧 게송을 설하셨다.

파초는 열매를 맺으면 곧 죽고
대나무와 갈대도 또한 열매 맺고는 죽는다.
노새는 새끼를 배면 반드시 죽고
사람은 탐하다가 스스로 망한다.

옳지 않은 짓을 항상 행하면
어리석음을 면하지 못함을 알라.
착한 법은 날마다 줄어들어서
줄기도 마르고 뿌리도 상하리라.

부처님께서 이 경을 말씀하시자 모든 비구들은 부처님의 말씀을 듣고 기뻐하며 받들어 행하였다.

1065. 수비구경手比丘經[4]

이와 같이 나는 들었다.

어느 때 부처님께서 사위국 기수급고독원에 계셨다.

그때 사위국에는 수비구手比丘[5]라는 이가 있었다. 그는 부처님의 제자〔釋氏子〕로서 사위국에서 목숨을 마쳤다.

그때 많은 비구들은 이른 아침에 가사를 입고 발우를 가지고 사위성으로 들어가 걸식하다가 부처님의 제자인 수비구가 사위국에서 목숨을 마쳤다는 말을 들었다. 그들은 사위성에 들어가 걸식을 마치고 정사로 돌아와 가사와 발우를 챙겨두고, 발을 씻은 뒤 부처님께서 계신 곳으로 나아가 부처님의 발에 머리를 조아리고는 한쪽에 물러나 앉아서 부처님께 아뢰었다.

"세존이시여, 오늘 이른 아침에 저희 비구들은 가사를 입고 발우를 가지고 사위성으로 들어가 걸식하다가 부처님의 제자인 수비구가 사위국에서 목숨을 마쳤다는 말을 들었습니다. 어떻습니까? 세존이시여, 수비구는 목숨을 마치고 어느 세계에 태어나서 어떤 생을 받으며 또 그의 후세는 어떠하겠습니까?"

부처님께서 모든 비구들에게 말씀하셨다.

"그 수비구는 세 가지 착하지 않은 법을 행하였으니, 목숨을 마친 그는 틀림없이 나쁜 세계인 지옥〔泥犁〕에 태어날 것이다.

어떤 것이 착하지 않은 세 가지 법인가? 탐욕〔貪欲〕·성냄〔瞋恚〕·어리석음〔愚癡〕이 그것이다. 이러한 착하지 않은 세 가지 법은 마음을 결박한다. 그러므로 부처님의 제자인 그 수비구는 나쁜 세계인 지옥

---

4 이 소경은 『별역잡아함경』 제1권 네 번째 소경과 그 내용이 비슷하다.

5 『별역잡아함경』에는 수비구手比丘가 상수비구象首比丘로 되어 있다.

에 태어날 것이다."

그때 세존께서 곧 게송을 설하셨다.

탐욕·성냄·어리석음은
대장부의 마음을 결박하나니
안에서 생겨나 도리어 자신을 해치는 것이
마치 저 대나무나 갈대의 열매 같네.

탐욕·성냄·어리석은 마음이 없으면
그것을 일러 지혜〔黠慧〕라 말하고
안에서 생겨 자신을 해치지 않나니
그것을 훌륭한 대장부라 하느니라.

그러므로 마땅히 탐욕을 여의고
성냄과 어리석음의 어둠을 여의어라.
만일 비구로서 지혜가 밝으면
괴로움 다해 반열반般涅槃을 얻으리라.

부처님께서 이 경을 말씀하시자 모든 비구들은 부처님의 말씀을 듣고 기뻐하며 받들어 행하였다.

1066. 난다경難陀經 ①

위의 수비구경에서 설한 내용과 같이 이 난다경도 그와 같은 내용을 설하셨다.

1067. 난다경[6] ②

이와 같이 나는 들었다.

어느 때 부처님께서 사위국 기수급고독원에 계셨다.

그때 부처님 이모의 아들인 존자 난다難陀는 좋은 옷과 고운 색으로 물들인 옷과 다듬이질하여 광택光澤이 나는 옷을 입기 좋아했고, 좋은 발우 가지기를 좋아하였으며 장난치고 농담하며 조롱하고 비웃기를 좋아하였다.

그때 많은 비구들이 부처님께서 계신 곳을 찾아와서 부처님의 발에 머리를 조아리고는 한쪽에 물러나 앉아서 부처님께 아뢰었다.

"세존이시여, 존자 난다는 부처님 이모의 아들로서 좋은 옷과 다듬이질하여 광택이 나는 옷을 입기 좋아하고, 좋은 발우만 지니고 다니며 장난치고 농담하며 조롱하고 비웃기를 좋아합니다."

그때 세존께서 어떤 한 비구에게 분부하셨다.

"너는 난다 비구의 처소로 가서 '난다여 스승님께서 너에게 하실 말씀이 있다'고 말하라."

그 비구는 세존의 분부를 받고 난다에게 가서 말하였다.

"세존께서 그대에게 하실 말씀이 있다고 하십니다."

난다는 그 말을 듣고 나서 곧 부처님께서 계신 곳으로 가서 부처님의 발에 머리를 조아리고는 한쪽에 물러나 앉았다.

부처님께서 난다에게 말씀하셨다.

"네가 정말 좋은 옷과 다듬이질하여 광택이 나는 옷만 입기 좋아하고 장난치고 농담하며 조롱하고 비웃기를 좋아하는가?"

난다가 부처님께 아뢰었다.

---

6 이 소경은 『별역잡아함경』 제1권 다섯 번째 소경과 그 내용이 비슷하다.

"정말 그렇습니다. 세존이시여."

부처님께서 난다에게 말씀하셨다.

"너는 나의 이모의 아들로서 귀한 가문인데도 출가하였다. 그러니 너는 마땅히 좋은 옷과 다듬이질하여 광택이 나는 옷 입기를 좋아하거나 좋은 발우만 지니고 다니거나 장난치고 농담하며 조롱하고 비웃기를 좋아해서는 안 된다. 너는 마땅히 '나는 부처님 이모님의 아들로서 귀한 가문인데도 출가하였다. 그러니 아련야阿練若[7]에서 살면서 걸식하고 분소의糞掃衣[8]를 입어야 한다. 그리고 언제나 분소의를 입은 이를 찬탄하고 항상 산이나 늪에 살면서 다섯 가지 욕락〔欲〕을 돌아보지 말아야 한다'고 생각해야 하느니라."

그때 난다는 부처님의 분부를 받은 뒤로는 아련야에서 수행하면서 걸식하고 분소의를 입었다. 또 항상 누더기 옷 입은 이를 찬탄하고 산이나 늪에 살기를 좋아하며 애욕을 돌아보지 않았다.

그때 세존께서 곧 게송을 설하셨다.

난다여, 너는 무엇을 보고
아련야에 살면서 수행하느냐?
집집마다 다니며 걸식하고
몸에는 분소의를 걸쳤구나.
산이나 늪에서 사는 것 좋아하고
다섯 가지 욕락을 돌아보지 않는구나.

---

7 팔리어로는 araññа라고 함. 또는 아란야阿蘭若·아란야阿蘭耶·아란나阿蘭拏라고도 음역. 삼림森林을 말하며, 수행승이 수행하는 장소를 의미함.

8 버려진 넝마조각을 모아 이어서 만든 누더기 옷. 초기의 수행 승려는 이것을 몸에 걸치고 있었음. 분소糞掃는 산스크리트 pāṃsu의 음역인데, 한문 의역意譯 상으로도 비슷한 뜻을 내포하고 있음.

부처님께서 이 경을 말씀하시자 존자 난다는 부처님의 말씀을 듣고 기뻐하면서 받들어 행하였다.

1068. 저사경低沙經[9]

이와 같이 나는 들었다.

어느 때 부처님께서 사위국 기수급고독원에 계셨다.

그때 존자 저사低沙는 스스로 생각하기를 '나는 곧 세존의 고모님의 아들로서 세존과는 형제 뻘이 된다. 그러므로 그 누구에게도 공경할 것도 없고 거리낄 것도 없으며 두려워할 것도 없고 충고를 인내하며 들을 필요도 없다'고 하였다.

그때 많은 비구들이 부처님 계신 곳으로 찾아가서 부처님의 발에 머리를 조아리고는 한쪽에 물러나 앉아서 부처님께 아뢰었다.

"세존이시여, 존자 저사는 스스로 생각하기를 '나는 세존의 고모님의 아들로서 세존과는 형제 뻘이 된다. 그런 까닭에 어느 누구를 공경할 것도 없고 거리낄 것도 없으며, 두려워할 것도 없고 충고를 인내하면서 들을 필요도 없다'고 하였습니다."

그때 세존께서 어떤 한 비구에게 말씀하셨다.

"너는 저사 비구의 처소로 가서 '저사여, 스승님께서 그대에게 하실 말씀이 있다'고 하더라는 말을 전하라."

그 비구는 세존의 분부를 받고 저사 비구에게 가서 말하였다.

"세존께서 그대에게 하실 말씀이 있으시다고 하신다."

저사 비구는 곧 부처님께서 계신 곳으로 가서 부처님의 발에 머리

---

9 이 소경은 『별역잡아함경』 제1권 일곱 번째 소경과 그 내용이 비슷하다.

를 조아리고는 한쪽으로 물러나 앉았다.

부처님께서 저사에게 말씀하셨다.

"너는 정말로 '나는 세존의 고모님의 아들로서 세존과는 형제 뻘이 된다. 그러므로 그 누구를 공경할 것도 없고 거리낄 것도 없으며 두려워할 것도 없고 충고를 인내하며 들을 필요도 없다'고 생각하였느냐?"

저사가 부처님께 아뢰었다.

"정말로 그런 생각을 하였습니다. 세존이시여."

부처님께서 저사에게 말씀하셨다.

"너는 마땅히 그렇게 생각해서는 안 된다. 너는 마땅히 '나는 곧 세존의 고모님의 아들로서 세존과는 형제 뻘이 된다. 그러므로 그 누구라도 공경해야 하고, 그 무엇이라도 두려워해야 하며 무슨 충고든지 인내하며 들어야 한다'고 생각해야 하느니라."

그때 세존께서 곧 게송을 설하셨다.

훌륭하구나. 그대 저사 비구야,
성냄을 여의는 것은 훌륭한 일이다.
성내는 마음 내지 말지니
성내는 사람은 훌륭하지 못하다.

만일 너 성내고 교만한 마음 여의고
부드럽고 겸손한 마음을 수행하거든
그런 다음에 너는 나의 처소로 와서
범행梵行 닦기를 공부하여라.

부처님께서 이 경을 말씀하시자 저사 비구는 부처님의 말씀을 듣고 기뻐하면서 예배하고 떠나갔다.

1069. 비사가경毘舍佉經[10]

이와 같이 나는 들었다.

어느 때 부처님께서 사위국 기수급고독원에 계셨다.

그때 비사가반사리자毘闍佉般闍梨子는 공양당(供養堂 : 講堂)에서 많은 비구들을 모아놓고 설법하고 있었다. 그의 말은 만족스럽고 묘한 음성은 맑고 트였으며 문구〔句〕와 뜻〔味〕은 분명하고 올바르며 지혜를 따라 설명하였다. 그리하여 듣는 사람들마다 즐겁게 들었고, 어떤 것에도 의존하지 않은 말은 깊은 이치를 드러내어 모든 비구들로 하여금 한결같은 마음으로 집중하여 듣게 하였다.[11]

그때 세존께서는 낮 선정에 들어 사람 귀보다 뛰어난 청정한 천이天耳로써 그가 설법하는 소리를 들으시고 삼매三昧에서 일어나 그 강당으로 가시어 대중 앞에 앉아 비사가반사리자에게 말씀하셨다.

"훌륭하고 훌륭하구나. 비사가야, 너는 모든 비구들을 위해 이 공양당에서 많은 비구 대중들에게 설법하였구나. 그 말은 만족하였고……(이하 생략)……깊은 이치를 잘 나타내어 모든 비구들로 하여금 한결같이 존경하게 하였으며 한마음으로 즐겁게 듣게 하였구나. 너는 자주자주 모든 비구들을 위해 이와 같이 설법해 주어서 모든 비구들이 한결같이 존경하게 하고 한마음으로 즐거이 듣게 하여라. 그렇게 하면 오랜 세월 동안 이치로써 이익 되고 안락하게 머물 수 있게 될 것이다."

그때 세존께서 곧 게송을 설하셨다.

---

10 이 소경은 『별역잡아함경』 제1권 여덟 번째 소경과 그 내용이 비슷하다.

11 『잡아함경』에는 이 부분이 "그 말이 원만하고 말하는 것이 막힘이 없어서 대중들로 하여금 기쁘게 하여 아무리 들어도 싫증이 없고 곧 이해할 수 있게 하였다.[言辭圓滿 所說無滯 能令大衆 聞者悅豫 聽之無厭 卽得悟解]"라고 되어 있다.

만일 설법하지 않으면
어리석고 지혜로움 뒤섞여 분별하기 어렵네.
그 어리석음과 지혜로움은
스스로 나타낼 방법이 없나니
맑고 시원한 법 잘 연설하여야
그 연설로써 지혜가 나타나리.

법을 잘 연설하면 밝은 빛 되어
큰 신선의 깃대를 빛내어 나타내리.
법을 잘 연설하는 것 신선의 깃대요
그 법은 나한의 깃대이니라.

부처님께서 이 경을 말씀하시자 존자 비사가반사리자는 부처님의 말씀을 듣고 기뻐하면서 예배하고 떠나갔다.

1070. 연소경年少經[12]

이와 같이 나는 들었다.

어느 때 부처님께서 사위국 기수급고독원에 계셨다.

그때 많은 비구들이 공양당에 모여 다함께 가사를 만들고 있었다. 그때 거기에는 어떤 젊은 비구가 있었는데 그 비구는 출가한 지 얼마 되지 않았고, 막 이 법과 계율에 들어왔는데도 그는 모든 비구들의 가사 만드는 일을 도우려 하지 않았다. 그러자 비구들이 세존께서 계

12 이 소경은 『별역잡아함경』 제1권 9번째 소경과 그 내용이 비슷하다.

신 곳으로 나아가 그 발에 머리를 조아려 예배하고 한쪽에 물러나 앉아서 부처님께 아뢰었다.

"세존이시여, 지금 저희 많은 비구들이 공양당에 모여서 가사를 만들고 있었는데 출가한 지 얼마 되지 않았고, 막 이 법과 계율에 들어온 어떤 젊은 비구가 모든 비구들의 가사 만드는 일을 도우려 하지 않습니다."

그때 세존께서 그 비구에게 물으셨다.

"너는 정말로 모든 비구들의 가사 만드는 일을 도우려 하지 않았느냐?"

그 비구가 부처님께 아뢰었다.

"세존이시여, 제 능력껏 힘이 미치는 데까지 그 일을 도왔습니다."

그러자 세존께서는 그 비구가 마음속으로 생각하고 있는 것이 어떤 것인가를 아시고 모든 비구들에게 말씀하셨다.

"너희들은 저 젊은 비구에 대하여 말하지 말라. 왜냐하면 그 비구는 네 가지 증상심법〔四增上心法 : 四禪〕을 얻어 정수(正受 : 三昧)에 들어 현재 세상에서 안락하게 머물러 억지로 애쓰지 않고도 얻기 때문이다. 만일 그의 본마음이 하고 싶어 하는 것을 말한다면 머리와 수염을 깎고 가사를 입고 출가하여 도를 배우는 것이니, 그는 더욱 정진하여 공부하고 수행하여 현재 세상에서 스스로 증득한 줄을 알았느니라. 그래서 '나의 생은 이미 다 하였고, 범행은 이미 섰으며, 할 일을 이미 다 마쳐 후세에서는 몸을 받지 않는다'라고 스스로 아느니라."

그때 세존께서 곧 게송을 설하셨다.

아주 하열下劣한 방편이거나
덕이 부족하고 지혜가 적어 그런 것 아니네.

바로 저 열반을 향해 나아가
번뇌의 쇠사슬을 벗어났기 때문이네.

이 현명한 젊은 비구는
높은 대장부의 지위를 얻었으며
욕심을 여의고 심해탈心解脫하였고
열반에 들어 다시 나지 않으며
가장 마지막 이 몸 가지고
모든 악마의 무리 무찔러 항복 받았다.

부처님께서 이 경을 말씀하시자 모든 비구들은 부처님의 말씀을 듣고 기뻐하며 받들어 행하였다.

1071. 상좌경上座經[13]

이와 같이 나는 들었다.

어느 때 부처님께서 사위국 기수급고독원에 계셨다.

그때 상좌上座[14]라는 비구가 있었는데 그는 혼자서 어느 곳에 머물러 있으면서 항상 혼자 머물러 있는 이를 찬탄하고 혼자 다니면서 걸식하며 걸식을 마치고는 혼자 돌아와 혼자 앉아 선정에 들곤 하였다.

---

13 이 소경은 『별역잡아함경』 제1권 열 번째 소경과 그 내용이 비슷하다.

14 상좌上坐는 비구의 이름이다. 신수대장경 각주에 의하면 "송·원·명 3본에는 '좌坐가 좌座'로 되어 있다"고 하였다.

그때 많은 비구 대중들이 부처님께서 계신 곳으로 나아가 부처님의 발에 머리를 조아리고는 한쪽에 물러 나앉아서 부처님께 아뢰었다.

"세존이시여, 상좌라는 존자는 혼자 있기를 좋아하고 늘 혼자 있는 이를 찬탄하며 혼자서 마을에 들어가 걸식하고 마을에서 혼자서 머무는 곳으로 돌아와서는 혼자 앉아서 선정에 들곤 합니다."

그때 세존께서 한 비구에게 말씀하셨다.

"너는 저 상좌 비구의 처소로 가서 '스승님께서 그대를 부르십니다'라고 상좌 비구에게 전하라."

그 비구는 분부를 받고 상좌 비구의 처소로 가서 말하였다.

"존자여, 스승님께서 당신을 부르십니다."

그러자 그 상좌 비구는 즉시 분부를 받고 부처님께서 계신 곳으로 와서 그 분의 발에 머리를 조아려 예를 올리고는 한쪽에 물러나 앉았다.

이때 세존께서 상좌 비구에게 말씀하셨다.

"너는 정말로 혼자 고요한 곳에 있으면서 혼자 있는 이를 찬탄하고 혼자 다니면서 걸식하고 혼자 마을에서 돌아와서는 혼자 앉아 선정에 들곤 하였느냐?"

상좌 비구가 부처님께 아뢰었다.

"정말로 그렇게 하였습니다. 세존이시여."

부처님께서 상좌 비구에게 말씀하셨다.

"너는 어째서 혼자 살고 있으며 혼자 있는 이를 칭찬하고 혼자 다니면서 걸식하며, 혼자 돌아와서는 혼자 앉아 선정에 들곤 하느냐?"

상좌 비구가 부처님께 아뢰었다.

"저는 다만 혼자 고요한 곳에 있으면서 혼자 있는 이를 찬탄하고 혼자 다니면서 걸식하며 혼자서 마을에서 돌아와서는 혼자 앉아 선정에 들뿐이옵니다."

부처님께서 상좌 비구에게 말씀하셨다.

"너의 그것이 혼자의 삶이니 나는 혼자의 삶이 아니라고 말하려는 것이 아니다. 그러나 그보다 더 훌륭하고 묘한 혼자의 삶이 있나니, 어떤 것이 훌륭하고 묘한 혼자의 삶인가? 비구야, 이른바 과거는 말라빠지고 미래는 아주 멸하여 없는 것이며 현재는 탐하거나 기뻐하는 것이 없으면 그는 곧 바라문으로서 마음에 망설임이 없고 걱정이나 후회를 버려 모든 존재의 애욕을 여의고 온갖 번뇌를 다 끊으면 그것을 혼자의 삶이라고 하나니, 이보다 더 훌륭한 혼자의 삶은 없느니라."

그때 세존께서 곧 게송을 설하셨다.

모든 것 골고루 환하게 비추고
온갖 세상을 두루 알아서
일체의 법에 집착하지 않으면
일체의 애욕을 모두 떠난 것이니
이렇게 즐겁게 사는 사람을
혼자서 사는 이라고 나는 말한다.

부처님께서 이 경을 말씀하시자 존자 상좌는 부처님의 말씀을 듣고 기뻐하면서 예배하고 떠나갔다.

1072. 승가람경僧伽藍經[15]

이와 같이 나는 들었다.

어느 때 부처님께서 사위국 기수급고독원에 계셨다.

그때 존자 승가람僧迦藍은 구살라국拘薩羅國의 인간 세상을 유행遊行하다가 사위국 기수급고독원에 이르렀다.

그 승가람 비구에게는 본이本二라고 하는 출가하기 전의 아내가 있었다. 그 여자는 사위국에 있었는데 승가람 비구가 구살라국의 인간 세상을 유행하다가 사위국 기수급고독원에 왔다는 말을 듣고는 영락瓔珞으로 장엄한 아름다운 옷을 입고 아기를 안고 기원祇洹으로 와서 승가람 비구의 방 앞에 이르렀다.

그때 존자 승가람이 방에서 나와 한데서 거닐고 있었다. 그때 예전 아내본이가 그 비구의 앞에 와서 이렇게 말했다.

"이 아기는 아직 어린데 당신은 버리고 출가하고 말았으니 누가 이 아기를 기르겠습니까?"

그러자 승가람 비구는 아무 말도 하지 않았다. 그렇게 두 번 세 번 말하였으나 그는 여전히 아무 말도 하지 않았다.

그때 예전 아내 본이가 말하였다.

"내가 두 번 세 번 얘기해도 나와는 아무 이야기도 하지 않고 돌아보지도 않으니, 나는 지금 이 아기를 여기 두겠소."

그리고는 그 비구가 거닐고 있는 길 앞에 두고 떠나가면서 다시 말하였다.

"사문이여, 이 아이는 당신의 지식이니 당신이 직접 기르시오. 나는 이제 버리고 가겠습니다."

---

15 이 소경은 『별역잡아함경』 제1권 열한 번째 소경과 그 내용이 비슷하다.

존자 승가람은 그래도 여전히 그 아기를 돌아보지 않았다. 그러자 예전 아내 본이가 다시 말하였다.

"이 사문은 지금 아기를 아예 돌아보지도 않는구나. 그렇다면 저 사람은 틀림없이 선인仙人의 얻기 어려운 이치를 얻은 모양이구나. 장하시다. 사문이여, 반드시 해탈할 수 있으리라."

그래서 마음에 원하던 바를 이루지 못한 채 아기를 안고 돌아갔다.

그때 세존께서 낮에 정수에 들어 사람 귀보다 뛰어난 천인天耳로써 존자 승가람과 본이가 하는 말을 듣고 곧 게송을 설하셨다.

와도 기뻐하지 않고
가도 슬퍼하지 않으며
세상의 어울림에서
해탈하여 집착하지 않으니
나는 말하노라. 저 비구야말로
진실한 바라문이라 하리라.

와도 기뻐하지 않고
가도 슬퍼하지 않으며
물들지 않고 근심도 없어
두 마음 함께 고요해졌으니
나는 말하노라. 저 비구야말로
진실한 바라문이라 하리라.

부처님께서 이 경을 말씀하시자 존자 승가람은 부처님의 말씀을 듣고 기뻐하면서 예배하고 떠나갔다.

1073. 아난경阿難經[16]

이와 같이 나는 들었다.

어느 때 부처님께서 사위국 기수급고독원에 계셨다.

그때 존자 아난阿難이 혼자서 고요한 곳에 있으면서 이렇게 생각하였다.

'세 가지 향기는 바람을 따라서는 향내를 피우지만 바람을 거슬러서는 그 향내를 피우지 못한다. 어떤 것이 그 세 가지인가?

뿌리의 향기〔根香〕·줄기의 향기〔莖香〕·꽃의 향기〔華香〕가 그것이다. 그런데 혹 어떤 향기가 바람을 따라서도 향내를 피우고 바람을 거슬러서도 향내를 피우며 또 바람을 따르거나 거스르거나 늘 향내를 피울 수 있는 것이 있을까?'

이렇게 생각하고 나서 해질 무렵에 선정에서 일어나 부처님께서 계신 곳으로 나아가 부처님의 발에 머리를 조아리고 한쪽에 물러나 앉아서 부처님께 아뢰었다.

"세존이시여, 저는 혼자 고요한 곳에 있으면서 이렇게 생각하였습니다.

'세 가지 향기는 바람을 따라서는 향내를 피우지만 바람을 거슬러서는 그 향내를 피우지 못한다. 어떤 것이 그 세 가지인가?

뿌리의 향기·줄기의 향기·꽃의 향기가 그것이다. 그런데 혹 어떤 향기가 바람을 따라서도 향내를 피우고, 바람을 거슬러서도 향내를 피우며 또 바람을 따르거나 거스르거나 늘 향내를 피울 수 있는 것도 있

---

16 이 소경은『별역잡아함경』제1권 열두 번째 소경과 그 내용이 비슷하며, 이역본異譯本으로는 축담무란竺曇無蘭이 한역한『불설계덕향경佛說戒德香經』과 법현法賢이 한역한『불설계향경佛說戒香經』이 있다.

을까?'"

부처님께서 아난에게 말씀하셨다.

"그렇다, 그렇다. 세 가지 향기가 있는데 그 향기는 바람을 따라서는 향내를 피우지만 바람을 거슬러서는 향내를 피우지 못하나니, 세 가지 향기는 곧 뿌리 향기·줄기의 향기·꽃의 향기이다. 그러나 아난아, 어떤 향기는 바람을 따라서도 향내를 피우고 바람을 거슬러서도 향내를 피우며 바람을 따르거나 거스르거나 늘 향내를 피우는 것도 있다.

아난아, 바람을 따라서도 향내를 피우고 바람을 거슬러서도 향내를 피우며 바람을 따르거나 거스르거나 늘 향내를 피우는 향기란 무엇인가?

아난아, 성읍城邑이나 마을에 있는 어떤 선남자와 선여인이 진실한 법을 성취하여 목숨을 마칠 때까지 살생하지 않고 도둑질하지 않으며 음행하지 않고 거짓말하지 않으며 술 마시지 않으면 그런 선남자나 선여인은 8방方과 상하에서 모두들 착한 사람이라고 숭배하고 칭찬하기를 '어느 곳 어느 마을의 선남자와 선여인은 계율을 청정하게 지키고, 진실한 법을 성취하여 목숨이 다할 때까지 살생하지 않고……(이하 생략)……술을 마시지 않는다'라고 하지 않는 이가 없을 것이다.

아난아, 이것을 어떤 향기는 바람을 따라서도 향내를 피우고 바람을 거슬러서도 향내를 피우며 바람을 따르거나 거스르거나 늘 향내를 피우는 것이라 하느니라."

그때 세존께서 곧 게송을 설하셨다.

뿌리의 향기와 줄기의 향기와 꽃의 향기는
바람을 거슬러 향내를 피우지 못한다.

오직 선남자와 선여인이 계율을 잘 지켜
그로 인해 생겨난 청정한 향기만이
거스르거나 따르거나 모든 곳에 가득하여
두루 향내를 피워 미치지 못할 곳이 없다.

다가라多迦羅[17]와 전단栴檀과
우발라優鉢羅와 말리末利[18]
이와 같은 여러 향香에 견주어 보면
계율의 향기가 제일이라네.

전단 등 온갖 향기는
향내가 미치는 범위가 일부분이지만
오직 계율을 지키는 덕의 향기만은
흘러 퍼져 하늘까지 미치느니라.

그런 깨끗한 계율의 그 향기는
방일放逸하지 않게 정수正受에 들어
바른 지혜로 평등히 해탈하게 하기에
악마의 도道는 들어올 수 없느니라.

그것을 안온한 길이라 하며
그 길은 곧 맑고 깨끗하여

---

17 다게라多揭羅 또는 다가루多伽婁로 쓰기도 하며 향의 이름인데 지금의 감송향甘松香이 그것이다.

18 꽃의 이름. 말라末羅 또는 마라摩羅라고도 하며 만鬘이라고 번역한다.

묘한 선정으로 바로 향하여
모든 악마의 결박 끊어버린다.

부처님께서 이 경을 말씀하시자 존자 아난은 부처님의 말씀을 듣고 기뻐하면서 예배하고 물러갔다.

1074. 영발경榮髮經[19]

이와 같이 나는 들었다.

어느 때 부처님께서 마갈제국摩竭提國의 인간 세상을 유행하시면서 1천 비구와 함께 하셨는데, 그들은 다 옛날에 머리를 땋았던 출가 외도로서 아라한이 된 자들이었다. 그래서 모든 번뇌가 이미 다 없어졌고 할 일을 다 마쳤으며 온갖 무거운 짐을 버리고 자기 이익을 완전히 얻었으며 어떤 존재의 결박[有結]도 다 없어져서 바른 지혜로 잘 해탈한 이들이었다. 그들은 선건립善建立이라는 지제(支提 : 탑)가 있는 장림杖林[20]에 이르러 그곳에 머무셨다.

마갈제국의 병사왕甁沙王은 세존께서 마갈제국 사람들 세상을 유행하시다가 선건립의 지제가 있는 장림에 이르러 그곳에 계신다는 말을 듣고, 여러 작은 나라 왕들과 많은 신하들과 수레 1만 2천 대와 말 8천 마리와 걸어서 따르는 수없이 많은 대중들과 마갈제국의 바라문 장자 등 그의 뒤를 따르는 모든 사람들과 함께 왕은 왕사성을 나와

19 이 소경은 『별역잡아함경』 제1권 열세 번째 소경과 그 내용이 비슷하다.
20 팔리어로는 Laṭṭhivana라고 함. 또는 신슬지림申瑟知林 · 차월림遮越林 · 사사림祠祀林이라고도 하는데, 마갈타국摩揭陀國의 왕사성 외곽에 있는 숲의 이름.

세존께서 계신 곳으로 가서 공경을 다하여 공양을 올리려고 하였다. 길 어귀에 이르러서는 수레에서 내려 걸어서 안 문까지 이르러서는 다섯 가지 장식 즉, 관을 벗고 일산과 부채와 칼을 놓아두고 가죽신까지 벗어 놓았다. 부처님 앞에 이르러서는 옷을 바르게 여미고 오른 어깨를 드러내어 부처님께 예배한 뒤에 오른쪽으로 세 바퀴 돌고 나서 자신의 성명을 불러대면서 부처님께 아뢰었다.

"세존이시여, 저는 마갈제국의 병사왕입니다."

부처님께서 병사왕에게 말씀하셨다.

"그렇군요. 대왕이시여, 당신은 병사왕이시군요. 이 자리에 앉아 편한 자세를 취하시도록 하십시오."

그러자 병사왕은 부처님 발에 거듭 예배하고 한쪽으로 물러나 앉았고, 여러 왕과 대신과 바라문 거사들도 모두 부처님의 발에 예배하고 차례대로 앉았다. 그때 마침 울비라가섭鬱鞞羅迦葉도 그 자리에 있었다.

그때 마갈제국의 바라문 장자들은 이렇게 생각하였다.

'저 큰 사문이 울비라가섭에게서 범행을 닦는 것인가? 아니면 울비라가섭이 저 큰 사문에게서 범행을 닦는 것인가?'

그때 세존께서는 마갈제국의 바라문 장자들의 생각을 아시고서 곧 게송으로 물으셨다.

울비라가섭이여, 그대는
우리 법에서 어떤 유익한 점을 보았기에
그대가 오래전부터 받들어 오던
불 섬기는 일 따위를 버렸는가?
불 섬기던 일 버린 까닭을
지금 여기서 말해보아라.

울비라가섭이 게송으로 부처님께 아뢰었다.

돈이고 재물이고 그런 따위의 재미와
여자 등의 다섯 가지 향락의 결과로
미래의 몸 받는 것 관찰했더니
그런 것들은 다 큰 더러움이라
그러므로 오래전부터 받들어 오던
불 섬기던 것을 모두 버렸습니다.

그때 세존께서 다시 게송으로 물으셨다.

네가 이 세상의 돈과 재물과
다섯 가지 향락의 맛에 집착하지 않는다면
다시 왜 하늘 신을 버렸는가?
가섭아, 그 이유를 말해보아라.

가섭이 다시 게송으로 대답하였다.

도를 깨달아 남은 이 몸 여의고
아주 사라져 남은 자취 없으며
소유한 것 없고 집착하지 않으면
다른 세계나 다른 길에 떨어질 리 없네.
그러므로 일찍부터 받들어 오던
불 섬기는 일들을 다 버렸습니다.

큰 모임을 고루고루 가지고

물이나 불을 받들어 섬기며
어리석게도 거기에 빠져서
뜻 세우고 해탈 방법 구하였었습니다.

저 장님과 같이 지혜의 눈이 없어
나고 늙고 병들고 죽음으로 향할 뿐
나고 죽음에서 영원히 벗어날
그런 바른 길은 보지 못하였더니

오늘에야 비로소 세존님 만나
무위無爲의 도를 보게 되었으니
큰 용의 말씀에 힘을 입어
저 언덕으로 건너게 되었습니다.

모니牟尼께서 넓은 세상 구제하시고
한량없는 중생들 편안하게 해주셨네.
구담瞿曇께선 참진리를 나타내신 분임을
이제야 비로소 깨닫게 되었습니다.

부처님께서 다시 게송으로 가섭을 찬탄하셨다.

장하다, 그대 가섭이여.
과거에도 나쁜 생각하지 않더니
차츰차츰 분별하고 구해 온 끝에
드디어 훌륭한 데 이르렀구나.

"가섭이여, 그대는 지금 마땅히 그대 무리들의 마음을 위로해야 한다."

그때 울비라가섭은 곧 정수에 들어 신통력으로 동쪽을 향해 허공에 올라 다니고 서고 앉고 눕기 등 네 가지 신통변화를 나타내었다. 그리고는 불 삼매〔火三昧〕에 들어 온몸이 파랑·노랑·빨강·하양·파리頗梨빛·분홍빛으로 불붙었다. 그리고는 윗몸에서는 물이 나오게 하고 아래 몸에서는 불이 나오게 하여 그 몸을 도로 태우고 다시 윗몸에서 물을 내어 그 몸에 쏟아 부었다. 혹은 윗몸에서는 불이 나오게 하여 그 몸을 태우다가 아래 몸에서 물이 나오게 하여 그 몸에 쏟아 붓기도 하였다. 이렇게 갖가지 신통을 나타낸 뒤 부처님 발에 머리를 조아리고는 부처님께 아뢰었다.

"세존이시여, 부처님께서는 곧 저의 스승이시고, 저는 제자입니다."

부처님께서 가섭에게 말씀하셨다.

"나는 그대의 스승이요, 그대는 내 제자이다. 그대는 편안한 자세로 다시 자리에 앉아라."

그러자 울비라가섭은 본 자리로 돌아왔다. 그때 마갈제국의 바라문 장자들이 이렇게 생각하였다.

'울비라가섭이 저 큰 사문에게서 범행梵行을 닦는 것이 확실하구나.'

부처님께서 이 경을 말씀하시자 마갈제국의 병사왕과 여러 바라문 장자들은 부처님의 말씀을 듣고 기뻐하면서 예배하고 떠나갔다.

1075. 타표경陀驃經[21] ①

이와 같이 나는 들었다.

어느 때 부처님께서 왕사성 가란다죽원에 계셨다.

그때 타표마라자陀驃摩羅子가 그 왕사성에 오래도록 살고 있으면서 대중 스님들의 음식공양을 맡아보는 일을 하였는데 그는 차례에 따라 청장淸醬을 배급하여 순서를 어기지 않았다. 그런데 그때 자지慈地라는 비구가 세 번씩이나 순서를 벗어나 거친 음식을 받아 식사할 때마다 몹시 괴로워하면서 이렇게 생각하였다.

'이상하기도 하다. 너무도 괴롭구나. 저 타표마라자 비구는 중생〔有情〕이기 때문에 거친 음식으로 나를 괴롭혀 밥 먹을 때마다 나를 몹시 괴롭히는 것일 게다. 내가 어떻게 해야 저에게 요익饒益하지 못한 일에 대하여 앙 갚음을 할 수 있을까?'

그때 자지 비구에게는 그 누이인 밀다라蜜多羅라는 비구니가 있었는데, 그녀는 왕사성에 있는 왕원王園의 비구니들과 함께 기거하고 있었다. 밀다라 비구니는 자지 비구에게로 가서 그 발에 머리를 조아려 예배하고는 한 쪽에 머물러 있었다. 그러나 자지 비구는 돌아보지도 않고 말도 하지 않았다.

밀다라 비구니가 자지 비구에게 말하였다.

"아리阿梨[22]여, 왜 돌아보지도 않고 말도 하지 않습니까?"

자지 비구가 말하였다.

"타표마라자 비구는 자주 거친 음식으로 나를 괴롭혀 밥 먹을 때마

---

21 이 소경은 『별역잡아함경』 제1권 열네 번째 소경과 그 내용이 비슷하다.

22 원元본·명明본에는 모두 아암리阿闇梨로 되어 있고 성본聖本에는 아사리阿闍梨로 되어 있는데, 아사리ācariya는 구역에서는 교수사教授師라고 하였고 신역에서는 궤범사軌範師라고 하였다.

다 나를 몹시 괴롭게 했는데 그대까지도 다시 나를 버리겠는가?

비구니가 말하였다.

"제가 어떻게 해야 되겠습니까?"

자지 비구가 말하였다.

"그대는 세존께 가서 '세존이시여, 타표마라자 비구는 법답지 않기로 비교할 데가 없습니다. 저와 같이 범행이 아닌 바라이죄波羅夷罪를 범하였습니다'라고 말해 다오. 그러면 나도 '세존이시여, 내 누이의 말과 같습니다' 하고 증언해 줄 것이다."

비구니가 말하였다.

"아리여, 내가 어떻게 범행을 행하는 비구를 바라이죄로 모함할 수 있겠습니까?"

자지 비구가 말하였다.

"만일 그대가 그렇게 해주지 않으면 나는 그대와 인연을 끊을 터이니 다시는 왕래하거나 말하거나 서로 쳐다보지도 말자."

그러자 비구니는 잠깐 동안 잠자코 생각하다가 이렇게 말하였다.

"아리여, 내가 그렇게 해주기를 바란다면 내 마땅히 말대로 따르겠습니다."

자지 비구가 말하였다.

"그대는 잠깐 기다려라. 내가 먼저 세존께 갈 터이니 그대는 뒤에 따라 오라."

그리고 자지 비구는 곧 부처님께 나아가 세존의 발에 머리 조아려 예배하고는 한쪽으로 물러나 있었다. 밀다라 비구니도 그 뒤를 따라가서 부처님 발에 머리를 조아리고는 한쪽으로 물러나 있었다. 그때 부처님께 아뢰었다.

"세존이시여, 불선不善스럽기 짝이 없습니다. 타표마라자는 저에게 와서 범행梵行이 아닌 바라이죄를 지었습니다."

자지 비구도 또 부처님께 아뢰었다.

"누이의 말과 같습니다. 저도 이전부터 알고 있었습니다."

그때 타표마라자 비구는 바로 그 대중들 가운데 있었다. 그때 세존께서 타표마라자 비구에게 말씀하셨다.

"너는 이 말을 들었는가?"

타표마라자 비구가 아뢰었다.

"들었습니다, 세존이시여."

부처님께서 타표마라자 비구에게 말씀하셨다.

"너는 어떻게 생각하는가?"

타표마라자가 부처님께 아뢰었다.

"세존께서 아시는 바와 같습니다. 선서善逝께서 아시는 바와 같습니다."

부처님께서 타표마라자에게 말씀하셨다.

"너는 '세존께서 아시는 바와 같습니다'라고 말하지만 그것은 이때에 적절하지 않는 말이다. 너는 지금 기억이 나거든 기억한다고 말하고 기억이 나지 않거든 기억하지 못한다고 말하라."

타표마라자가 말하였다.

"저는 기억이 나지 않습니다."

그때 존자 라후라羅睺羅는 부처님 뒤에 서서 부처님께 부채질을 하다가 부처님께 아뢰었다.

"세존이시여, 불선不善스럽기 짝이 없습니다. 비구니가 말하기를 '존자 타표마라자는 저에게 와서 저와 함께 범행이 아닌 바라이죄를 지었습니다'라고 하였는데, 자지 비구도 또한 '그렇습니다. 세존이시여, 저도 이전부터 알고 있었습니다. 누이 말과 같습니다'라고 말한 것 말입니다."

부처님께서 라후라에게 말씀하셨다.

"내가 지금 너에게 물으리니 나에게 마음대로 대답하라. 만일 밀다라 비구니가 내게 와서 '세존이시여, 불선스럽기 짝이 없습니다. 라후라는 저와 함께 범행이 아닌 바라이죄를 지었습니다' 하고 말하고, 또 자지 비구도 나에게 '그렇습니다. 세존이시여, 누이의 말과 같습니다. 저도 이전부터 알고 있었습니다'라고 말한다면 너는 어떻게 할 것인가?"

라후라가 부처님께 아뢰었다.

"세존이시여, 저는 만약 그것이 기억나면 기억난다고 말하고, 기억이 나지 않으면 기억이 나지 않는다고 말하겠습니다."

부처님께서 말씀하셨다.

"라후라야, 그는 어리석은 사람이로구나. 너도 오히려 그렇게 말을 하는데, 저 타표마라자 비구는 청정한 비구인데도 그런 말을 할 줄 모르는가?"

그때 세존께서 모든 비구들에게 말씀하셨다.

"타표마라자 비구에 대해서는 마땅히 기억해 두고 밀다라 비구니는 직접 말했기 때문에 멸빈滅擯해야 할 것이다. 그리고 자지 비구는 잘 꾸짖고 충고하고 훈계하면서 '너는 무엇을 보았으며 어디서 보았는가? 너는 그때 무슨 일로 거기에 가서 그 일을 보게 되었느냐?' 하고 물어 보아라."

세존께서는 이렇게 분부하시고 곧 자리에서 일어나 방에 들어가 앉으시어 선정에 들어 가셨다.

그때 모든 비구들은 타표마라자 비구에게는 기억을 더듬어 생각해 보라 하고 밀다라 비구니는 직접 말했기 때문에 멸빈하게 하였으며 자지 비구에게는 잘 꾸짖고 충고하고 훈계하면서 물었다.

"그대는 무엇을 보았으며 어디서 보았는가? 그대는 그때 무슨 일로 거기에 가서 그 일을 보게 되었느냐?"

이렇게 따져 묻자 그는 이렇게 말하였다.

"저 타표마라자는 범행을 범하지 않았고 바라이죄도 짓지 않았다. 그러나 타표마라자 비구는 세 번씩이나 나쁜 음식으로 나를 놀라게 하고 나로 하여금 밥 먹을 때 나를 몹시 괴롭게 하였다. 그래서 나는 타표마라자 비구에 대해 애욕·성냄·어리석음 그리고 두려움을 갖게 되어 그런 말로 모함한 것이다. 그러나 타표마라자는 청정하며 아무 죄도 없다."

그때 세존께서는 해질 무렵에 선정에서 깨어나 대중 앞에 자리를 펴고 앉으셨다. 그러자 모든 비구들이 부처님께 아뢰었다.

"세존이시여, 저희들은 저 타표마라자 비구를 잘 기억해 두었고 밀다라 비구니는 직접 말하였기 때문에 멸빈滅擯하였으며 자지 비구에게는 잘 꾸짖고 충고하였습니다.……(이하 생략)……그는 말하기를 '타표마라자 비구는 청정하여 아무 죄도 없다'고 말하였습니다."

그때 세존께서 모든 비구들에게 말씀하셨다.

"얼마나 어리석은가? 음식 때문에 알고 있으면서도 일부러 거짓말을 하였구나."

그때 세존께서는 곧 게송을 설하셨다.

만일 한 가지 법이라도
알면서 일부러 거짓말을 한다면
뒷세상 일을 생각하지 않는 것이니
어떤 나쁜 짓이라고 못할 것이 없으리라.

차라리 뜨거운 철환鐵丸을 삼키거나
이글거리는 숯불을 먹을지언정
금지하는 계율을 범하면서까지
승려에게 주는 음식은 먹지 않으리.

부처님께서 이 경을 말씀하시자 모든 비구들은 부처님의 말씀을 듣고 기뻐하여 받들어 행하였다.

1076. 타표경[23] ②

이와 같이 나는 들었다.

어느 때 부처님께서 왕사성 가란다죽원에 계셨다.

그때 존자 타표마라자가 부처님께서 계신 곳에 찾아와서 부처님의 발에 머리를 조아리고는 한쪽에 물러나 앉아서 아뢰었다.

"세존이시여, 저는 부처님 앞에서 반열반般涅槃에 들고 싶습니다."

세존께서 잠자코 계시자 그와 같이 세 번 아뢰었다.

부처님께 타표마라자에게 말씀하셨다.

"그것은 작용이 있는 모든 현상의 법이니 법이 응당 그와 같으니라."

그때 존자 타표마라자가 곧 부처님 앞에서 삼매三昧에 들어 그 정수正受에 든 채로 동방을 향해 허공에 올라, 다니고〔行〕·멈추어 있고〔住〕·앉고〔坐〕·눕는〔臥〕 네 가지 위의威儀를 나타내었다. 그리고는 다시 화삼매火三昧에 들어가서 몸 아래 부분에서 불을 내니, 온 몸에서 환하게 밝은 파랑·노랑·빨강·하양·파리頗梨빛·분홍빛 광명이 사방으로 퍼졌다. 몸 밑 부분에서 불을 내어 그 몸을 태우다가 다시 몸 위에서 물을 내어 그 몸에다 그 물을 뿌렸다. 혹은 몸 윗부분에서 불을 내어 아래로 그 몸을 태우다가 몸 밑 부분에서 물을 내어 위로 그 몸에 뿌리기도 하였다.

이렇게 열 방위를 두루 돌면서 온갖 변화를 나타낸 뒤에는 공중에

23 이 소경은 『별역잡아함경』 제1권 열다섯 번째 소경과 그 내용이 비슷하다.

있는 채로 몸 안에서 불을 내어 다시 제 자신의 몸을 태워 무여열반無餘涅槃을 취하는데 완전히 사라지고 고요하게 멸하여 티끌조차 남지 않았다. 비유하면 마치 허공에 등불을 켤 때 기름과 심지가 한꺼번에 다 없어진 것처럼, 타표마라자가 공중에서 열반하여 몸과 마음이 한꺼번에 사라진 것도 그와 같았다.

그때 세존께서 곧 게송을 설하셨다.

비유하면 마치 쇳덩이와 같아서
그 불꽃 빨갛게 훨훨 타오르다가도
뜨거운 세력 점점 식고 사라지면
간 곳이 어딘지 알 수 없는 것 같네.

그와 같이 평등한 해탈로써
온갖 번뇌의 진흙탕을 건너고
모든 흐름을 아주 끊어 없애면
그가 돌아간 곳 알지 못하나니
움직이지 않는 도의 자취 완전히 얻어
남음 없는 열반으로 들어가리라.

부처님께서 이 경을 말씀하시자 모든 비구들은 부처님의 말씀을 듣고 기뻐하며 받들어 행하였다.

1077. 적경賊經[24]

이와 같이 나는 들었다.

어느 때 부처님께서 앙구다라국央瞿多羅國의 사람들 세상을 유행하시면서 타바사리가陀婆闍梨迦 숲속을 지나시다가 소치는 이와 염소 치는 이와 나무하는 이와 그 밖의 다른 일들을 하는 여러 종류의 사람들을 만났다. 그들은 세존께서 길을 가시는 것을 보고 모두 세존께 아뢰었다.

"세존이시여, 이 길로 가지 마십시오. 이 길 앞에는 앙구리마라央瞿利摩羅[25]라는 도적이 있어 혹 사람들을 놀라게 할까 두렵습니다."

부처님께서 여러 사람들에게 말씀하셨다.

"나는 두려워하지 않느니라."

이렇게 말씀하시고 나서 그 길을 따라 그대로 가셨다. 그들이 두 번 세 번 말씀드렸으나 세존께서는 그대로 가시다가, 멀리서 앙구리마라가 손에 칼과 방패를 들고 달려오는 것을 보셨다. 세존께서 신통력으로 몸을 나타내시어 천천히 걸었는데 앙구리마라는 아무리 빨리 달려도 따라갈 수가 없었다. 그는 달려오느라고 그만 지쳐 멀리서 세존께 말하였다.

---

24 이 소경은 『별역잡아함경』 제1권 열여섯 번째 소경과 『증일아함경』 제31권 여섯 번째 소경과 그 내용이 비슷하며, 이역경전으로는 축법호竺法護가 한역한 『불설앙굴마경佛說鴦掘摩經』과 법거法炬가 한역한 『불설앙굴계경佛說鴦崛髻經』이 있다.

25 팔리어로는 Aṅgulimāla라고 함. 부처님의 제자로서 앙구마라央仇摩羅·앙굴마라央崛魔羅라 음역하고, 지만指鬘 또는 일체세간현一切世間現으로 음역하기도 함. 12세에 마니 발타라 바라문에게 출가하였으나 스승의 아내의 모함으로 스승에게 미움을 받아 천 사람을 죽여 천 손가락으로 영락을 만들어오면 법을 일러주겠다는 잘못된 가르침을 받고 999사람을 죽이고 나중에 친어머니를 죽이려 하다가 부처님을 만나 정법을 듣고 귀의함.

"멈추시오. 멈추시오. 가지 마시오."
세존께서 나란히 걸으시면서 대답하셨다.
"나는 늘 멈추어 있었는데 네가 스스로 멈추지 않을 뿐이니라."
그때 앙구리마라가 곧 게송으로 말하였다.

사문께서는 오히려 빨리 가면서도
나더러 언제나 멈추어 있었다고 말하네.
나는 지쳐서 멈추어 있는데
나더러 멈추지 않는다고 말하니
사문이여, 어째서 그대는 멈추었다 하고
나더러 멈추지 않는다고 말하는가?

그러자 세존께서 게송으로 대답하셨다.

앙구리마라여,
내가 언제나 멈추어 있었다고 한 것은
저 모든 중생들에 대하여
칼질이나 몽둥이질을 쉬었지만
너는 중생에게 두려움을 주어
나쁜 업을 그치지 않는다는 말이다.

나는 일체의 벌레에 대해서도
칼질이나 몽둥이질을 하지 않거늘
너는 저 모든 벌레들에 대해
언제나 핍박하고 두렵게 하며
언제나 흉악한 업만 지으면서

끝끝내 그쳐 쉴 때가 없구나.

나는 모든 신神에 대해서
칼질이나 몽둥이질하는 것 쉬었지만
너는 저 모든 신에 대해서
오랜 세월 동안 괴롭히고 핍박 가하여
언제나 나쁜 업만 지으면서
지금도 여전히 쉬지 않는구나.

나는 언제나 쉬는 법에 머물러
조금도 방일하게 놀지 않지만
너는 네 가지 진리를 알지 못해
그러므로 방일함을 끊지 못하고 있구나.

앙구리마라가 게송으로 부처님께 아뢰었다.

오랜만에 모니牟尼를 보고서
길을 따라 그 뒤를 쫓아왔는데
이제 참되고 묘한 말 듣고 나니
오랜 세월 동안의 나쁜 업 버려야 하리.

그 도적은 이렇게 말하고는
들고 있던 칼과 창을 던져버리고
세존의 발아래 몸을 던지면서 말했네.
원컨대 저의 출가를 허락하소서.

부처님께서는 자비스런 마음 가지셨고
큰 신선께서는 그를 매우 불쌍히 여겨
잘 왔다. 비구야,
출가하여 구족계를 받으라고 하셨네.

그때 앙구리마라는 출가하여 혼자 고요한 곳에서 열심히 정진하며 생각하였다.

'족성자族姓子가 수염과 머리를 깎고 가사를 입고 바른 믿음으로 집 아닌 데로 출가하여 도를 배우고 범행을 힘써 닦는 까닭은 현재 세상에서 스스로 증득한 줄을 알아 〈나의 생은 이미 다하였고, 범행은 이미 섰으며, 할 일을 이미 다 마쳐 후세에는 몸을 받지 않는다〉라고 스스로 아는 데 있었구나.'

그때 앙구리마라는 아라한阿羅漢이 되어 해탈의 즐거움을 깨닫고 곧 게송으로 말하였다.

본래는 불해不害라는 이름을 받았었는데
중간에 많은 중생 해치는 이 되었나니
이제서야 이름이 진실이어서
영원히 살생을 여의었다네.

몸으로 살생을 행하지 않고
입과 뜻으로도 역시 그러해
진실로 살생하지 않아야 한다는 것과
중생을 핍박하지 않아야 함을 알았네.

손을 씻어도 늘 피 색깔인지라

앙구리마라라고 이름한 것인데
세찬 물살에 떠다니던 사람이
삼보三寶에 귀의해 멈추게 되었네.

삼보에 귀의하고 난 뒤에
출가하여 구족계具足戒를 받았고
삼명三明[26]을 성취하였으니
부처님의 가르침 이미 끝마쳤네.

소를 길들일 적엔 채찍을 쓰고
코끼리 다루려면 쇠갈고리 쓰지만
하늘이나 사람을 길들이는 이는
칼이나 막대기 쓰지 않는다.

칼을 갈 때는 숫돌을 쓰고
화살을 바로 잡으려면 불에 구우며
재목을 다룰 때는 도끼를 쓰고
자신을 다룰 때는 지혜를 쓰네.

어떤 사람이 먼저는 방일하다가도
그 뒤에 스스로 마음 거둬 잡으면
그야말로 세간을 밝게 비추되
구름 걷혀 나타나는 달과 같으리.

---

26 아라한과를 성취한 성자에게 갖추어진 불가사의한 능력으로 세 가지에 대해 밝게 아는 것인데, 즉 천안명天眼明·숙명명宿命明·누진명漏盡明을 말한다.

어떤 사람이 먼저는 방일하다가도
그 뒤에 스스로 마음 거둬 잡으면
세상 은혜와 애정의 흐름에서
바른 생각으로 멀리 벗어날 수 있으리.

나이 젊을 때 출가하여
부처님 가르침을 힘써 닦으면
그야말로 세상을 밝게 비추되
구름 걷히고 나타나는 달과 같으리.

나이 젊을 때 출가하여
부처님 가르침 힘써 닦으면
세상 은혜와 애정의 흐름에서
바른 생각으로 멀리 벗어날 수 있으리.

만일 온갖 악업惡業에서 벗어나
올바르고 착함으로 멸해 없애면
그야말로 세간을 밝게 비추되
구름 걷히고 나타나는 달과 같으리.

어떤 사람이 먼저는 악업惡業을 짓다가도
올바르고 착함으로 멸해 없애면
세상 은혜와 애정의 흐름에서
바른 생각으로 멀리 벗어날 수 있으리.

나는 이미 악업을 지었거니

틀림없이 나쁜 세계를 향하여
거기서 모진 과보果報를 받아
묵은 빚으로 먹히고 또 먹히리.

만일 그들이 나를 원망하고 미워하다가도
그들이 이러한 바른 법을 듣는다면
맑고 깨끗한 법안法眼을 얻어
나에 대하여 인욕행忍辱行을 닦아
다시는 다투는 일 일으키지 않으리니
부처님의 은혜로운 힘에 힘입어서라네.

나를 원망하여도 인욕 행하고
또한 늘 참는 이를 찬탄하며
때를 따라 바른 법을 듣고
듣고 나서는 그대로 수행하리라.

부처님께서 이 경을 말씀하시자 앙구리마라는 부처님의 말씀을 듣고 기뻐하며 받들어 행하였다.

1078. 산도타경散倒吒經[27]

이와 같이 나는 들었다.
어느 때 부처님께서 왕사성 가란다죽원에 계셨다.

---

27 이 소경은 『별역잡아함경』 제 1권 17번째 소경과 그 내용이 같다.

그때 어떤 비구[28]가 먼동이 틀 무렵에 탑보搨補라는 강가에 나와 강가 언덕에 옷을 벗어놓고 물에 들어가 목욕하였다. 목욕하고 나서 언덕으로 올라와 옷 한 가지만 걸치고 몸이 마르기를 기다리고 있었다.

그때 어떤 천자天子가 몸에서 광명을 놓아 탑보 강가를 골고루 비추면서 그 비구에게 말하였다.

"너는 젊어서 출가하여 피부색은 곱고 희며, 머리는 검어 아직 한창 아름다운 시기이다. 마땅히 다섯 가지 향락〔五欲〕을 누리며 영락瓔珞으로 몸을 치장하고 향도 바르고 꽃모자〔華鬘〕도 쓰고 그렇게 다섯 가지 즐거움을 스스로 즐겨야 할 것이다. 그런데 이런 시기에 친족親族의 뜻을 어기면서까지 세속을 버리고 슬피 울며 서로 이별하고 여기에 와서 머리와 수염을 깎고 가사袈裟를 입고 바른 믿음으로 집 아닌 데로 출가하여 도를 배우고 있다니, 어찌하여 현재 세상의 즐거움을 버리고 시기에 적절치 못한 이익을 구하고 있는가?"

비구가 대답하였다.

"나는 현재 세상의 즐거움을 버리고 시기에 적절치 못한 즐거움을 구하는 것이 아니다. 나는 지금에야말로 시기에 적절치 못한 즐거움을 버리고 현재 세상의 즐거움을 얻으려는 것이다."

천자가 비구에게 물었다.

"어떤 것이 시기에 적절치 못한 즐거움을 버리고 현재의 즐거움을 얻는 것인가?"

비구가 대답하였다.

"세존께서 말씀하신 대로 따르면 시기에 적절치 못한 욕망은 맛은 적고 괴로움만 많으며 이익은 적고 어려움만 많다. 나는 지금 현재

---

28 이 비구의 이름은 삼미제三彌提이다. 팔리어 경전에서는 Samiddhi로 표기하고 있다.

세상에서 이미 번뇌를 여의고, 시절을 기다리지 않고도 스스로 통달하였다. 나는 현재 세상을 관찰한 인연으로써 스스로 깨달아 알았으니, 이와 같아서 천자여, 이것을 '시기에 적절치 못한 즐거움을 버리고 현재 세상의 즐거움을 얻었다'고 하는 것이다."

천자가 다시 비구에게 물었다.

"어떤 것이 여래께서 말씀하신 '시기에 적절치 못한 욕망은 즐거움은 적고 괴로움만 많다'고 하는 것이며, 어떤 것이 '여래께서 말씀하신 현재 세상의 즐거움으로……(이하 생략)……스스로 깨달아 안다'고 하는 것인가?"

비구가 대답하였다.

"나는 젊어서 출가하였기 때문에 여래께서 말씀하신 바른 법〔正法〕과 율의律儀를 자세히 말해 줄 수는 없다. 세존께서는 요즘엔 가란다 죽원에 머물고 계신다. 그대는 여래께서 계신 곳으로 가서 의심스러운 것들을 여쭈어보고 여래께서 말씀하시는 대로 기억해 받들어 가지도록 하라."

천자가 다시 물었다.

"비구여, 여래께서 계신 곳에는 힘이 센 여러 하늘 신장들이 둘러싸고 있어, 내가 먼저 가서는 여쭐 수도 없을 뿐더러 또한 그곳에 쉽사리 나아갈 수조차 없다. 그러니 비구여, 만일 그대가 만약 나를 위해 먼저 세존께 말씀드려 주면 내가 그 뒤를 따라 가겠다."

비구가 대답하였다.

"내 마땅히 당신을 위해 가겠다."

천자가 비구에게 말하였다.

"그리하라. 존자여, 내가 뒤따라가겠다."

그때 저 비구는 부처님께서 계신 곳으로 나아가 그 발에 머리 조아려 예를 올리고 한쪽에 물러앉아, 조금 전에 천자와 주고받은 질문과 대답을 세존께 자세히 말씀드렸다.

"세존이시여, 지금 저 천자의 말이 진실한 말이라면 얼마 안 되어 곧 올 것이고, 진실한 것이 아니라면 스스로 오지 않을 것입니다."

그때 그 천자가 멀리서 비구에게 말하였다.

"나는 벌써 여기에 왔다. 나는 벌써 여기에 왔다."

그때 세존께서 곧 게송을 설하셨다.

중생들은 사랑하는 생각을 따라
사랑하는 생각에 머무나니
사랑을 제대로 알지 못하므로
곧 죽음으로 방편을 삼느니라.

부처님께서 천자에게 말씀하셨다.

"네가 이 게송을 이해하였거든 곧 물어 보아라."

천자가 부처님께 아뢰었다.

"알지 못하겠습니다. 세존이시여, 알지 못하겠습니다. 선서善逝시여."

부처님께서 다시 천자에게 게송을 설하셨다.

만일 사랑하는 것을 제대로 알면
저기에서 사랑하는 마음을 내지 않으리.
저것도 이것도 아무 것도 없는 것이거니
아무도 거기에 대해 말한 이가 없느니라.

부처님께서 천신天神에게 말씀하셨다.

"네가 이 게송의 뜻을 알았거든 곧 물어 보아라."

천신이 부처님께 아뢰었다.

"이해하지 못하겠습니다. 세존이시여, 이해하지 못하겠습니다. 선서시여."

부처님께서 다시 게송을 설하셨다.

동등함과 우세함과 하열함을 보면
거기에서 비로소 다툼이 생기나니
세 가지 일에 흔들리지 않으면
아래도 중간도 위가 없으리라.

부처님께서 천자에게 말씀하셨다.

"이 뜻을 이해하겠거든 곧 물어 보아라."

천자가 부처님께 아뢰었다.

"이해하지 못하겠습니다. 세존이시여, 이해하지 못하겠습니다. 선서시여."

부처님께서 다시 게송을 설하셨다.

애욕과 이름과 물질을 끊고
교만을 버려 얽매임이 없으며
고요히 없애 성냄을 그치고
결박을 끊고 욕망을 버리면
인간 세상이나 하늘 세계에서
이승이니 저승이니 함을 보지 않으리.

부처님께서 천자에게 말씀하셨다.

"이 이치를 이해하거든 여기서 물어 보아라."

천자가 부처님께 아뢰었다.

"이제야 이해하겠습니다. 세존이시여, 이제야 이해하겠습니다. 선서시여."

부처님께서 이 경을 말씀하시자 그 천자는 부처님의 말씀을 듣고 기뻐하면서 이내 사라지더니 나타나지 않았다.

1079. 유경喩經[29]

이와 같이 나는 들었다.

어느 때 부처님께서 왕사성 가란다죽원에 계셨다.

그때 어떤 비구가 먼동이 틀 무렵에 탑보搨補라는 강가에 나와 강가 언덕에 옷을 벗어놓고 물에 들어가 목욕하였다. 목욕하고 나서 언덕으로 올라와 옷 한 가지만 걸치고 몸이 마르기를 기다리고 있었다.

그때 어떤 천자가 몸에서 광명을 놓아 탑보 강가를 골고루 비추면서 그 비구에게 물었다.

"비구여, 비구여, 이것은 곧 무덤이다. 밤이면 연기가 일어나고 낮에는 불이 타오른다. 어느 바라문은 이것을 보고 이렇게 말했다.

'이 무덤을 무너뜨린 다음 칼을 가지고 땅을 파헤치는 이는 지혜로운 사람이다.'

그러자 또 큰 거북이 보였다. 그 바라문은 그것을 보고 이렇게 말하였다.

'이 큰 거북을 없앤 다음 칼을 가지고 땅을 파헤치는 이는 지혜로운

---

29 이 소경은 『별역잡아함경』 제1권 열여덟 번째 소경과, 『증일아함경』 제33권 제39 등법품等法品 열여덟 번째 소경과 그 내용이 비슷하다.

사람이다.'

그러자 또 털침구가 보였다. 그 바라문은 그것을 보고 이렇게 말하였다.

'이 털침구를 없앤 다음 칼을 가지고 땅을 파헤치는 이는 지혜로운 사람이다.'

그러나 또 살점〔肉段〕이 보였다. 그 저 바라문은 그것을 보고 이렇게 말하였다.

'이 살점을 제거한 다음 칼을 가지고 땅을 파헤치는 이는 지혜로운 사람이다.'

그러나 또 도살장이 보였다. 그 바라문은 그것을 보고 이렇게 말하였다.

'이 도살장을 무너뜨린 다음 칼을 가지고 땅을 파헤치는 이는 지혜로운 사람이다.'

그러자 또 독벌레〔楞耆〕[30]가 보였다. 그 바라문은 그것을 보고 이렇게 말하였다.

'이 독벌레를 없앤 다음 칼을 가지고 땅을 파헤치는 이는 지혜로운 사람이다.'

그러자 또 두 갈래 길이 보였다. 그 바라문은 그것을 보고 이렇게 말하였다.

'이 두 갈래 길을 없앤 다음 칼을 가지고 땅을 파헤치는 이는 지혜로운 사람이다.'

그러자 또 사립문이 보였다. 바라문은 그것을 보고 이렇게 말하였다.

---

30 『별역잡아함경』에서는 "능기망독충楞祇芒毒蟲"으로 되어 있다. 이것을 참고하여 독벌레로 번역하였다.

'이 사립문을 없앤 다음 칼을 가지고 땅을 파헤치는 이는 지혜로운 사람이다.'

그러자 또 큰 용이 보였다. 그 바라문은 그것을 보고 이렇게 말하였다.

'그만둬라. 큰 용은 없애지 말라. 마땅히 공경해야 한다.'

비구여, 그대는 이 말을 가지고 세존께 가서 여쭈어 보아라. 그리고 세존의 말씀대로 그대는 그대로 받들어 지녀야 한다. 왜냐하면 여래를 제외하고는 세간의 모든 하늘이나 악마 · 범梵 · 사문 · 바라문으로서 이것에 대해 속 시원히 말해 주는 이를 보지 못했기 때문이다. 만일 모든 제자들은 내게서 듣고 난 다음에야 비로소 말할 수 있으리라."

그때 그 비구는 천자에게서 이 말을 듣고 세존께서 계신 곳으로 나아가 그 발에 머리를 조아려 예배하고 한쪽에 물러앉아 그 천자가 물은 말에 대하여 세존께 자세히 여쭈었다.

"어떤 것이 무덤이며, 어떤 것이 밤이면 연기가 일어나는 것이며, 어떤 것이 낮에는 불이 탄다고 하는 것입니까? 어떤 것이 바라문이고, 어떤 것이 파헤치는 것이며, 어떤 것이 지혜로운 사람이고, 어떤 것이 칼이며, 어떤 것이 큰 거북이고, 어떤 것이 털침구이며, 어떤 것이 살점이고, 어떤 것이 도살장이며, 어떤 것이 독벌레이고, 어떤 것이 두 갈래 길이며, 어떤 것이 사립문이고, 어떤 것이 큰 용입니까?"

부처님께서 그 비구에게 말씀하셨다.

"무덤이란 중생들의 몸을 가리키는 말로서 곧 거친 네 가지 요소[四大]로 이루어진 이 몸뚱이는 부모가 남겨주신 몸이니, 음식을 먹고 옷을 입고 목욕시키고 어루만지며 또 가꾸어 기르지만, 그것은 다 변하여 무너져 내리고 닳아 없어지는 것이다.

밤이면 연기가 일어난다고 한 것은 사람이 밤에 일어나 깨닫고 관찰하는 것을 가리키는 말이다.

낮에 벌어지는 일이란 몸과 입으로 짓는 업을 이르는 말이다.

바라문이라고 한 것은, 즉 여래·응공應供·등정각等正覺을 이르는 말이다. 파헤친다고 한 것은 방편으로 열심히 노력하는 것을 가리키는 말이다. 지혜로운 이라고 한 것은 많이 들어 아는 성인의 제자를 이르는 말이며, 칼이라고 한 것은 지혜의 칼을 이르는 말이다. 큰 거북이라고 한 것은 5개蓋를 가리키는 말이며, 털침구라고 한 것은 성내고 원망하는 것을 가리킨 말이다. 살점이라고 한 것은 아까워하고 미워하는 것을 가리키는 말이고, 도살장이라고 한 것은 다섯 가지 욕망의 향락〔五欲功德〕을 가리키는 말이다. 독벌레라고 한 것은 무명無明을 가리키는 말이며 두 갈래 길이라고 한 것은 의심과 미혹을 가리킨 말이다. 사립문이라고 한 것은 교만함을 가리키는 말이며, 큰 용이라고 한 것은 번뇌를 끊은 아라한을 가리킨 말이다.

이와 같이 비구여, 가령 대사大師는 성문聲聞들이 하는 일에 대하여 안타깝게 여기고 불쌍하게 생각하여 진리를 가지고 안위시키는 것이다. 네가 이미 한 일에 대해서는 너희들도 꼭 해야 할 일을 해야 한다. 즉 드러나 있는 곳에서나 숲 속·빈집·산이나 늪·굴속에서 풀이나 나뭇잎을 깔고 앉아 고요히 사색하여 방탕한 마음을 일으키지 말고 뉘우침이 없게 해야 한다.

그렇게 하는 것이 내 가르침을 그대로 따르는 것이니라."

그리고는 곧 게송을 설하셨다.

이 몸을 일러 무덤이라 말하고
깨닫고 관찰함은 밤에 나는 연기에 해당하며
낮에 짓는 업은 불에 타는 것에 해당하고
바라문이란 부처님을 일컬은 것이다.

열심히 노력하는 것은 파헤침에 해당하고
슬기로움은 지혜 밝은이로서
날카로운 지혜의 칼을 가지고
번뇌 여의고 좋은 데로 나아가네.

다섯 가지 덮개는 큰 거북에 해당하고
성냄과 원한은 털침구에 해당하며
아끼고 미워함은 살점에 해당하고
다섯 가지 욕망은 도살장에 해당하네.

무명無明은 독벌레에 해당하고
의심과 미혹은 두 가지 길에 해당하며
사립문은 교만을 나타낸 것이요
번뇌 다한 아라한은 큰 용에 비유한 것이네.
모든 논란 완전히 끊었으므로
나는 이렇게 설명할 수 있다네.

부처님께서 이 경을 말씀하시자 그 비구는 부처님의 말씀을 듣고 기뻐하며 받들어 행하였다.

1080. 참괴경慚愧經[31]

이와 같이 나는 들었다.

31 이 소경은 『별역잡아함경』 제1권 열아홉 번째 소경과 그 내용이 비슷하다.

어느 때 부처님께서 바라내국波羅㮈國에 있는 선인이 살던 곳인 녹야원鹿野苑에 계셨다.

그때 세존께서 이른 아침에 가사를 입고 발우를 가지고 걸식을 하기 위하여 바라내성으로 들어가셨다.

그때 어떤 비구는 마음을 잡지 못하여 그 마음이 미혹하고 혼란하여 모든 감관을 단속하지 못하였다. 그는 이른 아침에 가사를 입고 발우를 가지고 바라내성으로 들어가 걸식하였다. 그러다가 그 비구는 멀리 세존께서 계신 것을 보고 나서야 모든 감관을 단속하여 단정히 응시하면서 걸어갔다. 세존께서는 그 비구가 모든 감관을 단속하고 단정히 응시하면서 걸어가는 것을 보시고 성으로 들어가셨다. 걸식을 마치고 정사精舍에 돌아와 가사와 발우를 챙겨두고 발을 씻은 뒤에 방에 들어가 좌선하셨다.

저녁 때 선정에서 일어나 비구들에게로 가시어 자리를 펴고 대중 앞에 앉아 비구들에게 말씀하셨다.

"내 오늘 이른 아침에 가사를 입고 발우를 가지고 바라내성으로 들어가 걸식하다가 어떤 비구가 마음을 잡지 못하여 마음이 미혹하고 혼란해져서 모든 감관이 흐트러진 것을 보았다. 그 비구도 가사를 입고 발우를 가지고 성에 들어가 걸식하다가 멀리서 나를 보자 곧 스스로 몸을 단속하였다. 그 비구가 누군가?"

그때 그 비구가 자리에서 일어나 옷을 바로 여미고 부처님 앞으로 나아가 오른 어깨를 드러내고 합장한 뒤 부처님께 여쭈었다.

"세존이시여, 제가 이른 아침에 성에 들어가 걸식하였사온데, 그때 마음이 미혹하고 혼란하여 모든 감관을 단속하지 못하다가 멀리서 세존을 뵙고서는 곧 스스로 마음을 거두고 모든 감관을 단속할 수 있었습니다."

부처님께서 그 비구에게 말씀하셨다.

"장하다, 장하다. 너는 나를 보고는 스스로 마음을 거두고 모든 감관을 단속할 수 있었으니 말이다. 비구야, 그 법이 마땅히 그러한 것이니라. 만일 비구를 보더라도 스스로 그렇게 단속해야 하고, 또 비구니·우바새優婆塞·우바이優婆夷를 보더라도 그와 같이 모든 감관을 단속한다면, 마땅히 오랜 세월 동안 유익함이 있을 것이고 안온함과 쾌락快樂을 얻을 것이다."

그때 대중 가운데서 어떤 다른 비구가 게송으로 찬탄하였다.

그 마음이 혼미하고 혼란하여
오로지 한 생각을 매어두지 못한 채
이른 아침에 가사 입고 발우를 가지고
성 안에 들어가 걸식하였네.

도중에서 저 큰 스승님의
위엄과 덕망 갖춘 모습 뵈옵고
기뻐하면서 부끄러움을 느껴
곧 모든 감관을 단속할 수 있었네.

부처님께서 이 경을 말씀하시자 모든 비구들은 부처님의 말씀을 듣고 기뻐하며 받들어 행하였다.

잡아함경 제 39 권

1081. 고종경苦種經[1]

이와 같이 나는 들었다.

어느 때 부처님께서 바라내국波羅㮈國의 녹야원鹿野苑에 계셨다.

그때 세존께서는 이른 아침에 가사를 입고 발우를 가지고 바라내국의 성안으로 들어가 걸식하셨다.

그때 어떤 비구도 가사를 입고 발우를 가지고 성에 들어와 걸식하다가, 길가에 있는 어떤 나무 밑에 서서 나쁜 탐욕으로 좋지 못한 생각을 일으켰다.

그때 세존께서는 그 비구가 나무 밑에서 나쁜 탐욕 때문에 좋지 못한 생각을 일으킨 것을 아시고 그 비구에게 말씀하셨다.

"비구야, 비구야, 괴로운 종자를 심어 냄새를 피우고 더러운 액체가 흘러나오게 하지 말라. 만일 비구가 괴로운 종자를 심어 스스로 냄새를 피우고 더러운 액체가 흘러나오게 하면, 아무리 구더기나 파

1 이 소경은 『별역잡아함경』 제1권 스무 번째 소경과 그 내용이 비슷하다.

리 떼가 몰려들지 못하게 하려고 해도 그리 될 수는 없느니라."

그러자 그 비구는 이렇게 생각하였다.

'세존께서는 내가 마음속으로 나쁜 생각을 하고 있는 것까지 다 알고 계시는구나.'

그러자 그는 곧 두려움이 생겨 온몸의 털이 곤두섰다.

그때 세존께서는 성에 들어가 걸식을 마치신 다음 정사精舍로 돌아와, 가사와 발우를 챙겨두고 발을 씻으신 다음 방으로 들어가 좌선하셨다. 해질 무렵에 선정에서 깨어나 비구대중들에게로 오시어 대중들 앞에 자리를 펴고 앉아 비구들에게 말씀하셨다.

"내 오늘 이른 아침에 가사를 걸치고 발우를 가지고 성으로 들어가 걸식하다가, 어떤 비구가 나무 밑에 서서 나쁜 탐욕으로 인하여 좋지 못한 생각을 일으키는 것을 보고서 나는 곧 그 비구에게 말하였다.

'비구야, 비구야, 괴로운 종자를 심어 냄새를 피우고 더러운 액체가 흘러나오게 하지 말라. 만일 비구가 괴로운 종자를 심어 스스로 냄새를 피우고 더러운 액체가 흘러나오게 하면, 아무리 구더기나 파리 떼가 몰려들지 못하게 하려고 해도 그리 될 수는 없느니라.'

그러자 그 비구는 곧 '부처님께서는 내가 마음속으로 생각하고 있는 것을 이미 알고 계시는구나'라고 생각하고는 부끄러움〔慚愧〕과 두려움이 생겨 마음이 놀라 털이 곤두선 채 길을 따라 가버렸느니라."

그때 어떤 비구가 자리에서 일어나 옷매무새를 바로잡고 오른 어깨를 드러내고서 합장한 다음 부처님께 아뢰었다.

"세존이시여, 어떤 것이 괴로운 종자이고, 어떤 것이 나쁜 냄새며, 어떤 것이 액체가 흐르는 것이고, 어떤 것이 구더기와 파리가 되옵니까?"

부처님께서 비구에게 말씀하셨다.

"분해하고 성내며 번민하고 원망하는 것을 괴로움의 종자라고 하고, 다섯 가지 욕망〔五欲功德〕을 냄새를 피운다고 하였으며, 여섯 가지 감관〔觸入處〕을 계율에 따라 제대로 단속하지 못한 것을 액체가 흘러내린다고 하였고, 감관을 단속하지 못함〔不攝〕으로써 탐욕과 근심과 온갖 악하고 착하지 않은 마음이 다투어 생기는 것을 구더기와 파리 떼라고 비유하여 말했느니라."

그리고는 세존께서 곧 게송을 설하셨다.

귀나 눈을 단속하지 않으면
탐욕 그로 인해 생겨난다.
이것을 괴로움의 종자라 하는데
이로 인해 냄새나는 액체가 흘러내리고
모든 각관覺觀과 기미氣味는
나쁜 탐욕을 즐김에서 나온다.

마을이나 혹은 한적한 곳에서
낮이나 밤이나 끊임없이
멀리 떠나 범행梵行 닦으면
마침내 괴로움을 벗어나리라.

만일 안으로 마음이 고요해져서
결정코 진리를 깨닫고 나면
자나 깨나 언제나 안락함은 물론
몹쓸 파리 떼나 구더기도 없어지리라.

바른 대장부로서 익히고 친해야 할 것은
훌륭한 말씀이신 성현의 길이거니

여덟 가지 바른 길 깨달아 알면
다시는 후세의 몸 받지 않으리.

부처님께서 이 경을 말씀하시자 모든 비구들은 부처님의 말씀을 듣고 기뻐하며 받들어 행하였다.

1082. 복창경復瘡經[2]

이와 같이 나는 들었다.

어느 때 부처님께서 사위국舍衛國 기수급고독원祇樹給孤獨園에 계셨다.

그때 세존께서는 이른 아침에 가사를 입고 발우를 가지고 사위성으로 들어가 걸식하시고서 걸식을 마친 다음 정사로 돌아와 발을 씻은 뒤에 안다림安陀林에 들어가 좌선하셨다.

마침 어떤 비구도 이른 아침에 가사를 입고 발우를 가지고 사위성으로 들어가 걸식하고 정사에 돌아와 발을 씻은 뒤에 안다림에 들어가 어느 나무 밑에 앉아 낮 선정〔正受〕에 들었다.

그 비구가 낮 선정에 들었을 때 탐하고 즐기는 마음 때문에 악하고 착하지 않은 생각이 일어났다. 그때 안다림을 의지하여 머물고 있던 어느 천신天神이 이렇게 생각하였다.

'저 비구는 나쁘다. 이 안다림에서 좌선하면서 나쁜 탐욕의 마음으로 좋지 못한 생각을 일으키다니, 내가 가서 꾸짖어야겠다.'

이렇게 생각하고는 곧 그 비구에게 가서 말했다.

2 이 소경은 『별역잡아함경』 제1권 21번째 소경과 그 내용이 비슷하다.

"비구여, 비구여, 종창을 앓고 있는가?"

비구가 대답하였다.

"그렇소. 치료하여 좀 낫게 해주오."

천신이 비구에게 말했다.

"종창이 무쇠 가마솥과 같은데 어떻게 회복시킬 수 있겠는가?"

비구가 대답하였다.

"바른 기억과 바른 지혜만 있으면 충분히 회복시킬 수 있을 것이오."

천신이 말했다.

"훌륭하고 훌륭하다. 그것이야말로 진정 현명하게 종창을 고칠 수 있는 것이다. 그와 같이 종창을 고치고 나면 완전히 나아 다시는 도지지 않을 것이다."

그때 세존께서 해질 무렵에 선정에서 일어나시어 기수급고독원으로 돌아와 대중 앞에 자리를 펴고 앉아 비구들에게 말씀하셨다.

"내가 오늘 이른 아침에 가사를 입고 발우를 가지고 사위성으로 들어가 걸식하고서 걸식을 마친 다음 돌아와 안다림으로 가서 낮 선정에 들어 있었다. 그때 어느 비구 한 사람도 걸식을 마치고 돌아와 안다림으로 가서 어떤 나무 밑에 앉아 낮 선정에 들었다. 그런데, 그 비구는 마음의 나쁜 탐욕으로 인하여 좋지 못한 생각을 일으켰다. 그때 안다림에 의지하여 살고 있던 어떤 천신이 그 비구에게 말했다.

'비구여, 비구여, 종창을 앓고 있는가?'……이 사이의 자세한 내용은 앞에서 말한 것과 같다.

'훌륭하고 훌륭한 말이다. 그와 같아서 비구여, 그것은 뭇 현성들의 치료법이다.'

그리고는 세존께서 곧 게송을 설하셨다.

사람들은 제각기 종창을 만들어
스스로 병을 앓아 고통받나니
세간의 갖은 욕망 바라고 구함은
마음의 나쁜 탐욕 때문이니라.

종창을 만들어 냄으로 말미암아
구더기와 파리 떼 다투어 모여드나니
애욕으로 갈구함은 종창이요
온갖 나쁜 생각은 구더기와 파리라네.

모든 탐욕을 좋아하는 마음은
모두 뜻을 좇아 생기나니
사람의 마음을 파고 들어가
화려한 명예와 이익을 구한다네.

탐욕의 불길은 갈수록 왕성하여
허망한 상상과 좋지 못한 생각이
밤낮으로 몸과 마음을 괴롭혀
고요한 길에서 멀리 떠나게 하네.

만일 안으로 마음이 고요해져서
결정하는 지혜가 명료해지면
이러한 종창은 사라지고
부처님의 안온한 길을 보리라.

바른 장부가 노닐어야 할 길

성현께서 이미 잘 말씀하셨으니
밝은 지혜로 그 길을 알아야
다시는 온갖 몸을 받지 않으리.

부처님께서 이 경을 말씀하시자 모든 비구들은 부처님의 말씀을 듣고 기뻐하며 받들어 행하였다.

1083. 식우근경食藕根經[3]

이와 같이 나는 들었다.

어느 때 부처님께서 비사리국毘舍離國 미후지獼猴池 곁에 있는 2층 강당에 계셨다.

그때 모든 비구들이 이른 아침에 가사를 입고 발우를 가지고 비사리성으로 들어가 걸식하였다.

그때 출가한 지 얼마 되지 않은 승랍이 적은 어떤 비구가 법과 율에 익숙지 못하여 걸식할 때 앞뒤 차례를 잘 알지 못하였다. 그러자 다른 비구들이 그것을 보고 말했다.

"너는 출가한 지 얼마 되지 않은 승랍이 적은 비구라서 법과 율을 잘 알지 못하고 있구나. 차례를 뛰어넘지도 말고 거듭 받지도 말라. 앞뒤의 차례가 없이 걸식을 행하면 오랜 세월 동안 유익하지 못한 고통을 받을 것이다."

그러자 승랍이 적은 비구가 말했다.

"여러 상좌님들께서도 차례를 뛰어 넘고 앞뒤를 지키지 않습니다.

---

3 이 소경은 『별역잡아함경』 제1권 스물두 번째 소경과 그 내용이 비슷하다.

비단 저뿐만이 아닙니다."

이와 같이 두 번 세 번 말했으나 그만두지 않았다. 비구들은 걸식을 마치고 정사로 돌아와 가사와 발우를 챙겨두고 발을 씻은 뒤에 부처님께서 계신 곳으로 나아가 부처님 발에 머리 조아려 예배하고 한쪽에 물러앉아 부처님께 아뢰었다.

"세존이시여, 저희들은 이른 아침에 가사를 입고 발우를 가지고 비사리성으로 들어가 걸식하였습니다. 그런데 출가한 지 얼마 되지 않은 승랍이 적은 어떤 비구가 걸식할 때 앞뒤의 차례를 지키지 않고 또 음식을 거듭 받곤 하였습니다. 그래서 모든 비구들이 두 번 세 번 충고하였으나 듣지 않고 도리어 이렇게 말하였습니다.

'상좌들께서도 차례를 지키지 않으면서 왜 나만 꾸짖는 것입니까?'

그래도 저희 모든 비구들이 세 번이나 그에게 충고했습니다만 듣지 않으므로 세존께 아뢰는 것입니다. 원컨대 세존께서는 가엾게 여기시어 법답지 않게 행동하는 일이 없게 해 주십시오."

부처님께서 모든 비구들에게 말씀하셨다.

"넓은 늪에 큰 호수가 있고 거기에 큰 코끼리가 살고 있는데 그 코끼리들은 연뿌리를 뽑아 진흙을 씻어버린 뒤에 그것을 먹는다. 그렇게 먹고 나면 몸은 살찌고 기분은 유쾌하며 힘이 세고 즐거움이 많다. 그들은 그런 인연이 있기 때문에 언제나 기쁘고 즐겁게 살아가고 있다.

그러나 다른 종류의 코끼리는 몸집이 작은 데다 바짝 말랐다. 그 코끼리는 큰 코끼리를 본받아 연뿌리를 뽑았으나 깨끗이 씻을 줄 몰라 진흙 채로 그것을 먹고는, 소화시키지 못하여 몸은 살찌지도 않고 유쾌하지도 않으며 갈수록 여위어만 간다. 그런 인연으로 죽거나 혹은 죽을 고생을 한다.

그와 같이 나이 많고 덕망이 있는 비구들은 오랫동안 도를 배워 즐기고 장난질치는 것을 좋아하지 않고 오랫동안 범행을 닦았으므로 스승이 찬탄하는 바이고, 그밖에 밝은 지혜로 범행을 닦는 사람들도 역시 그를 칭찬한다. 이런 비구들은 도시나 시골 작은 마을에 기거하면서 이른 아침마다 가사를 입고 발우를 가지고 성으로 들어가 걸식할 때에도 몸과 입을 잘 단속하고 모든 감관을 잘 단속하여 마음을 집중시켜 생각을 잡아매고 믿음이 없는 사람들은 믿게 하고 믿음이 있는 사람들은 그 믿음을 변하지 않게 하며 혹 재물·의복·음식·침구·의약 따위를 얻더라도 거기에 물들지 않고 집착하지 않으며, 탐하지도 않고 즐기지도 않으며 미혹하지도 않고 그것을 좇지도 않는다. 그리하여 거기에 허물과 우환이 있는가를 보고 벗어날 길이 있는가를 본 뒤에 그것을 먹거나 쓴다. 그것을 먹거나 쓰고 나서는 몸과 마음이 유쾌하고 윤택해지며 혈색과 힘을 얻는다. 이러한 인연으로 말미암아 언제나 편안하고 즐겁다.

그러나 저 출가한 지 얼마 되지 않은 승랍이 적은 비구는 법과 율에 익숙하지 못해, 여러 장로長老들을 의지해 작은 마을에 기거하면서, 이른 아침마다 가사를 입고 발우를 가지고 마을에 들어가 걸식할 때에 몸도 잘 보호하지 못하고 감관의 문을 지키지도 못하며 생각을 한결같이 잡아매지도 못해서 믿음이 없는 사람을 믿게 하지도 못하고, 믿음이 있는 사람은 변하게 하며 혹 재물·의복·음식·침구·탕약을 얻으면 곧 거기에 물들고 집착하며 그것을 탐하고 좇아서 거기에 허물과 우환이 있는가를 보지 못하고, 벗어날 길이 있는가를 보지 못하며 즐기고 탐하는 마음으로 먹고 쓰기 때문에 몸이 유쾌하거나 윤택하지 못하고 안온하거나 즐겁지도 못하다.

그는 이러한 음식으로 인연하기 때문에 점점 죽음〔死〕으로 향해 가거나 혹은 죽을 고생을 하게 된다. 죽음이라고 말한 것은 계를 버리고 세속으로 돌아가거나 바른 법과 바른 율을 잃어버리는 것을 이르는 말이고 죽을 고생이라는 것은 바른 법과 율을 범하고 죄의 모양을 알지 못하며 죄를 제거해 없앨 줄을 알지 못하는 것을 말한다."

그리고는 세존께서 곧 게송을 설하셨다.

> 큰 코끼리가 연뿌리 뽑아
> 물에 씻어 먹을 때
> 다른 종류의 코끼리도 그걸 본받지만
> 진흙을 묻힌 채로 먹나니
> 진흙 채로 먹기 때문에
> 여위고 병들어 마침내 죽고 만다.

부처님께서 이 경을 말씀하시자 모든 비구들은 부처님의 말씀을 듣고 기뻐하며 받들어 행하였다.

1084. 장수경長壽經[4]

이와 같이 나는 들었다.

어느 때 부처님께서 왕사성 한림寒林 속의 무덤 사이에 계셨다.

그때 세존께서 모든 비구들에게 말씀하셨다.

"수명壽命은 매우 촉박하여 점점 저승길〔後世〕로 나아가게 한다. 그러므로 착한 법을 부지런히 닦고 모든 범행梵行을 닦아야 한다. 태어난 사람 치고 죽지 않는 이는 없다. 그런데도 세상 사람들은 부지런히 방편을 세워 착한 법을 한결같이 닦지 않고 훌륭하고 옳은 법을 닦지

4 이 소경은 『별역잡아함경』 제2권 첫 번째 소경과 그 내용이 비슷하다.

않는구나."

그때 악마 파순波旬이 이렇게 생각하였다.

'사문 구담瞿曇은 왕사성 한림 속의 무덤 사이에 머물고 있으면서 여러 성문聲聞들을 위해 〈사람의 목숨은 매우 촉박하여……(이하 생략)……훌륭하고 옳은 법을 닦지 않는구나〉 하고 설법하고 있다. 내가 지금 그곳에 가서 저들을 교란하리라.'

악마 파순은 소년의 모습으로 변화하여 부처님 앞에 나아가 게송으로 말했다.

늘 중생들을 핍박하면서도
인간 세상에서 오래도록 살 수 있고
혼미하고 취해 마음이 방일해도
죽는 곳으로 향해가지 않는다.

그때 세존께서는 '이는 악마가 와서 교란시키는 것이다'라고 생각하시고 곧 게송을 설하셨다.

늘 중생들을 핍박하고 못살게 굴면
세상에 태어나 수명이 매우 짧으리니
열심히 닦고 수행하고 정진하되
불에 타는 머리를 구원하듯 하라.

잠깐이라도 게을리 하지 말지니
죽음의 악마 갑자기 닥쳐오리라.
네가 곧 악마인 줄 나는 아나니
여기에서 어서 썩 사라지거라.

하늘 악마 파순은 '사문 구담이 벌써 내 마음을 알고 있구나' 하고 부끄럽고 근심스러워하면서 이내 사라지더니 나타나지 않았다.

1085. 수명경壽命經[5]

이와 같이 나는 들었다.

어느 때 부처님께서 왕사성에 있는 한림 속의 무덤 사이에 계셨다.

그때 세존께서 모든 비구들에게 말씀하셨다.

"모든 행行은 무상無常한 것이다. 모든 행은 항상 존재하는 것이 아니며, 또한 편안한 것도 아니다. 끊임없이 변하고 바뀌는 법이다. ……(이하 생략)……모든 유위有爲의 행들은 마땅히 그쳐야 할 것이요 싫어해 여의어야 하며 좋아하지도 말고 거기에서 해탈해야 하느니라."

그때 악마 파순이 이런 생각을 하였다.

'지금 사문 구담이 왕사성에 있는 한림 속의 무덤 사이에 머물고 있으면서 여러 성문들을 위해 〈이 모든 행들은 무상한 것이어서 항상 존재하는 것이 아니며, 끊임없이 변하고 바뀌는 법이다.……(이하 생략)……모든 유위의 행들은 마땅히 그쳐야 할 것이요 싫어해 여의어야 하며 좋아하지도 말고 거기에서 해탈해야 한다〉고 설법하고 있다. 내가 저곳에 가서 저들을 교란하리라.'

파순은 곧 젊은 사람의 모습으로 변화하여 부처님 계신 곳으로 나아가 부처님 앞에 서서 게송으로 말했다.

---

5 이 소경은 『별역잡아함경』 제2권 두 번째 소경과 그 내용이 비슷하다.

수명은 낮이나 밤이나 흘러
다하여 없어질 때가 없다.
수명이 늘 오고 가는 것이
마치 저 수레바퀴 도는 것 같네.

그때 세존께서는, '이는 틀림없이 악마가 교란시키려는 것이다'라고 생각하시고 곧 게송을 설하셨다.

낮과 밤은 항상 흘러가고 바뀌니
목숨도 따라서 점점 줄어든다.
사람의 목숨이 줄어드는 것이
마치 작은 개울물이 잦아드는 것 같네.
네가 곧 악마인 줄 나는 아나니
여기에서 어서 썩 사라지거라.

그러자 악마 파순은 '사문 구담이 벌써 내 마음을 알고 있구나' 하고 부끄럽고 근심스러워하면서 이내 사라지더니 나타나지 않았다.

1086. 마박경魔縛經[6]

이와 같이 나는 들었다.

어느 때 부처님께서 왕사성에 있는 가란다죽원迦蘭陀竹園에 계셨다.

---

6 이 소경은 『별역잡아함경』 제2권 세 번째 소경과 그 내용이 비슷하다.

그때 세존께서 밤에 일어나 거니시다가[經行], 새벽이 되자 발을 씻고 방에 들어가 몸을 추스르고 단정히 앉아 전일專一한 마음으로 생각을 모으셨다.

그때 악마 파순이 이렇게 생각하였다.

'지금 사문 구담은 왕사성에 있는 가란다죽원에서 밤에 일어나 거닐다가 새벽이 되자 발을 씻고, 방에 들어가 몸을 추스르고 단정히 앉아 생각을 모으고 선정에 들어 있다. 내가 지금 저곳에 가서 교란시키리라.'

그는 곧 젊은 사람의 모습으로 변화하여 부처님 앞에 서서 게송으로 말했다.

저 허공에서 움직이는[7] 내 마음의
긴 올가미를 가지고 내려와
그대 사문을 단단히 묶어
그대 벗어나지 못하게 하리.

그때 세존께서는, '이는 틀림없이 악마 파순이 교란시키려는 것이다'라고 생각하시고, 곧 게송을 설하셨다.

나는 세상의 다섯 가지 욕망과
여섯째 의식意識을 늘 말한다.
나는 그것을 영원히 여의었기에
온갖 괴로움이 이미 끊어졌노라.

---

7 감각능력[根]과 감각대상[境]에 관련된 감각영역에서 일어나는 체험적 현상을 비유한 것임.

나는 이미 저 욕망을 벗어났고
마음과 의식까지도 사라졌노라.
파순아, 나는 너를 아노니
여기에서 어서 썩 사라지거라.

그러자 악마 파순은 '사문 구담이 벌써 내 마음을 알고 있구나' 하고 부끄럽고 근심스러워하면서 이내 사라지더니 나타나지 않았다.

1087. 수면경睡眠經[8]

이와 같이 나는 들었다.

어느 때 부처님께서 왕사성 가란다죽원에 계셨다.

그때 세존께서 밤에 일어나 거니시다가 새벽이 되자 발을 씻고 방에 들어가 오른쪽 옆구리를 땅에 대고 누워 밝은 모양에 생각을 모으고 바른 기억과 바른 지혜로 깨달음을 일으키려는 생각을 하고 계셨다.

그때 악마 파순이 이렇게 생각하였다.

'지금 사문 구담은 왕사성에 있는 가란다죽원에 머물러 있으면서……(이하 생략)……깨달음을 일으키려는 생각을 하고 있다. 내가 지금 저곳에 가서 그렇게 하지 못하도록 하리라.'

그리고는 곧 젊은 사람의 모습으로 변화하여 부처님 앞에 가서 게송으로 말했다.

---

8 이 소경은 『별역잡아함경』 제2권 네 번째 소경과 그 내용이 비슷하다.

왜 자는가 무슨 까닭에 자고 있는가.
죽는 것처럼 왜 또 자고 있는가.[9]
빈 집에서 왜 자고 있는가.
벗어났는데 왜 자고 있는가.

그때 세존께서는 '이는 틀림없이 악마가 교란시키기 위해 하는 짓이다'라고 생각하시고 곧 게송을 설하셨다.

애욕의 그물 때문에 물들어 집착하나니
애욕이 없는데 누가 끌고 가랴.
일체의 번뇌 남김없이 다 버렸기에
오직 부처만이 편히 잘 수 있다네.
너 악마 파순아
여기에 대해 또 무슨 말을 하려느냐.

그러자 악마 파순은 '사문 구담이 벌써 내 마음을 알고 있구나' 하고 부끄럽고 근심스러워하면서 이내 사라지더니 나타나지 않았다.

1088. 경행경經行經[10]

이와 같이 나는 들었다.
어느 때 부처님께서 왕사성 기사굴산耆闍崛山에 계셨다.

---

9 팔리본에는 '이렇게 핏기 없는 노예처럼 잠을 자는가?'라고 되어 있다.
10 이 소경은 『별역잡아함경』 제2권 네 번째 소경과 그 내용이 비슷하다.

그때 세존께서는 깜깜한 밤중에 하늘에서 가랑비가 내리며 번개가 치자 방에서 나가 거닐고 계셨다.

그때 악마 파순은 이렇게 생각하였다.

'지금 사문 구담 왕사성 기사굴산에 머물고 있는데, 그는 깜깜한 밤중에 가랑비가 내리며 번개가 치자 방에서 나와 거닐고 있다. 내가 지금 그곳에 가서 어려움에 빠지게 하리라.'

그리고는 큰 돌덩이를 들고 두 손으로 가지고 놀면서 부처님 앞에 가서 그것을 부수어 미세한 먼지로 만들었다.

그때 세존께서는 '이것은 악마 파순이 교란시키기 위해 하는 짓이다'라고 생각하시고 곧 게송을 설하셨다.

이 기사굴산을
내 앞에서 부순다 하더라도
여래의 평등한 해탈에 대해선
털끝 하나도 움직이지 못하리라.

가령 이 사해四海 안에 있는
모든 산과 땅덩이까지
방일하게 행동하는 친족들이
모두 다 부수어 먼지로 만든다 해도
이 여래에 대해서는 털 하나도
또한 능히 움직일 수 없으리라.

그러자 악마 파순은 '사문 구담이 벌써 내 마음을 알고 있구나' 하고 마음 속에 근심 걱정을 품은 채 사라지더니 나타나지 않았다.

1089. 대룡경大龍經[11]

이와 같이 나는 들었다.

어느 때 부처님께서 왕사성 기사굴산에 계셨다.

그때 세존께서는 밤에 일어나 거니시다가 새벽녘이 되자 발을 씻고 방에 들어가 몸을 똑바로 하고 단정히 앉아 생각을 모아 앞에 두고 계셨다.

그때 악마 파순이 이렇게 생각하였다.

'지금 사문 구담이 왕사성 기사굴산에 머물고 있으면서 밤에 일어나 거닐다가, 새벽이 되자 방에 들어가 몸을 똑바로 하고 단정히 앉아 생각을 모아 앞에 두고 있다. 내가 지금 그곳에 가서 어려움에 빠지게 하리라.'

그리고는 곧 큰 용의 모습으로 변화해 가지고 부처님의 몸을 일곱 바퀴 돌고는 머리를 들어 부처님의 정수리에 드리웠다. 몸뚱이는 큰 배와 같고 머리는 큰 돛과 같았으며 눈은 놋쇠 화로와 같고 혀는 끌려 오는 번갯불과 같았으며 들고나는 숨결은 천둥소리와 같았다.

그때 세존께서는 '이것은 악마 파순이 교란시키기 위해 하는 짓이다'라고 생각하시고 곧 게송을 설하셨다.

비유하면 마치 저 빈 집과 같이
모니牟尼의 마음은 비고 고요하니
그 안에서 빙빙 돌며 노니는
부처의 몸도 또한 그러하니라.

11 이 소경은 『별역잡아함경』 제2권 여섯 번째 소경과 그 내용이 비슷하다.

한량없이 흉악한 용과
모기 · 등에 · 파리 · 벼룩 따위가
모두 모여와 그 몸 뜯어먹어도
털 하나도 움직일 수 없으리.

저 허공을 부수어 가르고
이 대지大地를 흔들어 뒤엎으면
이 세상의 모든 중생들
모두들 몰려와 두려워하겠지만

칼과 창과 예리한 화살로
모두 몰려와 부처님 몸을 해한다 해도
그러한 모든 모진 해침도
털 하나 손상하지 못하리.

그러자 악마 파순은 '사문 구담이 벌써 내 마음을 알고 있구나' 하고 마음속에 근심 걱정을 품은 채 이내 사라지더니 나타나지 않았다.

1090. 수면경睡眠經[12]

이와 같이 나는 들었다.

어느 때 부처님께서 왕사성 비바라산毘婆羅山 칠엽수림七葉樹林에 있는 석실石室 안에 계셨다.

12 이 소경은 『별역잡아함경』 제2권 일곱 번째 소경과 그 내용이 비슷하다.

그때 세존께서 밤에 일어나 한데서 앉기도 하고 혹은 거닐기도 하시다가 새벽이 되자 발을 씻고 방에 들어가 누워서 편안히 쉬고 계셨다. 오른쪽 옆구리를 땅에 붙이고 발을 포개고 밝은 모양에 생각을 모으고 바른 기억과 바른 지혜로 깨달음을 일으키려는 생각을 하고 계셨다.

그때 악마 파순이 이렇게 생각하였다.

'사문 구담은 지금 왕사성 비바라산 칠엽수림에 있는 석실에 머물고 있으면서 밤에 일어나 한데서 앉기도 하고 혹은 거닐기도 하다가 새벽이 되자 발을 씻고 방에 들어가 앉았다가 오른쪽 옆구리로 누워 발을 포개고 밝은 모양에 생각을 모으고 바른 기억과 바른 지혜로 깨달음을 일으키려는 생각을 하고 있다. 내가 지금 그곳에 가서 어려움에 빠지게 하리라.'

그리고는 곧 젊은 사람의 모습으로 변화하여 부처님 앞으로 가서 게송으로 말했다.

> 나 때문에 잠자는 체 하는가.
> 아니면 죽음〔後邊〕에 들었기 때문인가.
> 돈과 재물과 보배가 많이 있으면서
> 무슨 이유로 쓸쓸한 곳 지키면서
> 오직 혼자서 친구도 없이
> 깊은 잠 속에 빠져 있는가?

그때 세존께서는 '이것은 악마 파순이 교란시키기 위해 하는 짓이다'라고 생각하시고 곧 게송을 설하셨다.

> 너 때문에 자는 것이 아니고

또 죽음에 든 것도 아니다.
많은 돈이나 재물은 없지만
근심 없는 보배를 모을 뿐이다.

세상을 가엾이 여기기 때문에
오른쪽으로 누워서 쉬고 있을 뿐
깨어 있어도 의혹하지 않고
잠에 들어도 두려워하지 않노라.

낮이나 혹은 밤이라 하여
더할 것도 없고 덜할 것도 없다.
중생을 가엾이 여기어 자는 것이니
그러므로 더하고 덜함이 없느니라.

그리고 다시 백 개의 창으로
이 몸을 꿰어 흔들어대더라도
오히려 안온하게 잘 수 있나니
이미 마음의 창槍 여의었기 때문이다.

그러자 악마 파순은 '사문 구담이 벌써 내 마음을 알고 있구나' 하고 마음속에 근심 걱정을 품은 채 사라지더니 나타나지 않았다.

1091. 구지가경瞿低迦經[13]

이와 같이 나는 들었다.

어느 때 부처님께서 왕사성 비바라산 칠엽수림에 있는 석실에 계셨다.

그때 존자 구지가瞿低迦는 왕사성의 선인산仙人山 곁에 있는 검은 석실에 있었다. 혼자 조용히 사색하면서 방일하게 행동하지 않고 자신에게 요익한 일을 수행하여 일시적인 의해탈(意解脫 : 心解脫)을 몸소 증득하였다가는 자주 물러나곤 하였다. 한 번・두 번・세 번・네 번・다섯 번・여섯 번 되풀이해서 물러났다가는 다시 일시적인 의해탈을 몸으로 증득하고 또 조금 있다가 다시 물러났다.

그 존자 구지가는 이렇게 생각하였다.

'나는 혼자 고요한 곳에서 조용히 사색하면서 방일하게 행동하지 않고 자신에게 요익한 일을 열심히 수행하여 일시적인 의해탈을 몸소 증득하였다가는 자주 물러나곤 하였다. 그렇게 되풀이해서 여섯 번씩이나 물러났다. 나는 이제 칼로 자살하여 일곱 번째는 물러나지 않게 하리라.'[14]

그때 악마 파순이 이렇게 생각하였다.

'사문 구담이 왕사성 비바라산 곁의 칠엽수림에 있는 석굴에 머물고 있다. 그 제자 구지가는 왕사성 선인산 곁에 있는 검은 석실에 있는데 혼자 고요한 곳에서 조용히 사색하면서 일시적으로 의해탈을 몸소 증득하였다가도 여섯 번이나 되풀이하여 물러났다가 다시 얻곤 하

---

13 이 소경은 『별역잡아함경』 제2권 여덟 번째 소경과 그 내용이 비슷하다.

14 구지가는 일시적인 마음의 해탈[意解脫]을 얻은 상태이므로 그 마음의 해탈 상태에서 죽기를 원했다. 그래서 그는 일시적인 마음의 해탈 상태에 진입하자마자 자살할 생각을 한 것이다.

였다. 그러자 결국 그는 〈나는 벌써 여섯 번이나 되풀이하여 물러났다가 다시 얻곤 하였으니, 나는 일곱 번째는 반복하여 물러나지 않게 하리라. 내 차라리 칼로 자살을 하여 일곱 번째는 물러나지 않게 해야겠다〉라는 생각을 하였다. 만일 그 비구가 칼로 자살한다면, 자살하지 못하도록 내 경계를 빠져나가 지금 당장 그의 스승에게 가서 알려야겠다.'

그리고는 파순은 유리자루로 된 비파를 가지고 세존께서 계신 곳으로 나아가 그 현絃을 켜면서 게송을 읊었다.

큰 지혜와 큰 방편 있고
자재하고 큰 신통력 가진 이
불꽃처럼 빛나는 제자를 두었으나
지금 그는 죽으려고 한다.
대모니大牟尼는 마땅히 제지하여
그로 하여금 자살하지 못하게 하라.

불세존의 바른 법과 율에서
얻지 못한 것 공부하다가
목숨 마치는 성문 있음을
어느 누가 들어 보았겠는가.

그때 악마가 이 게송을 마치자 세존께서도 게송으로 답하셨다.

파순은 방일한 종자로서
제 일이 있어 일부러 여기 왔구나.
견고하고 완전히 갖춘 그 장부

언제나 묘한 선정에 들어 있고
밤이나 낮이나 열심히 정진하고 있기에
목숨 따윈 돌아보지 않는다네.

세 세계의 두려움 보고서
그 애욕 완전히 끊어 버렸고
이미 악마들까지 항복 받고서
구지가는 반열반에 들었느니라.

그러자 파순은 걱정되고 괴로워서 비파를 땅바닥에 떨어뜨리고 근심과 슬픔을 마음에 품고 이내 사라지더니 나타나지 않았다.

그때 세존께서 모든 비구들에게 말씀하셨다.

"너희들은 오너라. 우리 함께 선인산 곁에 있는 검은 석실로 가서 구지가 비구가 칼로 자살하였는지 살펴보자."

그때 세존께서 많은 비구들과 함께 선인산 곁에 있는 검은 석실로 가시어 구지가의 몸이 죽어 땅바닥에 있는 것을 보시고 모든 비구들에게 말씀하셨다.

"너희들은 이 구지가 비구의 몸이 죽어 땅바닥에 있는 것이 보이느냐?"

모든 비구들이 부처님께 아뢰었다.

"예, 보입니다. 세존이시여."

부처님께서 비구들에게 말씀하셨다.

"너희들은 구지가 비구의 주변에서 몸을 둘러싸고 검은 연기가 일어나 사방에 가득한 것이 보이느냐?"

비구들이 부처님께 아뢰었다.

"보입니다. 세존이시여."

부처님께서 비구들에게 말씀하셨다.

"이것은 악마 파순이 구지가 선남자의 몸을 돌면서 그 식신識神[15]을 찾고 있는 것이다. 그러나 비구 구지가는 머물지 않겠다는 마음을 가지고 칼로 자살한 것이니라."

그때 세존께서 구지가 비구를 위해 첫 번째로 수기〔記〕를 하셨다.

그러자 파순이 게송을 읊었다.

상하 사방 모든 곳에서
그의 식신을 두루 찾아보았으나
도무지 그가 있는 곳을 알 수 없으니
구지가는 도대체 어딜 갔는가?

그때 세존께서 다시 게송을 설하셨다.

이와 같이 믿음이 견고한 장부
세상 어디서도 찾지 못하리.
은혜와 애욕의 근본을 뽑고
이 구지가는 반열반 하였노라.

부처님께서 이 경을 말씀하시자 모든 비구들은 부처님의 말씀을 듣고 기뻐하며 받들어 행하였다.

15 의식意識을 뜻하지만 당시 인도의 세속적 의미로는 육체에서 구별된 정신적인 영혼靈魂을 의미한다.

1092. 마녀경魔女經[16]

이와 같이 나는 들었다.

어느 때 부처님께서 울비라鬱鞞羅 마을의 니련선강〔尼連禪河〕가에 머물고 계셨는데 보리수菩提樹 밑에서 도를 이루신 지 얼마 되지 않은 때였다.

그때 악마 파순은 이렇게 생각하였다.

'사문 구담이 지금 울비라 마을의 니련선 강가에 있는데, 보리수 밑에서 도를 이룬지 얼마 되지 않았다. 내가 지금 그곳에 가서 어려움에 빠지게 하리라.'

그런 생각을 하고는 곧 젊은 사람으로 변화하여 부처님 앞에 가서 게송을 읊었다.

혼자서 쓸쓸한 곳에 들어와
선정에 들어 조용히 사색하고 있구나.
나라와 재물 이미 버렸거늘
여기서 다시 무엇을 구하는가?

만일 마을의 이익을 구한다면
어찌하여 사람들을 가까이하지 않는가?
이미 사람을 가까이하지 않으면서
끝내 무엇을 얻으려 하는가?

그때 세존께서는 '이것은 악마 파순이 교란시키기 위해 하는 짓이

16 이 소경은 『별역잡아함경』 제2권 아홉 번째 소경과 같은 내용이다.

다'라고 생각하시고 곧 게송을 설하셨다.

이미 큰 재물의 이익을 얻었기에
마음이 만족하고 편하고 고요하다.
모든 마군魔軍 무찔러 항복 받고
색욕色欲도 또한 집착하지 않노라.

혼자서 조용히 사색하면서
선정의 묘한 기쁨 섭취하고 있나니
그러므로 구태여 돌아다니며
사람들과 친하려고 하지 않노라.

악마는 다시 게송을 읊었다.

구담이여, 만일 스스로
안온한 열반의 길을 알았거든
혼자서나 무위無爲를 실컷 즐기지
어찌하여 억지로 남을 교화하려 하는가?

부처님께서 다시 게송으로 대답하셨다.

악마의 손이 미치지 않는 곳에
찾아와 저 언덕으로 건너는 방법 물으면
나는 곧 그에게 올바른 대답 해주어
그로 하여금 열반涅槃을 얻게 한다.
그때 그가 방일하지 않으면

악마의 뜻대로 되지 않으리.

악마가 다시 게송으로 말했다.

엉긴 기름처럼 생긴 돌이 있어
새가 날아와 먹으려 하였으나
끝내 그것을 맛보지 못하고
부리만 다친 채 허공으로 돌아갔네.
나도 또한 그 새와 같이
헛수고만 하고 하늘로 돌아가네.

악마는 이와 같이 말하고 근심과 슬픔을 품고 마음으로 몹시 뉘우치며 머리를 숙이고 땅에 엎드려 손가락으로 땅을 긋고 있었다.

그 악마에게는 세 딸이 있었는데 첫째 딸의 이름은 애욕愛欲이고, 둘째 딸의 이름은 애념愛念이며, 셋째 딸의 이름은 애락愛樂이었다. 그 세 딸이 파순이 있는 곳에 와서 게송으로 말했다.

아버지는 지금 무슨 걱정을 하십니까?
장부여, 무엇이 그리도 근심되십니까?
저는 지금 이 애욕의 밧줄로
코끼리 길들이듯 그를 결박해
아버지 앞에 끌고 와서
아버지 마음대로 하도록 하리다.

악마가 딸들에게 대답하였다.

그는 은애恩愛를 이미 여의었으니
애욕으로는 능히 부를 수 없다.
그는 악마 경계를 이미 벗어났으니
그러므로 나는 근심하고 시름한다.

그때 악마의 세 딸이 몸에서 광명을 방출하니 그 빛의 밝기가 치성하여 마치 구름 속의 번갯불 같았다. 그들은 부처님 앞에 이르러 부처님 발에 머리 조아려 부처님의 발에 예배하고 한쪽에 물러나서 아뢰었다.

"저희들은 지금 세존의 발아래 귀의歸依합니다. 부디 모시고 싶사오니 심부름이나 하도록 허락해 주소서."

그러나 그때 세존께서는 전혀 돌아보지도 않으셨다.

"여래는 이미 모든 애욕을 여의고 마음이 잘 해탈한 줄을 알라."

이렇게 두 번 세 번 말씀하셨다.

그러자 세 마녀는 저희들끼리 말했다.

"남자들은 갖가지 형상에 따라 좋아하는 애욕이 생겨난다. 우리 이제 각각 변화해서 백 명의 처녀 모양, 백 명의 갓 시집온 신부 모양, 백 명의 아이를 낳지 않은 여자 모양, 백 명의 아이를 낳은 여자 모양, 백 명의 중년 여자 모양, 백 명의 늙은 여자 모양으로 변신해 보자. 이런 갖가지 형상으로 변신하여 사문 구담이 있는 곳으로 가서 '저희들은 지금 높으신 이의 발아래 귀의하나이다. 부디 모시면서 심부름이나 하게 해 주십시오'라고 말해보자."

이렇게 의논한 뒤에 갖가지 모습으로 변화하였다.……바로 앞에서 말한 것과 같다……세존께서 계신 곳으로 나아가 세존의 발에 머리를 조아려 예배하고 한쪽으로 물러나서 부처님께 아뢰었다.

"세존이시여, 저희들은 오늘 세존의 발아래 귀의하나이다. 부디 모시면서 심부름이나 하게 해 주십시오."

그때에도 세존께서는 전혀 돌아보지도 않고 이렇게 말씀하셨다.

"여래의 법은 모든 애욕을 여의는 것이니라."

이렇게 두 번 세 번 말씀하셨다.

그러자 악마의 세 딸은 저희들끼리 말했다.

'만일 아직 애욕을 여의지 못한 장부라면 우리들의 갖가지 아름다운 몸을 보고 마음이 곧 혼미해지고 어지러워져서 욕기欲氣가 치밀어 올라 가슴이 찢어지고 뜨거운 피에 얼굴이 달아오를 것이다. 그런데 지금 사문 구담은 우리를 전혀 돌아보지도 않는다. 아마도 여래는 애욕을 여의고 해탈하였으며 선해탈善解脫하였다는 생각을 얻은 것 같다. 우리는 이제 각각 게송으로 물어 보자.'

그리고 그들은 다시 부처님 계신 곳으로 나아가 부처님 발에 머리 조아려 예배하고 한쪽에 머리를 조아려 부처님의 발에 예배하고 한쪽으로 물러났다.

애욕 천녀天女가 곧 게송으로 말했다.

혼자서 선정에 들어 고요한 속에서
세속의 돈과 재물과 보배를 버렸네.
이미 세상 이익을 버렸는데
이제 다시 무엇을 구하려 하는가.

만일 마을의 이익을 바란다면
어찌하여 사람을 가까이하지 않는가.
이미 사람을 가까이하지 않으면서
마침내 무엇을 얻으려 하는가.

부처님께서 게송으로 대답하셨다.

이미 큰 재물의 이익을 얻어
마음이 만족하고 편하고 고요하다.
모든 악마를 무찔러 항복 받고
색욕色欲에 집착하지 않나니
그러므로 구태여 돌아다니며
사람들과 가까이 친하려 하지 않는다.

다음에는 애념 천녀가 게송으로 말했다.

어떤 묘한 선정을 많이 닦았기에
다섯 가지 욕망의 흐름을 건너고
또다시 어떠한 방편으로써
여섯째 바다까지 건너갔는가.

어떤 묘한 선정을 많이 닦았기에
그다지도 많고 많은 욕망을 여의고
저 언덕에 건너갈 수 있게 되어
애욕에 구속되지 아니합니까.

그때 세존께서도 게송으로 대답하셨다.

몸은 지식止息[17]의 즐거움 얻고

17 고통이 없어지는 것.

마음이 잘 해탈하여
작용도 없으며 짓는 것도 없어서
바른 생각으로 흔들리지 않노라.

모든 법을 밝게 깨달아
온갖 어지러운 생각 일으키지 않고
탐애와 성냄과 수면과 덮음의 번뇌
이런 것들을 이미 다 여의었노라.

이러한 것들 많이 닦아 익혀서
다섯 가지 욕망을 벗어나게 되었고
또한 그 여섯 번째 바다를 건너
저 언덕에 이르게 되었노라.

이와 같이 선정을 닦아 익혀서
또한 저 많고 많은 애욕에서
저 언덕으로 건너게 되었기에
애욕에 구속되지 않는 것이다.

다음에는 애락 천녀가 게송으로 말했다.

은애恩愛를 벌써 다 끊어버렸고
두텁게 쌓인 온갖 욕망 끊어 없애면
사람으로 태어나 깨끗한 믿음 생기고
탐욕의 바다 건너게 되며
밝은 지혜 개발開發하여

죽음이란 악마의 경계 뛰어 넘으리.

그때 세존께서 게송으로 대답하셨다.

큰 방편 넓은 제도로 인해
여래의 법과 율律에 들어온 사람
그들은 이미 다 제도 받은 사람이거니
지혜로운 사람이 또 무엇을 걱정하리.

그때 세 천녀들은 목적을 이루지 못하고 그녀들의 아비 악마 파순이 있는 곳으로 돌아갔다. 마침 악마 파순이 멀리 딸들이 오는 것을 보고 게송으로 그들을 조롱하였다.

너희들 세 딸들아
스스로 해낼 수 있다고 뽐내면서
모두들 몸에서 광명을 방출하여
마치 구름 속에 흐르는 번개 빛 같았지.

크게 정진한 분의 처소에 이르러
제각기 예쁜 자태 나타냈으나
도리어 그 분께 깨지고 말았으니
마치 바람에 날리는 솜 같구나.

손톱으로 산을 무너뜨리려 함이요
이로 깨물어 철환鐵丸을 부수려 함이요
털이나 또 연뿌리 같은 실로

큰 산을 빙빙 돌리려는 것과 같구나.

질긴 결합의 속박에서 다 해탈하였거늘
부질없이 그 마음 흔들리길 바라느냐.
바람의 발을 붙들어 매려 함이요
허공의 달을 떨어뜨리려 함이며
손으로 큰 바다 물을 퍼내려 함이요
호흡의 기운으로 설산雪山을 움직이려 함이네.

질긴 결합의 속박에서 영원히 해탈한 사람
행여 흔들어 동요시키려 하는 것
깊고도 거대한 바다 속에서
발붙일 땅을 구하려는 것 같다네.

여래께서는 일체에 대해
그리고 질긴 결합의 속박에서 다 해탈하셨나니
바른 깨침의 큰 바다에서
흔들어 동요되길 바람도 그러하니라.

악마 파순은 이렇게 세 딸을 조롱한 뒤에 이내 사라지더니 나타나지 않았다.

1093. 정부정경淨不淨經

이와 같이 나는 들었다.

어느 때 부처님께서 울비라鬱鞞羅라는 마을 니련선 강가에 있는 큰 보리수 밑에서 처음으로 바른 깨달음의 도를 이루셨다.

하늘 악마〔天魔〕 파순은 이렇게 생각하였다.

'사문 구담이 지금 울비라 마을의 니련선 강가에 있는데 보리수 밑에서 깨달음의 도를 이룬지 얼마 되지 않았다. 내가 지금 그곳에 가서 그를 어려움에 빠지게 하리라.'

그리고 그는 곧 스스로 몸을 온갖 깨끗하고 깨끗하지 않은 모양으로 변화해 가지고 부처님 계신 곳으로 나아갔다.

부처님께서는 멀리 파순이 온갖 깨끗하고 깨끗하지 않은 모양으로 변화한 것을 보시고 '악마 파순이 온갖 깨끗하고 깨끗하지 않은 모양으로 변화해 가지고 교란시키기 위해 하는 짓이다'라고 생각하시고 곧 게송으로 말씀하셨다.

오랜 세월 동안의 나고 죽음 속에서
깨끗하고 깨끗하지 않은 모양 짓는구나.
너는 왜 부질없이 그런 짓이나 하면서
괴로움을 벗어나 저 언덕에 이르지 않느냐.

만일 몸과 입과 뜻으로
남을 어려움에 빠뜨리지 않는 사람은
그런 이는 악마도 어쩌지 못하나니
악마의 마음대로 되지 않으리.
악마여, 너는 이런 줄 알고
여기서 스스로 사라지거라.

그러자 악마 파순은 '사문 구담이 벌써 내 마음을 알고 있구나' 하고 마음속에 근심 걱정을 품은 채 사라지더니 나타나지 않았다.

1094. 고행경苦行經

이와 같이 나는 들었다.

어느 때 부처님께서 울비라 마을에 흐르는 니련선 강가에 있는 보리수 밑에서 처음으로 바른 깨달음을 이루셨다.

그때 세존께서 혼자서 고요한 곳에서 전일한 마음으로 선정에 들어 이렇게 생각하셨다.

'나는 이제 고행에서 해탈하였다. 참 장한 일이다. 나는 이제 고행에서 잘 해탈하였다. 과거에도 바른 소원을 닦았었는데 지금은 이미 위없는 보리를 증득하였다.'

그때 악마 파순은 이렇게 생각하였다.

'사문 구담이 지금 울비라 마을의 니련선 강가에 있는데, 보리수 밑에서 처음으로 바른 깨달음을 이루었다. 내가 지금 그곳에 가서 그를 어려움에 빠지게 하리라.'

그리고는 젊은 사람으로 변화해 가지고 부처님 앞에 서서 게송으로 말했다.

크게 고행을 닦음으로써
맑고 깨끗함을 얻게 했더니
이제는 도리어 그걸 버리고서
여기에서 또 무엇을 구하는가.
여기서 깨끗함을 구하려 하나
깨끗함을 얻을 방법이 없으리라.

그때 세존께서는 '이것은 악마 파순이 교란시키기 위해 하는 짓이다'라고 생각하시고 곧 게송으로 말씀하셨다.

온갖 고행 닦는 법을 아는 것
모두가 아무런 의미 없는 짓
끝내는 아무 이익 얻지 못하는 것이
마치 활에서 소리만 내는 것과 같다네.[18]

계율과 선정과 지혜의 길을
나는 이미 다 닦아 익혀서
제일의 청정함을 얻었는데
그 깨끗하기는 더할 나위 없다.

그러자 악마 파순은 '사문 구담이 벌써 내 마음을 알고 있구나' 하고 마음속에 근심 걱정을 품은 채 사라지더니 나타나지 않았다.

1095. 걸식경乞食經

이와 같이 나는 들었다.

어느 때 부처님께서 사라바라문娑羅婆羅門이라는 마을에 계셨다.

그때 세존께서 이른 아침에 가사를 입고 발우를 가지고 사라 마을에 들어가 걸식하셨다.

18 이 부분이 팔리어본에는 "육지에 배를 올려놓고 노를 젓는 것과 같다[如陸舟之艫舵]"라고 되어 있다.

그때 악마 파순은 이렇게 생각하였다.

'지금 사문 구담이 이른 아침에 가사를 입고 발우를 가지고 사라 마을에 들어가 걸식하고 있다. 내가 지금 먼저 그 집에 들어가 신심 있는 바라문 장자들에게 말해서 사문 구담으로 하여금 빈 발우로 나오게 하리라.'

그때 악마 파순이 부처님 뒤를 따라가면서 이렇게 외쳤다.

"사문이여, 사문이여, 밥을 조금도 얻지 못하였는가?"

그때 세존께서 '이것은 악마 파순이 나를 교란시키기 위해서 하는 짓이다' 라고 생각하시고 곧 게송으로 말씀하셨다.

너는 새로[19] 여래에 대해
한량없는 죄를 짓고 있다.
너는 여래를 불러
온갖 고뇌 받느냐고 묻는구나.

그때 악마 파순이 이렇게 말했다.

"구담이여, 다시 마을로 들어가라. 마땅히 밥을 얻을 수 있게 하리라."

그때 세존께서 게송으로 말씀하셨다.

설령 아무 것도 가진 것 없으나
편하고 즐겁게 살아가나니
마치 저 광음천光音天이 언제나

---

19 고려대장경에는 신新자로 되어 있는데 신수대장경 각주에 의하면 "송宋·원元·명明 세 본에는 신新자가 친親자로 되어 있다"고 하였다.

기쁨을 먹으며 살아가는 것처럼.
설령 아무 것도 가진 것 없으나
편하고 즐겁게 살아가면서
언제나 기쁨으로 음식을 삼나니
이 몸을 의지하지 않느니라.

그러자 악마 파순은 '사문 구담이 벌써 내 마음을 알고 있구나' 하고 마음속에 근심 걱정을 품은 채 사라지더니 나타나지 않았다.

1096. 승삭경繩索經

이와 같이 나는 들었다.

어느 때 부처님께서 바라내국 선인仙人이 살던 녹야원에 계셨다.

그때 세존께서 모든 비구들에게 말씀하셨다.

"나는 이미 인간과 천상의 속박에서 벗어났다. 너희들도 인간과 천상의 속박을 벗어났으니, 너희들은 인간 세상에 나가 많은 사람을 제도하고 많은 이익을 주어 인간과 하늘을 안락하게 하되 짝지어 다니지 말고 한 사람 한 사람씩 따로 다니도록 하라. 나도 지금 울비라鬱鞞羅 마을로 가서 거기에 머물러 있으면서 인간 세간을 유행하리라."

그때 악마 파순은 이렇게 생각하였다.

'사문 구담은 바라내국의 선인이 살던 녹야원에 있으면서 여러 성문들을 위해 〈나는 이미 인간과 천상의 속박에서 벗어났다. 너희들도 그렇게 되었으니, 너희들은 각각 따로 사람들을 교화하라.……(이하 생략)……나도 지금 울비라 마을로 가서 인간 세간을 돌아다니리라〉라고 이렇게 설법하고 있다. 그러니 나는 지금 그곳으로 가서 그를

어려움에 빠지게 하리라.'

이런 생각을 한 그는 곧 젊은 사람으로 변화하여 부처님 앞에 서서 게송으로 말했다.

벗어나지 못하고서 벗어났다 생각하거나
이미 해탈했다고 스스로 말하면
큰 결박에 묶이게 되리니
그땐 내가 끝까지 놓아주지 않으리.

그때 세존께서 '이것은 악마 파순이 나를 교란시키기 위해서 하는 짓이다'라고 생각하시고 곧 게송으로 말씀하셨다.

나는 이미 일체의 속박인
인간과 천상의 모든 속박에서 벗어났네.
네가 파순인 줄을 이미 알았으니
너 파순은 곧 스스로 사라지거라.

그러자 악마 파순은 '사문 구담이 벌써 내 마음을 알고 있구나' 하고 마음속에 근심 걱정을 품은 채 사라지더니 나타나지 않았다.

1097. 설법경說法經

이와 같이 나는 들었다.

어느 때 부처님께서 석씨의 석주石主라는 석씨 마을에 계셨다.

그때 석주라는 석씨의 마을에는 많은 사람들이 전염병으로 죽어가고 있었다. 그래서 곳곳의 남자와 여자들이 사방에서 몰려와 삼귀三歸를 받아 가졌다. 그리고 모든 병자로서 모여든 남자와 여자, 어른과 아이들은 모두 자신들의 이름을 불러대면서 '나 아무개 등은 부처님과 법과 스님들께 귀의하나이다'라고 외쳤고 온 마을과 도시가 이렇게 외쳤다.

그때 부처님께서 성문들을 위해 열심히 설법하셨는데 그때 신심을 일으켜 삼보三寶에 귀의한 사람들은 다 인간이나 천상 세계에 태어나게 되었다.

그때 악마 파순은 이렇게 생각하였다.

'지금 사문 구담이 석씨의 석주라는 석씨 마을에 있으면서 사부대중을 위해 열심히 설법하고 있다. 나는 지금 그곳으로 가서 그를 어려움에 빠지게 하리라.'

이런 생각을 한 그는 곧 젊은 사람으로 변신하여 부처님 앞에 서서 게송으로 말했다.

무엇 때문에 애타게 법을 설하여
모든 사람들을 교화하는가.
반대하거나 반대하지 않거나
수고로움을 면치 못하리.
그들을 위해 설법하는 것
그것은 곧 결박이 되리라.

그때 세존께서 '이것은 악마 파순이 나를 교란시키려고 하는 짓이다'라고 생각하시고 곧 게송으로 말씀하셨다.

너 야차夜叉는 알아야 한다.

중생이란 떼 지어 나는 것이니
만일 지혜 있는 사람이라면
누군들 가엾이 여기지 아니하리.

가엾이 여기는 마음 있기에
그들을 교화하지 않을 수 없나니
모든 중생들을 가엾이 여기는 것
법이 응당 그러해야 하느니라.

그러자 악마 파순은 '사문 구담이 벌써 내 마음을 알고 있구나' 하고 마음속에 근심 걱정을 품은 채 사라지더니 나타나지 않았다.

1098. 작왕경作王經

이와 같이 나는 들었다.

어느 때 부처님께서 석씨의 석주라는 석씨 마을에 계셨다.

그때 세존께서는 혼자서 고요한 곳에서 선정에 들어 '왕이 되어서도 살생하지 않고 남을 시켜서도 살생하게 하지 않으며 한결같이 법대로 행하고 법 아닌 것은 행하지 않을 수 있을까?' 하고 생각하셨다.

그때 악마 파순은 이렇게 생각하였다.

'지금 사문 구담이 석주라는 석씨의 마을에 머물고 있다. 그는 혼자서 선정에 들어 〈왕이 되어서도 살생하지 않고, 남을 시켜 살생하게 하지도 않으며 한결같이 법대로 행하고 법 아닌 것은 행하지 않을 수 있을까?〉 하고 생각하고 있다. 나는 지금 그곳에 가서 그를 위해 설법하리라.'

이렇게 생각한 그는 곧 젊은 사람으로 변화하여 부처님 앞에 서서 이렇게 말했다.

"그렇습니다. 세존이시여, 그렇습니다. 선서善逝시여, 왕이 되어서도 살생하지 않고 남을 시켜 살생하게 하지도 않으며 한결같이 법대로 행하고 법 아닌 것은 행하지 않을 수 있습니다. 세존께서는 지금 곧 왕이 되소서. 선서善逝께서는 지금 곧 왕이 되소서. 반드시 뜻대로 될 것입니다."

그때 세존께서 '이것은 악마 파순이 나를 교란시키기 위해서 하는 짓이다'라고 생각하시고, 곧 마왕에게 말씀하셨다.

"너 악마 파순아, 너는 왜 나에게 '왕이 되소서. 세존이시여, 왕이 되소서. 선서시여, 당신의 뜻대로 될 것입니다' 라고 말하느냐?"

악마가 부처님께 아뢰었다.

"저는 부처님으로부터 '만일 4여의족如意足만 닦아 익히되 많이 닦아 익혀라. 그러고 나면 왕께서 설산雪山을 순금으로 변하게 하고 싶으면 조금도 다름없이 만들 수 있을 것이다'라는 말을 들었습니다. 세존께서는 지금 4여의족을 닦아 익히되 많이 닦아 익히셨으니, 뜻대로 설산을 순금으로 똑같게 변화시키실 수 있을 것입니다. 그래서 제가 세존께 '왕이 되소서. 세존이시여, 왕이 되소서. 선서시여, 당신의 뜻대로 될 것입니다'라고 말했던 것입니다."

세존께서 파순에게 말씀하셨다.

"나는 국왕이 되고 싶은 마음이 전혀 없다. 그러니 어떻게 왕이 되겠는가? 나는 또한 설산을 순금으로 변하게 하고 싶은 마음이 전혀 없다. 그런데 어떻게 변하겠는가?"

그때 세존께서 곧 게송으로 말씀하셨다.

설령 여기에 저 설산만 한

순금 덩어리가 있다고 하자.
어떤 사람이 그 금을 얻는다 해도
그래도 만족할 줄 모를 것이다.
그러므로 지혜로운 사람은
금과 돌을 동일하게 보느니라.

그러자 악마 파순은 '사문 구담이 벌써 내 마음을 알고 있구나' 하고 마음속에 근심 걱정을 품은 채 사라지더니 나타나지 않았다.

1099. 중다경衆多經

이와 같이 나는 들었다.

어느 때 부처님께서 석씨의 석주라는 석씨 마을에 계셨다.

그때 많은 비구들이 가사를 짓기 위해 공양당供養堂에 모여 있었다.

그때 악마 파순은 이렇게 생각하였다.

'지금 사문 구담은 석씨의 석주라는 석씨 마을에 머물고 있는데, 마침 많은 비구들은 가사를 짓기 위해 공양당에 모여 있다. 나는 지금 그곳에 가서 저들을 어려움에 빠지게 하리라.'

그리고는 곧 젊은 바라문의 모습으로 변화해 상투를 틀고 짐승의 가죽으로 만든 옷을 입고 손에는 구부러진 지팡이를 짚고 공양당으로 가서 많은 비구 대중들 앞에서 잠깐 동안 잠자코 서 있다가 잠시 뒤에 모든 비구들에게 말했다.

"너희들은 젊은 나이에 출가하였다. 지금 너희들의 살결은 희고 털은 검으며 한창 왕성한 시기이다. 다섯 가지 욕망을 누리면서 장엄한 모습으로 즐겨야 할 때이다. 그런데 어찌하여 친척들을 저버리고 슬피 울면서 이별한 다음 믿음 때문에 집 아닌 데로 출가하여 도를 배우고 있는가? 왜 현세現世의 즐거움을 버리고 다른 세상의 때 아닌 즐거움을 구하는가?"

비구들이 바라문에게 말했다.

"우리는 현세의 즐거움을 버리고 다른 세상의 때 아닌 즐거움을 구하는 것이 아니요, 우리들은 곧 때 아닌 즐거움을 버리고 현세의 즐거움으로 나아가는 것이다.'

파순波旬이 또 물었다.

"어떻게 하는 것이 때 아닌 즐거움을 버리고 현세의 즐거움으로 나아가는 것인가?"

비구가 대답하였다.

"세존의 말씀에 의하면, 다른 세상에는 즐거움은 적고 괴로움만 많으며, 이익은 적고 근심만 많다고 하셨다. 세존께서 말씀하시는 현세의 즐거움이란 모든 번뇌를 떠나면 시절時節을 기다리지 않아도 스스로 통달할 수 있다고 하셨다. 현세에서 이와 같이 관찰한 인연으로 스스로 깨달아 알게 되나니 바라문이여, 이것을 현세의 즐거움이라고 한다."

그러자 바라문은 세 번 머리를 흔들고 벙어리처럼 잠자코 있다가 지팡이를 짚고 이내 사라져 나타나지 않았다.

그때 모든 비구들은 겁이 나서 온몸의 털이 곤두섰다.

'이 사람은 무엇을 하는 바라문이기에 여기 와서 변화를 부리는 것일까?'

그리고는 곧 부처님께서 계신 곳으로 나아가 부처님 발에 머리 조아려 예배하고는 한쪽으로 물러앉아 부처님께 아뢰었다.

"세존이시여, 저희 비구대중들이 가사를 짓기 위해 공양당에 모여 있었는데, 장엄하게 꾸민 장성한 어떤 바라문이 상투를 틀고 저희들에게 와서 이렇게 말하였습니다.

"너희들은 젊어서 출가하여……이 사이의 자세한 내용은 바로 앞에서 말한 것과 같다.……세 번 머리를 흔들고 벙어리처럼 잠자코 있다가 지팡이를 짚고 이내 사라지더니 다시는 나타나지 않았고 저희들은 겁이 나서 온몸의 털이 다 곤두섰습니다. 그는 무엇을 하는 바라문이기에 여기 와서 그런 변화를 부립니까?"

부처님께서 모든 비구들에게 말씀하셨다.

"그는 바라문이 아니라 악마 파순인데 너희들이 있는 곳에 와서 너희들을 교란시켜보려고 한 짓이다."

그리고는 세존께서 곧 게송을 설하셨다.

온갖 괴로움이 생기는 이유는
모두 다 애욕으로 말미암나니
세상을 다 칼이나 가시처럼 여긴다면
어느 누가 애욕을 좋아하겠는가.

이 세상에 몸으로 느끼는 것은
모두 다 칼이나 가시 같은 것이니
그러므로 지혜로운 사람이라면
늘 열심히 스스로 길들여야 한다.

순금 덩어리를 높이 쌓아
마치 저 설산만 한 것을
한 사람이 전부 가져다가 쓴다 해도
마음은 오히려 만족할 줄 모른다.

그러므로 지혜로운 사람이라면
마땅히 평등한 관법을 닦아야 한다.

부처님께서 이 경을 말씀하시자 모든 비구들은 부처님의 말씀을 듣고 기뻐하며 받들어 행하였다.

1100. 선각경先覺經

이와 같이 나는 들었다.

어느 때 부처님께서 석씨의 석주라는 석씨 마을에 계셨다.

그때 존자 선각善覺[20]이 이른 아침에 가사를 입고 발우를 가지고 석주라는 석씨 마을에 들어가 걸식하였다. 걸식을 마친 다음 정사精舍로 돌아와 가사와 발우를 챙겨두고 발을 씻은 뒤에 니사단尼師壇[21]을 오른 어깨에 걸치고 숲 속에 들어가 어떤 나무 밑에서 낮 선정을 닦다가 이렇게 생각하였다.

'나는 좋은 이익을 얻었구나. 바른 법과 율律에 출가하여 비구가 되어 도를 배우다니, 나는 좋은 이익을 얻었구나. 큰 스승이신 여래如來·등정각等正覺을 만나다니, 나는 좋은 이익을 얻었구나. 범행梵行하고 계를 지키며 덕망을 갖춘 어질고 착하고 진실한 대중들 가운데 있게 되다니, 나는 이제 현재 세상에서도 어질고 착하게 목숨을 마칠 것이요, 후세에서도 어질고 착할 것이다."

---

20 팔리어본에는 삼미제(三彌提, Samiddhi)로 표기하고 있다.

21 스님이 늘 소지하고 다니는 것으로 앉을 때에 깔고 앉는 것. 작은 가사 모양으로 생겼는데 좌선이나 재를 모실 때에 쓴다.

그때 악마 파순은 이렇게 생각하였다.

'지금 사문 구담은 석주라는 석씨의 마을에 머물고 있는데 그곳에 선각이라는 성문聲聞 제자는 가사를 입고 발우를 가지고,……이 사이의 자세한 내용은 앞에서 말한 것과 같다.……어질고 착하게 목숨을 마칠 것이요, 후세에서도 어질 것이라고 생각하고 있다. 그러니 내가 지금 그곳에 가서 그를 어려움에 빠져들게 해야겠다.'

그리고는 커다란 몸집을 지닌 힘센 장정으로 변화하니 보는 사람들마다 두려워하였다. 그의 힘은 대지大地를 뒤엎고 흔들어댈 만하였다.

그가 선각 비구가 있는 곳으로 가자, 선각 비구는 멀리서 몸집이 거대하고 용맹스러워 보이는 장정이 오고 있는 것을 보고 곧 두려움이 생겨 자리에서 일어나 부처님께서 계신 곳으로 나아가 부처님 발에 머리 조아려 예배하고 한쪽에 물러서서 부처님께 아뢰었다.

"세존이시여, 저는 오늘 이른 아침에 가사를 입고 발우를 가지고……이 사이의 자세한 내용은 앞에서 말한 것과 같다.……어질고 착하게 목숨을 마칠 것이요, 후세에도 어질 것이라고 생각하였습니다. 그런데 어떤 몸집이 거대하고 억세고 용맹스러워 보이는 장정이 나타났는데 그 힘은 땅을 뒤흔들만 하였습니다. 그래서 저는 그것을 보고 두려움이 생겨 마음이 놀라 털이 곤두섰습니다."

부처님께서 선각에게 말씀하셨다.

"그는 본래 몸집이 큰 장정이 아니다. 그는 악마 파순인데 너를 교란시키기 위해 그렇게 한 것이다. 너는 그만 돌아가서 그 나무 아래에서 아까 닦던 삼매를 닦아 그 악마를 뒤흔들어라. 그렇게 하면 고통에서 벗어나게 될 것이다."

그때 존자 선각은 본래 있던 곳으로 돌아갔다. 이른 아침이 되자 가사를 입고 발우를 가지고 석주라는 석씨의 마을에 들어가 걸식하고 정사에 돌아와 생각하였다.……이 사이의 자세한 내용은 앞에서 말한 것과 같다.……'어질고 착하게 목숨을 마칠 것이요 후세에서도 어질 것이다.'

그때 악마 파순은 이렇게 생각하였다.

'지금 사문 구담이 석씨의 마을에 머물고 있는데 그의 제자 선각은,……이 사이의 자세한 내용은 앞에서 말한 것과 같다.……어질고 착하게 목숨을 마칠 것이요, 후세에도 어질 것이라고 생각하고 있다. 나는 지금 그곳에 가서 그를 어려움에 빠지게 하리라.'

그리고는 다시 용맹스럽고 억세고 힘이 땅을 흔들어댈 만큼 큰 몸집을 가진 장부로 변화하였다.

선각 비구는 멀리서 그를 보고 곧 게송으로 말했다.

나는 바른 믿음 가지고 집 아닌 데로
출가出家하여 도를 배우고 있다.
부처님이란 값 매길 수 없는 보배에
바른 생각으로 마음 매어 머문다.

변화하여 나타난 너의 형상을 따라
내 마음은 조금도 흔들리지 않는다.
너는 곧 변신한 허깨비임을 나는 아나니
너는 여기에서 곧 썩 사라지거라.

그러자 악마 파순은 '이 사문이 벌써 내 마음을 알고 있구나' 하고 마음속에 근심 걱정을 품은 채 사라지더니 나타나지 않았다.

1101. 사자경師子經

이와 같이 나는 들었다.

어느 때 부처님께서 바라내국 신선이 살았던 녹야원에 계셨다.

그때 세존께서 모든 비구들에게 말씀하셨다.

"여래는 사자 같은 목소리로 성문들에게 '이미 알았다. 이미 알았다'라고 말한다. 여래는 성문들에게 어떤 법을 이미 알았으며 이미 알았기 때문에 사자 같은 목소리로 외치는지를 알지 못하느냐? 이른바 괴로움에 대한 성스러운 진리〔苦聖諦〕·괴로움의 발생에 대한 성스러운 진리〔集聖諦〕·괴로움의 소멸에 대한 성스러운 진리〔苦滅聖諦〕·괴로움의 소멸에 이르는 길에 대한 성스러운 진리〔苦滅道聖諦〕이다."

그때 하늘 악마 파순은 이렇게 생각하였다.

'사문 구담이 지금 바라내국 신선이 살았던 녹야원에 머물고 있으면서 여러 성문들을 위해 설법하기를,……(이하 생략)……네 가지 성스러운 진리〔四聖諦〕를 이미 알았다고 말하고 있다. 그러니 내가 그곳에 가서 그를 어려움에 빠져들게 해야겠다.'

그리고 그는 젊은 사람으로 변화하여 부처님 앞에 서서 게송으로 말했다.

무엇 때문에 대중들 앞에서
두려움 없는 사자의 목소리로 외치는가.
나를 대적할 사람이 없다고 하여
일체를 항복 받기 희망하는가.

그때 세존께서 '이것은 악마 파순이 나를 교란시키기 위해서 하는 짓이다' 라고 생각하시고 곧 게송을 설하셨다.

여래는 일체의
심오한 바른 법과 율에 대하여
방편으로써 사자처럼 외치나니
법에는 아무것도 두려워할 것이 없다.
만일 지혜로운 사람이라면
무엇 때문에 스스로 근심하고 두려워하리.

그러자 악마 파순은 '사문 구담이 벌써 내 마음을 알고 있구나' 하고 마음속에 근심 걱정을 품은 채 사라지더니 나타나지 않았다.

1102. 발경鉢經

이와 같이 나는 들었다.

어느 때 부처님께서 왕사성의 많은 사람들이 다니는 넓은 벌판에 머무셨는데, 5백 비구들과 함께 계셨다.

부처님께서는 그 대중들을 위하여 설법하시면서 5백 개의 발우를 뜰에 놓아두셨다. 그때 세존께서는 5백 비구들을 위해 5수음受陰은 생겨나고 사라지는 법이라고 설명하셨다.

그때 악마 파순은 이렇게 생각하였다.

'사문 구담이 왕사성의 많은 사람들이 다니는 넓은 벌판에 5백 비구들과 함께 있는데……(이하 생략)……5수음은 생겨나고 사라지는 법이라고 설명하고 있다. 그러니 내가 그곳에 가서 그를 어려움에 빠져들게 해야겠다.'

그렇게 생각하고 그는 큰 소로 변화하여 부처님께서 계신 곳으로 나아가 5백 개의 발우 사이로 들어갔다. 그러자 모든 비구들이 그를 몰아내어 발우를 부수지 못하게 하였다.

그때 세존께서 모든 비구들에게 말씀하셨다.

"저것은 본래 소가 아니고 악마 파순인데 너희들을 교란시키기 위해 하는 짓이다."

그리고는 곧 게송을 설하셨다.

색色·수受·상想·행行·식識
이것은 모두 내〔我〕가 아니요 내 것도 아니다.
만일 진실한 이 이치를 분명히 알면
그런 것에 아무 집착할 게 없느니라.

마음에 집착하는 법이 없으면
모든 형상의 속박에서 벗어나리니
그 어느 것이나 뚜렷하게 깨달아
악마의 경계에 머물지 않느니라.

부처님께서 이 경을 말씀하시자 모든 비구들은 부처님의 말씀을 듣고 기뻐하며 받들어 행하였다.

1103. 입처경入處經

이와 같이 나는 들었다.

어느 때 부처님께서 왕사성의 많은 사람들이 다니는 넓은 벌판에 6백 비구 대중들과 함께 계시면서 그들을 위해 6촉입처觸入處[22]의 발생〔集〕과 6촉觸의 발생, 그리고 6촉의 사라짐에 대해 연설하셨다.

그때 악마 파순은 이렇게 생각하였다.

'지금 사문 구담이 왕사성의 많은 사람들이 다니는 넓은 벌판에서 6백 비구들을 위해 6촉입처觸入處와 이것의 발생하는 법과 사라지는 법에 대해 연설하고 있다. 그러니 내가 그곳에 가서 그들을 어려움에 빠져들게 해야겠다."

그리고는 몸집이 크고 용맹스러우며, 대지를 뒤흔들 만한 힘을 가진 장사로 변화하여 부처님께서 계신 곳으로 나아갔다.

비구들은 멀리서 몸집이 크고 용맹스러운 그 장사를 보고 곧 두려움이 생겨 온몸의 털이 곤두서서 "저 사람은 누구이기에 형상이 저렇게도 무섭게 생겼는가?"라고 서로 수군거렸다.

그때 세존께서 모든 비구들에게 말씀하셨다.

"저것은 본시 악마인데 우리들을 교란시키기기 위해 하는 짓이다."

그리고는 곧 게송을 말씀하셨다.

빛깔〔色〕·소리〔聲〕·냄새〔香〕·맛〔味〕·감촉〔觸〕
그리고 여섯 가지 모든 법은
사랑스럽고 또한 마음에 들어
세상에선 오직 이것만 있다 하나
그것은 바로 가장 나쁜 탐욕으로서
언제나 범부들을 결박하네.

만일 그런 것들을 뛰어 넘으면

22 팔리어로는 channam phassāyatanānaṁ이고, 여섯 가지 접촉의 영역을 말함. 눈[眼]·귀[耳]·코[鼻]·혀[舌]·몸[身]·뜻[意]이 빛깔[色]·소리[聲]·냄새[香]·맛[味]·감촉[觸]·법法에 대해 활동하는 것을 말한다.

그는 곧 부처님의 거룩한 제자로서
악마 경계를 멀리 벗어나리니
마치 구름 없는 하늘의 해와 같으리.

그러자 악마 파순은 '사문 구담이 벌써 내 마음을 알고 있구나' 하고 마음속에 근심 걱정을 품은 채 사라지더니 나타나지 않았다.

잡아함경 제 40 권

1104. 제석경帝釋經[1]

이와 같이 나는 들었다.

어느 때 부처님께서 왕사성王舍城 가란다죽원迦蘭陀竹園에 계셨다.

그때 세존께서 모든 비구들에게 말씀하셨다.

"만일 일곱 가지 서원[受][2]을 받들어 가지는 사람은, 그 인연 때문에 천제석天帝釋의 처소에 태어나게 될 것이다. 천제석은 본래 사람으로 있을 때 부모와 집안의 여러 어른들을 잘 공양하였고, 화열和悅한 얼굴과 부드러운 말로 욕설하지 않았고 이간하는 말을 하지 않았으며 항상 진실한 말만 가려서 하였고 간탐하고 인색한 세상에서 비록 가정을 이루고 살았지만 아끼지 않고 해탈시解脫施와 근시勤施를 행하였으며 항상 보시하기를 좋아하였고, 모임이 있으며 보시하여 공양하되 모든 이에게 평등하게 베풀었느니라."

그때 세존께서 곧 게송을 설하셨다.

---

1 이 소경은 『별역잡아함경』 제2권 열한 번째 소경의 내용과 같다.

2 팔리어본에는 수受가 서계誓戒로 되어 있다.

부모와 또 집안 어른께
언제나 늘 공양드리고
부드럽고 공손한 말을 하고
욕설과 이간하는 말은 하지 말며
간탐하고 아끼는 마음을 조복 받고
언제나 진실하게 말하려고 노력하라.

이 일곱 가지 법을 실천하면
저 삼십삼천은 그것을 보고
저 이는 장차 이 하늘에 나리라고
저마다 모두 그렇게 말하네.

부처님께서 이 경을 말씀하시자 모든 비구들은 부처님의 말씀을 듣고 기뻐하며 받들어 행하였다.

1105. 마하리경摩訶離經[3]

이와 같이 나는 들었다.

어느 때 부처님께서 비사리국鞞舍離國 미후지獼猴池 곁에 있는 2층으로 된 강당에 계셨다.

그때 리차족離車族인 마하리摩訶利가 부처님의 처소에 와서 부처님의 발에 머리를 조아려 예배하고 한쪽에 물러나 앉아 부처님께 여쭈었다.

3 이 소경은 『별역잡아함경』 제2권 열두 번째 소경의 내용과 같다.

"세존이시여, 천제석天帝釋을 보셨습니까?"

부처님께서 대답하셨다.

"보았다."

"세존이시여, 어떤 귀신이 있는데 천제석과 모습이 같습니다. 세존께서도 보셨습니까?"

"나는 천제석을 잘 알고 있으며 또 천제석과 그 모습이 닮은 귀신이 있는 것도 알며 또 저 천제석의 법도 잘 알고 있다. 그가 그럴만한 법法을 받아 지닌 연緣 때문에 제석천에 태어나게 되었다는 사실까지도 다 알고 있다. 리차여, 저 제석은 본래 사람으로 있을 때 부모를 극진히 공양하고……(이하 생략)……평등한 보시를 행하였느니라."

그리고는 세존께서 곧 게송을 설하셨다.

부모와 집안 어른께
늘 극진하게 공양드리고
부드럽고 공손하게 말하며
욕설과 이간하는 말을 하지 말고
아끼는 마음을 억제하며
언제나 진실하게 말하려고 노력하라.

이 일곱 가지 법을 행하면
저 삼십삼천은 그것을 보고
저 이는 장차 이 하늘에 태어나리라고
제각기 모두 이렇게 말하느니라.

부처님께서 이 경을 말씀하시자 마하리 리차는 부처님의 말씀을 듣고 기뻐하면서 예배하고 떠나갔다.

1106. 이하인경以何因經[4]

이와 같이 나는 들었다.

어느 때 부처님께서는 비사리국 미후지 곁에 있는 2층 강당에 계셨다.

그때 어떤 비구가 부처님 계신 곳에 와서 부처님의 발에 머리를 조아려 예를 올리고 나서 한쪽에 물러나 서서 아뢰었다.

"세존이시여, 무슨 인연으로 석제환인釋帝桓因의 이름을 석제환인이라고 하였습니까?"

부처님께서 비구에게 말씀하셨다.

"석제환인은 본래 사람으로 있을 때에 돈시頓施[5]를 행하였다. 가난하고 궁색하며 고달프고 괴로워하는 사문沙門이나 바라문婆羅門이 살기를 구해 길에서 구걸할 때 음식·재물·곡식·포목·꽃·향·장엄거리·침구·등불 등을 보시하되 그러한 보시를 능히 감내할 수 있었기 때문에 그 이름을 석제환인이라고 하였느니라."

비구가 다시 부처님께 아뢰었다.

"세존이시여, 무슨 인因과 무슨 연緣으로 석제환인을 또 부란다라富蘭陀羅라고 이름합니까?"

부처님께서 비구에게 말씀하셨다.

"저 석제환인은 본래 사람으로 있을 때에 의복·음식……(이하 생략)……등불 등을 자주자주 보시하였다. 그러한 인연으로 부란다라라고 이름하느니라."

---

4 이 소경은 『별역잡아함경』 제2권 열세 번째 소경의 내용과 같다.

5 돈시頓施의 의미는 무슨 뜻인지 명확하지 않다. 팔리어본을 살펴보면 거기에는 수행인, 즉 공경할만한 사람이 머물 장소를 공급해 주다[恭敬地給予施物]라는 의미로 되어 있다. 바로 아래에 나오는 내용으로 보아서는 그 말이 타당성이 있어 보인다.

비구가 또 부처님께 아뢰었다.

"무슨 인과 무슨 연으로 또 마가바摩伽婆라고 이름합니까?"

부처님께서 비구에게 말씀하셨다.

"저 석제환인은 본래 사람으로 있을 때에 마가바라고 이름하였다. 석제환인의 본래 이름이 마가바였느니라."

비구가 다시 부처님께 아뢰었다.

"무슨 인과 무슨 연으로 또 사바바娑婆婆라고 이름합니까?"

부처님께서 비구에게 말씀하셨다.

"저 석제환인은 본래 사람으로 있을 때에 자주 바선사婆詵私[6] 옷을 보시하여 공양하였다. 그러한 인연 때문에 석제환인의 이름을 사바바라고 하느니라."

비구가 다시 부처님께 아뢰었다.

"세존이시여, 무슨 인과 무슨 연으로 석제환인의 이름을 또 교시가憍尸迦라고 합니까?"

부처님께서 비구에게 말씀하셨다.

"그는 본래 사람으로 있을 때에 교시憍尸 족성으로 출생하였었다. 그러한 인연 때문에 석제환인의 이름을 교시가라고 하느니라."

비구가 부처님께 여쭈었다.

"세존이시여, 무슨 인과 무슨 연으로 석제환인의 이름을 사지발저舍脂鉢底라고 부릅니까?"

부처님께서 비구에게 말씀하셨다.

"저 아수라 딸의 이름이 사지舍脂인데 그 딸이 천제석의 첫 번째 천후天后이다. 그런 까닭으로 제석의 이름을 사지발저라고 하느니

---

6 신수대장경 각주에 의하면 "송宋・원元・명明 세 본에는 바선화婆詵和로 되어 있다"고 하였다.

라."

비구가 부처님께 아뢰었다.

"세존이시여, 무슨 인과 무슨 연으로 또 석제환인의 이름을 천안千眼이라고 부릅니까?"

부처님께서 비구에게 말씀하셨다.

"그는 본래 사람으로 있었을 때에 총명하고 지혜로와 한번 앉는 사이〔一坐間〕[7]에 천 가지 이치를 생각하고 관찰하며 칭양稱量하였었다. 그러한 인연 때문에 저 천제석의 이름을 천안이라고 하느니라."

비구가 부처님께 아뢰었다.

"무슨 인과 무슨 연으로 또 석제환인의 이름을 인제리因提利라고 부릅니까?"

부처님께서 비구에게 말씀하셨다.

"저 천제석은 삼십삼천의 왕이고 주인이다. 그러한 인연 때문에 저 천제석의 이름을 인제리라고 부르느니라."

부처님께서는 또 비구들에게 말씀하셨다.

"그리고 저 석제환인은 본래 사람으로 있었을 때에 일곱 가지 덕행을 받들어 가졌었다. 그러한 인연 때문에 천제석이 될 수 있었던 것이다. 어떤 것이 그 일곱 가지인가하면, 저 석제환인은 본래 사람으로 있었을 때에 부모에게 공양하고……(이하 생략)……평등하게 보시를 행하였다. 이러한 일곱 가지 덕행을 실천하였다. 그 인연 때문에 천제석이 되었느니라."

그때 세존께서 게송을 설하셨다.

……게송의 내용은 위 마하리경의 게송과 같다.

---

7 팔리어본에서는 일순간(一瞬間, muhuttena)로 되어 있다.

부처님께서 이 경을 말씀하시자 모든 비구들이 부처님의 말씀을 듣고 기뻐하며 받들어 행하였다.

1107. 야차경夜叉經[8]

이와 같이 나는 들었다.

어느 때 부처님께서 비사리국 미후지 곁에 있는 2층 강당에 계셨다.

그때 세존께서 모든 비구들에게 말씀하셨다.

"과거 세상 어느 때에 어떤 야차 귀신이 있었는데 그 생김새가 추하고 더러웠으며, 악한 얼굴 모습으로 제석의 빈자리에 앉아 있었다. 삼십삼천은 그 추하고 더러우며 악한 모습의 귀신이 제석의 빈자리에 앉아 있는 것을 보고 제각기 모두 성을 내었다. 여러 하늘들이 몹시 성을 냈지만 성을 내면 낼수록 그 귀신은 점점 단정한 모습으로 변해 갔다.

이때 삼십삼천은 천제석에게 나아가 아뢰었다.

"교시가여, 마땅히 아셔야만 합니다. 추하고 악하게 생긴 어떤 귀신이 천왕의 빈자리에 앉아 있습니다. 우리 모든 하늘들은 그 추하고 악하게 생긴 귀신이 천왕의 자리에 앉아 있는 것을 보고 몹시 성을 내었습니다. 그런데 여러 하늘들이 성을 내면 낼수록 그때마다 그 귀신은 점점 단정하게 변하였습니다."

석제환인이 삼십삼천에게 말하였다.

"그 귀신은 성냄으로 상대하여 다스리는 귀신이다."

그때 천제석은 직접 그 귀신에게로 가서 옷을 바로 여미고 오른 어

---

8 이 소경은 『별역잡아함경』 제2권 열네 번째 소경과 그 내용이 비슷하다.

깨를 드러내고 합장하고는 자기 이름을 세 번 말하였다.

"인자仁者여, 나는 석제환인입니다."

석제환인이 이와 같이 공경하고 겸손해 할 적마다 그 귀신은 점점 추해지고 더러워지더니 다시는 나타나지 않았다.

그때 석제환인은 자기의 자리에 앉아 게송으로 말하였다.

사람들이여, 마땅히 성내지 말고
누가 나에게 성내도 성냄으로 갚지 말라.
악에 대해서 악한 마음 내지 말고
마땅히 교만한 맘 부셔야 한다.

성내지 않고 해치지도 않으면
그야말로 성현의 무리라 하리라.
악한 죄 지으며 성냄을 유발시키더라도
돌이나 산처럼 굳게 머물러라.

울화가 치밀어도 잘 참아내라
달리는 마차를 제어하는 것처럼
내가 말하는 훌륭한 마부란
고삐 잡은 이를 말하는 게 아니니라.

부처님께서 비구들에게 말씀하셨다.

"석제환인은 삼십삼천의 자재왕自在王 지위에 있으면서도 성내지 않는 것을 찬탄하였다. 너희들도 그렇게 하여야 한다. 바른 믿음으로 집 아닌 데로 출가하여 도를 배우고 있으니 성내지 않는 것을 찬탄하는 공부를 해야 하느니라."

부처님께서 이 경을 말씀하시자 모든 비구들은 부처님의 말씀을 듣고 기뻐하며 받들어 행하였다.

1108. 득안경得眼經[9]

이와 같이 나는 들었다.

어느 때 부처님께서 사위국 기수급고독원에 계셨다.

그때 세존께서 이른 아침에 가사를 입고 발우를 가지고 사위성에 들어가 걸식하셨다. 걸식을 마치시고 정사精舍에 돌아와 가사와 발우를 두고 발을 씻은 뒤에 니사단尼師壇을 오른 어깨에 메고 안다림安陀林으로 들어가 니사단을 펴고 어떤 나무 밑에 앉아 낮 선정에 들어가셨다.

그때 기원祇園에서 두 비구 사이에 싸움이 일어났는데 한 사람이 꾸짖어도 한 사람은 잠자코 있었다. 그 꾸짖던 사람은 곧 뉘우치고 그에게 사과하였다. 그런데 그 비구는 그 사과를 받아들이지 않았다. 그가 사과를 받아들이지 않았기 때문에 당시 절 안에 있던 비구들이 서로 권하고 충고하느라고 고함을 치며 시끄러웠다.

그때 세존께서는 사람 귀보다 뛰어난 깨끗한 천이天耳로 기원에서 시끄럽게 고함소리가 오가는 것을 들으셨다. 그 소리를 들으시고는 선정에서 깨어나 정사로 돌아와 대중 앞에 자리를 펴고 앉아 비구들에게 말씀하셨다.

"내가 오늘 이른 아침에 걸식하고 돌아와 안다림으로 들어가 낮 선정에 들었다가 정사에서 시끄럽게 떠드는 고함소리를 들었다. 누가 그렇게 하였느냐?"

---

9 이 소경은『별역잡아함경』제2권 열다섯 번째 소경과 그 내용이 비슷하다.

비구들이 부처님께 아뢰었다.

"이 정사에서 두 비구가 싸웠는데, 한 비구는 꾸짖었으나 한 비구는 잠자코 있었습니다. 그때 꾸짖던 비구가 이내 잘못을 뉘우치고 사과하였으나, 그가 사과를 받아들이지 않았기 때문에, 여러 사람들이 권하고 충고하느라 큰 소리가 나고 시끄러웠습니다."

부처님께서 비구들에게 말씀하셨다.

"어떤 어리석은 비구가 상대방이 뉘우치고 사과하는데 그것을 받아들이지 않았는가? 상대가 뉘우치는데 그것을 받아주지 않으면 그는 어리석은 사람이다. 그는 오랜 세월 동안 유익하지 못한 괴로움을 받을 것이다. 비구들아, 과거 세상에 석제환인은 삼십삼천에서 싸움이 있었을 때 이렇게 게송으로 가르치고 훈계하였다.

다른 사람을 해칠 마음 없으면
성냄도 또한 얽어매지 못하나니
원한을 품고 오래 두지 말고
성내는 마음에 머물지도 말라.

아무리 화가 치밀어 오르더라도
그 때문에 추한 말을 하지 말라.

구태여 남의 흠을 애써 찾아내어
그의 허점과 단점을 들추지 말고
항상 마땅히 스스로 단속하여
정의로써 안으로 반성하고 살펴라.

성내지도 말고 해치지도 말며

언제나 성현들과 함께 하여라.
악한 사람과 함께 있게 되더라도
마치 돌산처럼 강하고 굳세어라.

울화가 치밀어도 잘 참아내라
달리는 마차를 제어하는 것처럼
내가 말하는 훌륭한 마부란
고삐 잡은 이를 말하는 게 아니니라.

부처님께서 비구들에게 말씀하셨다.

"석제환인은 삼십삼천의 자재왕의 지위에 있으면서도 성내지 않는 것을 찬탄하였다. 너희들도 그렇게 하여야 한다. 바른 믿음으로 집 아닌 데로 출가하여 도를 배우고 있으니 성내지 않는 것을 찬탄하는 공부를 해야 하느니라."

부처님께서 이 경을 말씀하시자 모든 비구들은 부처님의 말씀을 듣고 기뻐하며 받들어 행하였다.

1109. 선승경善勝經[10]

이와 같이 나는 들었다.

어느 때 부처님께서 사위국 기수급고독원에 계셨다.

그때 부처님께서 모든 비구들에게 말씀하셨다.

"과거 세상 어느 때에 하늘과 아수라는 진을 치고 마주 대하여 싸

10 이 소경은 『별역잡아함경』 제2권 열여섯 번째 소경과 그 내용이 비슷하다.

우려고 하였다. 석제환인이 비마질다라毘摩質多羅 아수라왕에게 말하였다.

'싸워서 서로 죽일 것이 아니라 이치로 따져서 지는 편이 항복하기로 하자.'

비마질다라 아수라왕이 말하였다.

'가령 논리로 따진다 하더라도 누가 그 논리가 옳고 그른 지를 증명할 수 있겠는가?'

천제석이 말하였다.

'여러 하늘들 중에 지혜롭고 총명하여 스스로 분명하게 기억하여 분별할 수 있는 이가 있을 것이고, 아수라들 중에서도 스스로 분명하게 기억해서 분별할 수 있는 이가 있을 것이다.'

비마질다라 아수라왕은 말하였다.

'좋다. 그렇게 하자.'

석제환인이 말하였다.

'너희들이 먼저 논리를 전개하여 보아라. 그 다음에 우리가 논리를 전개하는 것이 무난할 것 같다.'

그때 비마질다라 아수라왕이 곧 게송으로 논리를 전개하여 말하였다.

만일 내가 인내를 실천한다면
아마도 일에 차질이 생기리라.
무섭고 두려워서 참고 있다고
어리석은 사람들 이렇게 말하리라.

석제환인이 게송으로 대답하였다.

설령 어리석은 사람들이
무섭고 두려워서 참는다고 말하거나
또 그렇게 말하지 않는다 하더라도
이치에야 무슨 손상이 있겠는가?

다만 자기의 논리를 관찰해보고
또 다른 사람의 주장을 관찰해보아
피차간에 모두 편안함을 얻는다면
그 인내야말로 최상이 되리라.

비마질다라 아수라가 다시 게송으로 말하였다.

만일 어리석음을 제압하지 않으면
어리석음은 곧 사람을 상하게 하나니
비유하면 저 고삐 풀린 사나운 소가
마구 치달리며 사람을 떠받는 것 같으리.

몽둥이 잡고 억지로 제압하여
무섭고 두렵게 하면 곧 항복하나니
그러므로 몽둥이를 단단히 잡고
어리석은 이들을 항복 받는 것이다.

제석이 다시 게송으로 말하였다.

나는 언제나 상대방을 관찰함으로
어리석은 이들을 제어하나니

어리석은 사람은 성냄이 많지만
지혜로운 이는 침묵으로 항복 받는다.

성내지 말고 해치지도 말며
언제나 성현들과 함께 하여라.
악한 죄 지으며 성냄을 유발시키더라도
돌이나 산처럼 굳게 머물러라.

울화가 치밀어도 잘 참아내라
달리는 마차를 제어하는 것처럼
내가 말하는 훌륭한 마부란
고삐 잡은 이를 말하는 게 아니니라.

그때 하늘 무리 중에도 하늘의 지혜를 가진 이가 있었고 아수라의 무리 중에도 아수라의 지혜를 가진 이가 있었다.

그들은 이 게송들을 사유하고 헤아리며 관찰하다가 이렇게 생각하였다.

'비마질다라 아수라가 말한 게송은 두고두고 오랜 세월 동안 싸움을 하여 승부를 결정하자는 것이다. 비마질다라 아수라왕은 사람들을 시켜서 오랜 세월 동안 싸우게 할 것이다. 석제환인이 말한 게송은 오랜 세월 동안 끝끝내 싸움을 그치게 하자는 논리이다. 천제석은 사람들을 시켜 오랜 세월 동안 싸움을 그치게 할 것이다. 그러므로 제석의 착한 논리가 승리하였다.'"

부처님께서는 모든 비구들에게 말씀하셨다.

석제환인은 착한 논리로써 아수라를 항복 받았다. 비구들아, 석제환인은 삼십삼천의 자재왕으로서 착한 논리를 세우고 착한 논리를 찬양하였다. 너희 비구들도 마땅히 그렇게 해야 할 것이다. 바른 믿음으로 집 아닌 데로 출가하여 도를 배우고 있으니, 마땅히 착한 논리를 펴고 착한 논리를 찬탄하는 그런 공부를 해야 하느니라."

부처님께서 이 경을 말씀하시자 모든 비구들은 부처님의 말씀을 듣고 기뻐하며 받들어 행하였다.

1110. 박계경縛繫經[11]

이와 같이 나는 들었다.

어느 때 부처님께서 사위국 기수급고독원에 계셨다.

그때 부처님께서 모든 비구들에게 말씀하셨다.

"과거 세상 어느 땐가 제석천과 아수라는 진을 치고 서로를 마주하고는 싸움을 벌렸다. 그때 석제환인은 삼십삼천의 무리들에게 말하였다.

'오늘 여러 하늘과 아수라 군사가 싸운다. 여러 하늘들이 승리하고 아수라가 지거든 비마질다라 아수라왕을 사로잡아 다섯 개의 밧줄로 묶어 하늘궁전으로 잡아오도록 하라.'

비마질다라 아수라왕도 아수라 무리들에게 말하였다.

"오늘 여러 하늘과 아수라가 싸운다. 만일 아수라가 이기고 여러 하늘이 지거든 석제환인을 사로잡아 다섯 개의 밧줄로 묶어 아수라궁전으로 잡아오도록 하라.'

그러고 나서 그들은 싸움을 했고, 하늘이 이기고 아수라가 졌다.

---

11 이 소경은 『별역잡아함경』 제2권 열여섯 번째 소경의 내용과 비슷하며, 또한 『증일아함경』 제26권 제34 「등견품等見品」 여덟 번째 소경의 내용과도 비슷하다.

이때 여러 하늘은 비마질다라 아수라왕을 붙들어 다섯 개의 밧줄로 묶고 하늘궁전으로 데리고 돌아와, 제석의 단법전斷法殿 앞문 아래 묶어두었다. 제석이 그 문으로 드나들 때마다 비마질다라 아수라는 문 곁에 묶여 있으면서 성을 내며 제석을 꾸짖었다.

그때 제석의 마부는 아수라왕이 다섯 개의 밧줄에 묶인 채 문 곁에 있으면서 제석이 드나들 때마다 버럭 성을 내며 제석을 꾸짖는 것을 보고 곧 게송을 지어 제석에게 말하였다.

제석이시여, 저 자가 두렵습니까
아니면 힘이 모자라십니까
아수라가 면전面前에서 욕하는데도
그 치욕을 참고 견디시는군요.

제석이 대답하였다.

저 자가 두려워서 참는 것도 아니요
또한 내 힘이 모자라는 것도 아니다.
어찌 지혜로운 사람으로서
어리석은 저 사내와 상대하리.

마부가 다시 말하였다.

만일 그저 참기만 한다면
아마도 일에 차질이 생기리니
무섭고 두려워서 참고 있다고
어리석은 사람들 그렇게 말할 겁니다.

그러므로 마땅히 호되게 다스리고
지혜로써 어리석음 눌러야만 합니다.

제석이 대답하였다.

나는 언제나 상대방을 관찰함으로
어리석은 이들을 제어하나니
어리석은 사람은 성냄이 많지만
지혜로운 이는 침묵으로 항복 받는다.

힘이 없으면서 힘이 있다 하는 것
그것은 바로 어리석은 힘이다.
어리석은 이는 법을 멀리 어기나니
그에겐 도道라는 게 전혀 없다.

만일 큰 힘을 가졌으면서
모자라는 이에게 참을 수 있다면
그것은 훌륭한 참음이 되리니
힘이 없이 어떻게 참을 수 있으랴.

남에게 호된 꾸짖음 받고도
힘있는 사람이 잘 참고 견딘다면
그것은 훌륭한 참음이 되리니
힘이 없이 어떻게 참을 수 있으랴.

자기나 또 다른 사람을

큰 두려움에서 잘 보호하고
상대가 몹시 성내는 줄 알았거든
도리어 자신을 침묵으로 지켜라.
두 가지 진리를 모두 갖추면
자신도 이롭고 남도 이로우리라.

어리석은 사내라고 일컬은 것은
그가 법을 보지 못하기 때문이니
어리석은 자는 참는 이 이겼다 말하면서
그 위에 다시 욕설을 더한다.
그는 남의 꾸짖음 참아내는 일이
언제나 이기는 것임을 모르는 사람이다.

나보다 센 사람에게 참는 것은
정말로 두려워서 참는 것이요
나와 같은 이에게 그저 참는 것은
인내를 다투어 참는 것이며
나보다 못한 이에게 인내하는 것
그야말로 최상의 참음이니라."

부처님께서 비구들에게 말씀하셨다.

'석제환인은 삼십삼천의 자재왕이면서도 언제나 욕됨을 참아내고 또 욕됨을 참는 것 보면 찬탄하곤 하였다. 너희 비구들은 바른 믿음으로 집 아닌 데로 출가하여 도를 배우고 있으니, 항상 인욕을 실천하고 인욕 하는 이를 찬탄하는 그런 공부를 해야 하느니라."

부처님께서 이 경을 말씀하시자 모든 비구들은 부처님의 말씀을 듣고 기뻐하며 받들어 행하였다.

1111. 경불경敬佛經[12]

이와 같이 나는 들었다.

어느 때 부처님께서 사위국 기수급고독원에 계셨다.

그때 세존께서 모든 비구들에게 말씀하셨다.

'과거 세상 어느 때에 천제석은 동산에 들어가 유람하려고 마부에게 명령하여 천 마리 말이 끄는 마차를 장엄하게 하였다. 마부는 분부를 받고 곧 천 마리 말이 끄는 마차를 마련해놓고 제석에게 가서 아뢰었다.

'구시가俱尸迦여, 수레 준비가 다 되었습니다. 왕께서 알아서 하소서.'

천제석은 곧 상승전上勝殿에서 내려와 동쪽을 향해 부처님께 합장하고 예를 올렸다. 그때 마부는 그것을 보고 마음으로 놀라 털이 다 일어서고 말채찍을 땅에 떨어뜨렸다.

그러자 천제석은 마부가 마음으로 놀라 털이 다 일어서고 말채찍을 땅에 떨어뜨리는 것을 보고 곧 게송으로 말하였다.

> 너는 무슨 두려운 일을 보았기에
> 말채찍을 땅에다 떨어뜨렸느냐?

마부는 게송으로 아뢰었다.

---

12 이 소경은 『별역잡아함경』 제2권 열여덟 번째 소경의 내용과 같다.

천제석 대왕님이
사지舍脂의 남편이라서
그러므로 두려움 생겨
말채찍을 땅에다 떨어뜨렸습니다.

늘 천제석을 뵈올 적마다
일체 모든 대지大地에 있는
인간과 천상의 크고 작은 왕들과
세상을 보호하는 네 임금과
삼십삼천의 모든 무리들은
모두 공경하고 예배합니다.

어느 곳에 다시 더 높은 이 있어
제석보다도 더 존경한단 말입니까?
지금 저 동쪽으로 바로 향하여
합장해 공경하고 예배합니까?

그때 제석이 게송으로 대답하였다.

나는 사실 모든 세상의
크고 작은 임금들과
세상을 보호하는 네 왕들
그리고 삼십삼천 모든 무리들
그 중에서 가장 높은 왕이 되기에
그들은 모두 와서 공경하노라.

그러나 다시 이 세상에는
순리를 따르고 올바르게 깨달아
온 하늘의 스승이라 불리는 분 있으니
나는 머리 조아려 예배하노라.

마부가 다시 아뢰었다.

그 분은 반드시 세상에서 훌륭한 분
그러기에 천왕석天王釋이
공경을 다하여 합장하고
동쪽을 향해 머리 조아려 예배하는 것이니
천왕께서 예배하는 그 어른에게
나도 이제 마땅히 예배하리라.

그때 사지의 남편 천제석은 이렇게 게송을 읊고 부처님께 예배한 뒤에 천 마리 말이 끄는 수레를 타고 동산으로 나갔느니라."

부처님께서 모든 비구들에게 말씀하셨다.

"저 천제석은 삼십삼천에서 자재왕自在王이 되었음에도 부처님을 숭상하고 공경하였으며, 또 부처님을 공경하는 이를 찬탄하였다. 너희 비구들도 바른 믿음으로 집 아닌 데로 출가하여 도를 배우고 있으니, 그와 같이 부처님을 공경하고 또한 부처님을 공경하는 이를 찬탄하기를 배워야 하느니라."

부처님께서 이 경을 말씀하시자 모든 비구들은 부처님의 말씀을 듣고 기뻐하며 받들어 행하였다.

1112. 공법경恭法經[13]

이와 같이 나는 들었다.

어느 때 부처님께서 사위국 기수급고독원에 계셨다.……자세한 내용은 위의 경에서 말한 것과 같으며, 다른 내용은 다음과 같다.……그때 제석이 상승전에서 내려와 합장하고 동쪽을 향해 거룩한 법에 경례하였다.……(이하 생략)……부처님께서 이 경을 말씀하시자 모든 비구들은 부처님의 말씀을 듣고 기뻐하며 받들어 행하였다.

〔경법승경經法僧經〕[14]

이와 같이 나는 들었다.

어느 때 부처님께서 사위국 기수급고독원에 계셨다.……자세한 내용은 위의 경에서 말한 것과 같으며, 다른 내용은 다음과 같다……그때 제석이 게송으로 마부에게 말하였다.

나는 진실로 이 대지大地에 있는
세상의 크고 작은 임금들과
세상을 보호하는 네 임금과
저 삼십삼천의 그 무리들
이와 같은 모든 이들에게
존중과 공경을 다 받고 있다.

그러나 다시 깨끗한 계율을 지니고

---

13 이 소경은 『별역잡아함경』 제2권 열아홉 번째 소경과 그 내용이 비슷하다.

14 이 경도 당연히 하나의 경으로 설정되어야 마땅한데 신수장경에는 그 항목이 없다.

오랜 세월 동안 삼매에 들며
바른 믿음으로 출가하시어
모든 범행을 성취한 이 있으니
그러므로 나는 그 분들을
높이고 공경하며 예배하노라.

또 탐욕과 성냄을 다스려 항복 받고
어리석은 경계를 초월하였으며
수행하고 배워서 방일하지 않으니
그래서 공경하고 예배하노라.

탐욕·성냄·어리석음을
이미 다 버리고 집착하지 않으며
번뇌가 다한 저 아라한들께
또한 마땅히 공경히 예를 올려야 한다.

그리고 다시 속가에 살면서
깨끗한 계율 받들어 지키고
법대로 포살법布薩法을 닦는 자들에게도
또한 공경히 예를 올려야 한다.

마부가 제석에게 아뢰었다.

그들은 반드시 세상에 훌륭한 분
그러므로 천왕이 공경히 예를 올리나니
나도 이제 마땅히 이와 같이

천왕을 따라 그들에게 공경히 예를 올리리.

"모든 비구들아, 저 사지의 남편 천제석은 법法과 승가〔僧〕에 공경히 예를 올리고 또 법과 승가에 공경히 예를 올리는 이를 찬탄하였다. 너희들도 이미 바른 믿음을 가지고 집 아닌 데로 출가하여 도를 배우고 있으니, 너희들도 마땅히 그와 같이 법과 승가에 공경히 예를 올리고 또 법과 승가에 공경히 예를 올리는 이를 찬탄해야 하느니라."

부처님께서 이 경을 말씀하시자 모든 비구들은 부처님의 말씀을 듣고 기뻐하며 받들어 행하였다.

1113. 경승경敬僧經[15]

이와 같이 나는 들었다.

어느 때 부처님께서 사위국 기수급고독원에 계셨다.

그때 부처님께서 모든 비구들에게 말씀하셨다.

'과거 세상 어느 때에 천제석은 동산에 들어가 유람하려고 마부에게 명령하여 천 마리 말이 끄는 마차를 장엄하게 하였다. 마부는 분부를 받고 곧 천 마리 말이 끄는 마차를 마련해놓고 제석에게 가서 아뢰었다.

'수레 준비는 다 마쳤습니다. 왕께서 알아서 하소서.'

그때 제석은 곧 상승전上勝殿에서 내려와 모든 방향을 향해 합장하고 공손하게 예를 올렸다. 그때 그 마부는 천제석이 궁전에서 내려와 중정中庭에서 멈추더니 두루 여러 방향을 향해 합장하고 공손하게 예

15 이 소경은 『별역잡아함경』 제2권 스무 번째 소경과 그 내용이 비슷하다.

를 올리는 것을 보고 마음으로 놀라 말채찍을 땅에 떨어뜨렸다. 그리고는 게송으로 말하였다.

사방에는 오직 사람만 있으니
그들은 더러운 태에서 태어난 자
신비해야 할 곳에 더러운 송장들
주리고 목마름에 늘 초조해하네.

교시가憍尸迦여 무엇 때문에
일부러 출가한 자를 존중합니까?
저를 위해 그 뜻을 설명해주소서.
주리고 목마르듯 듣기를 원합니다.

그러자 천제석이 게송으로 대답하였다.

나는 진실로 저들을 공경하나니
그들은 출가하여 가정이 없는 자
자유로이 사방으로 돌아다니며
가고 머무름을 계획하지 않는다.

성읍城邑이나 나라의 풍속으로도
저들의 마음을 더럽히지 못하며
생활 도구를 쌓아 두지 않고
한 번 떠나면 기약이 없다.

가더라도 구하는 것 없고

오직 무위無爲로 즐거움을 삼으며
말을 하면 반드시 착한 말뿐이고
말하지 않으면 고요히 선정에 드네.

모든 하늘과 아수라들이
서로 맞지 않아 싸움 벌리고
사람들도 저마다 서로 다투니
서로 어긋남이 이와 같다네.

그런데 오직 출가한 사람들은
온갖 다툼 속에서도 다툼이 없고
저 일체 중생들에게도
칼이나 막대기를 쓰지 않는다.

재물에 있어서도 재물과 색을 떠나
거기에 취하지도 빠지지도 않으며
일체의 악을 멀리 여의었으니
그런 까닭에 그들에게 공손히 예를 올린다.

그러자 마부가 다시 게송으로 말하였다.

천왕이 공경하는 것 보면
그들은 반드시 세상에서 훌륭한 분
그러므로 나도 오늘부터는
출가한 그들에게 예를 올리리.

이렇게 말하고 나서 천제석은 사방 모든 비구에게 공손히 예를 올리고 마차를 타고 동산에 들어가 유람하였느니라."

부처님께서 모든 비구들에게 말씀하셨다.

"저 천제석은 삼십삼천에서 자재왕이 되었음에도 부처님을 숭상하고 공경하였으며, 또 부처님을 공경하는 이를 찬탄하였다. 너희 비구들도 바른 믿음으로 집 아닌 데로 출가하여 도를 배우고 있으니, 그와 같이 부처님을 공경하고 또한 부처님을 공경하는 이를 찬탄하기를 배워야 하느니라."

부처님께서 이 경을 말씀하시자 모든 비구들은 부처님의 말씀을 듣고 기뻐하며 받들어 행하였다.

1114. 숙비리경宿毘梨經[16]

이와 같이 나는 들었다.

어느 때 부처님께서 사위국 기수급고독원에 계셨다.

그때 세존께서 모든 비구들에게 말씀하셨다.

"과거 세상에 아수라왕은 네 가지 군대인 상병象兵·마병馬兵·차병車兵·보병步兵을 일으켜 삼십삼천과 싸우려고 하였다. 이때 천제석은 아수라왕이 네 가지 군대인 상병·마병·차병·보병을 일으켜 싸우러 온다는 말을 듣고 곧 숙비리宿毘梨 천자에게 말하였다.

'공〔阿空〕은 아수라가 네 가지 군대인 상병·마병·차병·보병을 일으켜 삼십삼천과 싸우려 한다는 사실을 알고 있는가? 공도 삼십삼천에 명령하여 네 가지 군대인 상병·마병·차병·보병을 일으켜 저

16 이 소경은 『별역잡아함경』 제3권 첫 번째 소경과 그 내용이 비슷하다.

아수라와 싸워라.'

그때 숙비리 천자는 제석의 분부를 받고도 자기 하늘의 궁전으로 돌아와 아무 하는 일 없이 여유롭게 놀면서 전혀 싸울 준비를 하지 않았다. 아수라들은 이미 출병하여 길을 가득 메우고 있었다. 제석은 그 말을 듣고 다시 숙비리 천자에게 말하였다.

'공이여, 아수라 군사가 이미 길을 나섰다고 한다. 공이여, 속히 명령을 내려 네 가지 군사를 일으켜 아수라와 싸워라.'

숙비리 천자는 제석의 명령을 받고도 곧 궁전으로 돌아와 게으름만 피우며 여유를 부렸다. 이때 아수라 군사는 벌써 다가왔다.

제석은 아수라 군사들이 벌써 가까운 길에까지 이르렀다는 말을 듣고 다시 숙비리 천자에게 말하였다.

'공은 아수라 군사들이 벌써 가까운 길에까지 다다랐다는 사실을 알고 있는가? 공은 빨리 여러 하늘에게 명령하여 네 가지 군사를 일으켜야 할 것이다.'

그러자 숙비리 천자는 곧 게송으로 말하였다.

만일 일으키지 않을 곳이 있다면
함이 없어 안온하고 즐거우리니
그런 곳을 얻을 수만 있으면
할 일도 없고 근심도 없으리라.
마땅히 그런 곳을 저에게 주어
저로 하여금 안온하게 하소서.

그때 제석이 게송으로 대답하였다.

만일 일으키지 않을 곳이 있다면

함이 없어 안온하고 즐거우리니
그런 곳을 얻을 수만 있으면
할 일도 없고 근심도 없으리라.
만일에 너 그런 곳 얻었거든
마땅히 나를 데리고 그리로 가라.

숙비리 천자는 다시 게송으로 말하였다.

만일 방편이 없는 곳에 살면서
일으키지 않으면 편하고 즐거우리.
만일 그런 곳을 얻을 수만 있다면
할 일도 없고 근심도 없으리니
마땅히 저에게 그런 곳 주어
저로 하여금 안온을 얻게 하소서.

그러자 천제석이 다시 게송으로 대답하였다.

만약 방편 없는 그런 곳에 살면서
일으키지 않으면 편하고 즐거우리.
사람으로서 그런 곳을 얻을 수만 있다면
할 일도 없고 근심도 없으리니
네가 혹 그런 곳을 얻거든
마땅히 날 데리고 그리로 가라.

숙비리 천자가 다시 게송으로 말하였다.

방일하지 않는 그런 곳에 살면서
일으키지 않으면 편하고 즐거우리.
사람으로서 그런 곳을 얻을 수만 있다면
할 일도 없고 근심도 없으리니
마땅히 저에게 그런 곳 주어
안온한 즐거움을 얻게 하소서.

그러자 천제석이 다시 게송으로 말하였다.

방일하지 않는 그런 곳에 살면서
일으키지 않으면 편하고 즐거우리.
사람으로서 그런 곳을 얻을 수만 있다면
할 일도 없고 근심도 없으리니
네가 혹 그런 곳을 얻거든
마땅히 날 데리고 그리로 가라.

숙비리가 다시 게송으로 말하였다.

느리고 게을러서 일으킬 것 없고
할 일과 이미 한 일 알지 못하며
향락할 것 모두 한 데 모인 곳
마땅히 그런 곳을 제게 주소서.

이때 천제석이 다시 게송으로 말하였다.

느리고 게을러서 일으킬 것 없고

마지막 완전한 안락을 얻는 것
네가 혹 그런 곳을 얻거든
마땅히 날 데리고 그리로 가라.

숙비리 천자가 다시 게송으로 말하였다.

일이 없으면 즐거움 얻고
하는 것 없으면 근심 없나니
마땅히 저에게 그런 곳 주어
저로 하여금 안락할 수 있게 하소서.

그러자 천제석이 다시 게송으로 말하였다.

하는 일 없는 중생을
보거나 혹은 듣게 되거나
또 그런 곳을 네가 얻거든
마땅히 날 데리고 그리로 가라.

네가 만일 할 일을 두려워하고
함이 있는 무엇도 생각하지 않는다면
다만 마땅히 열반의 길을
하루 빨리 깨끗이 닦아야 한다.

그때 숙비리 천자는 네 가지 군대인 상병 · 마병 · 차병 · 보병을 거느리고 아수라와 싸워 아수라를 항복 받고 하늘들은 승리를 얻어 하늘 궁전으로 돌아왔느니라.”

부처님께서는 다시 비구들에게 말씀하셨다.

"석제환인은 네 가지 군사를 일으켜 아수라와 싸울 때에 부지런히 노력해 승리를 얻었다. 저 천제석은 삼십삼천에서 자재왕이 되었음에도 언제나 방편으로 열심히 노력하였고, 또 열심히 노력하는 이의 덕을 찬탄하였다. 너희 비구들도 바른 믿음으로 집 아닌 데로 출가하여 도를 배우고 있으니, 마땅히 열심히 노력하고, 또 열심히 노력하는 이를 찬탄해야 하느니라."

부처님께서 이 경을 말씀하시자 모든 비구들은 부처님의 말씀을 듣고 기뻐하며 받들어 행하였다.

1115. 선인경仙人經[17]

이와 같이 나는 들었다.

어느 때 부처님께서 사위국 기수급고독원에 계셨다.

그때 부처님께서 모든 비구들에게 말씀하셨다.

"과거 세상 어느 때에 한 마을이 있었는데 여러 신선들이 그 마을 곁의 텅 비고 고요한 곳에 살고 있었다. 그때 여러 하늘과 아수라들은 그 마을에서 그리 멀지 않은 곳에 진을 치고는 마주 대치하고 싸우고 있었다.

그때 비마질다라毘摩質多羅 아수라왕은 다섯 가지 장식인 천관天冠을 벗고 일산을 물리치고 칼을 버리고 보배총채를 물리치고 가죽신을 벗고 그 신선들이 사는 곳으로 갔다. 그는 대문 안에 들어가 그 신선들에게 문안하지도 않고 빙 둘러보기만 하고 이내 나와버렸다.

17 이 소경은 『별역잡아함경』 제3권 두 번째 소경과 그 내용이 비슷하다.

그때 어떤 신선이 멀리서 비마질다라 아수라왕이 다섯 가지 장식을 버리고 동산에 들어와 빙 둘러보고는 도로 나가는 것을 보았다. 그리고 여러 신선들에게 말하였다.

'그는 어떤 사람인가? 안정된 빛이 없어 사람 모습 같지가 않고, 위의威儀가 없는 모양은 촌사람 같았으며, 장자의 아들 같지는 않았다. 다섯 가지 장식을 버리고 동산의 정문 안으로 들어와서는 거만스럽게 빙 둘러보면서도 여러 신선들에게 한마디 문안도 하지 않았다.'

어떤 신선이 대답하였다.

'그는 비마질다라 아수라왕인데 다섯 가지 장식을 버리고 들어와 빙 둘러보고 나간 것이다.'

그 신선이 말하였다.

'그는 어진 사람이 아니다. 좋지도 않고 착하지도 않으며, 어질지도 않고 법도 없다. 다섯 가지 장식을 버리고 동산 문으로 들어와 빙 둘러보고는 도로 나갔다. 또 여러 신선들께 눈짓도 하지 않았고 문안도 드리지 않았다. 그로 인하여 하늘 대중은 늘어나고 아수라의 대중은 줄어든다는 것을 알아야 한다.'

그때 석제환인은 다섯 가지 장식을 버리고 신선들이 사는 곳에 들어가 여러 신선들께 문안한 뒤에 다시 나왔다.

천제석이 다섯 가지 장식을 버리고 동산 문으로 들어와 두루 문안하는 것을 보고 어떤 신선이 여러 신선들에게 물었다.

'그는 어떤 사람인가? 동산에 들어오는데 안정된 빛이 있고 사람다운 모양이었으며 위의를 갖추고 있는 모습이 촌사람 같지 않았고, 큰 족성族姓의 아들 같았다. 다섯 가지 장식을 버리고 동산 문으로 들어와서는 두루 문안한 뒤에 도로 나갔다.'

어떤 신선이 대답하였다.

'그는 천제석인데 다섯 가지 장식을 버리고 동산 문으로 들어와 두

루 문안한 뒤에 도로 나간 것이다.'

그 신선이 말하였다.

'그는 어진 사람이다. 착하고 좋으며 진실하고 위의를 갖추었으며 법도가 있다. 다섯 가지 장식을 버리고 동산 문으로 들어와서는 두루 문안한 뒤에 도로 나갔다. 그런 까닭에 하늘의 대중들은 늘어나고 아수라의 무리는 줄어들 것임을 마땅히 알아야 한다.'

그때 비마질다라 아수라왕은 신선들이 여러 하늘을 찬탄하는 말을 듣고 불꽃처럼 성이 났다. 그때 저 텅 비고 한적한 곳에 사는 신선들이 아수라왕의 불꽃같이 성난 소리를 듣고 비마질다라 아수라왕의 처소에 가서 게송으로 말하였다.

신선들은 일부러 이곳에 와서
두려움 없는 보시를 빌어 구한다.
너 과연 두려움 없는 보시 베풀어
모니牟尼의 은혜로운 가르침 주겠느냐?

비마질다라가 게송으로 대답하였다.

너희 신선들에겐
두려움 없는 보시 베풀 것이 없다.
우리 아수라를 어겨 배반하고
제석을 친근히 하였기 때문이다.
두려움 없기를 바라는 이곳에
마땅히 두려움을 끼쳐 주리라.

신선들이 다시 게송으로 말하였다.

실행을 따라 그 종자 심으면
그 종류에 따라 과보가 생겨나리.
두려움 없는 보시 구걸하는데
오히려 두려움을 끼쳐 준다면
끝없는 두려움을 거둬야 하리.
두려움의 종자를 베풀었기 때문이다.

그리고 신선들은 비마질다라 아수라왕의 면전에서 주문呪文을 외우고는 허공으로 날아갔다. 바로 그 날 밤에 비마질다라 아수라왕은 세 번이나 놀라서 일어났다. 그리고 잠 속에서도 나쁜 소리를 들었다.

'석제환인은 네 가지 군사를 일으켜 아수라와 싸운다.'

위와 같은 말을 듣고 그는 놀라 깨어나서는 두려워하였다. 그는 싸우면 반드시 패하리라는 걱정을 하고는 피해 달아나 아수라 궁전으로 돌아갔다.

그때 천제석은 적이 물러가자 승리를 얻고는 저 텅 비고 한적한 신선이 살고 있는 곳에 나아가 신선의 발에 예배한 뒤에 서쪽으로 물러나 신선들 앞에서 동쪽을 향해 앉았다. 그때 동풍東風이 일어났다. 어떤 신선이 게송으로 말하였다.

이제 여기 있으신 모니牟尼들
출가하여 여기 온 지 오래되어
겨드랑 밑에서 땀내가 많이 나니
바람길 따라 그 앞에 앉지 말라.
천 개의 눈 지닌 이도 옮겨 앉나니
그 냄새 견디기 어렵기 때문이다.

그때 천제석도 게송으로 답하였다.

갖가지 향기로운 꽃들을 모아
그 꽃을 꿰어 화만華鬘을 만든대도
지금 여기서 맡는 땀 냄새가
향기로운 저 꽃보다 더 향기로우니
아무리 이 냄새 오래 맡아도
일찍이 한 번도 싫증난 일 없었네."

부처님께서 모든 비구들에게 말씀하셨다.
"저 천제석은 삼십삼천에서 자재왕이 되었음에도 출가하여 수행하는 이들을 항상 공경하며 찬탄하였고, 또 그런 이들을 공경하는 덕에 대해서도 찬탄하였다. 너희 비구들도 바른 믿음으로 집 아닌 데로 출가하여 도를 배우고 있으니, 언제나 범행자들을 공경하고, 또 그들을 공경하는 덕에 대해서도 찬탄해야 하느니라."
부처님께서 이 경을 말씀하시자 모든 비구들은 부처님의 말씀을 듣고 기뻐하며 받들어 행하였다.

1116. 멸진경滅盡經[18]

이와 같이 나는 들었다.
어느 때 부처님께서 사위국 기수급고독원에 계셨다.
그때 천제석은 이른 아침에 부처님 계신 곳에 나아가 부처님의 발

18 이 소경은 『별역잡아함경』 제3권 세 번째 소경과 그 내용이 비슷하다.

에 머리를 조아려 예를 올렸는데 제석의 신통력으로 온몸에서 나오는 광명이 기수급고독원을 두루 비추었다.

이때 석제환인이 부처님께 게송으로 여쭈었다.

어떤 것을 죽이면
편안하게 잠을 자고
어떤 것을 죽이면
근심과 두려움이 없어지며
어떤 것을 죽여야
구담瞿曇께서 찬탄합니까?

그때 세존께서 게송으로 대답하셨다.

흉악한 성냄을 끊으면
안온하게 잠잘 수 있으며
흉악한 성냄을 끊으면
마음에 근심과 두려움이 없어진다.

성냄은 독한 뿌리가 되니
저 괴로움의 종자를 없애라.
그 괴로운 종자를 없애면
근심과 두려움 없어지리니
괴로운 종자를 없앴기 때문에
성현들은 찬양하느니라.

그때 석제환인은 부처님의 말씀을 듣고 기뻐하면서 예배하고 떠나갔다.

1117. 월팔일경月八日經[19]

이와 같이 나는 들었다.

어느 때 부처님께서는 사위국 기수급고독원에 계셨다.

그때 부처님께서 모든 비구들에게 말씀하셨다.

"매달 8일이면 사천왕四天王은 대신들을 보내 세간을 다니면서 조사하게 한다.

'어떤 사람이 부모와 사문 · 바라문 · 종친들을 공양하고 존중하여 온갖 복덕福德을 지으며 현세의 죄악을 보고 후세의 벌을 두려워하며 보시를 행해 복을 짓고 또 매달 8일 · 14일 · 15일에 재계를 받들어 지키며 신변월神變月[20]에는 계율을 받고 포살을 행하는가?'

또 14일이 되면 태자를 보내 세상을 관찰하게 한다.

'어떤 사람이 부모를 공양하고……(이하 생략)……계율을 받고 포살을 행하는가?'

15일이 되면 사천왕이 직접 세상에 내려가 중생을 관찰한다.

'어떤 사람이 부모를 공양하고……(이하 생략)……계율을 받고 포살을 행하는가?'

비구들아, 그때 세상에서 부모를 공양하고……(이하 생략)……계율을 받고 포살을 행하는 사람이 많이 없으면 사천왕은 곧 삼십삼천

---

19 이 소경은 『별역잡아함경』 제3권 네 번째 소경과 그 내용이 비슷하다.

20 정월 · 5월 · 9월을 말한다. 이 세 달에는 사천왕 등이 신통력으로 세상으로 내려와 사람들의 선악善惡을 살핀다고 한다.

의 집법강당集法講堂에 나아가 천제석께 아뢴다.

'천왕이여, 마땅히 아셔야만 합니다. 지금 세간에는 부모를 공양하고……(이하 생략)……계율을 받고 포살을 행하는 사람이 많지 않습니다.'

그때 삼십삼천 대중들은 그 말을 듣고 불쾌하여 서로 말한다.

'지금 세간 사람들은 어질지도 않고 착하지도 않으며 좋지도 않고 법을 지키지도 않으며 진실한 행도 없다. 부모를 공양하지 않고……(이하 생략)……계율을 받고 포살을 행하지 않는다. 그런 죄로 말미암아 하늘 무리는 점점 줄어들고 아수라의 무리는 점점 늘어날 것이다.'

비구들아, 그때 만일 세상에 많은 사람들이 부모를 공양하고……(이하 생략)……계율을 받고 포살을 행하면, 사천왕은 삼십삼천의 집법강당에 이르러 천제석에게 이렇게 아뢴다.

'천왕이여, 마땅히 아셔야만 합니다. 지금 세간에는 많은 사람이 부모를 공양하고……(이하 생략)……계율을 받고 포살을 행하고 있습니다.'

그러면 삼십삼천은 매우 기뻐하면서 서로 말한다.

'지금 세간 사람들은 어질고 착하며 진실하고 법을 잘 지키고 있다. 많은 사람들이 부모를 공양하고……(이하 생략)……계율을 받고 포살을 행하고 있다. 그 복덕으로 말미암아 아수라의 무리는 점점 줄어들고 하늘의 무리는 자꾸 늘어날 것이다.'

그때 천제석은 여러 하늘이 모두 기뻐하는 줄을 알고 곧 게송으로 말한다.

저 사람들 매달 8일과
14일과 또 15일과

그리고 1월 · 5월 · 9월에
여덟 가지 재齋를 받들어 가지네.
마치 내가 수행하는 것처럼
그들도 또한 그렇게 수행하네."

그때 세존께서는 모든 비구들에게 말씀하셨다.

"그 천제석이 말하는 게송은 이러하다.

저 사람들 매달 8일과
14일과 또 15일과
그리고 1월 · 5월 · 9월에
여덟 가지 재齋를 받들어 가지네.
마치 내가 수행하는 것처럼
그들도 또한 그렇게 수행하네.

그러나 이것은 옳은 말이 아니다. 왜냐하면 저 천제석은 탐욕 · 성냄 · 어리석음의 근심거리를 스스로 가지고 있고 태어남 · 늙음 · 병듦 · 죽음 · 근심 · 슬픔 · 번민 · 괴로움을 벗어나지 못하였기 때문이다. 만일 아라한 비구로서 모든 번뇌가 이미 다하고 할 일을 마치고 모든 무거운 짐을 벗어버리고 온갖 존재의 결박까지 다 끊어 마음이 잘 해탈한 사람이 게송으로 이렇게 말한다고 하자.

저 사람들 매달 8일과
14일과 또 15일과
그리고 1월 · 5월 · 9월에
여덟 가지 재齋를 받들어 가지네.

마치 내가 수행하는 것처럼
그들도 또한 그렇게 수행하네.

그러면 그것은 곧 옳은 말이다. 왜냐하면 아라한 비구는 탐욕·성냄·어리석음을 여의었고 태어남·늙음·병듦·죽음·근심·슬픔·번민·괴로움을 이미 벗어났기 때문이다. 그러므로 그 게송을 옳은 말이라고 하는 것이니라."

부처님께서 이 경을 말씀하시자 모든 비구들은 부처님의 말씀을 듣고 기뻐하며 받들어 행하였다.

1118. 병경病經[21]

이와 같이 나는 들었다.

어느 때 부처님께서 사위국 기수급고독원에 계셨다.

그때 세존께서 모든 비구들에게 말씀하셨다.

"과거 세상에 비마질다라 아수라왕이 병에 걸려 매우 시달리고 있었다. 그는 석제환인의 처소로 찾아가 석제환인에게 말하였다.

'교시가憍尸迦여, 마땅히 알라. 내가 지금 병이 들어 너무도 괴롭고 매우 고통스럽다. 나를 위해 내 병을 고쳐주어 편안해질 수 있게 해달라.'

석제환인이 비마질다라 아수라에게 말하였다.

'너는 마땅히 나에게 그 환법幻法을 가르쳐 달라. 그 대신 나는 네 병을 치료해서 편안함을 얻을 수 있게 해주겠다.'

21 이 소경은 『별역잡아함경』 제3권 다섯 번째 소경과 그 내용이 비슷하다.

비마질다라가 제석에게 말하였다.

'내가 지금 돌아가 여러 아수라 무리들에게 물어보고 그들이 허락하면 그대 제석에게 아수라의 환법을 가르쳐주리라.'

그때 비마질다라 아수라는 곧 여러 아수라 무리들이 있는 곳으로 가서 아수라들에게 말하였다.

'여러분은 마땅히 알라. 내가 지금 병이 들어 너무도 괴롭고 매우 고통스럽다. 그래서 저 석제환인에게 찾아가 그에게 병을 고쳐달라고 청하였다. 그랬더니 그가 나에게 말하기를 〈네가 나에게 아수라의 환법을 가르쳐 주면, 나도 네 병을 고쳐 편안하게 해주겠다〉고 하였다. 내가 지금 그에게 가서 아수라의 환법을 말해 주리라.'

그때 어떤 간사한 아수라가 비마질다라 아수라에게 말하였다.

'저 천제석은 질박하고 순진해서 믿기를 좋아하고 거짓말을 할 줄 모릅니다. 그에게 〈천왕이여, 만일 이 아수라 환법을 배우는 자가 있으면 그 사람은 지옥에 떨어져서 한량없이 많은 세월 동안 죄를 받을 것이다〉고만 말하소서. 그렇게 하면 저 천제석은 틀림없이 뜻을 거두고 다시는 배울 생각을 하지 않고, 〈너는 그냥 가거라. 너는 병이 나아 편안해질 것이다〉라고 말할 것입니다."

그때 비마질다라 아수라는 다시 제석에게 가서 게송으로 말하였다.

천 개의 눈을 가진 높은 천왕이여
우리 아수라의 환법은
모두 허망하고 속이는 법이라서
사람들을 지옥에 떨어지게 하여
한량없이 많은 오랜 세월 동안
괴로움 받아 그칠 때가 없으리라.

그때 천제석이 비마질다라 아수라에게 말하였다.

'그만 두라. 그만 두라. 그와 같은 환법은 내게 필요 없다. 너는 그만 돌아가라. 네 몸의 병을 사라지게 하고 힘도 회복하게 하여 편안하게 해주리라.'

부처님께서 모든 비구들에게 말씀하셨다.

'저 천제석은 삼십삼천에서 자재왕이 되었음에도 오랫동안 진실하게 환술을 부리거나 거짓된 일을 하지 않았고 어질고 착하며 순박하고 정직하게 지내왔다. 너희 비구들도 바른 믿음으로 집 아닌 데로 출가하여 도를 배우고 있으니, 저와 같이 환술을 부리거나 거짓된 일을 하지 말고 어질고 착하며 순박하고 정직하기를 배워야 하느니라.'

부처님께서 이 경을 말씀하시자 모든 비구들은 부처님의 말씀을 듣고 기뻐하며 받들어 행하였다.

1119. 바치경婆稚經[22]

이와 같이 나는 들었다.

어느 때 부처님께서 사위국 기수급고독원에 계셨다.

그때 세존께서 모든 비구들에게 말씀하셨다.

'이때 천제석과 비로사나자바치鞞盧闍那子婆稚[23] 아수라왕이 있었는데 그의 모습이 아주 절묘하게 생겼었다. 그들은 이른 아침에 함께 부처님께서 계신 곳에 나아가 부처님 발에 머리를 조아려 예를 올리

22 이 소경은 『별역잡아함경』 제3권 여덟 번째 소경의 내용과 같다.

23 팔리어본에서는 Varocano asurindo로 되어있고, 혹은 비류사나毘留奢那 아수라왕으로 되어있기도 하며, 『별역잡아함경』에는 발리바루지跋利婆婁支 아수라로 되어있다.

고 한쪽에 물러나 앉았다.

그때 천제석과 비로사나자바치 아수라왕의 몸에서 나오는 광명은 기수급고독원을 두루 비추었다.

그때 비로사나 아수라왕이 게송으로 부처님께 아뢰었다.

사람이 열심히 방편 써서 노력하면
틀림없이 이익 있어 만족하리라.
그 이익에 이미 만족하고 나면
또 어떤 방편을 써야 할까?

그때 천제석도 게송으로 말하였다.

만일 사람이 열심히 방편 쓰고 노력하면
틀림없이 이익 있어 만족하리라.
그 이익에 이미 만족하고 나면
인욕忍辱을 닦는 것보다 더 나은 것 없다.

이 게송을 마치고 그들은 함께 부처님께 여쭈었다.

'세존이시여, 누구의 말이 더 훌륭합니까?'

세존께서는 말씀하셨다.

'너희 두 사람의 말이 다 훌륭하다. 그러나 너희들은 이제 다시 내 말을 들어보아라.'

이 세상의 모든 중생들
모두 다 자기 이익 구하고
이 중생이나 저 중생이나

제각기 하고 싶은 것을 구한다.

이 세상의 모든 화합和合과
또 제일가는 진리 구하지만
마땅히 알라, 이 세상의 화합은
영원한 법이 아니니라.

만일 사람이 열심히 방편 쓰고 노력하면
틀림없이 이익 있어 만족하리라.
그 이익에 이미 만족하고 나면
인욕을 닦는 것보다 더 나은 것 없다.

그때 천제석과 비로사나자바치 아수라왕은 부처님 말씀을 듣고 기뻐하면서 예배하고 떠나갔느니라."

그때 세존께서 다시 모든 비구들에게 말씀하셨다.

"저 천제석은 삼십삼천에서 자재왕이 되었음에도 인욕을 닦고 인욕을 닦는 이들을 찬탄하였다. 너희 비구들도 바른 믿음으로 집 아닌 데로 출가하여 도를 배우고 있으니, 저와 같이 인욕을 수행하고 인욕을 수행하는 이를 찬탄해야 하느니라."

부처님께서 이 경을 말씀하시자 모든 비구들은 부처님의 말씀을 듣고 기뻐하며 받들어 행하였다.

1120. 서약경誓約經[24]

이와 같이 나는 들었다.

어느 때 부처님께서 사위국 기수급고독원에 계셨다.

그때 세존께서 모든 비구들에게 말씀하셨다.

"과거 세상에 천제석이 부처님께 아뢰었다.

'세존이시여, 저는 이러한 계율을 받고,……(이하 생략)……부처님 법이 세상에 남아있는 동안에는 목숨을 마칠 때까지 나를 괴롭히는 사람이 있더라도 결코 그에게 되돌려 갚아 그를 괴롭히지는 않겠습니다.'

그때 비마질다라 아수라왕은 천제석이 '이러한 계율을 받고……(이하 생략)……부처님 법이 세상에 남아있는 동안에는 목숨을 마칠 때까지 나를 괴롭히는 사람이 있더라도 저는 그에게 되돌려 갚아 그를 괴롭히지는 않겠습니다'라고 하는 말을 듣고 예리한 칼을 들고 길을 거슬러 오고 있었다. 그때 천제석은 멀리서 비마질다라 아수라왕이 예리한 칼을 들고 길을 거슬러 오는 것을 보고 먼데서 그에게 말하였다.

'아수라여, 멈추어라. 그대를 결박할 터이니 움직이지 말라.'

비마질다라 아수라왕은 더 이상 움직이지 못하고 제석에게 말하였다.

'너는 지금 〈부처님 법이 세상에 남아있는 한 목숨이 다할 때까지 나를 괴롭히는 사람이 있더라도 나는 결코 그에게 되돌려 갚지 않겠다〉는 이런 계율을 받지 않았는가?'

천제석이 대답하였다.

'나는 진정 그런 계율을 받았다. 다만 너를 거기서 쉬며 결박을 받

---

24 이 소경은 『별역잡아함경』 제3권 여섯 번째 소경과 그 내용이 비슷하다.

게 할 뿐이다.'

아수라가 말하였다.

'우선 나를 놓아다오.'

제석이 대답하였다.

'네가 만일 난동을 부리지 않겠다고 맹세한다면 놓아주겠다.'

아수라가 말하였다.

'나를 놓아주면 법대로 행하리라.'

제석이 대답하였다.

'먼저 법대로 하면 너를 놓아주겠다.'

그때 비마질다라 아수라왕이 곧 게송으로 말하였다.

탐욕스런 이가 가는 나쁜 세계
성을 낸 이가 가는 나쁜 세계
거짓말하는 이가 가는 나쁜 세계
성현을 비방하여 가는 나쁜 세계
내가 만일 다시 혼란을 일으킨다면
나는 저런 나쁜 세계로 가리라.

석제환인이 다시 말하였다.

'너를 가도록 풀어주겠으니 네 편한 대로 하여라.'

그때 천제석은 아수라왕의 서약을 받고 부처님께 나아가 부처님 발에 머리를 조아려 예를 올리고 한쪽에 물러나 앉아 부처님께 여쭈었다.

'세존이시여, 저는 부처님 앞에서 이런 계율을 받았습니다.

〈부처님 법이 이 세상에 존재하는 한 목숨을 마칠 때까지 나를 괴롭히는 사람이 있더라도 저는 절대로 되돌려 갚지 않겠습니다.〉

그런데 비마질다라 아수라왕은 내가 계율 받는 것을 듣고 예리한 칼을 들고 길을 따라 왔습니다. 저는 멀리서 그를 보고 말하였습니다.

〈아수라여, 너는 멈추어라. 너를 결박할 것이니 움직이지 말라.〉

그랬더니 그 아수라가 저에게 〈너는 계율을 받지 않았느냐?〉고 말하였습니다. 그래서 저는 곧 대답하였습니다.

〈나는 진정 계율을 받았다. 일단 너를 여기에 있게 하고 너를 결박해 움직이지 못하게 하리라.〉

그러자 그는 곧 풀어달라고 애원하였습니다. 그때 저는 그에게 〈네가 만일 난동을 부리지 않겠다고 서약한다면 너를 풀어주겠다〉고 말하였습니다. 아수라가 〈우선 나를 풀어다오. 그러면 서약하겠다〉고 말하기에 저는 곧 그에게 〈서약부터 먼저 하라. 그런 다음에 놓아주리라〉고 하였습니다. 그러자 그는 곧 게송으로 맹세하였습니다.

탐욕스런 이가 가는 나쁜 세계
성을 낸 이가 가는 나쁜 세계
거짓말하는 이가 가는 나쁜 세계
성현을 비방하여 가는 나쁜 세계
내가 만일 다시 혼란을 일으킨다면
나는 저런 나쁜 세계로 가리라.

이와 같이 세존이시여, 제가 그 아수라왕에게 요구하여 그렇게 서약하게 한 것이 옳은 법입니까? 또 저 아수라가 다시 장난치지는 않겠습니까?'

부처님께서 제석에게 말씀하셨다.

'훌륭하고 훌륭하다. 네가 아수라왕에게 맹세를 요구한 것은 법다운 일이요, 어긋난 일이 아니다. 그는 감히 다시는 난동을 부리지 못

할 것이다.'

그때 천제석은 부처님 말씀을 듣고 기뻐하면서 예를 올리고 떠났느니라."

그때 세존께서 다시 비구들에게 말씀하셨다.

"저 천제석은 삼십삼천에서 자재왕이 되었음에도 난동을 일으키지 않고, 또 난동을 일으키지 않는 법을 늘 찬탄하였다. 너희 비구들도 바른 믿음으로 집 아닌 데로 출가하여 도를 배우고 있으니, 저 제석처럼 난동을 일으키지 말고 또 난동을 부리지 않는 법을 찬탄해야 하느니라."

부처님께서 이 경을 말씀하시자 모든 비구들은 부처님의 말씀을 듣고 기뻐하며 받들어 행하였다.

월운스님

경기도 장단에서 태어나 한학을 수학하고,
남해 화방사에서 당대의 대강백 운허스님을
은사로 출가하였다.
통도사와 해인사 강원을 졸업하고 강사가 되었으며,
동국역경원 역경위원을 거쳐 동국역경원 원장으로 있다.
중앙승가대학 교수와 제25교구 본사 봉선사 주지를 역임하였고,
현재 조실로 있으면서 능엄학림과 불경서당을 통해
후학 양성에 매진하고 있다.
저서로는 『삼화행도집』·『일용의식수문기』·『금강경강화』·
『원각경강화』·『대승기신론강화』·『구름처럼 달처럼』 등이 있고,
번역서로는 『전등록』·『조당집』·『선문염송』을 비롯한
80여 종의 책이 있다.

잡아함경 4

2006년 11월 10일 개정판 1쇄 발행
2010년 3월 15일 개정판 2쇄 발행

지 은 이 김월운
발 행 인 박인성
발 행 처 동국대학교 부설
동국역경원
등 록 1964. 10. 제2-159호

서울특별시 중구 필동 3가 26
전 화 (02) 2260-3891~3
팩 스 (02) 2267-8578
홈페이지 www.tripitaka.or.kr

ISBN 89-5590-433-9
ISBN 89-5590-429-0(전5권)

값 20,000원